Jianbo Zhang
張剣波

The Sino-American Rapprochement and China-Vietnam Relations

米中和解と中越関係
中国の対ベトナム政策を中心に

社会評論社

亡き父に捧げます！

目次

序論 ……………………………………………………… 5
  1　問題意識と研究目的、仮説 ……………………… 5
  2　先行研究 ………………………………………… 9
  3　研究方法と資料 ………………………………… 11
  4　各章の構成 ……………………………………… 16

第1章　中越関係の形成 ……………………………… 21
  第1節　第一次インドシナ戦争と中越協力体制の形成 ……… 23
  第2節　1954年ジュネーブ会議と中越関係 ……………… 46
  第3節　蜜月期の中越関係 ………………………………… 57
  第4節　戦争拡大に備える中越共同作戦体制の形成 ……… 73
  結語 ………………………………………………………… 90

第2章　中越関係の変質 ……………………………… 101
  第1節　ソ連の対越政策の転換と中ソ摩擦 ……………… 102
  第2節　中越間の協力と摩擦 ……………………………… 120
  第3節　「テト攻勢」、米越交渉、インドシナ連邦問題と中越関係 … 133
  第4節　中越関係の変質 …………………………………… 148
  結語 ………………………………………………………… 166

第3章　米越交渉と米中和解への動き ……………… 175
  第1節　ニクソン政権の対越政策の目標と米越秘密会談 ……… 176
  第2節　米中和解の第一歩 ………………………………… 184
  第3節　米越秘密交渉 ……………………………………… 204
  第4節　米大統領特使訪中の再合意と中国の対越姿勢の再転換 …… 210
  結語 ………………………………………………………… 223

第 4 章　キッシンジャー秘密訪中とベトナム問題 ……………… 231
- 第 1 節　米中会談への準備とベトナム問題 ……………………… 232
- 第 2 節　7 月 9 日会談とベトナム問題 …………………………… 242
- 第 3 節　毛沢東の決断と 10 日会談 ……………………………… 259
- 結語 …………………………………………………………………… 272

第 5 章　キッシンジャー 10 月訪中とベトナム問題 ……………… 279
- 第 1 節　キッシンジャー秘密訪中後のベトナム問題 …………… 280
- 第 2 節　前半の交渉におけるベトナム問題 ……………………… 293
- 第 3 節　米中コミュニケとベトナム問題 ………………………… 303
- 結語 …………………………………………………………………… 315

第 6 章　ニクソン訪中とベトナム問題 …………………………… 321
- 第 1 節　ニクソン訪中前の動き …………………………………… 322
- 第 2 節　毛沢東・ニクソン会談とベトナム問題 ………………… 327
- 第 3 節　ニクソン・周恩来会談とベトナム問題 ………………… 343
- 第 4 節　ニクソン訪中後のベトナム問題と米中関係 …………… 354
- 結語 …………………………………………………………………… 363

結論 …………………………………………………………………… 369

参考文献 ……………………………………………………………… 380

米中和解と中越関係関連年表 ……………………………………… 387

序論

1　問題意識と研究目的、仮説

　本書は、1949年以降1970年代前半にかけての中越関係と、米中和解とベトナム問題との関連について考察するものである。

　1960年代末から70年代初頭にかけての米中和解に対する評価は、中越関係における重大な争点の一つである。これまでのベトナム政府の公式的見解は、米中和解は中国によるベトナムへの「裏切り」行為であり、その目的は「ベトナム問題を利用して、台湾問題を先に解決するということであった」ということである。これは、1979年にベトナム社会主義共和国外務省が公式に発表した『中国白書』[1]の中で述べられているベトナム政府の公式見解であり、それ以降修正または変更されていない。中国以外の先行研究も、米中和解はベトナムを犠牲にするものであるというのが多い。

　米中和解で、中国はベトナムを「犠牲にした」「裏切った」という結論を導くためには、次の二つの要件が満たされていなければならない。第一の要件は、米中和解交渉が開始した時点で、中越関係は互いに相手を「犠牲にする・裏切る」と言えるほど密接な関係であったということである。第二の要件は、米中和解の中で中国はそのような関係にあったベトナムを実際に「犠牲にした」「裏切った」ということである。

　これらの要件を検証するために、本書では、まず、次の三点を中心に考察する。第一に、1949年以降の中越関係はどのような関係であったか、第二に、米中和解において中国はベトナム問題をどう扱ったか、第三に、第二とも関連するが、中国は「ベトナム問題を利用して、台湾問題を先に解決」しようとしたのかどうか、ということである。より詳しく言えば、①1949年の中華人民共和国の建国によって始まり、1960年代末米中和解が開始するに至るまでの現代中越関係は、どのように形成され、変化したのか。中越関係はどのような性格の関係であり、かつその性格はどのように変化していったのか。②1960年代末に始まり、1972年2月のニクソン

訪中をクライマックスとする米中和解のプロセスの中で、米中両国特に中国はベトナム問題をどう扱ったのか。③米中交渉で、中国はベトナムを交渉のカードとして利用したのかどうか、台湾問題の解決をベトナム問題の解決に優先させたのかどうか、ということである。これらの論点が、本書の検討課題である。①は、米中和解が開始した時点で中越関係は互いに相手を「犠牲にする・裏切る」と言えるほど密接な関係にあったかという問題に答えるものである。そして②と③は、米中和解の中で中国は（仮の前提として）そのような関係にあったベトナムを実際に「犠牲にした」「裏切った」かどうかという問題に答えるものである。

　このような研究が可能となった大きな要因の一つは、冷戦後、大量の関連資料が様々な形でアメリカ、中国、ロシア、ベトナムなどから公開され、また流出したことである。米中和解はまだ記憶に新しい歴史的事実であり、国益上、各国が機密情報を未公開にしたことなど、主に各国の情報公開制度の制約によって、冷戦終結まで重要資料の大半は公開されていなかった。しかし、ソ連の解体と冷戦終結で国際政治状況が大きく変化し、それに伴ってこの研究に関連する資料状況も変わった。まずロシアから旧ソ連の公文書が一部流出ないし公開され、その後、アメリカ側がニクソン政権期の公文書を整理した上で公開した。中国側も、公文書の公開、指導者の文献や年譜、回想録の出版など、さまざまな形で関係資料を公開した。ベトナム側からも、公文書の流出や年譜の出版など、わずかではあるが重要な意味を持つ資料が新たに出ている。資料の公開状況は国によって大きな差が存在するものの、これらの資料によって、新しい研究が可能になったと言える。

　本書は、主として冷戦後に入手可能になった資料に基づき、五つの課題を中心に研究を行う。この五つの課題の中の三つは前述した通りで、他の二つの課題は上述した三つの課題を検証するプロセスの中で生じた新しい課題である。この五つの課題に対して、本書は五つの仮説を立てて検討を進める。仮説一、中華人民共和国建国後の中越関係は、「同志加兄弟（同志プラス兄弟）」関係、「事実上の同盟」関係として出発したが、米中和解以前の60年代末にはすでに変質していたのではないか。仮説二、米中和

解に当たって、中国はむしろベトナムの立場を擁護し、アメリカに圧力をかけ、アメリカから譲歩を引き出したのではないか。仮説三、米中交渉において、中国はベトナム問題を利用して台湾問題を解決しようとしたのではなく、むしろ逆に、ベトナム問題の解決を台湾問題の解決に優先させていたのではないか。

　国際政治において、各国が自国の利益を優先するのは一般的な傾向である。大国が中小国の利益を犠牲にするのも稀なことではない。アメリカも実際には、米中和解の代償として、南ベトナム、中華民国（台湾）などとの関係をある程度、犠牲にした。本書の検証によれば、1960年代末になると、中越関係はすでに変質しており、ベトナムは明らかにソ連側に傾いていた。1969年の中ソ戦争の危機に際しては、ベトナムは中国を事実上見捨て、中国も1968年半ばから対越姿勢を見直した。また、中国はベトナムから重要な関連情報を得られず、米中接近もベトナムに反対されていた。こうした状況を考えると、米中和解・米中交渉の中で、中国は、なぜベトナムの立場を強力に擁護しただけでなく、時間の順序としては、国際問題であるベトナム・インドシナ問題の解決を、中国にとっての国内問題であると同時に米中間の核心的問題でもある台湾問題の解決に、優先させたのかという疑問が生じる。これは、本書の第四の検討課題となる。本書では、その背景要因として、当時の中国指導者が依拠したイデオロギーと価値観にあったとする仮説に立って歴史的プロセスを検証する。すなわち、毛沢東、周恩来など当時の中国の指導者は、国家独立、民族解放、反帝国主義などといったイデオロギー・価値観を持っていた。同時に、これらのイデオロギー・価値観に関係する象徴的な国際問題はまさにベトナム問題であった。その対象は言うまでもなくアメリカであった。したがって、中国は、中国自身の安全保障や、米中関係の現実、中国を取り巻く当時の国際情勢から判断して、米中和解に踏み切ったものの、ベトナム・インドシナ問題では依然、ベトナムを全面的に支持し、アメリカに対抗していた。ただし、ベトナム問題自体は、米中関係の主要課題ではなく、米中関係の基本的な方向性に影響を与えるものではなかった。何よりも、米軍をベトナム撤退に追い込み、戦争を終結させ、ベトナムの国家統一を実現

させることはベトナム問題に対する中国の基本的な立場であったが、ベトナムからの米軍撤退は、米中和解プロセスの当初からアメリカのスタンスであり、米中交渉の中でアメリカは北ベトナムによる国家統一を事実上認めていた。このため、ベトナム問題の解決をめぐって、米中間には最初から基本的な主張の相違がなかったか、あるいは交渉の中で一致に達したのであると言ってよかろう。本書は、この仮説についても検証する。

　米中和解におけるベトナム問題の中核問題は米軍のベトナムからの撤退である。しかし、米軍のベトナム撤退はニクソン政権の政策であり、米越パリ秘密交渉の出発点である。米越交渉の前期段階が過ぎると、焦点は、アメリカ側が米軍撤退のみを主張していたが、ベトナム側はアメリカが米軍を撤退させると同時に南ベトナム政府の指導者を失脚させることを求めたということになった。アメリカからすれば、ベトナム側の主張は、アメリカが自ら撤退しなければならないのみならず、自己の同盟者を打倒して南ベトナムをベトナム共産党に差し出すまでしなければならないというものである。ベトナム側はこの立場を一貫して堅持し、米越交渉の停滞をもたらし、ベトナム戦争の解決を先延ばしにした。この時間差は、米中関係、中越関係に様々な重大な変数を与え、極めて重大な意味を持つ。ベトナムは、アメリカの支持を抜きにしては南ベトナム政権が生存できず、米軍の撤退が早ければ早いほど、南ベトナムの軍隊や政府がより脆弱で打倒されやすいことを最も知っていた。それにもかかわらず、なぜベトナム側は、アメリカの手による南越政権打倒を一貫してアメリカ側に求め、そのために米軍撤退が先延ばしにされてしまったのか。これは本書の第五の検討課題である。この課題に対して、本書は、ベトナムはインドシナ連邦樹立の時間稼ぎのために意図的に米軍撤退を先延ばしししようとしたとの仮説を提示し、歴史的プロセスを検証する。ベトナム共産党はインドシナ連邦樹立の理想を終始持っていたが、終始カンボジアとラオスの抵抗に遇っていた。1954年ジュネーブ会議以降、ベトナムは公にインドシナ連邦問題について言及しなくなった。しかし、1968年の「テト攻勢」以降アメリカの失敗が明らかになり、一方、米軍と南ベトナム政府軍による大規模な掃討作戦やニクソン政権による戦争のインドシナ化によって、大量のベト

ナム系武装勢力、政府関係者、難民などがカンボジアとラオス全域に広がるようになった。この時にベトナム内部でインドシナ連邦構想が再び現れたが、依然カンボジアとラオスの強い抵抗に遇い、この構想を実現させるには時間が必要であった。そのため、ベトナムは、受け入れが困難な条件をアメリカ側に提示し、ポストベトナム戦争におけるインドシナ秩序構築のために時間稼ぎを行った。本書はこの仮説についても検証する。

2　先行研究

　米中和解と中越関係に関する先行研究は、アメリカ、中国、日本などにおいて行われている。アメリカにおける先行研究は、Margaret MacMillan, *Nixon and Mao: The Week That Changed the World*(Random House, 2007)、Pierre Asselin, *A Bitter Peace: Washington, Hanoi, and the Making of the Paris Agreement* (The University of North Carolina Press, 2007)、Yafen Xia, *Negotiation with the Enemy: U.S.-China Talks During the Cold War*(Indiana University Press, 2006)、Evelyn Goh, *Constructing the U.S. Rapprochement with China, 1969-1974* (Cambridge: Cambridge University Press, 2004)、Qiang Zhai, *China and the Vietnam Wars, 1950-1975*（The University of North Carolina Press, 2000）などがその代表的なものである。これらの先行研究は、アメリカまたは中国の文献、あるいはその両方の文献を使用して、米中関係か米越関係もしくは中越関係を中心に論じている。だが、米中越三国間関係から、米中交渉と中越交渉の関連性について検証した研究例は筆者が管見するところまだ存在しない。

　中国における先行研究は、章百家、牛軍主編『冷戦与中国』（世界知識出版社、2002年）、姜長斌・（美）羅伯特・羅斯主編『従対峙走向緩和：冷戦時期中美関係再探討』（世界知識出版社、2000年、ただしこれは米中共同研究）、李丹慧編『中国与印度支那戦争』（香港天地図書、2000年）、陶文釗主編『中美関係史(1949-1972)』（上海人民出版社、1999年）、広西社会科学院編『胡志明主席与中国』（中国大百科全書出版社、1995年）、郭明主編『中越関係演変四十年』（広西人民出版社、1992年）などの著作

がある。重要な研究論文としては、牛軍「中国、印度支那戦争与尼克松政府的東亜政策（1969～1973）」（『冷戦国際史研究』、2008年3月）、李丹慧「中美緩和与援越抗米――中国外交戦略調整中的越南因素」（『党的文献』2002年第3期）、沈志華・李丹慧「中美和解与中国対越外交（1971-1973）」（『美国研究』2000年第1期）、牛軍「論60年代末中国対美政策転変的歴史背景」（『当代中国史研究』2000年第1期）などが挙げられる。中国人学者の研究は、中国語の資料を中心に一部ロシアの文献及び英語文献を使用した研究である。米中越三国間関係に視点を置く研究が少なからず存在するのは中国における先行研究の一つの特徴である。しかし、英語文献・資料を活用した研究は少なく、特にニクソン政権期の公文書を直接使用した研究はほとんどない。

日本における先行研究は、毛里和子・増田弘監訳『周恩来・キッシンジャー機密会談録』（岩波書店、2004年）、毛里和子・毛里興三郎訳『ニクソン訪中機密会談録』（名古屋大学出版会、2001年）、増田弘編『ニクソン訪中と冷戦構造の変容――米中接近の衝撃と周辺諸国』（慶應義塾大学出版会、2006年）、朱建栄『毛沢東のベトナム戦争』（東京大学出版会、2001年）、古田元夫『ベトナム人共産主義者の民族政策史――革命の中のエスニシティ』（大月書店、1991年）、古田元夫『ベトナムから見た中国』（日中出版、1979年）などが挙げられる。これらの研究は、キッシンジャー、ニクソン訪中会談録（中に米中越関係に関する詳細な解説がある）の英文和訳及び増田弘編著以外は、ほとんど英語文献が使われておらず、また冷戦後に公開されたその他の資料もほとんど使われていない。一方、栗原浩英の研究は、ベトナム側の資料をある程度利用したほとんど唯一の先行研究で、この時期の中越関係に関する重要な指摘をしている。

先行研究は、米中関係、米越関係、中越関係について多くの成果を上げ、また、米中越という角度からも示唆に富む研究成果を提示している。しかし、これらの先行研究には、相互に関連した次のような問題点があるように思われる。

前述した本書の課題に沿っていえば、まず、第一の課題については、中越関係の形成と変化に関する詳細な研究が少なく、特に1960年代末にお

ける中越関係の変質に関して詳細に分析したものがない。牛軍らの先行研究は、1960年代末に中越関係が変わったと指摘したものの、それについての論証や分析を行っていない。しかし、この変化は、中越関係にとって極めて重要であるばかりでなく、その後の中国とベトナムの外交行動及び相互関係に大きな影響を与え、米中和解にとっても重大な意味を持つものである。先行研究では、中越関係におけるこの本質的な変化の重要性が見落とされていると言えよう。

第二に、先行研究においては、米中関係、米越関係もしくは中越関係といった二国間関係を中心とした研究が多く、米中和解と中越関係という角度から三国間の連関に焦点を当てた研究が少ない。最新の研究でも、米中交渉、米越交渉に関する研究があっても、この二つの交渉を対照して、その関連性について詳細に分析したものがなく、米中越三者間の相互作用についての検証がほとんどなされていない。

第三に、ニクソン政権期の公文書などの新しい資料を使用した研究が少ない。アメリカで近年、このような資料を使用して、米中または米越の二国間関係を分析した研究は一部に見られるが、米中和解と中越関係の関連性に光を当てた研究はほとんど見られない。

総じて、先行研究は、1960年代末における中越関係の変質についての詳細な研究がなく、またニクソン政権期のアメリカ公文書を含む資料を使用して、米中越三国間関係の角度から米中交渉と米越秘密交渉について総合的に分析した研究も見られない。

3 研究方法と資料

本書は、アメリカ、中国、ベトナム、ロシアなど関係国から入手した資料（中英和文）に基づき実証的な分析を試みるものである。資料に関して、以下の説明を加えておきたい。

学術研究にとって、最も理想的な資料の状況は、当事者や出来事の文献資料や映像がすべて存在しかつ公開され、当事者の心理的状況と変化も詳しく記録され、すべての物的資料が残されている状況であろう。このよう

な理想的な資料状況に基づいて、全面的、詳細的、合理的、客観的に学術研究を行えば、歴史的事象を最も理想的に描き出し結論を得ることができるかもしれない。しかし、現実的問題として、このような完璧な資料状況は有り得ないと言ってよかろう。程度の差こそあれ、研究者は常に、不十分な資料状況の中で研究せざるを得ない。時間と空間の制限の中で、可能な限り資料収集を行い、それに基づき意味ある成果を導き出すことが、研究者に求められるものであると考える。

本書においては、関係資料、特に冷戦後に公開されまたは出版された関係国の公文書やさまざまな出版物をできるだけ利用するように心掛け、また、一部関係者に対するインタビューも行った。しかし、扱う出来事が比較的に新しく、また複数の国家と多くの当事者がかかわっていたため、資料の使用は大きな問題の一つである。以下、使用された資料、そのオリジナリティと問題点について説明する。

(1) 主な研究資料

本書は主に、アメリカ、中国、ロシア、ベトナム及び日本の資料を使用している。主な直接当事国であるベトナム、アメリカ、旧ソ連（ロシア）と中国の資料公開状況及び研究状況がそれぞれ非常に異なるため、使用される資料もそれぞれ大きく異なっている。

1、アメリカ（英文）の資料は、アメリカ国家公文書館(National Archives and Records Administration. NARA)所蔵のニクソン政権期の公文書の米中関係、米越関係及び米ソ関係に関する資料とその他の関連資料、アメリカ国務省が編集・出版した Foreign Relations of the United States シリーズの中の関連資料、研究機構のウィルソンセンター(Woodrow Wilson International Center for Scholars)の冷戦史国際研究プロジェクト(Cold War International History Project, CWIHP)が収集したアメリカ以外の関係国（旧ソ連、東欧、中国、ベトナムなど）の関連資料、及びナショナル・セキュリティー・アーカイブス(National Security Archives, NSA)が収集したアメリカの関連資料、さらに、関係者の回想録やその他の関連資料と先行研究である。本書で用いられる資料の中で、1968年ま

でのアメリカ関連の資料は主として、NARA と FRUS にあり、1969 年以降の米越交渉、米中交渉の関連資料は主として、NARA 所蔵のニクソン政権期の公文書であり、一部は、NSA の資料を利用している。英訳された旧ソ連の公文書、ベトナムの公文書や中越指導者間の会談録である「77回会談記録」[2]、一部中国の公文書は主として、ウィルソンセンターの CWIHP の資料を利用している。

　2、中国の資料は、中国外交部が公開した公文書、省レベルの档案館（公文書館）所蔵の公文書など、中国政府が整理・出版した毛沢東、周恩来、劉少奇、鄧小平など主要指導者の文献や年譜、関係者に対するインタビュー、関係者の回想録や日記、著作及びその他の関連資料と先行研究である。中国の中央レベルの公文書の公開は 2004 年に始まったが、まだ 1960 年代半ば頃までの外交部の公文書の一部公開にとどまっており、政策決定と執行の主役である中国共産党中央の公文書は公開されていないため、利用し得るものが限られている。一方、地方レベルの档案館は、中央からの文献や指示（中国共産党中央委員会文件など）、地方と中央のやりとり、地方レベルにおける動きなど、重要な価値を持つ資料を保管し、その一部を利用することが可能である。著者は独自にこのような資料を一部入手し、研究に使用した。

　3、ロシアの資料は、筆者の語学力の制限で、中国語、英語または日本語に訳された旧ソ連の公文書、その他の関連資料と先行研究を利用した。したがって、本書が利用するロシア側の旧ソ連公文書はソ連崩壊後ロシアから海外へ流出したものが中心である。中国語に訳されたものは主として、中国人ソ連・ロシア、ベトナム研究者である沈志華（華東師範大学冷戦史研究センター教授）と李丹慧（中国社会科学研究院研究員）がロシア連邦対外政策公文書館（АВПРФ）とロシア当代文献保管センター（ЦХСД）より収集したものである。これらの資料及びその中国語訳は、一式北京大学図書館に所蔵されており、また一部は出版されている。英語に訳された旧ソ連の公文書は主として、上記ウィルソンセンター CWIHP の資料である。

　4、ベトナムの資料は、中国語、英語または日本語に訳されたベトナム

外交部の公開文書、指導者の談話、年譜、研究成果及びその他の関連資料である。ベトナムは公文書を公開しておらず、また筆者の語学力の制限で、ベトナム関連の資料や研究成果は、英語、中国語、日本語に訳されたものを利用している。

　5、日本の資料は主に、アメリカ、ベトナム、中国及びロシアの関連和訳資料と日本における先行研究である。

(2) 研究資料の問題点

　本書で用いる研究資料の主な問題点として、公開資料の不完全性と公開資料の各国間に存在するアンバランスなどが挙げられる。

　1、公開資料の不完全性。これについては、資料があらかじめ選択された上で公開されているという問題と記録の不完全性という二つの問題がある。旧ソ連の資料を除けば、公開された資料はいずれも各国当局などによって選択されたものである。これは、資料が最も調っているアメリカの場合も例外ではない。たとえば、機密性の高いCIAの資料はほとんど公開されていない。また、国家安全保障会議の議事録も、NARAでは公開せず、選択された一部のみがFRUSに収録されている。中国とベトナムの公開された公文書または年譜、指導者の文献は、選択性がさらに高い。

　本研究で用いられる資料は、時期的に比較的新しいものであるため、公開資料は国家安全保障、国家情報活動、個人のプライバシー、その他政治的、外交的な制約の中で選択されている。その結果、不完全なものとなっている。

　公開資料の不完全性におけるもう一つの問題は、記録の不完全性である。本研究で使われる最も重要な一次資料の一つは、さまざまな交渉や会見の会談記録である。これらに関して、記録者による不完全な記録の問題と、記録に対する整理の問題が存在する。たとえば、ニクソン訪中時の毛沢東・ニクソン会談に関して、アメリカ側は全記録を公開しており、中国側の記録も中国人学者の論文による引用の形で大半が公開されているが、米中の記録を比較すれば、微妙な違いが存在することが分かる。また、アメリカ側の公文書に対する調査から、記録が整理されたものであることが

分かる。NSCスタッフの現場での記録に対して、NSCスタッフやキッシンジャーが手をいれ、多くの部分が書き換えられた会談記録もある。このような問題は、アメリカに限らず、どの国にも存在すると考えられよう。

2、資料のアンバランス。

各国の資料公開制度などの違いから、現在入手可能な関係国の資料状況にアンバランスが存在する。アメリカ側の資料は最も多く、またその資料公開は最も制度的と言える。また、上記のような公文書に加え、関係者の回想録なども比較的に豊富で、資料の面では他のすべての国より整っている。中国の場合は、1960年代前半までの公文書は一部公開されているが、1960年代後半以降の公文書はまだ公開されていない。一方、一次資料を整理した形で、指導者の文献、関係者の年譜、活動記録、外交史が多く出版されており、関係者の回想録や一次資料に基づく研究成果も多く出版されている。これらの資料を利用してある程度の総合的な研究を行うことができる。旧ソ連側の資料は、ソ連崩壊後の混乱の中で一時期に多くの公文書が公開され、その中にきわめて重要なものも含まれているが、その後ほとんど公開しなくなったため、現在使用しうる資料は部分的なものである。ベトナムの場合は、ベトナムが自ら公開した資料はほとんどない。

このように、資料状況が非常にアンバランスであるため、資料の公開状況によって、より分厚い観察として多く論じられる場合もあれば、その逆に資料の制約から詳細に論じられない場合もある。たとえば、アメリカ側の資料が最も制度的に公開されているため、最も使用頻度も高く、詳述される傾向がある。また一部の研究では、主として中国側の資料を使用し、中国側の動きを中心に説明する場合もある。これは、論じられる対象の重要性をそのまま意味するものではない。

本書は、研究に当たって、このような資料の選択性、記録の不完全性、異なる国家間の公開資料のアンバランスを常に考慮に入れ、細心な注意を払いながら、慎重な分析を行う。

4　各章の構成

　第1章と第2章は米中接近の前段階で、中越関係がどのような性格を帯びていたかという、本書の第一の課題に関する研究である。第3章以降は、米中和解の中で中国がベトナム問題をどう扱ったかという、本書の第二の課題に関連する研究であり、その中に第三、第四と第五の課題も含まれる。

　第1章は、二千年以上にわたる中越関係の前史を踏まえた上で、1949年の中華人民共和国建国に始まる、中華人民共和国とベトナム民主共和国の現代中越関係の形成を扱う。

　新中国の建国と「中ソ分業体制」をきっかけに、中国はベトナムに対する全面的な援助に乗り出す。1964年に至るまで、中国はベトナムの抗仏戦争、抗米闘争では、ほとんど唯一の直接援助国であり、軍事的、経済的、政治的援助をはじめとして、ベトナムの国家形成に全面的にかかわった。また、アメリカとソ連に対する姿勢についても、中越両国はほとんど一致し、両国のイデオロギーにおける基本見解や基本的な安全保障上の利益は一致していた。一方、抗仏戦争の終結の方法やインドシナ問題、南ベトナムにおける武装闘争の開始などの問題に関しては、中越間に食い違いが存在した。1963年から1964年にかけて、アメリカの戦争拡大に備えて中越間の連携と準備が最も頻繁に行われ、共同作戦体制が打ち立てられた。この時、ホー・チ・ミンは中越関係を「同志プラス兄弟」であると唱えた。また、この章では、1949年から64年までの中越関係を分析し、この時期に形成された中越関係は「事実上の同盟関係」であったことを論証する。

　第2章は、1965年から69年までの時期において、中ソ対立とソ連の指導者交代の中での対越外交の転換によって、ソ連が直接ベトナム援助に乗り出したこと、及び中越間の問題などによって、中越関係に変化が生じ、次第に変質し、中越双方が互いに対する姿勢を変えたことを論じる。

　中ソ対立が深刻化する中、1964年にフルシチョフが失脚した。新しいソ連指導部は対ベトナム政策を変更し、ベトナムに対する直接援助に乗り出した。中国はベトナムに対してソ連の援助を受け入れないよう要請したが拒否された。また、ソ連の対ベトナム援助をめぐってさまざまな摩擦が

生じた。中国国内の文化大革命などの影響などもあいまって、ベトナムは次第に中国から離れソ連に傾いた。ベトナムは1968年の「テト攻勢」において受けた深刻な軍事的損害を中国側に伝えず、ベトナムの大勝利を信じた中国指導者は誤った判断を行った。また、ベトナムの米越交渉受け入れ決定も事前に中国と協議しなかった。そのため、中国は、大勝利したベトナムが不利な条件で交渉を受け入れたと判断しベトナムを強く批判した。それに対して、ベトナムは、ソ連を後ろ盾に、中国に強く反発した。このようなベトナムの姿勢の変化に対して、中越間に大きな対立が生じ、中国は従来の対越姿勢を転換し、対越援助の大幅減少、援越部隊の撤退、指導者間交流の拒否などの措置を取り、次第にベトナムから手を引いていった。また、ソ連が中国にとっての最大の敵になり、中ソが戦争の危機に直面したとき、ベトナムは中国側に立つことはなく、むしろますます親ソへの道をたどり、中国を事実上見捨てた。この章は、このような中越間関係の変化についての分析を通して、1960年代末に米中和解が始まる頃には中越関係はすでに変質しており、「兄弟」関係、「事実上の同盟関係」ではなくなっていたことを明らかにする。

　第3章は、1969年から71年7月キッシンジャー秘密訪中までのアメリカの対ベトナム政策と対中国政策の転換、米越パリ秘密交渉、米中和解への動きについて論じる。

　1969年に登場したニクソン政権はベトナム問題の解決に直面するが、ニクソンが打ち出した「ベトナム化」政策の真意は、ベトナム戦争後におけるアメリカの立場のために、米軍撤退後、南ベトナム政権を五年程度存続させるということであった。米越パリ秘密交渉は行き詰まっていたが、その主な原因は、ベトナムがアメリカに南ベトナム政権の交代を求め、アメリカがそれを拒否したことであった。一方、米中は、水面下で直接・間接的な接触と交渉を重ね、表では1971年4月の「ピンポン外交」が現れた。その後、米越交渉におけるベトナム側の姿勢は幾分柔軟になった。また、中ソが敵対する中で、ソ連は、すでにソ連に傾いていたベトナムを利用して、中国包囲網の構築を中心目的とする対アジア外交を打ちたてようとした。この時期にベトナム内部でインドシナ連邦構想が再び現れ、ソ連がそ

れを戦略的に利用しようとした。中国は、米中関係の転換とほぼ同時に、ベトナムへの姿勢を再転換し、ベトナムに対する援助を全面的に強化し、また、国内でさまざまな決定や説得を行った。この章は、キッシンジャー秘密訪中前のさまざまな複雑な動きについて分析する。

　第4章は、キッシンジャー秘密訪中について扱う。キッシンジャー訪中に際しての双方の事前準備とベトナム問題、交渉の基本姿勢や変化、ベトナム問題の扱い方、台湾問題とベトナム問題との関連について分析する。

　米中関係とその関係の改善においては、米中関係のあり方はもちろんのこと、国際政治の大枠こそ最も重要な問題であり、ベトナム問題はサブイシューであった。しかし、この時期のベトナム問題は、極めて重要であり、米中交渉に当たって、ベトナム・インドシナ問題は台湾問題とともに最も議論され、また台湾問題以上に対立が激しかった。アメリカは確かにベトナム問題を台湾問題の解決にリンクさせる戦術をとった。それを受けて、周恩来の報告を聞いた毛沢東は、時間的にベトナム問題の解決を台湾問題に優先させる決断を下した。以降、周恩来は、米中交渉でこの方針を貫き、米軍の台湾と台湾海峡からの撤退期限を明確にするようアメリカに求めるという中国側の当初の交渉方針は達成されなかった。

　また、交渉の中で、中国はベトナム側の立場に立ち、アメリカの撤退方針を繰り返し確認しながら、米軍のベトナムからの撤退と南ベトナム政権の打倒を執拗なほど求めた。明確な答えを得られなかった中国は、米ソ首脳会談の開催を訪中に先行させることを要請し、キッシンジャーの次回訪中までにベトナム問題解決に向けての進展をアメリカ側に求めた。その一方で、アメリカは、米軍撤退を再三にわたって確約し、アメリカ自らの手によって南ベトナム政権を打倒することはできないが、米軍撤退後に南ベトナム政権が打倒されても受け入れる姿勢を明確にした。キッシンジャーはアメリカのこのような姿勢をベトナムに伝えるよう中国側に再三要請したが、周恩来は終始応じなかった。この章では、台湾問題をベトナムにリンクさせたアメリカの戦略を受け、中国がベトナム問題の解決を台湾問題に優先させる方針を打ち立てたこと、中国はベトナムの立場に立って米軍撤退と南ベトナム政権打倒の姿勢を堅持したこと、米中交渉でベトナム問

題解決の進展を求めたこと、アメリカの協力要請に応じなかったこと、米ソ首脳会談の先行を要請したことなどを明らかにする。

　第5章は、キッシンジャー秘密訪中が終了してから10月訪中が終了するまでの動きについて論じる。ここでは、キッシンジャー秘密訪中後の米中の動き、ベトナムの反応、10月訪中のための準備、そして10月訪中での交渉について分析する。

　秘密訪中後、キッシンジャーはベトナム問題の解決に楽観的な考えを示した。しかし、ベトナム側は強硬な交渉姿勢に転じ、米越秘密交渉を事実上中止した。一方、周恩来は訪越してベトナム側と協議したが、ベトナム側からの理解を得られず、むしろ強く反発された。また、アメリカ側は、キッシンジャー秘密訪中後に直ちに「ベトナム化」政策の中止を検討し始め、10月キッシンジャー訪中の直前にベトナム問題の解決に関して初めて政治的な譲歩（平和協定調印後六ヶ月以内に選挙を実施し、選挙の一ヶ月前に南ベトナムの大統領と副大統領が辞任する）を示す提案をベトナム側に提示した。10月訪中でキッシンジャーは、「ベトナム化」政策の中止、政治的譲歩などを中国側に説明し、中国側の協力を再度要請したが、中国はこの要請に応じず、ベトナム問題の解決を第一義的に進めるよう求め、米ソ首脳会談を先行させること、ニクソン訪中前にベトナム問題を解決することを要請した。しかし、キッシンジャーは、ニクソン訪中前のベトナム問題の解決に関心を示したものの、アメリカの利益から、米ソ首脳会談の先行を事実上拒否した。また、双方は毛沢東・ニクソン会談を二回に設定した。一方、この10月会談で周恩来はアメリカが本気でベトナムから撤退すると信じるようになった[3]。さらに、米中コミュニケをめぐる議論において双方の意見が激しく対立した。その結果、米中両国がまずコミュニケでそれぞれ自らの立場を述べるという、外交史上異例な様式を取ることになった。米中間の相違はイデオロギー・価値観によるものであった。中国側は、国家独立、民族解放、反帝国主義を唱え、その象徴的かつ最前線の問題がベトナム問題とベトナム戦争であり、そのために周恩来は頻繁にベトナムを持ち出したのである。

　第6章は、ニクソン訪中とベトナム問題を扱う。ここでは、ニクソン訪

中前の米、中、越などの動き、毛沢東・ニクソン会談、ニクソン・周恩来会談でベトナム問題がどのように扱われたか及び、ニクソン訪中後のベトナム問題に関連した動向について検討する。

　ベトナムが依然交渉を拒み、中国からの協力も得られない中で、ニクソンは、訪中前に中国からベトナム問題に対する協力を引き出すことを諦めた。米中関係の大局を話し合う毛沢東・ニクソン会談では、ベトナム問題はほとんど話題に上らず、ニクソンがベトナムなどの具体的な問題を持ち出しても毛沢東は婉曲に拒んだ。しかし、ニクソン・周恩来会談では、ニクソンは依然としてベトナム問題をカードとして持ち出し、また中国の協力を要請した。周恩来は、ベトナム・インドシナ問題の早期解決、ベトナム問題の解決を台湾問題の解決に優先させることを求め、ニクソンの協力要請には応じなかった。ニクソン・周恩来の別れ際の最終会談でも、周恩来は長い時間をかけてベトナム問題の解決を強調した。ニクソン訪中後も、ベトナム戦争が続く間は、米中関係は足踏み状態であった。1973年1月に米越がようやく平和協定を結び、3月に米軍が撤退を完了し、2月にキッシンジャーは訪中して最も熱烈な歓迎を受け、「中国はベトナムの重圧から解放された」と感じた。また3月に米中が双方の首都に連絡事務所を置くことが決定され、米中関係がようやく新たなステップを踏み出した。

（1）ベトナム社会主義共和国外務省編、THE TRUTH ABOUT VIET NAM – CHINA RELATIONS OVER THE LAST 30 YEARS. 日本語訳：日中出版編集部訳、『中国白書——中国を告発する』、日中出版、1979年、第63〜64頁参照。
（2）77 CONVERSATIONS BETWEEN CHINESE AND FOREIGN LEADERS ON THE WARS IN INDOCHINA, 1964-1977. Edited by Odd Arne Westad, Chen Jian, Stein Tonnesson, Nguyen Vu Tungand and James G. Hershberg, Woodrow Wilson International Center for Scholars, Cold War International History Project (CWIHP) Working Paper No. 22.
（3）Kissinger to Nixon, My October China Visit: Discussions of the Issues, 11 November 1971, Top Secret/Sensitive/Exclusively Eyes Only, p19. Source: National Archives and Records Administration (NARA), RG 59, State Department Top Secret Subject-Numeric Files, 1970-1973, POL 7 Kissinger.

第 1 章

中越関係の形成

本章の目的は、現代中越関係の形成について検討することである。米中和解が中越関係に与えた影響を考察するに当たって、まず、米中和解以前の中越関係について、その実態や性格を明らかにしなければならない。本書の第1章と第2章はこの課題を扱い、第1章で現代中越関係の形成について記述・分析し、さらに第2章では中越関係が変質していった過程を詳述する。

　現代中越関係は、1945年9月2日に成立を宣言したベトナム民主共和国と1949年10月1日に成立した中華人民共和国との関係を指す。したがって、その関係は、ベトナム民主共和国と中華人民共和国の並存状況が始まった1949年10月1日を起点とする。なお、以下、一般的に中華人民共和国を中国、ベトナム民主共和国をベトナムとそれぞれ略称するが、ベトナム民主共和国を北ベトナムと称する場合もある。

　中国とベトナムは、国境を接し長い歴史的なつながりを持つ。1940年代に成立した中華人民共和国とベトナム民主共和国はいずれも社会主義政権で、近代国際システム、国際関係の下の主権国家であると同時に、社会主義イデオロギーを持ち、特に建国の革命世代が圧倒的影響力を持つ間はこれに強く拘束される社会主義国家でもある。伝統的つながり、近代的国家間関係、そしてイデオロギーは、極めて複雑に影響し合いながら現代中越関係の形成に影響を与えた。

　なお、本書でいう中越ソなど社会主義国のイデオロギーとは、帝国主義、植民地主義からの民族解放、国家独立、そして社会主義国家の樹立と建設といった共産主義者の価値観を指すが、国家・政党によって、これらの価値観に対する認識の相違が生まれることもあり、それによって、異なる国家・政党間に一致・不一致が生じる。また、「同盟」に関する概念も多数にわたるが、本書で用いる「同盟」は、同盟を構成する最低限の要因である「共通の敵に対して武力を持って対処する国家間関係」を指す。この要件を満たしているが、同盟条約を結んでいない場合は、「事実上の同盟」とみなす。

第1節　第一次インドシナ戦争と中越協力体制の形成

一、前史

　中国とベトナムは、地縁、血縁、文化などさまざまな面で極めて密接な関係にある。中越関係の歴史は、大まかに三つの時期に分けることが出来る。ベトナム（大まかに現在のベトナムの北部と中部の部分）が中国の一部であった時期、ベトナムが王国として中国と朝貢関係を持った時期と、近代の三つの時期である。秦の始皇帝は、紀元前221年に中国を統一し、全国で「郡県制」を設け、前214年に兵を派遣して嶺南の「百越」地域を平定し、南海、桂林、象という三つの郡を設立した。郡と県の最高責任者は、他の郡県と同様、朝廷によって派遣された。その中の象郡は、現在のベトナム北部と中部を含む。以降、ハイ・バ・チュンの反乱（紀元40〜43年）など僅かな例外を除いて、後漢、三国、両晋、南北朝、隋、唐などの時代を経て、現在のベトナムの中部と北部は、1200年以上にわたって、中国の歴代王朝の直接管轄下にあった。ベトナムはこれを「北属時期」と呼ぶ。唐王朝が滅亡した後、中国は五代十国という長期にわたる大混乱と大分裂の時代に入り、各地で種々の勢力が離合集散を繰り返した。そうした中で、ベトナムが次第に国としての形を整え、966年にディン・ボ・リン（丁部領）が安南を統一、ベトナムの最初の王朝「ディン（丁）朝」を作り、ベトナムが王国になった。973年、ディン・ボ・リンが北宋王朝（960年に成立）に朝貢の使者を派遣し、宋王朝は、丁部領に「安南都護検校太師交趾郡王」の称号を与えた。これにより、清末までの約900年間、明王朝が21年間（1406〜1427）ベトナムを併合した期間を除いて、中国とベトナムは基本的に藩属関係を保った[1]。1802年、グエン・フック・アイン（阮福暎）がグエン朝を樹立して安南王と称し、清王朝の承認と冊封を求めるとともに、国号を「南越」に改めることを要請した。1803年5月26日、清王朝は、古代の「百越」「南越」との混同を避けるため、グエン朝の国号を「越南（ベトナム）」とした。

19世紀半ばに、西欧列強の帝国主義的拡張政策によって、中国が半植民地化し、ベトナムが植民地となった。フランスは、ベトナムを植民地にした上、1887年にベトナムとカンボジアを合併し、フランス領インドシナ連邦（仏領インドシナ）を成立させた。さらに1893年にはラオスを仏領インドシナ連邦に編入した。植民地化されたベトナムと半植民地化された中国は、救国と近代化のために、双方の志士が影響しあい、助け合った。1905年に東遊（ドンズー）運動（知識人の日本への留学運動）が起こり、ベトナム救国運動のリーダー、ファン・ボイ・チャウ（潘佩珠）（1887～1940）はこの年、上海経由で日本に渡り、梁啓超、孫文に会った。さらに、ファン・ボイ・チャウは広西、雲南、広東などから来た一部の中国人留学生と共同で「桂（広西）滇（雲南）越（越南）連盟会」を設立した。

　1911年10月に辛亥革命が成功すると、ファン・ボイ・チャウなどベトナム人革命者が多数中国に渡り、1912年2月に広州で「越南光復会」が成立した。また、黄興の提案により、ファン・ボイ・チャウは多くのベトナム人青年を中国に呼び、各地の軍事学校に留学させ、後にベトナムの反仏軍事闘争の中核となった。1924年12月、すでに共産党員になったホー・チ・ミン（胡志明）はモスクワから広州に到着し、黄埔軍校で学んだベトナム人青年を対象に三回「特別政治訓練班」を主催し、ファン・バン・ドン（範文同）、ホアン・ヴァン・ホアン（黄文歓）など数十人がこの訓練班で勉強した。

　1930年2月3日、ホー・チ・ミンはインドシナ共産党の代表と安南共産党の代表を香港に集めて会議を開き、ベトナム共産党を樹立し、同年10月に党名をインドシナ共産党に改名した。インドシナ共産党はフランスの厳しい弾圧を受け、ホー・チ・ミンをはじめとする多くのメンバーは中国などに逃れた。1940年にフランスがドイツに占領されたが、同年9月に日本がベトナムに侵攻し、日仏共同支配体制を敷いたため、インドシナ共産党は更に厳しい状況におかれた。ホー・チ・ミンは1940年12月に中国からベトナムに戻り、翌年5月に「ベトナム独立同盟」（ベトミンと略称する）を設立した。日本の敗北が日増しに明らかになると、ホー・チ・ミンは1945年5月15日に約1,000人規模の解放軍を編成し、武装闘争を

強めようとし、また8月13日から15日にかけて全国代表会議を開き、13日の夜に総蜂起の命令を出した。15日に日本が無条件降伏すると、ベトミンは十数日でベトナムの大半の国土を解放した。9月2日、ホー・チ・ミンはハノイでベトナム民主共和国の樹立を宣言した。

　しかし、1945年7月のポツダム会議は、北緯16度線を境に、イギリス軍は南ベトナム、中華民国軍は北ベトナムにおける日本軍の降伏受け入れを担当すると決めていた。ポツダム会議の決定に従って、イギリス軍は9月12日にサイゴンに上陸し、三日後の15日に中国軍は北ベトナムに進駐した。のみならず、同月21日、フランス軍はイギリス艦船に乗ってサイゴンに入城し、更に翌22日に日本軍の捕虜となっていたフランス人5,000人が釈放された。フランスはベトナムの独立を認めず、イギリスとアメリカの支持の下で植民地の回復に乗り出し、南ベトナム全域を支配下に置き、さらに45年10月5日にカンボジアとラオスに空挺部隊を派遣し、インドシナ全域に対する植民地支配を復活させようとした。ホー・チ・ミンはフランスの植民地支配に妥協し、45年11月11日にインドシナ共産党の解散、永久中立、フランス連邦加盟を宣言した。ホー・チ・ミンのこのような妥協政策は、北ベトナムに進駐し反共政策を採っていた中国国民政府軍をベトナムから撤退させるためのものであったと解されるが、中国国民政府とフランス政府はベトナムと関係なしに秘密交渉を重ね、1946年2月28日に「中仏協定」が結ばれ、中国軍が北ベトナムから撤退し、フランス軍が北ベトナムに進駐する結果となった。

　1946年12月19日、フランス軍がベトナム全土で攻撃を開始し、第一次インドシナ戦争が勃発した。アメリカは48年からフランスに対する軍事援助を行うようになった。ベトミンは都市と大半の農村を失い、密林に立てこもって、孤立無援の状況であった。一方、フランスは1949年7月19日にフランス連合の枠内におけるラオスの独立を認め、53年10月22日にラオスの完全独立を認めた。また、カンボジア王国は1953年11月9日に独立を宣言した。

二、中国のベトナム援助政策の決定

1. 中ソ「分業体制」の成立

　1949年10月1日の中華人民共和国建国は、中（中華人民共和国）越（ベトナム民主共和国）両国関係の起点であるが、中越関係にはまず中ソ「分業体制」の影響が大きかった。

　1949年1月30日から2月8日にかけてのソ連第一副首相ミコヤンの西柏坡（当時毛沢東など中国共産党指導者の所在地）訪問、同年6月26日から8月14日にかけての劉少奇訪ソ、同年12月16日から翌50年2月17日にかけての毛沢東訪ソを経て、中ソ同盟が結ばれ、また、ソ連は西方、中国は東方、植民地、半植民地の責任をより多く負うという一種の中ソ「分業体制」が現れた。まず、ミコヤンの西柏坡訪問の間の49年2月3日に行われた毛沢東・ミコヤン会談（劉少奇、周恩来、朱徳同席）で、毛沢東は、中国の情勢が安定した後にできるだけ早く欧州共産党情報局（コミンフォルム）のような共産党アジア国家局（Бюро компартий азиатских стран）を設立すべきだと提案した。それに対して、ミコヤンは直ちに、ソ連共産党中央の意見に従えば、中国共産党は、現在のコミンフォルムに参加すべきではなく、中国共産党をはじめとする共産党東アジア国家局（Бюро компартий стран Восточной Азии）を創設すべきで、最初は中国共産党、日本共産党と朝鮮共産党の三つの政党からなり、以後他の政党を取り入れると述べた。ミコヤンの発言を受け、毛沢東は、この問題について日本と朝鮮の共産党と連絡を取ってもいいかと聞き、ミコヤンは同意した[2]。このことから、スターリンは、このときすでに、中国共産党がアジア革命のリーダーになることを考えていたと言えよう。

　さらに、同年6月26日から8月14日にかけての劉少奇訪ソ中の7月27日に行われたスターリン・劉少奇会談で、スターリンは進んで次のように述べた。「国際革命運動の中で、中ソ両国はどちらもより多くの義務を負うべきで、またある種の分業をすべきです。つまり、分業して協力しなければなりません。中国が今後植民地、半植民地従属国の民族民主革命

運動をより多く手伝うことを希望します。なぜなら、中国革命自身と革命経験は彼らに大きな影響を与え、彼らの参考になるからです。……したがって、国際革命の利益のため、我々両国は分業しましょう。あなた方は、東方、植民地、半植民地の責任をより多く負い、この面であなた方の役割と影響力を発揮してください。我々は西方に対してより多くの義務を負い、より多くの仕事をします。……マルクスとエンゲルスが亡くなってから、西方の社会民主運動が停滞し、革命の中心が西方から東方に移り、現在中国と東アジアに移りました。……あなた方は、東アジア各国の革命に対して背負う責任を履行すべきです」[(3)]。以上は、中国人研究者沈志華の論文からの引用であるが、他の中国人研究者は、スターリンはさらに、「ベトナムのような国はあなた方に援助を求めるかもしれない。もしそうなれば、あなた方は援助を与えるのが適切だ。我々ではできない。我々は遠く離れ、あなた方ほど実情も知らないからだ」[(4)]と述べたという。

このように、スターリンは劉少奇に対して、明確に、中ソ「分業」を提案したのである。劉少奇に続いて毛沢東は、1949年12月16日から翌50年2月17日にかけてソ連を訪問した。次に述べるように、毛沢東訪ソ中にホー・チ・ミンがソ連を訪問し、ソ連に対してさまざまな要求を提出したが、スターリンは基本的に、中ソ「分業」に従ってホー・チ・ミンに対応し、ベトナムに対する直接支援を中国に任せた。したがって、中華人民共和国の建国と前後してのミコヤン訪中と劉少奇、毛沢東訪ソによって、一種の中ソ「分業体制」が出来上がったと言えよう。この分業体制は条約などによって明文化はされなかったものの、後述するように、少なくとも1958年あたりまで中ソ関係が良好な期間は、中ソ双方が「分業体制」を遵守したといえる。

2.中越ソ三国の協議と中国のベトナム援助の決定

フランスとの戦いで苦戦を強いられていたベトナム共産党は、中華人民共和国建国を知ると、速やかに人員を派遣し、秘密裏に中国に援助を求めた。さらに、ホー・チ・ミン自身が1949年12月末、ベトナムの根拠地を出発し、ジャングルの中で17日間徒歩で中越国境を越え、1月30日によ

うやく北京に着いた。ソ連訪問中の毛沢東に代わって、国内の執務を取り仕切っていた劉少奇など中国共産党首脳は、当時の中央軍事委員会弁公庁主任の羅貴波を連絡員としてベトナムに派遣し、ベトナム共産党との関係を構築し、ベトナムの状況を調査し、ベトナムへの援助内容・方法についてベトナム側と相談し、これを参考に中国共産党中央の対ベトナム政策を検討することを決めた。ベトナム共産党は強敵に押され、分割されている根拠地もさらにフランス軍に蚕食されており、非常に困難な状況に置かれている。国際的にもベトナム民主共和国を承認する国は一つもなく、ベトナムに援助を与える国もどこにもない。こうしたベトナム情勢の下、劉少奇は、羅貴波に次のように述べている。

> 「党中央は、すでに革命に勝利した人民は解放を求めている人民の正義の闘争を支持すべきであり、ベトナム人民の抗仏闘争を支持することは我々の道義上果たさなければならない国際主義義務であると考える」[5]

羅貴波一行は 1950 年 1 月 16 日、北京を離れ、ベトナムに向かった。一方、1949 年 12 月末にインドシナ共産党中央と中国共産党中央との無線電信網が開通したので、ホー・チ・ミンは出発する前に毛沢東に中華人民共和国成立を祝う電報を送った。以下の電報からも中越関係の特徴の一部を窺うことができる。

> 「私は中華人民共和国成立のニュースを聞き非常に嬉しく思っています。私は謹んで、ベトナム政府と人民を代表して、主席、中国政府と人民にお祝いを申し上げます。ベトナムと中国の両民族は、数千年の歴史にわたる兄弟関係を持ちます。今後、この関係は、我々両民族の自由と幸福の発展、世界民主と恒久平和の維持の中でさらに密接になるでしょう」[6]

この電報の中で、ホー・チ・ミンは中越関係を「数千年の歴史にわたる

兄弟関係」と公式に定義した。それ以降、「兄弟」関係という用語は1960年代半ばまで中越双方によって繰り返し強調され、今日に至るまで、中越関係が極端に悪化した時期を除き、双方によって使われている。さらに、1月15日、国際承認を全く得られていなかったベトナム政府は中国政府に、次のような中華人民共和国承認の電報を送った。

> 「ベトナム民主共和国の政府と人民は、中華人民共和国政府1949年10月1日の宣言に基づき、毛沢東主席が指導する中華人民共和国を承認することを宣言する。中国とベトナム両国間の友誼と協力を強めるため、ベトナム民主共和国政府は、中華人民共和国政府と正式な外交関係を結び、大使を交換することを決めた」[7]

中国側はこのベトナムの姿勢を重視した。この電報は直ちにモスクワ訪問中の毛沢東に転送され、毛沢東は電報を読むと、直ぐにベトナムへの返信の電信文を起草し、更に、17日に劉少奇に次の内容の電報を送った。

> 「(一)、ベトナム政府の外交関係樹立の要請に対して、直ちに同意の返事を送るべきである。返信の電文を起草した。明日(18日)ラジオで発表し、同時に内部の電信機でホー・チ・ミンに電報を送ってください。(二)、ベトナム政府の要請と各国の外交関係樹立の声明を、我々の外交部からソ連及び各新民主主義国に送ってください」[8]

1月18日、中国の中央人民ラジオ局は、周恩来の名義であるが毛沢東が起草したベトナム民主共和国外交部長宛の下記電文を放送した。

> 「私は大変光栄にも貴部長から1950年1月15日の中華人民共和国との外交樹立を求める電報を受けとった。私は現在貴部長に以下のように通知する。中華人民共和国人民政府は、ベトナム民主共和国はベトナム人民の意思を代表する合法的政府であると認め、ベトナム民主共和国政府と外交関係を結び、相互に大使を派遣し、両国の国交を固め、

両国人民の友好と協力を強めることを望む。……」⁽⁹⁾

　このように、安全な支配地域を持たず、国家の体をほとんど成していなく、ジャングルでゲリラ戦を戦っていたベトナムが、初めて国家として国際承認を得た。

　一方、劉少奇は、北京に到着したホー・チ・ミンと会談し、モスクワ滞在の毛沢東に次のように報告した。

> 「ホー・チ・ミンは根拠地から離れてすでに一ヶ月が立ち、裸足で17日間歩いてやっと中国に入った。彼はすでに60歳で、体が痩せ細いが、まだ健康である。ホー・チ・ミンがベトナムを離れるときは、彼が中国に来ることを知っている人は僅か二人なので、北京に数日しか滞在できない」[10]

　劉少奇はまた、ホー・チ・ミン一行が北京に到着した1月30日夜、中央政治局主催の歓迎セレモニーの席上、ホー・チ・ミンに次のように語っている。「中国はすでにベトナムを承認したが、さらにソ連と相談し、ソ連もベトナムを承認し、ベトナムに国際的地位を獲得させるよう提案するつもりである。中国がベトナムを承認したことで、中国を承認しようとしているフランスは中国に対する承認を先延ばしすることになるだろうが、我々は恐れない。現在の主要な問題はベトナム人民の抗仏戦争を積極的に支援し、ベトナム人民にできるだけ早く勝利させることである」。[11]

　これに対してホー・チ・ミンは大変喜んだが、ソ連行きを急いだ。ホー・チ・ミンは劉少奇に、外遊の主要目的の一つは、ソ連共産党中央を訪ね、スターリンとの会談を実現させることであり、毛沢東と周恩来もソ連にいるなら、ちょうど一緒に会談することができると述べた。劉少奇はすぐにホー・チ・ミンの意向を毛沢東に報告し、またソ連にも伝えた。中ソの最高指導者がホー・チ・ミンのモスクワ訪問を同意した。ホー・チ・ミンに対する尊重を表すため、毛沢東はモスクワにいる周恩来を中国の東北に戻らせ、中国国内でホー・チ・ミンを迎え、50年2月3日にホー・チ・ミ

ンに付き添ってモスクワに戻った。

　スターリンは、毛沢東の意見を求めた後にホー・チ・ミンと非公式に会った。ホー・チ・ミンはスターリンに対して、ホー・チ・ミンのソ連訪問の公式報道とソ越条約の締結を求めたが、受け入れられなかった。また、ホー・チ・ミンはスターリンに、ソ連の軍事顧問の派遣と武器弾薬の援助などソ連のベトナム援助を求めた。スターリンは即答せずに、毛沢東と相談すると答えた。スターリンは再び毛沢東に、主に中国がベトナムの抗仏闘争を援助すべきとの考えを示した。中国とベトナムは歴史的にも現実的にも多くのつながりがあり、お互いに比較的相手のことが分かり、地理的にも近いから、「ソ連は中国の経済建設を支援するが、ベトナムの抗仏戦争については中国が援助の責任を持ってください」[12]と。この点に関して、スターリンとホー・チ・ミン会談に同席した初代ソ連駐在中国大使の王稼祥も、初代中国駐在ベトナム大使のホアン・ヴァン・ホアンに、スターリンはベトナム支援の仕事は主に中国が責任を持つと述べたことを明らかにしている[13]。

　結果として、ソ連は中国の経済建設を援助し、ベトナムの抗仏戦争は中国が援助することになった。

　50年2月14日に「中ソ友好同盟相互援助条約」が結ばれ、17日に毛沢東をはじめとする中国代表団はモスクワを離れ、ホー・チ・ミン一行も同じ特別列車に乗った。毛沢東、ホー・チ・ミンが北京に戻ると、ホー・チ・ミンは、インドシナ共産党中央の名義で中国に支援を正式に要請し、中国共産党中央はベトナム援助について議論し、先に革命に成功した国家がまだ成功していない国家を支援するのが社会主義義務で、ベトナム援助は中国の果たすべき国際主義義務であり、中国の南部国境の安全保障にも役立つとの結論に至り、ベトナム支援の要請を受け入れた[14]。中国の対ベトナム援助の約束について、ホー・チ・ミンは北京でホアン・ヴァン・ホアンに語っている。

　「現在中国はすでに解放され、力関係は世界人民の革命事業に有利になった。特にベトナム人民の抗仏戦争に有利になった。……中国は各

方面で我々に援助を提供することを決めた。したがって、我々の今の対外工作の重点はタイではなく、中国に移さなければならない。あなたは北京に留まって新しい任務を受けることになるかもしれない。仕事の中で多くの新しいことを学ばなければならない。しかし、最も有利なのは、毛沢東、劉少奇、周恩来などの同志はみんなベトナム人民の闘争をできるだけ支援すると表明したことである[15]」

三、動き出す対ベトナム援助

　中国によるベトナム援助の体制と具体的内容は、半年以上かけて徐々に形作られていった。まず連絡員を派遣して現地でベトナム側と状況を協議し、その報告とベトナム側の要請に応じて、まず中国の援助を受け入れる体制を作るために国境戦役を行い、そのために中国領内でベトナム軍の正規軍訓練を行い、陳賡大将などを派遣する。そして、軍事援助と経済援助を行い、軍事顧問団と政治顧問団を派遣するなどのようなプロセスであった。

　連絡員として派遣された羅貴波一行は、1950年3月9日にベトナムに到着し、11日夜にジャングルの中のホー・チ・ミンの滞在地にたどり着いた。このときホー・チ・ミンはすでに中国から戻っていた。ベトナム側は、羅の参加を求めた上、二週間の日程で政治局会議を開き、中国の援助を受けるためにフランスが制圧していた国境地帯の援助ルートをいかに確保するかについて議論した。ベトナムの計画は、まずフランスに封鎖されている中越国境で作戦を行い、中国との交通線を確保することであった。しかし、ベトナムはこの時、正規軍を持たず、大規模な戦闘を行った経験もなかった。そのため、ベトナムは中国に軍事的、経済的援助をさらに求めた。19日、羅貴波は党中央に電報を送り、国境戦役を行うために中国側の援助を求め、とりわけ有力な幹部を派遣してこの作戦を支援するというベトナム共産党中央政治局会議の結果を報告した[16]。

1.中国領内でのベトナム正規軍の訓練

　国境戦役を決定したものの、この時のベトナム軍は大規模作戦を行える状況になかった。この点、1月のインドシナ共産党第三回代表大会も、「正規軍がなく、固い陣地や城を攻めるための兵種と重装備がなく、通信手段がなく、運動戦を指揮する能力を持つ軍幹部もいない[17]」と認識していた。羅貴波がベトナムに到着した後、ボー・グエン・ザップの案内でベトナム人民軍を視察した。このときのベトナム軍主力部隊の深刻な状況について、羅は数十年後次のように回想している。

>　「ベトナム軍がこんな状況にあるとは思わなかった。食糧が普遍的に欠乏し、食用油が全くなく、兵士の体質が虚弱だった。服がボロボロで大半の人が裸足だった。武器装備はさらに悪く、どんな型の銃もあり、弾薬の補充は困難だった。特に、彼らは比較的に大きな戦役を戦ったことがなく、攻撃戦の経験がなかった。規律も緩やかだった。このような部隊でどうやって中越国境で大きな戦役を戦うのか」[18]

　そこで、羅はベトナム側に、現在大隊、連隊で分散して行動する軍をまとめて、1～2個正規の作戦師団を作るよう提案した。共通の問題認識を持つベトナム側は、インドシナ共産党とベトナム軍総司令部の名義で、羅貴波に戦役に向けての対応方針と中国の支援を求めた。具体的には、①ベトナム側は正規軍を作る決心をした。中国が雲南省と広西省で場所を提供し、ベトナムは主力を2万人、中国に送り、訓練を行う。②この部分のベトナム軍の武器弾薬、医薬品、通信機材などすべての装備は中国側が提供する。③中国がベトナム軍のベトナム総軍事委員会、軍総司令部、師団以上の指揮機関に顧問を派遣する。④連隊、大隊クラスでは解放軍から直接、連隊と大隊クラスの指揮官を派遣するよう要請する。ベトナム側は4月、上述①～④の要請を再び提出し、中国は同月にベトナムの要請を受け入れた。

　1950年春、ベトナム軍史上初の正規整編師団第308師団が編成され、5月以降、中国雲南省の文山地区に入り、中国人民解放軍第13軍団がその

訓練に当たった。また、第174連隊と第209連隊が広西省竜州に入り、広西軍区がその訓練に当たった。これは、ベトナム軍正規軍の出発である。ベトナム軍は、装備をすべてベトナム側に置いて国境をわたり、中国は、武器装備、服装、食料などすべてをベトナム軍に提供した。通訳の欠如、両軍の違いなどさまざまな問題があったが、7月下旬まで一応の訓練を終えた。

2.軍事顧問団の派遣

　ベトナムの要請を受け、中国は、ベトナムに軍事顧問団を派遣してベトナム軍の作戦を手伝うことを決め、軍事顧問団の団長は、元第三野戦軍第10兵団政治委員で、ベトナムに近い広西出身の韋国清が指名された。4月17日、中央軍事委員会は、第二、三、四野戦軍にそれぞれ一個師団相当の将校を集め、援越軍事顧問団を作ることを命じた。それと同時に、第三野戦軍が幹部を集め顧問団団部機関を作り、第四野戦軍が軍事学校のメンバーを集めベトナム軍軍事学校の顧問を担当するよう命じた。4月26日、中央軍事委員会はさらに、西北、西南、華東、中南軍区と軍委砲兵司令部に、大隊以上の幹部13名を集め、軍事顧問団に加わり、ベトナム軍上層指揮機関と部隊の顧問または顧問助理を担当するよう命じた。

　4月下旬から6月にかけて、各部隊から集めた顧問団のメンバーが続々と北京に集結し、学習と計画制定に当たった。一部は南寧など中国南部の都市で学習した後に、中国領内で訓練を受けるベトナム軍の顧問として赴任した。顧問として選ばれた軍人達は、長期の革命戦争を経験し生き延びた者で、外国で戦うことに躊躇する人が少なくなかった。そのため、顧問達はまず、「ベトナム人民の解放事業を自らの事業として成し遂げる」という国際主義義務の教育を受けた[19]。6月20日、中国軍事顧問団の連隊長クラス以上のメンバーが、雲南省でベトナム軍第308師団の訓練を指導しているメンバーを除いて、北京に集まった。27日午後、毛沢東、劉少奇、朱徳がそろって顧問団メンバーを接見した。毛沢東は、顧問団に相当詳しい「訓示」を行った。その内容を要約すると、次のとおりである。

　第一、顧問団派遣の意味。中国にとっては初めて外国に顧問団を派遣す

ることであり、新しいことで、意味が大きい。これは国際主義義務である。一方、中国はすでに勝利したが、帝国主義勢力はまだ強力であり、朝鮮やベトナムで行動している。中国を包囲しようとしており、機をうかがい、いずれ中国に直接、向かってくるだろう。したがって、ベトナムなどを助けることは、中国の安全保障にも有利である。顧問団派遣は、兄弟民族を助けると同時に、中国の安全にも役立つという一挙両得のことである。

　第二、顧問団派遣の原因。多くの外国の友人が中国の革命を助けた。ホー・チ・ミンは中国革命の早期から参加し、多くのベトナム人や他の国の人が中国革命のために命を捨てた。彼らは、国際主義思想のもとでそうしたのである。中国は恩返ししなければならない。顧問団派遣は、積極的に言えば国際主義義務を履行することであり、消極的に言っても恩返しすることである。

　第三、顧問団派遣のもう一つの直接的原因。ホー・チ・ミンはソ連の援助を求めるためにモスクワを訪問したが、スターリンは、ホー・チ・ミンのことをよく知らず、マルクス主義者であるかどうか分からないと言って、あまり会いたくなかった。私（毛沢東）は、ホー・チ・ミンはマルクス主義者であり、ベトナム人民の指導者であるので、会った方がいいと進言して、スターリンは彼に会った。しかし、スターリンはホー・チ・ミンの援助要請に同意しなかった。特に顧問の派遣に同意しなかった。そこで、帰途でホー・チ・ミンは再三、我々に顧問団の派遣を求めた。私が帰国してから中央が検討した結果、みんな一致して顧問団の派遣に同意した。

　第四、顧問団の任務。ベトナム人に戦争の協力をすることである。ベトナム軍はまだ分散してゲリラ戦をしており、大規模の戦闘をしたことがない。今後、ゲリラ戦と同時に、運動戦をしなければならない。そのためには部隊を集中させる場所が必要である。顧問団がベトナムに入ってから戦ってまず一つの地域を作らなければならい。それから、より多くの部隊を集めて、正規軍を作り、ゲリラ戦を展開すると同時に、運動戦をしていく。最初は慎重に小さな戦闘を行い、必ず勝たなければならない。中国の経験を伝えるが、ベトナムの実情に合わせなければならない。あせってはいけない。顧問は、参謀で、アイディアを出して指導者に協力するが、代

わって命令を出してはいけない。ましてや実権を握る黒幕になってはならない。大国思想があってはならない。勝利者として自認してはならない[20]。

3.陳賡の派遣

ベトナム軍に大規模作戦の経験がないことを考えたホー・チ・ミンは、国境戦役を行うため、この軍事顧問団とは別に、中国に作戦の名将の派遣を求めて親友の陳賡を指名した。1950年6月18日、西南軍区副司令員兼第4兵団司令員陳賡は、中央からの電報を受け、党中央を代表して、ベトナムに赴き、ベトナム軍に協力して国境戦役を行うとの命令を受けた。

> 「あなたがベトナムに行くのは、ベトナム側と協議していくつかの具体的な問題を解決する以外に、主な任務は、ベトナムの各方面の状況（軍事、政治、経済、地形、交通などを含む）及び我々の可能な援助（物資の運輸条件に特に留意すること）に基づいて、大まかに執行可能な軍事計画を立案することである。この計画に基づき、各種援助を与え、前後に分けて各種の物資を輸送し、また幹部を訓練し、部隊を編成し、兵力を拡大し、後方支援を組織し、作戦を行う。この計画は、実際に適し、かつベトナム党中央の同意を得なければならない。……あなたがベトナムで彼らの各方面の状況について把握した後に、ベトナム党中央とともに、実行可能な計画を立案することを望む。併せて、我々の彼らを援助する計画も立案し、中央に報告し、許可された後に実行する」[21]

7月7日朝、陳賡一行は列車で昆明から出発し、10日に硯山に到着し、そこで訓練中のベトナム軍第308師団の師団と連隊クラスの幹部と会見した。

7月下旬、訓練を終えたベトナム軍第308師団は、中国人顧問の引率で硯山を離れ、中越国境の広西自治区靖西県に向かった。8月9日、中国軍事顧問団も秘密裏に南寧を出発し、靖西で二者が合流した。第308師団はすぐ国境を越えベトナムに戻り、顧問団もそのすぐ後に続き、8月12日

未明、ベトナムに入った。このときベトナムに入った中国軍事顧問団のメンバーは、顧問79人、随行要員250人であった。ボー・グエン・ザップが国境のベトナム側で顧問団を迎え、一行が西へと向かい、夜明け前にベトナム軍総司令部所在地に到着した[22]。

　以上のような事前準備を経て、国境戦役が実行に移されたのである。

4.政治顧問団の派遣決定

　羅貴波は約半年間のベトナム滞在を報告するために、国境戦役が展開中の1950年9月24日に北京に戻った。羅の報告を聞き、毛沢東は、引き続きベトナムに軍事援助と経済援助を提供し、かつ顧問を派遣してベトナムの戦争とその他の仕事を手伝うと述べ、劉少奇は、「ベトナムは現在、財政と経済問題、特に食糧問題と貨幣問題を解決することが急務だ。我々は何人か財政、経済、銀行、食糧関係の幹部を選んで顧問としてベトナムに派遣する。彼らはあなたと一緒に先に行く。その後で他の分野を担当する顧問を選出しベトナムの党・政府の工作を手伝う政治顧問団を組織しなければならない。あなたは総顧問であると同時に、政治顧問団の団長だ」と羅貴波に指示した[23]。

　毛沢東は、劉少奇が「総顧問」を指名したときに、羅貴波に対して次のように述べている。総顧問を務めるには、ソ連のようなやり方を丸写しをしてはいけない。それから、ベトナムも中国ではないから、あなたは中国のやり方を丸写してはならない。すべてはベトナムの実情から出発しなければならない。ベトナム人の前では大人しく、誠実でなければならないと[24]。

　ここに来て、中国のベトナム援助体制の骨格が整備された。すなわち、①軍事顧問団を派遣して、ベトナムの抗仏戦争を人的な面から軍事援助する。②政治顧問団を派遣して、ベトナムの経済、財政、政治などの面で、ベトナムの党と政府に対して人的な援助を行う。③資金、武器、物資などの面でベトナムに軍事援助と経済援助を行う。④陳賡大将などを派遣して国境戦役の遂行に協力し、ベトナムの中国援助受け入れ体制を作るための援助を行う、などが援助の骨子であった。

四，国境戦役

　中国で訓練を受けたベトナム初の正規軍の帰国と、陳賡、羅貴波を筆頭とする中国人顧問団のベトナム到着により、国境戦役が着手されることになったが、銭江の『在神秘的戦争中――中国軍事顧問団赴越征戦記（神秘なる戦争――中国軍事顧問団のベトナムでの戦闘記録）』（河南人民出版社、1992年）と『中国軍事顧問団援越抗法実録〔当事人的回憶〕（中国軍事顧問団の抗仏援越の実録：当事者の回想）』（『中国軍事顧問団援越抗法実録』編輯組編、中共党史出版社、2002年）などによれば、国境戦役は概ね以下のような経緯を辿った。

　攻撃の場所について、8月14日夕方にベトナム軍総司令部に到着し、当夜中国軍事顧問団の連隊と師団クラス以上の幹部の報告を聞いた陳賡は、中国から10キロしか離れておらず、フランス守備兵が700〜800人の東渓を攻撃する案を考え、翌日ボー・グエン・ザップを説得した上で作戦計画を練り、毛沢東に報告した。また、ホー・チ・ミンも政治局会議を開き、陳賡の作戦計画を論議し決定した[25]。

　9月16日午後6時、ベトナム軍主力部隊7,000人が東渓のフランス軍に対して総攻撃を開始した。しかし、各部隊が攻撃の時間を守らず、各レベルの指揮

1950年国境戦役、ベトナムのジャングル、陳賡大将（右から三人目）

本部が前線に近づくのを恐れ、部隊を掌握できなかったため、フランス軍より優勢な火力と二十数倍の圧倒的優勢な兵力を持ちながら成功せず、夜明けに撤退した。陳賡がベトナム軍総司令部で、自ら配置を調整し、夕方から攻撃の再開を求めた。

　17日夕方17時にベトナム軍が攻撃を再開したが、依然混乱が続き、24時になってもうまく行かず、前線の指揮者が撤退を求めた。陳賡はボー・グエン・ザップに、配置を変え、四面から攻撃し、重点を北と南に置くと提案した。午前2時、調整が完了し、攻撃が再開され、1時間でフランス軍の陣地を突破した。戦闘が終結して、フランス守備軍は実際わずか300人規模であったことが分かった。7,000人のベトナム軍が圧倒的な火力を持ってでも500人を超える死者を出した。このときのベトナム軍は未熟さを露呈したのである[26]。

　ベトナム軍が東渓を占領したことで、18日に北のフランス軍1,800人が南下し、また北ベトナムで最も精鋭のフランス軍第一空挺大隊と3個北アフリカ歩兵大隊が北上して合流しようとした。そこで、陳賡はこれらフランス軍を待ち伏せすることにした。しかし、雨の中で数日待ち伏せをしてもフランス軍が来なかったのを見て、不満が続出し、大問題となったが、陳賡ら中国人顧問の必死の説得で作戦が辛うじて続行された。10月1日、フランス軍がベトナム軍の包囲網に入ったが、待ち伏せをしていたはずのベトナム軍の約半数が勝手に陣地を離れたため、作戦が危機に陥った。だが、フランス軍の優柔不断で野外に止まる致命的な過ちときわめて消極的な戦闘意欲がベトナム軍にチャンスを与えた。

　しかし、ベトナム軍の行動の遅さや作戦の消極ぶりはいずれも陳賡の予想を超えるもので、作戦が膠着状態に陥った[27]。5日夕方、ボー・グエン・ザップは作戦の中止と部隊の撤収を決めた。陳賡が激怒し、ホー・チ・ミンに手紙を出し、幹部の思想を整頓するよう希望し、また毛沢東に電報で戦場の情勢を報告した。ホー・チ・ミンは陳賡の手紙を受け取ると、ベトナム軍に命令を出し、戦闘を再開させた。毛沢東も陳賡の計画を支持する電報を送った。ホー・チ・ミンは前線の将兵に、「情勢は現在、我々に非常に有利だ。戦士諸君は必ず断固して敵を全部殲滅し、全面勝利を勝ち取

れ」との電報を、毛沢東の電報もあわせて送った。ホー・チ・ミンの命令と毛沢東の電報が大隊クラスまで伝わった。これがベトナム軍の士気を変え、フランス軍に対する攻撃が激しさを増した。8日、フランス軍が全滅した[28]。

この戦役で、フランス軍は、前後あわせて約8,000人が殲滅され、ベトナムの西北地域から撤退し、中越国境での防衛システムが完全に崩壊した。ベトナムは5つの都市、13の県、鎮を解放し、ベトナムと中国の広西との交通線が全線打開し、予想以上の戦果を得た。

ホー・チ・ミンと陳賡は8日、長時間会談した。10日、陳賡は、ホー・チ・ミンの要請で、「戦役勝利後的工作意見」（国境戦役勝利後の工作についての意見）を書き、ホー・チ・ミンに送った。

毛沢東は10月10日、陳賡に電報を送り、ベトナム軍の勝利を喜ぶと同時に、陳賡ら中国人顧問に次のように指示した。「ベトナム軍は今回の勝利を経て、きっと一歩前進することになる。ベトナム軍はまだ若い。……中国の同志が……自らの方法と態度に注意し、彼らが喜んで受け入れるようにしなければならない。彼らとの関係を悪化させてはならない。中国の同志は必ず随時に自らの方法と態度を反省しなければならない」[29]。

10月27日から30日まで、陳賡はベトナム軍大隊クラス以上の幹部に4日間にわたって国境戦役を中心に講話を行った。講話の中心内容は、戦闘中に明らかになったベトナム軍の欠陥、士官と兵士との関係、軍と民との関係、軍の規律などであった。陳賡が自ら講演の原稿を用意したが、その原稿の上に、「国際主義精神に従い、知っていることはすべて話し、話すときは残らず話す」（「国際主義精神、知無不言、言無不尽」）という14文字を大きく書き残した。

国境戦役を受け、特に第一次インドシナ戦争が終結してから、ベトナム軍はさまざまな面で改革に取り組むようになった。正規軍をもち国境戦役を経験したことは、ベトナム軍にとって重要な転換点であった。以降、ベトナム軍はさまざまな戦闘を経て成熟して行き、二回にわたるインドシナ戦争に勝利することになる。

1950年11月1日、第308師団顧問王硯泉を除き、陳賡と彼が連れてき

たグループは全員ベトナムを離れ、帰国した。陳賡は翌年朝鮮戦場に赴いた(30)。

五、国境戦役後の作戦（1951〜1954）

　陳賡の帰国後にベトナムに残った第308師団顧問の王硯泉の回想によれば、国境戦役後でも、1951年から54年の間に、ベトナム指導部内で、戦略的選択をめぐって常に食い違いがあった。その中心問題は、攻撃の重心を北越の平野地帯に置くか、それともベトナムの西北地域及びラオスの上寮山区に置くかということであった。この問題に関して、中国軍事顧問も深くかかわった。

　北ベトナムの平原地帯は、豊かな地域であるが、フランス軍の重点防衛地域でもあった。西北地域は、少数民族の住むジャングル地域で、人も少なく、交通も不便であるが、フランス軍の防衛も薄い地域であった。国境戦役後、ベトナム軍は北越の平原地帯を攻撃しようとした。中国軍事顧問団は、平原地域では、近代的兵器で武装したフランス軍の防衛が厳重で、装備の面で劣るベトナムにとって作戦が不利だとして、ベトナムの西北山区とラオス上寮山区に展開するよう提案したが、ベトナム側は受け入れなかった。中国軍事顧問団は最終的にベトナム側の平原作戦に同意した。

　50年12月から51年6月にかけて、ベトナム軍は主力部隊を使って北越の平原地帯で三回作戦を行った。第一次戦役は、トンキン（紅河）中流戦役で、50年12月25日から51年1月17日まで行われ、ベトナム軍は死傷者1,000人余りを出した。第二次戦役は東北戦役で、3月20日から4月7日まで遂行され、ベトナム軍は死傷者1,700人余りを出した。第三次戦役は寧平戦役で、5月28日から6月20日までに行った。三回の戦役はいずれも平原地帯でフランス軍防衛の重点地域を正面から攻撃したもので、フランス軍の空襲、砲撃、空挺作戦に苦しまれ、戦役の目標が達成できず、ベトナム軍の損害が大きく、士気にも悪影響を与えた。このとき、中国軍事顧問団は、戦略的発展方向でベトナムの主要指導者と食い違いが

あったばかりでなく、民衆の動員、部隊の政治工作などについても立場の相違があったという。

ベトナム軍の一連の敗北を見て、フランス軍が反撃に出た。51年10月になると、ベトナムのゲリラ根拠地の90％がフランス軍に破壊された。さらに、フランスは北ベトナムに兵員を増派し、11月には33万人に達した。そこで、ベトナムは12月上旬から翌52年2月下旬にかけて平和戦役を展開し、フランス軍を解放区から追い出し、北ベトナムの根拠地を全部回復した。結局、1950年12月から1952年2月にかけての平原作戦はほぼ一進一退で終了した。

平原作戦を経て、ベトナムの指導部は、ベトナム軍は平原地域での作戦が困難であると認識し、中国側の提案を受け入れ、作戦の方向を西北部に向かい、ベトナムの西北山区とラオス上寮山区で一連の作戦を行った。これらの山区地域では、フランス軍の機動性が制限され、フランス側は苦戦を強いられた。戦局を打開するために、フランス軍は、ベトナムの西北部地域で中国国境に非常に近いディエン・ビェン・フーで陣地を作り、ベトナム軍を誘い出して殲滅する作戦を実行し、これが第一次インドシナ戦争で重大な意味を持つ「ディエン・ビェン・フー戦役」となったのである[31]。

六、ディエン・ビェン・フー戦役とアメリカ

『在神秘的戦争中——中国軍事顧問団赴越征戦記』及び『中国軍事顧問団援越抗法実録〔当事人的回憶〕』によれば、ディエン・ビェン・フー戦役及び中国のそれとのかかわりは概ね以下の通りである。1953年11月20日、フランス軍の空挺部隊は2個空挺大隊の1,827人をベトナム西北部のディエン・ビェン・フーに降下させ、ベトナム守備軍を駆逐し、陣地の構築を開始し、戦闘に備えた。フランスはその後も精鋭部隊の投下を続け、合計1.62万人に達した。フランスの当初の意図は、ジャングルに隠れているベトナムのゲリラ部隊を誘い出し、殲滅することであった。

11月20日にフランス空挺部隊がディエン・ビェン・フーに降下したと

いう情報が伝わったとき、ベトナム軍総司令部はちょうど師団級以上の軍幹部会議を開き、54年乾季の作戦プランについて議論していた。中国軍事顧問団団長の韋国清、副団長梅嘉生などもこの会議に出席していた。この知らせを聞くと、会議は直ちに、ディエン・ビェン・フー戦局について議論し、フランス軍を包囲、殲滅する作戦プランを練った。ベトナム側は、4万人の兵力、後方支援を含めれば10万人というフランスの予想をはるかに超える兵力・人員を動員し、ディエン・ビェン・フーを包囲した。中国は直接参戦以外の最大限の援助をこの戦いに与えた。毛沢東主席は重大な場面で指示を出し、彭徳懐国防相は自ら対ベトナム援助の責任者となって、中国領内でのベトナム軍砲兵の訓練、前線への重砲やロケット砲の運搬などを直接組織した。フランス軍は、ベトナム軍が重火器を持っていないと考えたが、しかし、ちょうどこの頃、中国によって新たに装備されたベトナム軍の榴弾砲連隊と2個高射砲大隊が訓練を終了し、作戦に投入された[32]。

　ベトナム軍は54年3月13日、ディエン・ビェン・フーに対する攻撃を開始した。フランス軍は、ディエン・ビェン・フーへの兵力投入を繰り返したが、戦局はさらに悪化し、5月7日、ディエン・ビェン・フーの戦いが終わった。フランス軍は完敗し死傷者1.62万人以上の損害を受けた。ベトナム側にとっては、50年の国境戦役でフランス軍8,000人を殲滅して以来の大勝利であった。

　アメリカは、49年末からフランスのインドシナ政策を支持するようになり、54年になると、フランスのインドシナでの戦費の八割はアメリカが負担していた。フランスが徐々に苦しい状況に追い込まれるにつれ、アメリカは、直接介入を考え始めた。統合参謀本部は53年の初め頃から、アメリカによるインドシナへの軍事介入の行動方針などについて検討し始めた[33]。12月、統合参謀長会議は、フランスのインドシナ撤退に備えて、インドシナに米軍を派遣する準備をすべきだとの勧告を作成した。翌54年1月21日の第181回国家安全保障会議で、アメリカ政府は、特別委員会を作り、インドシナで勝利するために、フランスをいかに援助するか、フランスがインドシナで敗北または撤退した場合にアメリカがどのような

行動を取ることが可能かについて検討することを決めた[34]。

　ディエン・ビェン・フーで苦戦を強いられたフランスは、4月4日、「直ちにアメリカの輸送機による軍事介入がディエン・ビェン・フーの情勢を救うために今必要」[35]として、アメリカの介入を正式に求め、その後も再三にわたって、アメリカの緊急軍事介入を要請した[36]。

　それに対して、ダレスは4月5日、アイゼンハワーと電話で会談した後、議会の支持とイギリスなどとの共同行動が得られない限り、アメリカはインドシナの戦闘に参加できないとフランスに返答した。

　翌6日、アイゼンハワーは第192回国家安全保障会議を開き、インドシナ情勢とアメリカの対応、とりわけ米軍地上部隊介入の問題について議論した。インドシナ介入を検討するに当たってアメリカが最も懸念したのは、中国の介入という連鎖反応であった。特に、アメリカの介入でベトナムが負けた場合、中国が介入する可能性が極めて高く、それを真剣に考えなければならないということでアメリカ政府と軍の重要メンバーの見解がほぼ一致した[37]。

　しかし、インドシナの戦略的地位は朝鮮半島より遥かに重要で、アメリカは決して、中国の介入を懸念してインドシナへの介入を諦めたわけではなかった。この会議は引き続き、インドシナ介入の条件と環境整備について詳しく検討した。アメリカのインドシナ介入の条件として、（1）アメリカ議会の承認を得ること、（2）フランスがインドシナにとどまり、彼らの独立を認め、かつ引き続き戦うこと、（3）英連邦やインドシナ以外の東南アジア諸国が介入に参加すること、の3項目を決めた。これらの条件の実現可能性について、（1）に関しては、（2）と（3）が実現できれば、議会を説得できると予測した。（2）に関しては、アメリカの介入があれば実現可能ということであった。（3）に関しては、アメリカの働きかけと強い要請があればイギリスはアメリカと行動を共にすると信じる（ダレス）。タイ、フィリピンなど東南アジア諸国はすでにアメリカを支持すると表明している。このような情況から、（3）の条件が満たされる可能性も大きい。すなわち、この三つの条件はいずれも満たされる可能性が大きいということであった。そこで、この会議の結論は、インドシナ介入につ

いての結論を出さず、情勢の推移を当面見守ると同時に、介入のための環境整備を進めるというものであった⁽³⁸⁾。興味深いことに、翌4月7日の記者会見で有名な「ドミノ理論」を強調したアイゼンハワーは、この日の国家安全保障会議では、むしろインドシナを失えば東南アジア全体を失うという考えに強く反対したのである⁽³⁹⁾。すなわち、「ドミノ理論」は当初から、アメリカ当局者が確信していた「理論」というより、外交戦術として使われた色彩が強いのである。

　5月7日ディエン・ビエン・フー陥落の当日から、アメリカはインドシナ介入の可能性を探る動きを強めた。この日、アイゼンハワーとダレスなどがインドシナ情勢について議論し、アメリカが戦闘部隊を送る可能性についてもはじめて話し合われた⁽⁴⁰⁾。4月4日にフランスによるアメリカの正式介入の要請を受けてから、アイゼンハワー政権が国家安全保障会議などを重ね、インドシナ情勢の推移を見ながら、特にディエン・ビエン・フー陥落を受けて、アメリカの軍事介入の可能性、中国・ソ連の動き、核の使用などを繰り返し検討した。最悪のケースとして想定されたのは、インドシナへのアメリカの軍事介入が中国の軍事介入を招き、決着をつけるためには核兵器を使う必要が生じることであった。そして、核兵器を使用すると、ソ連が必ず反応し、第三次世界大戦につながってしまうという事態も論議された⁽⁴¹⁾。たとえば、CIA長官を中心に作成された6月15日の「特別国家情報評価」(Special National Intelligence Estimate)は、軍事的なメリットが得られると判断される場合には、インドシナと中国に対する核兵器の使用を予想している⁽⁴²⁾。さらに、アメリカ、イギリス、フランス、オーストラリア、ニュージーランドで構成する五ヶ国軍事会議では、中国が公然とインドシナに介入した場合は、アメリカが原子爆弾を使うべきだとの考えで全員が一致し⁽⁴³⁾、この衝撃的な事実は6月17日の国家安全保障会議に報告された。

　このときアメリカの動きとして以下の点がとりわけ重要である。①アメリカがインドシナへの介入を真剣に検討し、その環境作りに懸命であった。②ジュネーブ会議で合意できなければ、アメリカのインドシナ介入の条件が整う可能性が高い。その場合、十年後のアメリカ単独介入という形

ではなく、フランス、イギリス、オーストラリア、ニュージーランド、東南アジア諸国などとアメリカの大掛かりな国際介入となり、かつ、朝鮮戦争でイギリスなどが核兵器の使用に断固反対したのとは全く逆に、アメリカによる核兵器の使用（中国がインドシナに介入した場合）はフランス、イギリス、オーストラリア、ニュージーランドによって既に要請されていた。③アメリカがインドシナに直接軍事介入した場合、二つの可能性が生まれる。一つは、中国が出兵しない場合である。この場合、ベトナムが敗北する可能性が非常に高い。もう一つは、中国が出兵するケースである。この場合、上述したように、核戦争になる可能性が相当高い。これは、④核戦争、第三次世界大戦の危険性が確かに存在したことを意味する。

　従って、ディエン・ビェン・フー戦役後の第一次インドシナ戦争は、アメリカの直接介入が現実味を帯びる戦争であり、米中直接軍事衝突、核戦争の可能性をはらむ戦争に変化したと言える。

　なお、第一次インドシナ戦争の間、中国はベトナムに軍事援助を提供した唯一の国であった。中国はベトナムに、各種銃が合計11.6万丁、各種火砲4,630門及び大量の弾薬、通信、工兵器材、食糧、被服、医薬品など軍需物資をベトナムに与えた[44]。ベトナム軍の「全武器弾薬と装備は中国が予算と戦役の必要にしたがって直接供与したものである」[45]。

第2節　1954年ジュネーブ会議と中越関係

　ディエン・ビェン・フー戦役がすでに進行中の1954年1月25日から28日、フランス、イギリス、アメリカ、ソ連の四ヶ国の外相がベルリンで会議を開いた。会期中、ソ連の提案により、同年4月にジュネーブで朝鮮問題とインドシナ問題に関する会議を開催し、ソ連、アメリカ、フランス、イギリス、中国五ヶ国外相及びその他の関係国がこの会議に参加することが決定された。ジュネーブ会議は結局、54年4月26日から7月21

日まで開かれ、アメリカの消極的な姿勢にもかかわらず、インドシナ問題についての協定を結んだ。これにより、インドシナの平和が一応達成され、その後の約十年間、インドシナは外国軍の大規模介入や大きな戦争を避けることができ、アジア地域全体も概ね平和が保たれた。しかし、ジュネーブ会議はインドシナ問題を全面的に解決したのではなく、会議の直後からアメリカがフランスに代わってインドシナへの介入を徐々に強め、インドシナにおける緊張関係は一貫して持続され、それが十年後の第二次インドシナ戦争に繋がった。また、中越関係が悪化した時にベトナムはこの会議で中国から圧力を受けたと非難し、中国の支持があればこの時にベトナムを統一することができたと主張している(46)。以下、ジュネーブ会議に臨む中越ソの事前準備、中国側の変化、中越間の一致点と相違点及びその変化について分析する。

1 ジュネーブ会議のための中越ソ事前準備

ジュネーブ会議に向けて、中国、ソ連、ベトナム三ヶ国は、インドシナ問題に関してそれぞれ国内準備を行いながら協議を重ねた。中国の場合、1954年3月2日、劉少奇が中央書記局会議を主催し、周恩来が提出した「関於日内瓦会議的估計及其準備工作的初歩意見」(「ジュネーブ会議についての予測及び其の準備工作についての初歩的な意見」以下、「意見」と略称)を審議した。「意見」は、中国がジュネーブ会議に臨む方針及び朝鮮、インドシナ問題における対策について明確に規定した。中国の方針として「意見」は、「積極的にジュネーブ会議に参加する方針をとり、併せて外交と国際活動を行い米帝の封鎖、禁輸、軍拡と戦争準備の政策を打破し、それを持って国際緊張情勢の緩和を促進するようにすべきである。大国間の協議を通じて国際紛争を解決する道を切り開くために、ジュネーブ会議で、アメリカがあらゆる力を使って平和事業に有利な協議の達成を破壊しようとしても、我々は、あらゆる努力を尽くして必ず何らかの協議を達成させるべきである。それは、臨時的または個別的な協議でもいい……」。インドシナ問題については、「我々は、ジュネーブ会議が成果なく終ることの

ないよう力を尽さなければならない」とした。また、インドシナ問題に対する中国の最低目標を、「インドシナ停戦の問題では、16 度線近くで南北双方の停戦ラインとすることをできるだけ勝ち取る」とした[47]。

3月中旬、周恩来がホー・チ・ミン及びベトナム労働党[48]中央に電報を打ち、「当面の国際情勢とベトナムの軍事情勢は何れもベトナムにとって外交闘争を展開するのに有利」として、ベトナムの積極的な参加と準備を促した上で、「停戦になる場合、比較的に明確な境界線を有し、一塊の比較的に整った地域を保持するのが最も望ましい。事実上、今日の停戦ラインが将来に境界線になる可能性も高い。したがって、これは比較的に重大な問題であり、今後の戦況の発展も見なければならない。一体この線をどこに描くか、どの緯度に描くかは、二つの面から考えることができる。一つは、ベトナムに有利でなければならない。もう一つは、敵側が受け入れられるかどうかを見なければならない。この線は、南に行けば行くほどよく、北緯十六度の問題は、一つの案として考えることができるかもしれない」と述べた[49]。ここで、中国側は正式に、停戦ラインの構想と十六度線構想をベトナム側に提示したのである。

4月1日、周恩来をはじめとする中国代表団とベトナム代表団、北朝鮮代表団がモスクワに行き、2日から11日にかけて、中ソ越朝四ヶ国がジュネーブ会議参加のための予備会議を開き、ジュネーブ会議参加の方針、政策、交渉案などについて協議し、できる限り努力してインドシナ停戦を実現することをさらに明確にした。中越ソ三国はこの事前協議で、ベトナムを南北に分ける停戦案のほうが有利であるという合意をした。また、このときにもう一つの合意があったようである。それは、事前協議で、ベトナム側が再三、中国とソ連に、インドシナ三国が不可分なもので、勝利後は一つの連邦国家を形成すべきだと主張したことである。ソ連と中国は、この時点ではインドシナが一つの国家であり、ラオスとカンボジアはベトナムの少数民族であると考え、ベトナムを支持したという[50]。なお、中越ソ三国の事前準備会議がモスクワで開かれたことや、周恩来が4月7日にモスクワから中国に送った電報の中で、「モスクワに到着してからすでにソ連共産党中央の同志と三回会談を行い、現在、ソ連共産党の同志が具体

的な方案のドラフトを作成している……」⁽⁵¹⁾と述べていることなどから、この事前準備はソ連主導の下で行われたということが言えよう。

　現在入手できる資料によると、中越ソ間の事前協議で得られた合意事項は、少なくとも以下の3つがあったように思われる。第一に、インドシナ平和を実現すること、第二に、ベトナムを南北に分けて、十六度線またはその近くを停戦ラインとすること、第三に、ベトナムの「インドシナ連邦」構想を中ソが支持すること、である。但し、この合意も、三者間の協議と妥協の産物であったと推測されよう。なお、上記ベトナム外務省の『中国白書』は、「1954年5月から中国代表団は、ベトナム両地区の境界線を北緯十六度にするという提案を持ち出した」⁽⁵²⁾、「1954年6月23日の第四回会談で周恩来首相は、フランスのマンデス新首相と会見し新しい譲歩を提起した。それはベトナムを二つに分割し、南北両ベトナムは平和共存する、軍事問題を先に解決し、ベトナム、ラオス、カンボジアの三つの問題の解決を切り離すというものであった」⁽⁵³⁾と、事前の合意を否定し、ベトナムの南北分割については、中国側が勝手に会議中にフランスに提起したものであるとしている。

　4月20日、周恩来が中国代表団を率いて専用機で北京を離れ、ジュネーブ会議に向けて出発した。中国代表団はまずソ連を訪れ、モスクワに3日間滞在した。この時、ベトナムのホー・チ・ミン主席、ファン・バン・ドン総理兼外相、北朝鮮の南日外相もモスクワに滞在しており、中ソ越朝四ヶ国がさらに二国間と多国間協議を重ね、ジュネーブ会議参加の方針と各種の案について最終的な合意を確認した⁽⁵⁴⁾。

2　第一段階会議

1.ディエン・ビェン・フー陥落の影響

　ジュネーブ会議は、1954年4月26日から7月21日にかけて行われ、アメリカ、ソ連、イギリス、フランス、中国と、南北朝鮮及び朝鮮戦争に参加した他の12カ国、インドシナの関係国がこの会議に参加した。会議の前半は朝鮮問題を中心に討議したが、6月15日に至るまで、合意した

ものは一つもなく、朝鮮問題についての議論は最終的に決裂した。

インドシナ問題に関する討議が5月8日に始まる予定になっていたが、前述したように、その前日の5月7日、ディエン・ビェン・フーの戦いが終わり、フランス軍が完敗し、フランス側が16,000人以上の損害を受けた。ディエン・ビェン・フーの結果は会議参加の双方に大きな影響を与え、双方とも変化が生じた。ベトナム側では、ベトナム代表団がディエン・ビェン・フーの勝利を高く評価した。ファン・バン・ドンは、ベトナム問題が現地停戦を原則とし、若干の調整を行うのみで全国選挙を待ち、それによって全国統一を実現すると主張しはじめ、相手が全国選挙に賛成しない場合のみ南北分割を考えると、中越ソ三国の事前合意とは異なる案を主張するようになった。一方、アメリカなどは、上述したように、インドシナ介入、中国との戦争、核戦争について検討し始め、会議では強硬な姿勢をとった。

インドシナ問題の会議に参加したのは、五大国とベトナム民主共和国（北ベトナム）、ベトナム共和国（南ベトナム）、カンボジア王国とラオス王国の九者であった。インドシナ問題に関する議論で、中越ソの主張は、インドシナ三国問題の同時解決、軍事と政治の不可分、インドシナの独立がインドシナ平和実現の前提というものであった。一方、仏米英などは、ラオスとカンボジアに停戦の問題が存在せず、ベトナム軍が撤退すれば平和が回復するとして、政治問題と軍事問題を分けてベトナムにおける停戦の問題のみを議論すると主張した。双方の主張の距離が大きく、会議ははじめから膠着した状態に陥った。

2.「インドシナ」に対する中国の認識の変化

そうした中で、中国側に変化が現れた。それは、「インドシナ」に対する中国の認識の変化であった。これに関して、中国代表団のロシア語通訳の李越然は次のように回想している。「ベトナム、ラオス、カンボジアの抗仏武装勢力はずっと共に戦い、互いに融合していたため、ベトナムはこの三つの民族が団結して互いに助け合っていると強く主張した」[55]。ジュネーブ会議中国代表団の「政治顧問」でもう一人のロシア語通訳の師哲はこの点に関して、もっと率直に回想している。師哲によれば、ジュネーブ

会議の前では、中国はインドシナ全体の実情について十分に把握していなかったという。中国は、ベトナム民主共和国との交流はあったが、ラオス、カンボジアとは一切往来がなかったためである。ところが、ラオスの代表とカンボジアの代表がはじめて会議に出席し、会場で中国の代表を見かけると、中国を「帝国主義」と罵倒した。それを見て、周恩来は、「彼らはフランス人に騙された。この局面を変えなければならない」として、まず師哲と王炳南（中国代表団副団長）を彼らに接触させ、それから、自らラオスとカンボジアの代表を食事に招待し、率直な会談を行った[56]。ラオスとカンボジアの代表との会談で、周恩来はインドシナの実情を多く知るようになった。インドシナ三国の民族と文化は大きな差があり、国家の境界線はフランスの植民地統治以前から長期にわたって存在し、また、ラオスとカンボジアには王国政府が存在し、内外の支持を相当獲得していた[57]。それに加え、ラオスとカンボジアの抗仏勢力は、ベトナム人が中心で、現地の勢力は非常に弱かった。このような認識と情勢判断の変化のもとで、周恩来は中国側の対策を見直し、インドシナ三ヶ国をそれぞれ異なる国として扱うように変化し始めた。周恩来はラオスとカンボジアの代表に次のように説明している。つまり、中国はベトナムの抗仏民族解放闘争を支持しているが、異民族によって統治されている他の民族の解放闘争も支持し、ラオスとカンボジアの抗仏闘争も支持できるよう希望すると表明する[58]。一方、周恩来は、ベトナムの「インドシナ連邦」構想と距離を置き、インドシナ三国をそれぞれ独立したものとして言及するようになった。

　周恩来はまた、ベトナムに対しても、インドシナ連邦構想の再考を促したようである。たとえば、5月17〜19日のインドシナ問題に関する第一回から第三回の制限会議において、インドシナ三国の問題を分けて議論することに反対を表明したが、23日にインドの国連大使との会見ではじめて、インドシナ三国の情況がそれぞれ異なることを認めると表明した。特に、ソ連とベトナムの代表との協議を経て、27日に、中国の提案を説明した時に、「インドシナ三国はどの国も例外なしに同時に停戦しなければならないが、双方の軍隊の集結地域、すなわち双方地域の調整の問題は、

三国の情況が完全に同じであると言うわけではないので、双方は、地域調整の原則が確立した後に、三国の具体的な情況に基づいて実施すべきであり、したがって、解決の方法も多少異なるものになる」と強調した(59)。会議が膠着する中で出されたこの提案によって、双方の軍関係者が接触する協議が二日後の29日に合意され、交渉が一歩前進となった。

　インドシナを一つとして扱うかそれとも三ヶ国として扱うかが重要な問題であることに気づいた周恩来は、さらに次なる行動に出た。5月30日、周恩来は毛沢東と党中央に電報を打ち、次のように述べている。「インドシナの三つの構成国は、その民族と国家の境界線が非常に明確でかつ厳格なものであり、このような境界線は、フランスがインドシナに対する植民地統治を確立する前からすでに存在し、この三国の人民もこのように見ている。これまで我々は国内でこんなに深刻だとは考えていなかった。カンボジア、ラオスの二つの王国政府は大半の人民から見て依然合法な政府であり、世界的にも三十以上の国によって認められている」「今回ジュネーブ会議での接触を通じて、我々は初めて、問題がそんなに簡単ではなく、厳密に三つの国として扱わなければならないということが分かった」。周恩来はまた、この電報の中で、自分の見方が正しいかどうかについて党中央の議論を要請した。そして、もし党中央は自分の見方が正しいとの結論に至るなら、ベトナム労働党中央とまず協議することを求めた(60)。5月31日、中国共産党中央はすぐに周恩来に、「インドシナ問題についての分析……に同意し、すでにベトナム労働党中央に知らせた。彼らに対して、検討する上で返答するよう要請した(61)」と返電した。

　ベトナム労働党は6月4日、中国共産党中央に返電を送り、周恩来の見方に同意すると表明した(62)。

　中越両国の最高層からの肯定的な返答を受け、周恩来は、インドシナ三国を分けて考え、ラオスとカンボジア問題で今までの対応を変更することにした。5月29日の合意以降も、外相会議は主にラオスとカンボジアにベトナムの軍隊が存在するかどうかの問題をめぐって双方が対立し、再び膠着状態に陥っていた。そうした中で、6月12日にフランスのラニエル政権が崩壊し、フランスの政局が混乱に陥り、フランス代表団のビドー団

長が外相の資格を失い、パリに戻った。そこで、アメリカは会議の中断を考えた。6月14日、西側の16ヶ国が会議を開き、6月15日に朝鮮半島問題に関する議論を終え、6月16日にインドシナ問題に関する議論を終えると決めた。しかし、インドシナでの戦争拡大を望まなかったフランスは会議の失敗を憂慮し、16ヶ国会議の決定が下された後の14日午後7時半に、フランス代表団の秘書長が急遽、中国代表団秘書長と会談し、16ヶ国会議の決定を伝え、それを阻止できるのは中国だけだと言った。当夜、中朝ソの代表が相談し、こちら側が譲歩できる条件をすべて提示することで合意した。しかし、次の日の朝鮮半島問題に関する議論で三国の「最低案」も拒否され、朝鮮問題についての議論は、ついに決裂に終わった[63]。

3.中越ソの譲歩

　インドシナにおける平和の実現という意味で、ジュネーブ会議は危機的な状態に陥った。李越然や師哲などによれば、6月15日に朝鮮問題を討議する会議が決裂した後、ソ連代表団団長モロトフ外相が周恩来に、インドシナ問題でも合意に達しない場合、ジュネーブ会議は失敗するとの懸念を示し、交渉が危険な局面に入ったと告げた。それに対して、周恩来は、われわれは力を尽くして局面を挽回し、インドシナの平和を全力で勝ち取るべきだと答えた。その夜、モロトフはイギリス外相に会い、局面挽回の可能性を探った。一方、周恩来は、中国代表団の所在地が相当緊張した雰囲気に包まれる中で代表団に、「強硬派を孤立させ、中間派を味方にし、インドシナ平和を勝ち取らなければならない」と指示した。食事の後、中越ソ三国の代表がモロトフの住んでいる別荘で会談し、対策を考えた。この日の会議の結果が、モロトフに極めて大きな影響を与えた。モロトフはファン・バン・ドンに、「もし会議が延期になったらどうする」と尋ねた。しかし、周恩来は断固とした態度で、インドシナ問題を先延ばししてはならないと表明した。周恩来は、現在の交渉のポイントはラオスとカンボジアにベトナム軍が存在するかどうかの問題で、会議を継続させるためには、ラオスとカンボジアにベトナム軍が存在することを認めるべきだと提案した。方法としては、我々が得た資料によれば、過去においてラオス

とカンボジアで戦闘に参加したベトナム志願軍がいたが、その一部はすでに撤退した。もし現在もまだいるなら、すべての外国軍が撤退するという方法で処理すると表明することだとした。モロトフはすぐこの提案に賛成し、ファン・バン・ドンも熟考の末それに同意した。続いて、三国は役割分担を決めた。周恩来が16日の午前、フランスとイギリスの代表に会い、この提案の内容を伝え、午後の会議では、周恩来が軍事問題に関する新しい提案を出し、ファン・バン・ドンが政治解決に関する新しい提案を提出し、モロトフが中立国監察委員会に関する新しい提案を出すというものであった[64]。

6月16日、中越ソ三国は予定通りに行動した。周恩来の提案はフランスとイギリスの賛同を得た。アメリカでさえ、はじめて中国の発言を部分的に肯定する姿勢を見せた。そこで、この日の会議でインドシナ問題に関する議論は決裂を避け、一日休会した後に再び議論することになった。

6月17日、フランスで新内閣が発足した。マンデス・フランス新首相は、自ら外相を兼任し、一ヶ月以内にインドシナ平和を実現しなければ内閣を総辞職することを宣言した。フランスの外相代理が当日、ジュネーブに飛び、正午に周恩来と会談した。19日の外相会議で、カンボジアとラオスでの停戦実現の問題に関して飛躍的に進展を見せ、双方の軍事代表がラオスとカンボジア問題で直接交渉し、外相会議に提言を行うことが合意された。その後、休会になった。

周恩来はさらに、同じ日に毛沢東と党中央に電報を送り、ジュネーブ会議の進捗状況を報告した上で、ベトナムとの調整について、電報の往復では合意するのが容易ではないので、各国外相が休会の間に、周恩来が自ら「広西省南寧市に行く。ベトナム労働党中央の責任者に多く来ていただきたい。私が彼らに情況を報告し、地域確定の方針を説明する」と要請した。20日にはさらに、この考えはモロトフとファン・バン・ドンの同意を得たとの電報を毛沢東と中央に送った[65]。

3　休会中の周恩来の動き

　周恩来はジュネーブ会議休会中の 7 月 2 日、ベトナム首脳との会談の予定地である中越国境の広西省柳州市に着いた。周恩来の提案により、ホー・チ・ミン、ボー・グエン・ザップなどベトナム労働党と軍の指導者及び中国顧問団の責任者羅貴波、韋国清などが柳州に集まった。

　柳州会議で周恩来がまず二つの質問をした。一つは、戦場における力関係がどうなっているかという問題であった。ボー・グエン・ザップが詳しく紹介した。フランスは敗戦を喫したが、ディエン・ビェン・フーの後、フランスから兵力を補充し、現在総兵力は 47 万人、その中にフランス遠征軍が 19 万人、南ベトナムの軍隊 24 万人、ラオス王国の軍隊 2 万人、カンボジア王国の軍隊 1.5 万人。こちら側の軍隊は合わせて 30 万人、その中に 29.5 万人がベトナムの軍隊、ラオス抗戦部隊 1.8 万人の中 1.4 万人がベトナム人、カンボジア抗戦部隊 3,000 人の中 1,000 人以上がベトナム人である。経済面では、ハノイ、サイゴン、ダナンなど経済の中心は依然、敵の手にある。従って、インドシナ戦場の変化は本質的な変化ではなかった。周恩来が出した第二の質問は、もしアメリカが干渉せず、フランスが兵を増やして戦っていけば、我々がどのくらいの時間でインドシナを掌握することが可能かという問題であった。これに対して、ボー・グエン・ザップ、ホー・チ・ミン、羅貴波、韋国清の一致した見解は、すぐには無理ということであった。なぜなら、大きな戦闘を行う前にまず道路を作らなければならない。2 〜 3 年でも勝利の確信がない。恐らく 3 年から 5 年はかかるだろうということであった[66]。そこで、周恩来は、これ以上の戦争継続が不可能との判断を下した。なぜなら、戦争が続き、アメリカが介入してくると、中国の介入がない限り、ベトナムは勝つことができないばかりでなく、現在の局面も保つことができなくなる可能性が大きいためである。周恩来は、インドシナ問題がすでに国際化され、その国際化の程度が朝鮮問題を超えており、これ以上、戦争が続けばアメリカの介入は必至だと、平和達成のために、ベトナム側を懸命に説得しようとした[67]。その結果、ベトナム側は 7 月 5 日になってようやく、戦争継続が不可能との周

恩来の認識に同意し、停戦と、南北間の停戦ラインの設定、ジュネーブ会議での積極的方針の採用などを決めた。ベトナム側は、この柳州会議の決定を直ちにベトナム労働党中央「七・五文書」の形式でジュネーブに滞在中のファン・バン・ドンに送り、ファン・バン・ドンに、「文書を受けとったら直ちに中ソの代表団と協議し、基本的なところで異なる意見がなければ、この文書で決められた方針にしたがって交渉するよう」と指示した[68]。

　周恩来は柳州会議の後、さらに北京とモスクワを訪れ、中ソ両党の最高層の支持を取り付けた。

4　第二段階会議

　周恩来は、7月12日にジュネーブに戻り、新しい案に強硬に反対するファン・バン・ドンと徹夜で会談した。周恩来は、柳州会談と中ソ会談の状況と結論を紹介し、主動的、積極的、迅速的、直接的、徹底的に問題を解決し、基本利益に損害を与えないという前提の下で、個別的な譲歩を通して、協議の達成を求めるという方針は、中国、ベトナム、ソ連三国の党中央の一致した意見であるとして、戦争が続けばアメリカは必ず介入すると強調し、南北分割案の利点を力説した。最後に、ファン・バン・ドンが周恩来の説得に応じ、13日に帰国直前のマンデスと会い、新しい提案を示した[69]。これに関して、『中国白書』は、「1954年7月10日になってもベトナム側は、ベトナム、ラオス、カンボジア問題で自らの立場を堅持し、ラオスの抗戦政府とカンボジアの抗戦政府のジュネーブ会議への参加、及び、ベトナムの暫定軍事境界線は北緯十三度と決め、六ヶ月以内に祖国を統一するための自由な総選挙を行うことを主張し続けた。……」しかし、「中国は、ベトナム側に譲歩をうながす役割をつとめた」[70]と記述している。

　7月19日、ベトナム、ソ連、中国の三ヶ国は、インドシナ平和回復の問題に関する最終案に合意した。この案には、境界線を第九号道路より北約10キロのところとすること、敵対行為が停止してから二年以内に全国選挙を実施することなどの内容が含まれた。

　7月21日、ベトナム、ラオス、カンボジアが停戦協定に署名した。フ

ランス政府は、「インドシナ三国から撤兵することに関する声明」、及び「三国の独立、主権と領土の保全を尊重することに関する声明」を発表した。この日の会議で、インドシナ平和回復の問題に関する「ジュネーブ会議最終宣言」が採択された。三ヶ月近くにわたるジュネーブ会議はこれを以って終了した。

　しかし、会議の参加国の中では、アメリカがジュネーブ会議の結果に強い不満を抱いていた。アメリカは会議の最終宣言に署名することを拒否し、特別声明の中で、「武力威嚇または武力の使用でそれを妨げることをしない」と表明したが、同時に、アメリカは、「上述した協定に違反し侵略を再び行ういかなる行為に対しても重大な関心を持ち、それは国際平和と安全に対する重大な脅威であると考える」とも述べた。これは、後にアメリカがインドシナに対する干渉を拡大することにつながった。

　周恩来は後に、ニクソン、キッシンジャーとの会談で、「もしあの時にもっと冷静に、合衆国が署名しなければ我々も署名しないと主張すれば、おそらく彼（ダレス）にいやおうなく署名させることができたでしょう」「私はこのことをよく考えませんでした。もっと冷静になることができたはずです」「あのときは署名に同意するというので騙されました」[71] などと述べている。

第3節　蜜月期の中越関係

　ジュネーブ協定の締結を境に、第一次インドシナ戦争が終結し、ベトナムは第九号道路より北約10キロを境界線に北と南に分かれた。ジュネーブ会議後、アメリカはフランスに代わって南ベトナムに介入し、ジュネーブ協定に定められた1956年のベトナム全国統一選挙は実施されず、アメリカ支持のもとで南ベトナム政府は弾圧を強めた。そのような情勢の下で、ベトナムは59年に武装闘争を決め、60年12月に南ベトナム民族解

放戦線が結成された。選挙がアメリカと南ベトナム側に拒否されたため、中ソはベトナムの政策と行動を追認した。南ベトナムでの武装闘争が激しくなるに連れ、アメリカが介入を強め、1961年5月に特殊戦争を開始した。それを受け、中国がベトナムに対する支援を強化した。

　南ベトナムでの戦闘が激しさを増し、アメリカが南ベトナム支持で強硬姿勢を強める中で、中越双方は、アメリカのさらなる大規模介入に備えて協議を重ね、64年半ばになると、アメリカの介入拡大に対抗する共同作戦体制を整えた。この時期は、米中関係は敵対関係にあった。ソ連は対米緊張緩和政策をとりながら、「中ソ分業」もあってベトナム戦争への不介入の姿勢をとった。一方、中ソ同盟関係は1958年から重大な対立が生じ、中ソ関係の軋みがベトナムにも影響を及ぼすようになったが、ベトナムは基本的に中国と同調した。以下、この時期のベトナム情勢、中越関係、ソ連ファクターを中心に、中越関係の角度から「戦間期」、南ベトナムでの武装闘争への転換期、特殊戦争期、戦争拡大への対策準備期の四期に分けて検討する。

1　「戦間期」

　ジュネーブ協定が結ばれてから2ヶ月以上経過した後の1954年10月9日、ベトミン軍がハノイに入城した。以後、ベトナム労働党はジュネーブ協定で定められた境界線より北のベトナムを支配下に置き、はじめて外国の勢力を排して国土の大半をコントロールし、独自の力でそれを管理するようになった。ベトナム労働党は、ハノイを首都とし、58年まで北ベトナムでの国内建設に重点を置き、南ベトナムでは政治闘争を中心とした。アメリカ側の判断によれば、「54年のジュネーブ協定以後も、5千人ないし1万人と推定される南の『共産側』組織の骨格を残しておいたが、幹部党員には政治闘争以外は禁止されていた」「（ゴ・デェン・）ジエム政権は1959年までに南の共産主義者を一掃することにほぼ成功していた」[72]。しかし、南ベトナムではジエム政権に対する抵抗が続けられていた。一方、ジュネーブ会議後の中国の対外政策、特にその対外行動は、アメリカの強

硬なインドシナ、東南アジア政策とは対照的に、基本的に抑制的、「平和的」であった。100年以上にわたる半植民地・半封建時代の終結、そして国共内戦、朝鮮戦争を経て、中国共産党は、国内建設とそのための平和的な国際環境を求めた。そのため、中国はベトナムに対しても、北では建設を中心に、南ベトナムでは政治闘争に重点を置くことを求めた。この時期、中越の立場が基本的に一致し、ベトナムが中国に国家管理の経験の学習から様々な物的人的援助を依頼していたこともあって、両国の関係が極めて良好であった。

1.中越関係

　この時期において、ベトナムは、北ベトナム地域における権力基盤の強化、経済建設、軍隊建設などを進めた。それに対して、中国は経済を中心にベトナムにさまざまな援助を行った。たとえば、54年12月28日に中越交通と水利問題会談の共同コミュニケが発表され、中国はベトナムに交通と水利の援助を表明した[73]。58年3月31日に中国のベトナムに対する経済援助協定が結ばれた。さらに59年2月18日に、包括的なベトナム援助協定が結ばれた。

　一方、中国によるベトナム援助の中でさまざまな問題も生じた。その中に、とりわけ深刻な影響を残した問題は、中国人顧問の指導を受けた北ベトナムの土地改革の問題であった。中国人顧問達は、中国で行った土地改革を手本にベトナムの土地改革を指導したが、しかし、ベトナム労働党とベトナム軍幹部の多くは地主などの出身で、この土地改革に強く反発し、それが行き過ぎであるとして、親中国とされる労働党書記長のチュオン・チンを辞任に追い込み、南部出身者で北への引き上げに強く反発したレ・ズアンはホー・チ・ミンに次ぐ指導者になり、60年に正式に書記長に就任し、次第に最高実力者の地位を固めていった。

　第一次インドシナ戦争の終結と北ベトナムにおける国家形成と建設が初歩的に軌道に乗ったのを受け、ベトナム援助のための中国人軍事顧問と政治顧問は56年3月までに全員帰国した。

　一方、ホー・チ・ミンは、55年6月23日から7月5日にかけて、初め

て中国を公式訪問した。中国人学者によれば、このホー・チ・ミン訪中で、中越両国は、安全保障面での緊密な協力、外交政策の協調などについて合意し、「その後の両国関係の構造を確立させ」「重大な問題に関して両党の指導者が公または内部の協議、意見交換」制度を作ったという[74]。

2. ソ連と中越関係

ソ連は、ポスト・スターリン体制へ移行する転換期にあり、国内安定の優先、アメリカとの「平和共存」政策、中ソ「分業体制」及び東南アジアに対する知識の不足などによって、ソ連はベトナムに対して、依然、直接援助を避ける姿勢をとった。そうしたソ連の姿勢に対し、ベトナム側は繰り返しソ連の一段の関与を求めたようである。

1953年3月5日のスターリン死去によって、フルシチョフが暫定的な責任者となり、9月に正式に書記長に選ばれたが、その地位は必ずしも安定しておらず、ソ連の政局は不安定な状態にあった。56年2月14日には、フルシチョフがスターリン批判の秘密報告を行い、ソ連国内外及び社会主義陣営内外に大きな衝撃を与えた。その直後にポーランド事件、ハンガリー事件が連続して発生し、57年にフルシチョフとマレンコフ、モロトフ、カガーノヴィチらとの権力闘争が生じた。こうした状況下で、フルシチョフは国内安定を最優先課題と位置づけ、社会主義陣営内ではもう一つの大国中国の支持を獲得する一方で、他方では陣営外のアメリカと「平和共存」路線を打ち出した。フルシチョフは、スターリンが残した中国との問題を一部清算し、1954年10月に中国を訪問し、また、毛沢東は1957年11月2日からソ連を訪問し、ロシア革命40周年記念式典と社会主義十二カ国党会議に参加し、中ソ関係は蜜月期を迎え、中ソ同盟は最も機能する時代を迎えた。このような背景の下で、ソ連は、ベトナム問題に関しては中ソ「分業体制」を基本路線として行動した。

たとえば、ジュネーブ会議が終了した直後の54年7月27日に、ファン・バン・ドンが、ソ連人軍事顧問のベトナム派遣をソ連側に求めたが、ソ連外交部東南アジア局は、「近いうちにこのような顧問小組をベトナムに派遣するのは適切だ」との考えを示しながらも、「中国同志と何らかの矛盾

が生まれるのを避けるために、このソ連軍事顧問小組を、ソ連のベトナム民主共和国駐在大使館の武官とする」と提案した[75]。

翌年の55年4月、ホー・チ・ミンをはじめとするベトナム民主共和国代表団がソ連を訪問する予定だったが、ベトナム代表団を迎える準備に当たって、ソ連政府は会談・交渉の方針をまとめた[76]。その中に、以下のような内容が含まれている。

第一に、「総合的な意見を述べるとき、ホー・チ・ミンに、『ソ連政府は、中国の友人とともに』、今後、ベトナムに支援と援助を与えると宣言する」。

第二に、中越の協力・友好関係に対する支持を表明する。具体的には次のように述べる。

「ベトナム民主共和国と中華人民共和国、ソ連との連絡の問題」について、「中華人民共和国とベトナム民主共和国の政治経済と文化領域での協力と友好関係に対して、満足していると表明する」。ベトナムに援助を与える問題について、「ベトナムの同志がさらに中国の友人とよく協議し、中国の提案を求めるべきだということを、ホー・チ・ミン同志に納得させる。……もし、ホー・チ・ミン同志が、ベトナム民主共和国でソ中による経済・軍事施設団の設立を提案した場合、ホー・チ・ミン同志にこの方針が妥当性を欠くものであると説明すること。なぜなら、実践がすでに証明済であるように、ベトナムと中国の友人の協力メカニズムがすでに形成しかつ有効に機能しているからである」

第三に、軍事問題に関しては、特に援助の手順についてである。「ホー・チ・ミン同志がベトナム民主共和国の国防計画に援助を与え、またそのためにベトナム民主共和国、ソ連と中華人民共和国の軍事代表会議を開くことを求めたため、ソ連政府はベトナム民主共和国にこの類の援助を与えることに同意し、かつ、以下の手順にしたがってこの援助を実施することを宣言する」。具体的には次の2点である。

（A）ベトナム人民軍総参謀部が中国の軍事顧問と共に、ベトナム民主共和国の国防計画を初歩的に策定する。必要であれば、ソ連駐ベトナム民主共和国の武官が協商の方式で手助けを与えることが出来る。

（B）ソ連が北京にリーダー職のソ連軍事専門家を2〜3人派遣し、中国とベトナムの軍事幹部と共にベトナムで初歩的な国防計画の策定について議論する。

　一国の最高首脳がある国を訪問する場合、当事国双方が事前に慎重な協議を重ねるという外交上の常識と、上記ソ連側文書の内容から、ベトナム側が事前にソ連側に、軍事、政治、経済などの面で相当多くの直接援助を求めたことが推測される。それに対して、ソ連側は、デファクト体制としてすでに存在していた中ソ「分業体制」に慎重な配慮を加えていたことが明らかである。

　ホー・チ・ミン訪ソ後も、ベトナムは、ソ中混合軍事代表団を作ることをソ連に要請したようで、そのため、55年6月10日に、ソ連外務省はベトナム駐在ソ連大使館に下記内容の電報を送っている。

　　「私は、ベトナム民主共和国の武装力建設の中で現れた問題について調整するためハノイでソ中混合軍事代表団を作ることは適切ではないと考える。現在、ベトナム民主共和国人民軍の中にすでに中国の軍事顧問があり、彼らはこの国とその軍隊の特徴に詳しく、武装力の建設、部隊の訓練や教育について長年ベトナムの同志を手伝ってきた経験がある。我々がベトナム民主共和国の武装力の建設や軍隊の訓練に対する手助けに関しては、ベトナムの同志は、現在のように、中国人民解放軍指揮部を通して我々の必要な協商を得ることが出来る」[77]。

　人的援助が中国を通して行われたばかりでなく、物的援助の面でもそうだったようである。たとえば、グロムイコ外相は56年11月10日にソ連共産党中央への報告で、「ソ連政府の1956年6月6日の決定にしたがって、ソ連はすでに、無償に、中華人民共和国を通して、ベトナム軍に総額2,000万ルーブルのトラックとその他の物資を提供した」と報告している[78]。

　このような中国中心のベトナム援助またはソ連の対越関係は、少なくとも58年あたりまで見られた。たとえば、58年4月16日にソ連外務省が

ベトナム駐在ソ連大使館への指示の中で、次のように述べている。

> 「(ベトナム駐在ソ連)大使館の主な任務は、全力でソ越友誼の安定と発展を促進し、モスクワ共産党と労働党代表会議宣言の精神に基づいて、ベトナム民主共和国と中華人民共和国及びその他社会主義国との関係を固めることである。大使館は、……国家対外経済委員会の代表機関、商務処と武官処……がかれらの仕事を展開する時に中国のハノイ駐在の代表機構と友好的な接触を保つよう常に関心を注ぐべきである」[79]。

このように、スターリンが死去した後も、ソ連は基本的に中ソ「分業体制」を堅持したようである。ソ連側の資料からも、ベトナム側はジュネーブ会議後、ソ連に、さらに多くの援助、特に軍事的援助、及びベトナムへの介入特に軍事面での介入を繰り返し求めたことがうかがえる。しかし、中ソ関係が良好であったこの時期に、ベトナムに執拗に援助を求められても、ソ連は、「中ソ分業体制」に基づき、慎重な対応をとっていたようである。それのみならず、ソ連はこの時期、米国との「平和共存」に熱心であり、ベトナム問題への介入で米ソ関係を損なうことを恐れていた。一方、ソ連は一方で中国の主導権を尊重し、他方でアメリカとの「平和共存」を探求するという二重の前提に立ちながらも、様々な対ベトナム援助を行い、徐々にではあるがベトナムとの接触が確実に増加していった。そのため、ソ連とベトナム双方の間の相互理解、特にソ連のベトナム、インドシナに対する知識や理解が進んでいったことも自然の成り行きであった。

3.アメリカの動き

ジュネーブ会議後、フランスがベトナムからの撤退を開始した。1955年5月13日に最後のフランス兵がハイフォンから撤退し、北ベトナムが完全にベトナム労働党の掌握下に置かれた。さらに56年4月26日、フランス軍司令部がサイゴンから引き揚げ、これによりフランスはベトナムから完全に撤退した。

そもそもジュネーブ会議に消極的であったアメリカは、ジュネーブ会議の結果に強い不満を持っていた。会議前と会期中からインドシナへの介入について模索し、そのための環境作りをしてきたアメリカ政府は、ジュネーブ会議終結とジュネーブ協定の締結を受けて、この会議の結果を分析し、アメリカの政策と行動の決定を急いだ。

　そうした中、1954年8月20日のアメリカ国家安全保障会議（NSC）は、その後のアメリカのインドシナ、東南アジア政策を決める上で重大な会議であった。NSCでは、ジュネーブ会議の結果が「アメリカの威信の喪失」とみなし、ジュネーブ会議後のアメリカの政策について、戦争の危険を冒してもアジアにおける中国の影響力を低下させる方針を固め、そのために、「東南アジア集団安全保障条約についての交渉を求め」、そして「インドシナの非共産主義政府を維持し、共産主義者の北ベトナムに対する支配をより困難にさせるために、『大規模かつ有効的な秘密工作』を促す」ことを決めた。9月8日、中国、ベトナムの封じ込めを目的とした東南アジア条約機構（SEATO）が結成された。ただし、この条約機構の規模と中身は、アメリカが目指したものとはずいぶん異なった。10月23日、アメリカ政府はジエム政府に、アメリカが南ベトナムに直接的援助を提供すると通告した。以後、アメリカは南ベトナムに対して直接援助を行うようになった。11月16日、アメリカ政府特使は、米軍事顧問による南ベトナム軍の訓練を公表し、12月10日、アメリカはさらに南ベトナムと台湾に対する援助の大幅増額を決定した。翌年の55年2月12日、最初のアメリカ軍事顧問団300人が南ベトナムに到着し、南ベトナム政府軍の訓練を開始した。

　一方、ジュネーブ協定では、協定発効2年後の56年にベトナム統一選挙の実施が定められていたが、アメリカと南ベトナム政権は、ホー・チ・ミンの北ベトナムの勝利が予想される全国統一選挙を行うつもりがなかった。アメリカの支持の下で、55年10月23日に南ベトナムにベトナム共和国が樹立され、ゴー・ジン・ジエム政権が発足した。翌56年3月、ゴー・ジン・ジエム政権は、南ベトナムで「制憲議会」選挙を実施した。アメリカは、ゴー政権を全面的にバックアップし、北ベトナムに対しては封じ込

め政策を継続した。

2 武装闘争への転換

1.中越関係

　1958年、北ベトナムの経済回復工作が基本的に完了し、ベトナム労働党中央は南ベトナムで抗米闘争を強化することを考え始めたが、初期の段階では中国、ソ連はそれに同意しなかった。58年夏、ベトナム労働党は「新段階ベトナムの基本任務に関する意見について」と「統一闘争の路線と南方革命路線に関する若干の意見」の二つの綱領的文書を作成し、中国共産党中央の意見を求めた。中国共産党中央は、ベトナム労働党中央の文書を検討し、「未熟な意見である。ただご参考に」として、書面で次のようにベトナム労働党に回答した。つまり、ベトナム革命の当面の任務は、北ベトナムで社会主義革命と社会主義建設を遂行することであり、これは、「最も根本的、最も重要的、最も差し迫った任務」である。南ベトナムでは「民族民主革命を実現する」ことである。現在の情況から判断すれば、南ベトナムでただちに革命的な変革を実現させるには、条件がいまだ熟しておらず、「長期隠蔽、力を蓄え、民衆を連絡し、時期を待つ方針」をとるべきである。「ベトナムの統一は必ず実現できる」。以上が中国共産党中央の回答の内容である[80]。

　これに対して、ベトナム労働党は一方では中国の意見を受け入れ、58年から60年にかけて北ベトナムで「三ヶ年計画」を実施し、社会主義改造を完了させ、経済と文化の初歩的な発展を成し遂げ、北ベトナムを根拠地として固めようとする政策をとった。もう一方では、独自の対南ベトナム政策の検討を始めた。59年1月13日、ベトナム労働党政治局は、対南ベトナム路線を転換し、「闘争の新たな段階を開始する」方針を固め、南ベトナムを武力解放するための戦略を決定した。59年1月にCIAが入手したハノイからの指令の写しによると、カンボジア国境に近いタイニン省と中部山岳地帯の西部に、ゲリラ作戦の基地を作る命令が出された[81]。ベトナム労働党は59年5月、第二期中央委員会第十五回総会を開き、政

治局の上記決定を党全体の公式の方針として採択した。南ベトナム臨時革命政府の司法相を務めたチュン・ニュー・タンは、「この第十五回総会こそ、ベトナム民主共和国（北ベトナム）の南への介入の出発点だった」と述べている[82]。すなわち、59 年は、南ベトナムでの闘争が「政治闘争」から「軍事闘争」に転換した転機となった年であった。この戦略転換とともに、ベトナム労働党は 59 年 5 月 13 日、「ホー・チ・ミン・ルート」開設を決定した。

ホー・チ・ミンは 59 年 9 月 26 日から 10 月 4 日にかけて、中国を訪問した。ホー・チ・ミンは中国側にベトナム側の方針転換を伝え、これを基に対応を協議したが、この時点では中国は依然、ベトナム側の方針転換を支持しなかった。このホー・チ・ミン訪中は、中国の建国十周年に当たり、中ソ首脳が激しい論争を行い、フルシチョフが中国を激しく攻撃したときであった。首脳レベルで中ソ両国が事実上の対立関係に入ったのを受け、この会談の後、ホー・チ・ミン訪中の後でもあるが、中国は、ソ連の対米「平和共存」路線に配慮せずに、中国の対ベトナム政策を再検討したと考えられる。翌年 60 年 5 月 9 日から 14 日にかけて、周恩来と鄧小平が中国代表団を率いてベトナムを訪問し、双方の指導者が再度協議した。ベトナム側は中国代表団に、南ベトナムでの闘争の方針について説明し、周恩来は、中国側の方針転換をベトナム側に伝え、ベトナムの決定に対する賛成を表明し、かつ具体的な提案を行った。周恩来と鄧小平は次のように指摘した。南ベトナムでは総じて政治闘争と武装闘争を結び付けて行わなければならない。南ベトナムの都市と農村の情況は異なり、具体的な情況に応じて、柔軟な闘争方法を採らなければならない。都市では一般的に政治闘争を行うが、最後にアメリカとゴー・ジン・ジエム集団を打倒するためには武装力がなければならない。南ベトナムの農村では広範な大衆支持の基礎があり、武装闘争があり、しかし、武装闘争の中でも政治闘争を行うべきである[83]。

ベトナムの武装闘争を支持する方針に転換したため、60 年 12 月 20 日に南ベトナム民族解放戦線が結成されると、中国はいち早くこれを承認した。ただし、この時点では、南ベトナムにおける武装勢力はまだ小規模で

あった。チュン・ニュー・タンによると、「1960年当時、軍事的には、我々はまだ非力だった。小規模の連隊が幾つかあっただけだ。全部合わせても、ゲリラが数千人というところだったろうか。我々の活動の力点はあくまで心理、政治の分野におかれていた。つまり大衆動員だ」(84)。

2. ソ連と中越関係

　前述したように、1958年半ばまで、中ソ関係は基本的に良好であった。しかし、「長波電波台」問題、「連合艦隊」問題などを巡って、58年7月31日から8月3日に訪中したフルシチョフを毛沢東が厳しく問い詰め、翌年の59年10月1日の中華人民共和国建国10周年記念式典に出席するために再び中国を訪れたフルシチョフが、毛沢東をはじめとする中国側を強く批判し、双方が激しい応酬を繰り返し、中ソ関係の対立は内部で一気に深刻なものになった。また、ソ連は59年6月20日に中国との「国防用新技術に関する協定」を停止し、同年10月の首脳会談後でも、毛沢東の中国指導部を批判した。中国共産党は60年4月16日付の機関誌『紅旗』に、「レーニン主義万歳」という論文を載せ、「平和共存」を批判し、中ソ対立が表面化した。60年7月16日、ソ連は中国に対して、ソ連人専門家の引き揚げを通告した。

　中ソ関係が次第に対立へと変化したことは、ベトナム、中越ソ関係にもさまざまな影響を与えた。具体的には、①中ソ間に事実上存在した「中ソ分業体制」が次第に変化し、解消された。②その結果、ソ連が直接ベトナムに介入するようになった。③中ソがベトナムをめぐって競争するようになり、④ベトナムは、中ソ対立に悩まされると同時に、ベトナムをめぐる中ソ競争を利用して、双方から最大限の援助を引き出し、最大限に自らの立場を強化するチャンスとして利用しようとした。このような極めて複雑な事態に中ソ越が次第に深く嵌められていった。

　一方、ソ連側の資料とベトナム側の記述によれば、中ソ関係が悪化するにつれ、中国のベトナム援助には、ソ連を排除する考えが含まれてきた。60年に締結した中越間の軍事協定では、締約の相手国の同意なしに第三者の援助を受け入れることを禁ずることが明確に規定されていたという。

また、鄧小平がベトナムの指導者に、ソ連のいかなる援助も受け入れないことを条件にベトナムに1億元の援助を与えると語ったと言われる[85]。

　しかし、中ソ関係が変化し、緊張が高まるにつれ、ソ連は社会主義諸国の姿勢を重視し、ソ連を支持するよう求めるようになっていく。これは、ベトナムに対しても例外ではなかった。たとえば、ソ連のベトナム駐在大使が61年10月17日に本国に「1960年モスクワ会議以後ベトナムの動向についての報告」[86]を提出したが、この報告書から、次のようないくつか非常に重要な点を見て取ることができる。

　第一に、少なくとも61年末の時点まで、中国はベトナムに大きな影響を与えていた。報告書は、ベトナムは、「中国の経験に傾く」「中国共産党のやり方を丸写しする」と批判している。

　第二に、ベトナム側は、ソ連やその他の外国関係者に会う前には必ず中国側と協議していた。また、ソ連を含む第三者に公開しない交流が存在した。

　第三に、中越両国は重大な問題に対する意見が一致していた。「ベトナム労働党中央の指導者は、国際発展の幾つかの主な問題及び一部の内政問題において、……中国共産党の指導者の観点と一致する」と、報告書は指摘している。

　第四に、この時期のソ越間にはまださまざまな重大な相違が存在し、ソ連側はとりわけベトナムに対して強い不満を持っていた。そのため、ベトナムは、関連情報などについてソ連に通告したがらない。また、ソ越間の事前協議がほとんどないと推測することができる。すなわち、少なくとも61年末までは、ベトナムに対する中国の影響力は依然としてソ連のそれを凌駕しており、中越関係はソ越関係より遥かに緊密であった。

　第五に、ホー・チ・ミンの影響力が少なくともこの時から既に弱くなっていた。

　第六に、中ソ対立が進み表面化するのにともない、ソ連はすでにこの時期から、従来の「中ソ分業」体制を一部見直し、ベトナムに対して「飴と鞭」を使い分けて直接的な影響力を強めようとし、そして、ベトナムに対する影響力を巡り、中国に対し優位に立とうとし、かつ、ソ越関係は徐々

に従来より親密になりつつあった。

3 　特殊戦争期

1. アメリカの動き

　1961 年 5 月 11 日、アメリカは「特殊部隊」400 人を南ベトナムに送り、いわゆる「特殊戦争」を開始した。以降、アメリカは一連の政治と軍事行動を展開した。「特殊部隊」を派遣した 5 月 11 日、ジョンソン副大統領が南ベトナムを訪問した。6 月 12 日に対ゲリラ専門家団をサイゴンに派遣し、同月の 19 日にさらにスティーリー調査団をサイゴンに派遣し、また、10 月 15 日、米大統領軍事顧問テーラー大将が南ベトナムを訪問した。11 月 15 日の国家安全保障会議は、テーラー、スティーリー報告を踏まえて、南ベトナムでの軍事力強化策を最終決定した。翌日の 16 日、アメリカは軍事要員 200 人、爆撃機 8 機、輸送機 4 機をサイゴンに派遣し、直ちに「CIDG 計画」を開始し、ヘリコプターを実戦に初めて投入した。12 月 11 日にアメリカはさらに軍事要員 400 人、ヘリコプター 40 機、練習機 15 機をサイゴンに派遣した。3 日後の 14 日、ケネディ大統領はジエム南ベトナム大統領に書簡を送り、援助を増加することを約束した。

　しかし、戦場の情勢はますます解放戦線に有利になったため、61 年 12 月 16 日に米軍首脳がホノルルで南ベトナム対策を協議した。62 年 2 月 8 日、アメリカはサイゴンに南ベトナム軍事援助司令部を設置した。このときの在南ベトナム米軍顧問の数は 2,646 人、63 年には 16,732 人に増えた。62 年 3 月 15 日にアメリカは米軍の南ベトナムでの戦争参加を発表した。それでも戦場の現実は、アメリカの望む方向に向かわず、そのため、5 月 9 日にマクナマラ国防長官が南ベトナムを訪問し、10 月に「モーニングスター作戦」を実施した。しかし、63 年 1 月 3 日に南ベトナム解放戦線のゲリラ武装が、ミト省のアブバックの戦闘で勝利を収め、アメリカのスティーリー・テーラー計画が敗退した。

2. 中越関係

　1961年5月11日にアメリカが「特殊部隊」を南ベトナムに送り「特殊戦争」を開始した一ヵ月後の61年6月10日から16日にかけて、ベトナム民主共和国総理ファン・バン・ドンがベトナム党政代表団を率いて中国を訪問した。6月12日、13日と15日に中越が三回会談を行い、共同コミュニケを結んだ。また、共同コミュニケを結ぶ前に毛沢東がベトナム代表団と接見し、「あなた方はよくやっている。北も南もよくやっている。南の情勢は停戦前より大分よくなった。（解放戦線の支配）地域もあの時より広くなった。南の人民が自らがんばったのだ」(87)と述べた。

　アメリカが南ベトナムで特殊戦争を開始し、ラオス問題が深刻化するにつれ、中越両国の接触がさらに頻繁になった。61年7月7日～9日にベトナム労働党中央政治局委員ホアン・ヴァン・ホアンが中国を訪問し、8月12日～21日にファン・バン・ドン首相が中国を訪れ、11月6日に周恩来、鄧小平がベトナム労働党中央第一書記レ・ズアンと会見し、同月12日～16日にホー・チ・ミンが中国を訪問した。12月15日～31日にかけて、中国中央軍事委員会副主席葉剣英元帥が中国軍事代表団を率いてベトナムを訪問した。

　南ベトナム民族解放戦線の武装勢力が成長し、ベトナム人民軍も南下して参戦した。62年2月になると、南ベトナムで作戦する主力部隊は14個主力連隊と42個独立大隊になり、作戦規模も大きくなり、政府軍の1個中隊を殲滅する能力から1～2個大隊を殲滅するに至り、さらに、ゲリラ戦から運動戦に発展し、対政府軍の勝利ばかりでなく、米軍の基地や空港、宿舎を襲撃して有効に破壊し、基本的に戦場の主導権を握った。

　また、2月8日にアメリカが南ベトナムで「軍事援助司令部」を設立し、米軍と南ベトナム軍をその指揮下に置いたことを受け、2月24日に中国外交部が声明を発表し、アメリカの南ベトナムへの武装干渉は「米の宣戦布告なき戦争」だと警告した。更に、ホー・チ・ミンが中国を訪問し、中国の指導者とアメリカの介入で生じた新たな厳しい情勢と取るべき対策について協議した。ベトナムの要請に応じて、中国政府は直ちに南ベトナム民族解放戦線の武装に援助を提供することを決定し、230個歩兵大隊を装

備できる 9 万ライフルを解放戦線に提供した。

62 年 7 月 17 日にラオスが中立を宣言し、8 月 23 日～ 28 日にファン・バン・ドン・ベトナム首相が中国を訪問し、23 日に周恩来が広州東山招待所でファン・バン・ドンと会見し、さらに、27 日、28 日と続けてファン・周の両者が会談した。9 月 21 日、毛沢東、劉少奇、鄧小平、周恩来がベトナム党と政府代表団と会見し、9 月 30 日に周恩来がベトナム南方民族解放戦線代表団、越中友好協会代表団とそれぞれ会見した。

62 年 10 月の「モーニングスター作戦」の実施を受け、ボー・グエン・ザップがベトナム軍事代表団を率いて中国を訪問した。毛沢東はボー・グエン・ザップ一行を接見し、「我々は互いに助け合い、共同で戦って敵に勝つ間柄です。あなた方は我々を見捨てることがない。我々もあなた方を見捨てることがない」と語った[88]。中国側指導者は、従来、中国によるベトナム支援を語ってきた。いわば片務的な約束をしてきたが、毛沢東はここで、一方的な支援の約束ではなく、支援・関係の相互性を語ったことが極めて重要な変化である。既述したように、中越間にいくつか食い違いが生じるようになり、ソ連がベトナムに影響力を強めようとしてきた中で、毛沢東は、中国とベトナムは「互いに助け合い、共同で戦って敵に勝つ間柄」であることを強調した上で、「あなた方は我々を見捨てることがない。我々もあなた方を見捨てることがない」と念を押したと考えられる。

すなわち、中越両国はこれまでアメリカという共通の相手に対処するだけでよかったが、しかし、中ソ関係の変化によって、アメリカの圧力に直面するベトナム（と中国）とソ連の圧力に直面する中国という新たな事態が生じ、中国側は、このような事態に対しても、中越両国は互いに助け合いという「共同性」または「互助性・相互性」、相手を見捨てないという信頼性をベトナムに期待し、それをもって中越関係を性格付けたのである。

3. ソ連と中越関係

一方、ソ連は引き続きアメリカとの「平和共存」を重視し、ベトナム戦争から距離を置く姿勢をとり続け、他方では中ソ関係が次第に悪化するにつれ、ソ連はベトナムの対中姿勢を批判しつつも、ベトナムに対する影響

力を強めていた。

　この時期の中ソ関係はさらに悪化し、61年10月25日にソ連共産党第22回大会に参加した周恩来が途中で帰国した。また、中印関係が悪化し、62年10月10日に中印国境で両軍が激しく衝突した。インドは26日に非常事態宣言を出したが、11月22日に中国が一方的な停戦を発表した。この中印紛争でソ連はインドを支持し、中国を非難したため、中ソ関係はさらに悪化した。一方、キューバ問題が浮上したことにより、ソ連とアメリカの関係は一時的に緊張が高まり、62年10月22日にキューバ危機が勃発し、アメリカはキューバに対する海上封鎖を宣言した。この危機にソ連が妥協したことで、中国が対ソ連批判を強め、中ソ関係が一段と悪化した。そうした中で、中ソともベトナムを味方につけようとし、ベトナムは徐々に中国から離れ、中越間にも一定の摩擦が生じるようになった。63年になると、ソ連との関係で、中越に相当大きな食い違いが生じたようである。これは、63年3月19日に中国共産党中央が出した「対外接触においてベトナム問題及びその他の問題に関する注意事項の通達」からも、いくつか重要な点がうかがえる。

中共中央文件、中発〔63〕190号、〔絶密（極秘）〕
　対外接触の中でベトナム問題及びその他の問題に関しての注意すべき事項についての通達

　各中央局、各省、市、自治区党委員会（並びに外事小組）、中央各部委、国家機関と人民団体の各党委組、総政治部、外国駐在各大使館党委員会：
　1　長期にわたって、ベトナム労働党の何人かの指導者は、国際共産主義運動における二つの路線の闘争に対して、是非を区分せず、団結だけを講じ、原則を講じないという誤った態度を取り、かつ当面のいくつかの重大な国際問題に対して誤った見方を持っている。……しかし、現在ベトナム労働党の何人かの指導者のこれらの過ちは、依然として国際共産主義運動内部の同志が過ちを犯したという性格のものである。……（中略）かれ

らの過ちを現代修正主義者と同列にするのも正しくない。今後、我々はもちろんベトナムの何人かの指導者の過ちに対して善意的に適切的な批判を行わなければならない……が、より重要なのは、大いに、辛抱強く、ベトナム党に対する説得、助けと団結の働きかけをうまく行うことであり、絶対に、彼らの何人かの指導者のいくつかの原則的な過ちのために我々とベトナムの党と政府との関係に影響を与えてはならない。……（中略）ここで、対外接触におけるベトナム問題に関して注意すべき事項について以下のように通知する。

　（一）中国にいるベトナムの専門家、留学生、実習生及び対外活動で接触するベトナム側のメンバーに対して、依然として同志として扱い、……冷たく差別してはならず、それ以上に、強制的に相手に我々の考え方を受け入れさせ、賛同させてはならない。……

　（二）ベトナムの同志との接触の中で、……、彼らと反修闘争の方策問題について話してはならない。……

　二、……（以下略）

　この件は、関係のある党員幹部に口頭で伝えてもいい。

　………… 　中央

1963年3月19日 [89]

第4節　戦争拡大に備える中越共同作戦体制の形成

1　アメリカの動き

　解放戦線は1963年1月3日、アブバックの戦闘で勝利を収め、スティーリー・テーラー計画が敗退した後、アメリカはさらに特殊戦争を強化していった。アメリカ軍事使節団が1月8日、サイゴンを訪問し、ズッカート米空軍長官は、南ベトナムにおける米空軍の3倍増強を発表した。1月30

日、マクナマラ国防長官が下院軍事委員会で証言し、南ベトナムで勝利する自信があると述べた。63年2月、アメリカは軍事顧問団を顧問軍に名称を変更した。一方、この時期、南ベトナムで反政府運動が激しくなった。ゴ・ディン・ジエム南ベトナム初代大統領はキリスト教徒で、ゴ・ディン・ジエム政府は仏教差別、仏教徒迫害の政策を取ったため、南ベトナムの仏教徒の反発が次第に激しくなった。63年5月29日、仏教徒の指導者がゴ・ディン・ジエム政権の差別政策に反対する声明を発表した。6月3日、ヌエで仏教徒の抗議デモが起こった。6月11日、カン・ドク師が南ベトナム政府の仏教徒弾圧に抗議して、サイゴンの街頭で焼身自殺した。これに対して、ゴ・ディン・ジエムの弟であるゴ・ディン・ヌー秘密警察長官の妻で同じくキリスト教徒であるマダム・ヌーはテレビで、「あんなものは単なる人間バーベキューよ」と発言した。8月18日、南ベトナムの仏教徒15,000人が抗議デモを行った。8月20日、ゴー・ジン・ジエム政権が南ベトナムで戒厳令を敷き、大規模弾圧に乗り出し、365人の仏教徒を逮捕した。アジアにおける文明の衝突の典型的な一例とも言えるこのキリスト教と仏教との衝突がこの時期の南ベトナムで繰り返したのである。ゴ・ディン・ジエムの圧政が内外からの批判と反発を受け、アメリカでさえ、8月22日に仏教徒弾圧を非難する声明を出した。11月1日、南ベトナムで軍部によるクーデターが起こり、ゴ・ディン・ジエムが殺され、副大統領グエン・ゴク・トが新政権の大統領に就任した。

　11月24日にケネディ米大統領が暗殺され、ジョンソンが第36代米大統領に就任した。翌年の64年1月30日、南ベトナムで軍部がクーデターを起こし、グエン・カーン少将が政権を掌握した。

　64年に入ると、アメリカは再びベトナムに対する介入をエスカレートした。1月、アメリカ中央情報局は秘密作戦計画34Aにより北ベトナム軍の基地、補給路への攻撃、レーダー網のかく乱を開始した。ジョンソンは3月7日の記者会見で、必要があれば南ベトナムに米軍を増派する用意があると言明した。5月2日、米航空機輸送船カード号（15,000トン）がサイゴンで爆弾を仕掛けられ沈没した。5月5日、アメリカは北ベトナムの在米資産を凍結した。5月12日、マクナマラ米国防長官がサイゴンを

訪問し、テーラー米統合参謀本部議長と協議し、南ベトナム空軍の強化を決定した。7月21日、マクナマラ米国防長官は6度目の南ベトナム視察を完了し、情勢が悪化しているとの声明を発表し、この月にアメリカがデゾート作戦を実施し、沿岸部の哨戒艇を増加した。

8月4日、アメリカ国防省は、8月2日と4日にトンキン湾で米軍艦が魚雷攻撃を受け交戦したと発表した。これは、いわゆる「トンキン湾事件」であるが、この事件を理由に、4日、米軍機64機が北ベトナムの4つの基地を空襲し、ベトナムの巡視艇25隻と燃料タンク多数を破壊した。5日に最初の北爆である「ピアスアロー作戦」を開始した。7日、米議会は、対ベトナム政策を大統領に一任する決議を可決した。

「トンキン湾事件」以降も、南ベトナムは、クーデターが繰り返され、学生や仏教徒による反政府デモ、労働者のスト、高地民族の反乱などが頻発するなど、政治情勢は一貫して不安定であった。その一方で、ベトナム民族解放戦線との地上戦が激化の一途をたどった。解放戦線は、11月1日にサイゴン近郊のビエンホウ米軍飛行場を攻撃し、さらに、12月4日にビンジア作戦に勝利した。アメリカの特殊戦戦略の崩壊が明らかになったため、ジョンソンなど米政府責任者が対策協議を繰り返した。12月1日、ジョンソン米大統領、テーラー駐南ベトナム米大使、ラスク米国務長官、マクナマラ米国防長官などが南ベトナムにおける対策について議論し、局地戦戦略を採択し、ベトナム戦争はいよいよ特殊戦争から局地戦争へと突入していった。

2　中越共同作戦体制の形成

アメリカの強硬姿勢とベトナムへの介入の拡大に直面して、中越双方は、ベトナムの武装闘争と国家統一戦略が招きうるアメリカの反応について緊密に協議し、対応策を練り、想定されるアメリカの戦争拡大に対して準備を着々と進めた。特に、1963年から64年にかけて、中越双方による共同作戦体制を構築し、強化した。

1.中越共同作戦計画の締結

　中国人民解放軍参謀総長羅瑞卿は63年3月、中国軍事代表団を率いてベトナムを訪問し、アメリカのベトナム干渉、ベトナム戦争エスカレートによってもたらされた厳しい情勢について、ベトナムの指導者と検討し、アメリカが北ベトナムを攻撃した場合、中越両軍がいかに共同作戦を行うかについて協議した。この会談は、中越両国が両国軍隊の共同作戦についての協議の始まりであった。以後、中越両国は、ベトナムにおける軍事情勢、作戦などについて緊密に協議するようになった。63年から65年初頭まで、中越双方の指導者は頻繁に相互訪問し、密接な関係を保ち、共同で、ベトナム戦争の情勢について分析し対策を協議した上で、両軍の共同作戦案を決めていった[90]。

　秘密裏にベトナムに対する軍事協力を進めると同時に、中国は、公にもベトナム支援を鮮明に打ち出した。その最も象徴的な例は、63年5月10日から16日にかけて劉少奇国家主席が率いる中国代表団のベトナム公式訪問であった。この訪問で、劉少奇はホー・チ・ミンに対して、「我々はあなた方とともにいる。戦争になったら、あなた方は中国をあなた方の後方としていい」と約束した。ホー・チ・ミンは中国代表団を歓迎する講演の中で、中越関係を「同志加兄弟（同志プラス兄弟）」の関係であると述べ、後に中越関係を語るときの「名言」となった[91]。

　7月に、ベトナム人民軍参謀総長ヴァン・ティエン・ズンがベトナム軍事代表団を率いて中国を訪問した。羅瑞卿参謀総長がヴァン・ティエン・ズンと、アメリカの戦争拡大の可能性と、中国がいかにベトナムを援助するか及び中越両軍がいかに共同作戦を行うかについて意見を交わし、また、中越両党中央の指示にしたがって、「中越両軍共同作戦計画」「中国支援越南主要軍事装備和後勤物資計画（中国のベトナム支援の主な軍事装備と後方補給物資計画）」を結んだ[92]。中国は直ちに計画を執行に移した。羅瑞卿とヴァン・ティエン・ズンの秘密訪問を通して、米軍地上部隊が17度線を越えて北ベトナムに侵攻した場合、中国も地上部隊を北ベトナムに送って参戦し、北ベトナムで米軍と戦い、北ベトナム軍は南ベトナムに入って戦うなどを内容とする秘密合意を結んだ[93]。

また、9月下旬、中国、ベトナム、ラオス、インドネシア4ヶ国の共産党指導者が中国広東省の従化で会議を開き、東南アジア地域の情勢と起こりうる事態について討議した。会議で周恩来は、「中国は東南アジア革命の大後方である。我々の当然の責務で、道義上断れない。我々は必ず責任を持ち、義務を果たす。我々は最大の努力をして東南アジア各国の反帝国主義闘争を支持する」と表明した[94]。

2.中越ラオス三国ハノイ会議と三国共同抗米協定の締結

　1964年頃になると、南ベトナム民族解放戦線の武装勢力が著しく拡大し、6月には主力部隊が10万人を超え、民兵、ゲリラ武装は20万人を超えた。解放戦線は南ベトナム政府軍との戦闘で次々と勝利を収め、戦場の情勢は明らかに解放戦線に有利な方向に傾き、南ベトナム政権が深刻な危機に陥り、アメリカの特殊戦争も失敗に直面するようになった。そこで、アメリカはベトナムへのさらなる介入と戦争拡大を始めた。アメリカは、特殊戦争計画34Aを発動すると同時に、トンキン湾海域での海上パトロールを開始した。これによって、ベトナム戦争は新しい段階に突入し、戦争エスカレートの危険がさらに差し迫った[95]。

　それを受け、中越両国の指導者はさらに頻繁に接触し協議を重ねた。6月下旬、ヴァン・ティエン・ズンがベトナム軍事代表団を率いて中国を訪問し、中国の指導者にベトナム側の判断と基本的な対策を通告し、将来の作戦で両軍共同作戦の具体的方式についてベトナム側の意見を提出した。毛沢東はヴァン・ティエン・ズンと会見したときに、「我々両党両国が協力して、共同で敵に対処しなければならない。あなた方のことは我々のこと、我々のことはあなた方のこと。つまり、我々両家は無条件に共同で敵に立ち向かう」[96]、「アメリカが北ベトナムを攻撃すれば、中国が軍をベトナムに送るべきだ。中国は志願軍の形式をとったほうがいい。アメリカの干渉を恐れる必要がない。もう一回朝鮮戦争をやるようなものだろう」[97]と中国の基本姿勢と方針について述べた。周恩来は、アメリカのベトナム戦争拡大の意図に対する中国政府の判断と、ベトナム人民の抗米救国戦争を支援する中国政府の立場を具体的に説明した[98]。

7月5日から9日にかけて、中国、ベトナム、ラオスの指導者がハノイで三国党の会議を開いた。中国側の出席者は、周恩来、陳毅、伍修権、楊成武など、ベトナム側の出席者は、ホー・チ・ミン、レ・ズアン、チュオン・チン、ファン・バン・ドン、ボー・グエン・ザップ、ヴァン・ティエン・ズンなど、ラオス側の出席者は、カイソン、スパヌウォン、ウォンウィチトなどであった。これは、ベトナム戦争が局地戦争にエスカレートされる前に三国の指導者が行った最も重要な会議であった。この会議は、中国、ベトナム、ラオスの三ヶ国と軍隊が共同でアメリカの戦争拡大に対抗する、という基本方針と原則を決めた。周恩来は、「アメリカが一歩出せば、中国も一歩出す。アメリカが出兵すれば、中国も出兵する」という中国の方針を述べた(99)。

　周恩来の発言と協議の結果は、支援部隊派遣を含め、その後の中国によるベトナム援助の根拠となった。中国軍は、この会議の前後でベトナム援助の準備態勢を整えた。陸、海、空軍部隊はいずれも必要な準備と調整を行い、また、ベトナム人民軍と共同で、将来、共同作戦を展開する戦場の準備をした。ベトナム援助の任務が予定されていた部隊も作戦訓練と各種準備工作を完了させ、これによりいつでも出動可能な態勢が整った(100)。

　したがって、ハノイ三党会議が終了した1ヵ月後、アメリカが「トンキン湾事件」を機に、ベトナム戦争を局地戦争へと拡大したとき、中越双方はすでに、アメリカの戦争拡大に備える主要な事前準備を整えていたと言える。

　毛沢東は7月27日、中国駐在ベトナム大使などとの会見で、「もしアメリカが北ベトナムを爆撃しあるいは北ベトナムに上陸したら(101)、我々は参戦する」と述べ、アメリカが北ベトナムを攻撃すれば、空爆か地上攻撃を問わず、中国は参戦するという考えを示した。しかし、毛沢東の発言に対して、ベトナム側は、アメリカが北ベトナムを進攻すると言っているのは脅かしに過ぎず、主には南ベトナムでの敗局から脱出したいためだと答え、間接的に中国の出兵を断るとも思われるような回答であった(102)。

　いずれにしても、このとき中国側は、17度線を境にして、戦争が拡大した場合の直接介入に踏み切るボトムラインを設けたということが言えよ

う。

　なお、中国外交部が編纂した『中華人民共和国外交史』は、1964年の中越間協議と取り決めについて、次のように記述している。

　前の年の協議と取り決めを踏まえた上、64年に入ってからも、中越両国が共同でアメリカの戦争拡大の可能性及び両国の対応について検討した。この時、ベトナム側は、アメリカのインドシナ地域での侵略戦争について三つの可能性があると判断した。
　第一、南ベトナムとラオスでの特殊戦争を引き続き強化すると同時に、北ベトナムに対する侵入と破壊を強化するが、北ベトナムに対する戦争を行わない。
　第二、アメリカは南ベトナムに直接出兵して、植民地戦争を行い、同時に衛星国の軍隊を使ってラオスでの戦争を拡大する。
　第三、戦争を北ベトナムに拡大し、朝鮮戦争に類似した局地戦争を行う。この場合は、二つのケースがありうる。一つは、アメリカは海軍と空軍を出動するだけで、地上部隊を派遣しない。二つ目は、アメリカが直接出兵して参戦する。……もし、アメリカが戦争を北ベトナムに拡大する情況が現れたら、アメリカの地上部隊が侵入しない場合は、ベトナムは自力で抗戦する。しかし、アメリカが地上部隊を出動して北ベトナムに侵入する情況があらわれたら、中国の軍隊と共同作戦する必要がある。
　中国は、アメリカの戦争拡大の可能性について、次のように認識していた。アメリカはすでにベトナム侵略の行動を強化している。その第一歩は、現在の基礎の上での強化、すなわち軍事要員を増やし、特殊戦争の範囲内で少し拡大し、南ベトナム政府軍を手伝って足元を固めるようにするかもしれない。第二歩は、南ベトナムに直接出兵し、同時に北ベトナムを爆撃するかもしれない。第三歩は、北ベトナムに進攻し、朝鮮戦争式の局地戦争を戦う。中国は、どんな情況があらわれても、最大の民族的犠牲を引き受けるのを厭わず、断固としてベトナム人民の抗米救国闘争を支持する[103]。

これらの記述をまとめると、中越両国は64年に入って、アメリカの戦争拡大に備えて、緊密に協議を重ね、さらに共同作戦体制の具体化を模索した。具体的な作戦としては、さまざまな可能性を想定したが、毛沢東は先に、アメリカが戦争を北ベトナムに拡大すれば中国は志願軍の形式で参戦し、朝鮮戦争のような形でもう一回アメリカと戦うと決断した。毛沢東の決断を受け、中越両国はさらに中国参戦について具体的に協議し、アメリカが南ベトナムに地上部隊を送り北ベトナムに対して空爆を行う場合は、中国は出兵しないが、アメリカが地上部隊で北ベトナムを攻撃した場合は、中国は直接ベトナムに出兵することが決まったということである。これは、アメリカが北爆を行った場合でも中国が出兵するという中国側の提案が、ベトナムに拒否された可能性が高いことを意味する。後に中国の指導者は繰り返し、主導権が完全にベトナム側にあると強調し、毛沢東は、「熱心になりすぎないよう」と中国側に忠告していた。

3.「トンキン湾事件」後共同作戦体制の強化

　それはともかく、「トンキン湾事件」が勃発した後、中国は、ベトナムに対する支持とアメリカに対する警告のメッセージを公に強く発すると同時に、出兵の準備、ベトナムとの共同作戦体制の強化を進めた。8月4日と5日に米軍機が北ベトナムを空爆したのを受け、5日、中国人民解放軍総参謀部は、関係軍区と軍兵種の部隊が戦争準備態勢に入り、米国の奇襲攻撃にいつでも反撃できるように用意するよう命令した。命令を受けた部隊の移動と展開は3〜5日で全部完了したという[104]。7日付の米紙『ウォール・ストリート・ジャーナル』は、インドシナ半島に隣接する南部地域に集結した中国軍は全部で30万人以上にのぼると推測した。

　6日、中国政府は、「アメリカのベトナム民主共和国に対する侵犯は中国に対する侵犯である。中国人民は決して座視しない」[105]との声明を発表した。

　13日、毛沢東は中国訪問中のレ・ズアンとの会見で、次のように述べた。

　「我々はあなた方（ベトナム）の中央の、進んでアメリカを挑発しな

い決定に賛成します。しかし、我々は、アメリカの軍隊が北ベトナムに上陸することにも備えなければなりません。そのために、我々は（ベトナムに国境を接する中国の）南部地域で30万から50万の軍を配備します。それと同時に、雲南の蒙自地区に一、二箇所の大型飛行場を作り、万が一ベトナムが攻撃されベトナム援助の空軍機がベトナムで降りられないときの着陸場所にします。今回はすでに一個空軍連隊の36機が訓練を完了してベトナムに帰ったが、我々はさらに1個空軍師団を南寧に、半個空軍師団を昆明、思茅に、2個高射砲師団を南寧と昆明に増派します」[106]。

また、10月5日夜に北京で行われた毛沢東とファン・バン・ドンとの会談で、アメリカがウ・タント国連事務総長を通して、ウ・タントからさらにソ連を経由して、ベトナムを国連安保理に呼ぶ秘密提案がベトナムに打診されていたことに関して、毛沢東は、「ソ連を通して許可状をもらうのですね」といいながらも、「談判もいいところがあります。あなた方はすでに談判の資格を得ました。談判で合意するかどうかは別のことです」と、交渉に反対しない考えを示した。ここではとりわけ、「あなた方はすでに談判の資格を得ました」という判断が重要である。すなわち、ソ連のベトナム政策がまだ変化せず、ソ連要因がまださほど重要ではないこの時点で、中国は、一般論としては、和平交渉に反対せず、またベトナムにその能力があると考えていたのである[107]。

12月、健康問題でほとんど外遊しない林彪国防部長がベトナムを訪問し、中越両国が軍事協定を結んだ。協定の内容の一つは、中国が30万の軍隊（5個歩兵師団と5個砲兵師団）を北ベトナムに派遣し、ベトナム人民軍が一部の部隊を南ベトナムに派遣して米軍と戦うことであったという[108]。

60年代初頭、中国のベトナムに対する影響力が強化され、中越間の様々な代表団の往来も頻繁であった。64年の第三・四半期だけで合計32回で、ソ越間の3回を大幅に上回った[109]。ベトナム民主共和国と南ベトナム民族解放戦線におけるソ連の地位は非常に低かった。

以上の経緯をまとめてみよう。63年3月の羅瑞卿訪越で中越両軍の共同作戦の問題に関する協議が開始され、同年7月のヴァン・ティエン・ズン訪中で中国のベトナム援助と中越両軍の共同作戦に関する「中越両軍共同作戦計画」「中国支援越南主要軍事装備和後勤物資計画」が中越両国間で結ばれ、その内容の一つは、米軍地上部隊が17度線を越えて北ベトナムに侵攻した場合、中国も地上部隊を北ベトナムに送って参戦し、北ベトナムで米軍と戦い、北ベトナム軍は南ベトナムに入って戦うという秘密合意であった。そして、「トンキン湾事件」直前の64年7月にハノイで開かれた中国・ベトナム・ラオス三国会議では三国と三軍による共同抗米の協定が結ばれた。さらに、「トンキン湾事件」後の64年12月の林彪訪越で中越両国が軍事協定を結び、その内容の一つは、中国が30万の軍隊を北ベトナムに派遣し、ベトナム人民軍が一部の部隊を南ベトナムに派遣して米軍と戦うということであった。これはすなわち、63年から64年にかけて、中越両国は、共通の敵に対して、さまざまな軍事協定を結び、かつ共同作戦の態勢が整ったということである。このような共同作戦体制から、このときの中越関係は、「事実上の同盟」関係とみなすことができると考える。

3　米中直接軍事衝突の危険に対する中国国内の不安

　アメリカが戦争を拡大するとの予測に基づき、中越両国はさまざまな可能性を想定して、共同作戦体制を立てたが、中国にとって、戦争拡大の影響と戦争拡大に備えることは、ベトナム支援や中越共同作戦体制にとどまるものではなく、それをはるかに超えるものであった。というのは、アメリカのベトナム介入、戦争拡大に対して、中国がベトナムを支援する以上、戦争は北ベトナム、さらに中国本土に拡大する可能性があったからである。特に、戦争が中国本土に拡大した場合、それは米中間の大規模戦争ないし核戦争を意味し、中国は、ベトナム戦争のような局地戦争とは比較にならないほどの犠牲を払う可能性があることを意味するもので、戦争拡大の影響、そしてそれに備えることは、中国にとって極めて重大な問題で

あった。

　中国のベトナム支持は、公で非常に明確的なものであった。中国の政府首脳、メディアは、ベトナムに対する断固たる支持と支援を繰り返し強調してきた。特に、アメリカの介入が次の段階へとエスカレートしようとしたとき、中国の発言もさらに強硬なものになり、また、ベトナムに対する支援だけでなく、中国自身も戦争に備えると明言するようになった。たとえば、1964年7月10日、周恩来は訪問先のヤンゴンでビルマ首相と会談した時に、もしアメリカが第二の朝鮮戦争を戦うつもりなら、我々は準備しなければならないと述べ、中国は戦争準備を行うと言明した[110]。「トンキン湾事件」直後の8月6日、中国政府が声明を発表し、「中越両国は近隣であり、ベトナム人民は中国人民の極めて親しい兄弟である」「アメリカのベトナム民主共和国に対する侵犯は中国に対する侵犯である。中国人民は決して座視しない」[111]と、中国側の姿勢を表明した。この直後、中国は全国規模でベトナムを声援する集会とデモを行った。また、8月11日、中国はベトナムに対してそれを支持するとの書簡を公開した。この同じ日、アメリカ国防総省は、中国のジェット機多数が北ベトナムに到着したと発表した。

　しかし、中国のこのような明確で強硬なベトナム支持は、さまざまなリスクを背負うものであった。その一つは、国内不安をもたらしたことである。上述したように、1964年8月初めに「トンキン湾事件」が勃発し、アメリカが北爆を行い、戦争の拡大が差し迫った中、中国政府は8月6日、「アメリカのベトナム民主共和国に対する侵犯は中国に対する侵犯である。中国人民は決して座視しない」との声明を発表した。そして、中国国内で、北京は8月7日から、他の地域は8月8日から、一週間かけて全国的に大規模な集会、デモ、報告会、討論会、座談会、または電報や声明を出すなどの、ベトナムを支援しアメリカの武装侵略に反対するデモンストレーションを行った。その一方、内部で国民の反応や考え方の情報を収集した。

　アメリカの戦争拡大と中国政府の声明は、中国とアメリカとの直接軍事衝突の可能性を示すもので、中国の一般民衆の中で大きな衝撃と動揺を引

き起こし、不安が国内で相当深刻に広がったようである。約一世紀半戦争と混乱の時代を経験し、中華人民共和国建国後も朝鮮戦争、台湾海峡危機、大躍進などを経験した中国にとって、一般国民ばかりでなく、地方政府機関も含めて、その多くは、ようやく得られた平和な生活を捨てたがらず、戦争に巻き込まれることを恐れ、さらに戦争にかかわることを嫌ったようである。筆者は、毛沢東の故郷で、当時では「革命の意欲」が最も強いとされる湖南省で調査を行ったが、湖南省で当時の中国政府の情報収集資料の中で記述される大衆の反応とこれらの情報に関する地方政府機関の報告の表現から、中国のベトナム支援とアメリカとの直接衝突の危険性が、この時の中国社会に深刻な動揺と恐怖をもたらしていたことが明らかである。

　8月8日からのデモンストレーションを受け、8月10日から21日にかけて、湖南省党委員会宣伝部と湖南省管轄下の長沙市、株洲市、常徳地区、邵陽地区などの各下部組織の宣伝部はいずれも、状況報告をまとめた。中国の正式の政府機関によるこの種の報告は通常、「報喜不報憂」と言われる。すなわち、喜ばしいことは報告するが、喜ばしくないことはあまり報告しないということである。しかし、これらの報告はいずれも、「報喜不報憂」とは程遠いものであった。中央の決定に対する支持やベトナム支援に対する決意などプラス的な話をとりあえず書いた上、どの報告も、「階級敵人」の消極的な反応ばかりでなく、一般市民の懸念を長々と具体的な反応を挙げて生々しく書いた。特に、邵陽地区宣伝部の民衆の反応に関する報告は、ポジティブの反応がわずか一ページ足らずで、一般民衆のネガティブな反応は三ページに上り、「階級敵人」の反応を含めば、ネガティブ的な内容がほぼ報告書の九割を占める極めて異例なものであった[112]。

　地方政府機関の重要な部署がこのような形で報告書を作成したことは、一般民衆の声を借りて、地方の政府機関の意思を示そうとしたとも考えられよう。一般民衆の反応に関して、湖南省宣伝部の報告には、その中に存在する「三つの恐れ」が書かれている。「第一の恐れ」は、アメリカによる中国攻撃である。ベトナムは昆明に近いから、アメリカがベトナムから中国を攻撃しようとしたら、あっという間に湖南省まで来てしまう。絶対

に軽く見てはならない。「第二の恐れ」は、アメリカが原爆を投下し、ソ連が陰謀を企むことである。「第三の恐れ」は、国民が再び苦しい生活を送ることである[113]。株洲市の工場労働者の劉英蘭は、「アメリカ帝国主義のベトナム侵略に対して我々は決して座視しないというが、もし我々が出兵したら、第三次世界大戦が起こらないか。アメリカ帝国主義は南ベトナムで負け戦をしたためすでに怒ってしまって、本当に戦争になるよという人もいる」と第三次世界大戦が本当に起こるだろうと心配し、田応秋は、「アメリカは核を持っている。……中国に何発か投下したら大変なことになる」とアメリカによる核戦争を恐れた。周鳳梅は、「ご飯を食べられなくてもかまわないが、戦争だけは怖い」ととにかく戦争を恐れた[114]。市民生活への影響を懸念する声も強かった。青年王永署は徴兵に応じる手続きをしたが、戦争になると聞いて、身体検査を拒否した。郵便局職員の楊慧珍は軍人の夫が戦場に行くことを心配して溜息を漏らし夜も眠れなかった。また、この時代には極めて珍しい政府批判の声もあった。常徳農校の学生楊伯銀は、「中国政府は声明を発表したが、軍隊はもうベトナムに着いたのだろうか。このようでは早すぎたのではないか。このように戦争を引き起こしては、我々はまだ勉強できるだろうか」と中国政府の姿勢まで批判した[115]。すなわち、多くの一般市民は、アメリカが中国本土を攻撃するのを恐れ、核戦争を恐れ、第三次世界大戦を恐れ、自らの平和な生活を失うことを恐れ、自身や身内が戦争で命を失うことを恐れ、また、そのために、中国が戦争に巻き込まれることを嫌い、中国政府のベトナム支援の政策も批判されていたのである。もちろん、一般民衆の反応はこれだけではなく、次章で述べるように、多くの市民はベトナムの抗米戦争を支持し、参戦しようとして自発的にベトナムに渡った人も多くいた。しかし、少なからずの人が戦争を恐れたのも事実であった。

　一方、中国政府は、中国が戦争に巻き込まれることを想定して、準備態勢を整えるとともに、アメリカとの戦争を回避する方法を探った。アメリカとの戦争に備えるために、中国政府はさまざまな措置をとった。まず、64年5月15日、毛沢東は、「三線」建設を提起した。これは、攻撃を受けやすい大都会や沿海地域の工業施設の人口の一部を比較的に安全な中

部、西南部地域及びその他農村地域に移す壮大な計画である。この「三線建設」計画は、最初は必ずしも順調ではなかったが、アメリカの戦争拡大、中国が戦争に巻き込まれる危険性が高まるにつれ、中国全土で大々的に展開するようになった。「トンキン湾事件」が勃発し、8月4日と5日に米軍機が北ベトナムを空爆したのを受け、5日、中国人民解放軍総参謀部は、関係軍区と軍兵種の部隊が戦争準備態勢に入り、密接に米軍の動向に注視し、いつでも可能な奇襲攻撃に反撃できるように用意するよう命令した[116]。同日、周恩来、羅瑞卿がホー・チ・ミン、ファン・バン・ドン、ヴァン・ティエン・ズンに電報を送り、事件に対する中国の重大な関心を表すとともに、「行動のために、調査して情況を明らかにし、うまく対策を論議する」[117]と提案し、それと同時に、中国のベトナムの抗米闘争に対する固い支持を再度強調した。その一方、劉少奇国家主席は8月10日、湖南省で開かれた極秘会議で、アメリカとの戦争、核戦争の可能性について真剣に語っている。①アメリカとの戦争に対して、精神的に準備しなければならない。②アメリカは、北ベトナムと中国にまで戦争を拡大することを恐れているが、爆撃を行うだろう。中国はアメリカの空爆を受け、死者が出て、損害を受けるだろう。③アメリカは中国に何発か原子爆弾を投下するだろう。そのとき、都会の人は、農村に行くよう動員されなくても自ら引越しするだろう。④アメリカの主要敵は、東南アジアにいなく、中国である。⑤アメリカは当分中国に派兵することはないが、爆撃した後、将来中国に軍隊を派遣することに備えなければならない。劉少奇は特に繰り返しアメリカが中国に原爆を投下する可能性とその場合の覚悟について語った。「……慌ててはいけない。原爆が頭の上に落ちてきたら、慌てても無駄だ」[118]。さらに、前述したように、毛沢東は8月13日、中国訪問中のレ・ズアンと会見し、中国の戦争準備について語った。レ・ズアンは毛沢東に、「我々の人民と軍隊の士気がこんなに高く、こんなに勇敢に戦っているのは、心の中に時々刻々後ろに中国人民がついていると思っているからです」[119]、「中国の援助は我々の祖国の運命と関連しています」と表明し、また、「ソ連が我々を持って取引をしている。これは明らかです」とソ連を批判した[120]。

中国はこのようにアメリカとの戦争に備えていたが、それと同時に、アメリカが中国との直接軍事衝突を避けようと懸命であったと同様、中国側も、さまざまな方法を使って、アメリカとの直接軍事衝突を回避しようとした。そのために、さまざまなルートを通して、アメリカに中国の意図とボトムラインを伝えようとした。1965年1月9日、毛沢東は、アメリカ人記者のエドガー・スノーに、「我々は（中国から）出て戦争をしない。アメリカが（中国に）入ってきて戦争をする時だけ、我々は戦争をする。この点は、歴史が証明する。わが国は自分のことだけでも手が回らない。出て戦争をするのは犯罪だ。なぜ出て戦争をしなければならないか。南ベトナムは我々が行くのを全く必要としていない。彼らは自らで対応できる」と述べた[121]。また、4月2日周恩来は、ヤヒア・カーン・パキスタン大統領を通して米に「四点メッセージ」を伝えた[122]。この問題に関しては、次章の第1節で詳しく述べる。

4 ソ連と中越関係

この時期中ソ関係はますます悪化した。1963年1月7日、ソ連共産党中央機関紙『プラウダ』は編集部論文を発表し、中国をはじめて名指しで非難した。さらに、7月14日の『プラウダ』は、中国の6月14日付書簡及びソ連共産党中央委の「ソ連の全党組織及び全共産党員にたいする公開状」を掲載し、中国を非難した。8月15日、中国政府は、ソ連が59年6月20日に国防新技術協定を一方的に破棄したとソ連を非難し、ソ連政府は21日、反論を行った。フルシチョフは64年4月3日に、中国が国際共産主義運動の破壊を企てていると非難する演説を行い、『プラウダ』が2月14日付のスースロフ報告と15日付のソ連共産党中央委総会決議を公表し、中ソ論争が再燃した。さらに、『プラウダ』と『イズベスチヤ』両紙が4月4日付紙面でそれぞれ中国批判の論文を掲載した。

中ソ対立がますます激化したこの時期、ベトナムは依然、基本的に中国側を支持していた。たとえば、64年2月、レ・ズアンがベトナム労働党代表団を率いてソ連を訪問し、ソ連の支持を取り付けようとしたが、ソ越

両党会談で、レ・ズアンは、ソ連の西側との平和共存、中印衝突でインド支持に偏ったこと、中国の核兵器開発に対する援助を拒否したこと、民族解放運動への支持が少ないことなどでソ連を批判した。ソ連側は大変な不満を表した。フルシチョフは、ベトナムがその立場を変えない限り、ソ越間に親密協力の将来性がないと表明し、ソ連がベトナムの政策に反撃するかもしれないと警告した[123]。ソ連共産党は、ソ連と友好関係にある他の共産党国家と共にベトナム労働党との関係を事実上、打ち切ること、またベトナム労働党には、中国の分裂活動を鑑み、中国を支持することは、すなわち国際共産主義運動に害を及ぼすことであると説明することまで考えた。これは、ソ越協力の可能性は、ベトナムがソ連の満足するように、対ソ姿勢を修正するかどうかにかかっていたことを示している[124]。

一方、この時期、ソ連のベトナムに対する支援も依然非常に限られていた。たとえば、64年7月にモスクワで開かれたソ連アジア・アフリカ連帯会議は、ソ連共産党中央が南ベトナム民族解放戦線代表団を接見するよう提案したが、しかし、ソ連共産党中央国際部はこの提案に反対した。理由は、これら南ベトナムの代表を接見すれば、ソ連共産党は彼らの出た援助の問題に明確に答えなければならなくなるからであった。ソ連共産党の指導者はこの意見を採用した[125]。「トンキン湾事件」勃発後も、ソ連は8月3日に『プラウダ』で短い記事を一つ掲載しただけで、しかもその情報源はアメリカ軍太平洋司令部であった。翌日のソ連政府の声明も穏やかな語調であった。さらに、ベトナムの行為と関係がないと表明するため、フルシチョフはわざわざジョンソンに書簡を送り、彼はワシントンの近日の声明や米軍への命令、メディアの報道、及びベトナム人民軍最高司令部スポークスマンの声明からこの事件を知ったと表明した[126]。同じ月、ソ連指導者は「ベトナムと中国が『トンキン湾事件』を引き起こした」と発言したという[127]。

64年10月15日、中国が原爆実験に成功したこの日、ソ連はフルシチョフ首相・第1書記が解任され、コスイギン首相、ブレジネフ第1書記が任命されたと発表した。10月16日、中国ははじめて核実験を行ったと発表すると同時に、中国党と政府の名でソ連新指導部に祝電を送った。11月5

日から 13 日にかけて、周恩来が中国代表団を率いてソ連を訪問し、陳毅外相は、「フルシチョフの失脚は中ソ改善の道を開く」と言明した。しかし、11 月 7 日にマリノフスキー・ソ連国防相が公の場で訪ソ団副団長の賀竜元帥に「毛沢東退陣」の発言をし、中国側が厳しく抗議し、中国代表団は日程を切り上げて帰国した。

　ベトナム人民軍参謀本部は 64 年 11 月、ベトナム駐在ソ連大使館武官に対して、事実上、ソ連の影響力を排除するとも受け取れる内容の通告をした。具体的には次のように記録されている。「東南アジア地域におけるベトナムの軍事力の戦略と方策はソ連のそれと異なるところがあるため、ベトナム国防部はソ連武官に以下のように知らせる。ベトナムがもうソ連の軍事専門家を必要としないため、彼らは仕事が終わり次第ベトナムを離れるべきである。なお、ベトナムはソ連に交替の要員の派遣を求めない」。ソ連側は、これはソ連が明らかにベトナムから排斥されている状況であると認識し、「ソ連がベトナム戦争に巻き込まれた後、北京にコントロールされているベトナム共産党と付き合うときに、果たしてベトナムがソ連の支持者になりうるかどうか、疑い始めた」という[128]。

　しかし、中国との関係が悪化した中で、ソ連は、戦略的に重要な意味を持つ東南アジア地域に対して、直接的に影響力を強化する必要が生まれ、そのため、東南アジア地域における唯一の共産主義国ベトナムの存在が極めて重要であった。そこで、フルシチョフ失脚の後、ソ連は次第に対ベトナム政策を転換していった。64 年 11 月 9 日、ファン・バン・ドンがベトナム代表団を率いてソ連を訪問し、コスイギンと会談した。これは、新しいソ連政権下でソ連首脳によるはじめてのベトナム指導者との会見であった。この会談で、ソ連は、ベトナムに援助を提供することを約束し、双方が経済、軍事援助の問題で合意した[129]。タス通信が 11 月 26 日、北ベトナム爆撃でアメリカ非難の声明を配信し、ソ連が 11 月 27 日、声明を発表し、ベトナムにあらゆる必要な援助を提供すると初めて約束した[130]。

　このように、64 年末、ソ連の対ベトナム政策は、「介入」政策へと大きな一歩を踏み出し、中ソ越関係が新たな段階に入っていった。

結語

　本章は、現代中越関係が如何に形成され、形成された中越関係がどのような関係であったについて分析した。共産主義者を中心とする中越双方は、それぞれの建国以前から密な関係を持ち、建国後に形成された中越関係は、「同志プラス兄弟」「事実上の同盟」という用語に代表されるような、伝統的関係、近代的国家関係と近代的イデオロギー関係といった三つの性格または側面が同時に存在し複雑に相互作用する関係であり、かつ極めて緊密な関係であった。

　中越両国は、伝統的に、血縁的、文化的、地縁的、人的に極めて密接な関係を保っていた。その間に戦争と対立の時期もあったが、平和的、正常な関係のほうが遥かに長かったし、また、現代中越関係の形成期では、双方は主に、歴史上の兄弟的、友好的な関係を強調した。それに加え、ホー・チ・ミン、毛沢東をはじめ、この時期の中国人とベトナム人の多くの指導者は、人的にも極めて密接な関係を作った。この時期の中越関係は「兄弟」関係が存在したということが言えよう。

　しかし、近代の国家間関係を決定付けるのは、何よりも近代的な要因である。それは、近代国家の性格による主権国家間関係であり、また、現代中越関係で言えば、この時の共産主義者がとりわけ強調する近代のイデオロギー関係である。ホー・チ・ミンをはじめとするベトナムの共産主義者も、毛沢東をはじめとする中国の共産主義者も、帝国主義、植民地主義からの民族解放、国家独立、そして社会主義国家樹立と建設という「革命」イデオロギーを何よりも重要視していた。ホー・チ・ミンはベトナムの抗仏戦争を「世界人民の革命事業」の一つとして位置づけ、毛沢東をはじめとする中国の指導者達は、「先に革命に成功した国家がまだ成功していない国家を支援するのが社会主義義務である」と考えていた。ベトナム戦争に関しては、中越双方とも、これは最大の帝国主義国との戦いであり、ベトナムが反帝国主義の最前線であると認識した。そのため、「ベトナム援助は中国の果たさなければならない国際主義義務である」ということになる。したがって、この時の中越関係は、民族解放、国家独立、反帝国主義、

社会主義といったイデオロギーに基づく関係、すなわち、「同志」関係であったということも言えよう。

　一方、近代国家からなる国際システムの時代の中で、中越とも、主権国家としての地位を求めまたは固める時期にあった。双方の関係は自ずと、近代国家としての関係を持たざるを得ない。この面では、とりわけ国家の安全保障上の利益が共通していたと言える。ベトナムにとって、近代主権国家を構築するためには、フランス、アメリカと戦わなければならなかった。中国にとっても、フランス、アメリカが隣国であるベトナムを支配すること、またはベトナムで戦争を行うことは、国家安全保障上重大な脅威になる。特に、アメリカが中国封じ込め政策を取る以降、アメリカの封じ込めに対抗するためにも、ベトナムを支援することが重要であり、ベトナム支援は、中国の利益に直結するものであった。事実、中越両国は、1950年から、軍事的関係を含め極めて密接な関係を保ち、63年から64年にかけては、アメリカの戦争拡大に備え、中越は共同作戦体制を立てた。これは、「事実上の同盟」関係であり、近代国家間関係としても極めて密接な関係であったと言えよう。

　この時期において、中越双方とも、伝統的関係を強調し、イデオロギー、国家利益が基本的に一致していたか高度に一致していた。また、ベトナムは力が極めて限られたものから次第に成長する段階にあり、力、経験など様々な面で中国に頼るところが多かった。これらの要因はこの時期の中越関係を決定付けた。しかし、「兄弟」「同志」「事実上の同盟」という三つの性格の間に、食い違いや対立が生じることもあり得る。更に、イデオロギー、国益はいずれも、両国間で食い違いが生じる可能性があり、イデオロギーと国益が衝突する可能性も存在する。実際、第2章で見るように、65年以降、中越関係は複雑に変わっていく。

第1章脚注

(1) この間、中国とベトナムの間に生じた武力紛争は主に以下である。979年、ディン（丁）朝に内乱が生じ、ディン・ボ・リン（丁部領）が将軍レ・ファン（黎桓）によって殺害された。翌年、宋王朝は、これを違法行為として、「安南郡王及子璉遇弑，発兵征討」。この年、レ・ファンが即位し、レ（黎）朝（前レ朝、981～1009年）を作った。981年、宋の軍勢がレ・ファンによって撃退された。レ・ファンが勝利した後に、宋の諒解と承認を求めた。986年、北宋はレ・ファンを安南都護、静海軍節度使として冊封し、その合法性を認めた。1009年、前レ朝の将軍李公蘊がクーデターを起こし、王位を奪い、リ（李）朝（1110～1225年）を作った。リ朝は、1014年から1060年の間に6回にわたって宋の南部国境を侵攻したが、軍事的に弱体の宋王朝は抑制の姿勢をとった。1044年と1069年、リ朝は南のチャンパ王国を攻撃し、大量の財宝を獲得した後、再び北の宋に向かった。1075年12月、リ朝の軍勢10万人余りが中国の広西に侵入し、南寧を含む都市を攻略し、数十万人を殺害した。1076年6月、宋が10万の軍勢を派遣し反撃に出た。双方が激戦を交わし共に重い損害を出した後に和議に至った。1225年、陳守度はリ朝を滅ぼし、チャン（陳）朝（1226～1400年）を作った。1257年、南から宋を挟み撃ちしようとしたモンゴル軍が雲南を占領した後安南に侵入し、翌年に首都昇龍（ハノイ）を占領した。チャン朝はモンゴルに臣服することを申し出、その後しばらくは宋とモンゴルの両方に朝貢したが、宋の敗色を見て、宋との関係を絶った。フビライが皇帝になった後に、1284年と1287年にさらに二度安南を侵攻した。中国が明王朝になってからは、1396年に安南が中国に侵入し、5つの県を占領した。1400年にホ（胡）朝が成立し、1406年に明が安南に侵入し、その全域を占領して、17の府を設け、明王朝の直接支配下に置いた。12年後の1418年、レ・ロイ（黎利）が蜂起し、10年間の戦闘を経て、1427年に明軍が敗北し、安南から撤退し、レ・ロイが後レ（黎）朝（1428～1789年）を樹立した。1468年、安南軍が広西の凭祥に侵入した。1747年、安南が雲南の広南地区に侵入した。1771年、ベトナム史上最大の農民蜂起が起こった。追い詰められたレ朝の国王が1788年にその母親と息子を中国に派遣し、清朝の両広総督孫士毅に救援を求めた。清王朝は救援の軍勢を派遣したが、1789年に西山軍に破れた。

(2) 1949年1月30日から2月7日までミコヤンと中国共産党指導者との談話のメモワール、АПРФ（ロシア連邦大統領公文書館），ф.39，оп.1，д.39，л.1-95，Русско-китайские отношение，с.33-93。沈志華論文「従西柏坡到莫斯科：毛沢東宣布向蘇連『一辺倒』――関於中蘇同盟建立之背景和基礎的再討論（之二）」（「西柏坡からモスクワまで：毛沢東が「ソ連一辺倒」を宣言する――中ソ同盟成立の背景と基礎についての再検討（その二）」より引用。沈論文は、既出の『中共党史研究』2009年第2期に掲載。

(3) 劉少奇が1949年7月27日に中国共産党中央宛の電報と、*Ковалев* Диалог Сталина с Мао Цзэдуном// Проблемы дальнего востока、1992、№ 1-3、с .78-79、いずれも沈志華の同上論文より引用；師哲口述、師秋朗筆録、『我的一生――師哲自述』、人民出版社、2001年、第412頁。
(4) 金牛「劉少奇密訪克里姆林宮――来自俄国档案的秘密」、中国共産党史学会編『百年潮』誌1997年5月号、第63頁；同『百年潮』誌1997年1月号、第43頁。
(5) ホアン・ヴァン・ホアン著、文庄、侯寒江訳、『滄海一粟――黄文歓革命回憶録』、解放軍出版社、1987年6月、第255～256頁。
(6) 『ホー・チ・ミン選集』・第二巻、北京人民出版社、1964年、第104頁。
(7) 『人民日報』、1950年1月19日。
(8) 『建国以来毛沢東文稿・第1巻』、中央文献出版社、1987年、第238頁。
(9) 『人民日報』、1950年1月19日。
(10) 中共中央文献研究室編、『劉少奇年賦』（1898～1969）（下）、1996年、第241頁。
(11) 前掲、『滄海一粟――黄文歓革命回憶録』、第255頁。
(12) 蒋沢民他著、『毛沢東保衛参謀・周恩来随従副官的回憶録』、北京・紅旗出版社、1998年、第479～480頁参照。
(13) 前掲、『滄海一粟――黄文歓革命回憶録』、第259頁。
(14) 同上書、第255～256頁。
(15) 同上書、第255頁。
(16) 前掲、『在神秘的戦争中――中国軍事顧問団赴越征戦記』、第26頁。
(17) 同上書、第27頁。
(18) 同上書、第27頁。
(19) 同上書、第40頁。
(20) 同上書、第55～61頁。
(21) 同上書、第62頁。
(22) 同上書、第89頁。
(23) 『中国軍事顧問団援越抗法実録』編輯組編、『中国軍事顧問団援越抗法実録〔当事人的回憶〕』載羅貴波文「無産階級国際主義的光輝典範（プロレタリアート国際主義の輝かしい典型）」、中共党史出版社、2002年、第6頁。
(24) 前掲、『中国軍事顧問団援越抗法実録〔当事人的回憶〕』、第6頁。
(25) 前掲、『在神秘的戦争中――中国軍事顧問団赴越征戦記』、第73頁。
(26) 同上書、第88～102頁。
(27) 陳賡は3日の日記に、「ベトナムと仏帝は実に絶妙な相手だ。双方の戦闘力は互角だ。仏帝は一度も進んで攻撃したことがなく、毎回やられる姿勢を示す。ベトナム部隊の行動の遅さも、動作の消極ぶりも、いずれも私の予想を超えるものだった。したがって、戦闘がある度に、ほとんど毎回、膠着状態になる。もしベトナム側の戦闘力がもう一歩高まれば、仏帝は間違いなく追い出されるだろう。目下、ベトナム側の

戦闘力を高めることが急務だ」と書いている。陳賡著、『陳賡日記』、解放軍出版社、2003年第309頁。
(28) 前掲、『在神秘的戦争中――中国軍事顧問団赴越征戦記』、第103〜116頁。
(29) 同上書、第115頁。
(30) 同上書、第116〜120頁。
(31) 前掲、『中国軍事顧問団援越抗法実録〔当事人的回憶〕』載於化辰文「援越抗法闘争中的韋国清同志（抗仏援越闘争の中の韋国清氏）」、王硯泉の回想文「越南抗法戦争中的戦略方向問題和奠辺府戦役（抗仏戦争におけるベトナムの戦略的方向の問題とディエン・ビェン・フー戦役）」などを参照。
(32) 参考資料：『彭徳懐年譜』、人民出版社、1998年、第566〜569頁；前掲、『李越然回憶録：中蘇外交親歴記』、第86頁；鄭恵、林蘊輝他主編、余雁著、『五十年国事紀要・軍事巻』、湖南人民出版社、2000年、第232〜235頁。
(33) Joint Strategic Plans Committee, JSPC 958/94, sub: Possible Military Courses of Action in Indochina, 13 February 1953, CCS 092 (6-25-48) sec. 37, RG 218. Foreign Relations of the United States 1952-54, INDOCHINA, p. 986.
(34) Ibid., p. 986.
(35) Ibid., pp. 1236.
(36) Ibid., pp. 1236〜1238.
(37) Ibid., p. 1252.
(38) Ibid., pp. 1250〜1265.
(39) Ibid., p. 1257.
(40) Ibid., pp. 1494〜1504.
(41) 第192回（1954年4月6日）、193回（4月13日）、194回（4月29日）、195回（5月6日）、196回（5月8日）197回（5月13日）、198回（5月20日）、202回（6月17日）、206回（7月15日）、207回（7月22日）アメリカ国家安全保障会議（NSC）記録（FRUS 1952-54, INDOCHINA, pp. 1250〜1266, pp. 1323〜1326, pp. 1431〜1450, pp. 1481〜1493, pp. 1505〜1511, pp. 1547〜1549, pp. 1586〜1590, pp. 1713〜1718, pp. 1834〜1840, pp. 1867〜1870)、Special National Intelligence Estimate: *COMMUNIST REACTIONS TO CERTAIN US COURSES OF ACTION WITH RESPECT TO INDOCHINA*（同書 pp.1702〜1709）などを参照。
(42) Ibid., pp. 1702〜1709.
(43) Ibid., pp. 1713〜1718.
(44) 韓懐智等主編、『当代中国軍隊的軍事工作』、中国社会科学出版社、1989年、第576頁。
(45) 前掲、『滄海一粟――黄文歓革命回憶録』、第264頁。
(46) 前掲、『中国白書――中国を告発する』、第38頁。また、中越関係が悪化した時、レ・ズアン・ベトナム労働党総書記は、「ジュネーブ協定を結ぶ時、周恩来がわが国を二つの部分に分けた」と述べた。See *Le Duan and the Break with China,* By

Stein Tønnesson, http://wwics.si.edu/index.cfm?topic_id=1409&fuseaction=library.document&id=14967

(47) 前傾、『周恩来年譜 (1949～1976)』(上)、中央文献研究室編、中央文献出版社、1997 年、第 356 頁；『毛沢東伝 (1949 - 1976)』(上)、逄先知、金冲及主編、中央文献出版社、2003 年。第 554～555 頁。

(48) インドシナ共産党は 1945 年に解散されたが、1951 年 2 月にベトナム労働党として再発足した。1976 年、ベトナム戦争に勝利したことを受け、ベトナム労働党は第 4 回党大会を開き、党名をベトナム共産党に改称した。

(49) 前掲、『周恩来年譜 (1949～1976)』(上)、第 358 頁。

(50) 前掲、『我的一生——師哲自述』、第 429 頁；曲星著、『中国外交五十年』、江蘇人民出版社、2000 年、第 141 頁。

(51) 中華人民共和国外交档案館編、『中華人民共和国外交選編（第一集）1954 年日内瓦会議（1954 年ジュネーブ会議）』、世界知識出版社、2006 年、第 13 頁。

(52) 前掲、『中国白書——中国を告発する』、第 36 頁。

(53) 同上書、第 34～35 頁。

(54) 前掲、『周恩来年譜 (1949～1976)』(上)、第 361～362 頁；前掲、『新中国与蘇連的高層往来』(上)、第 271～272 頁。

(55) 前掲、『李越然回憶録：中蘇外交親歴記』、第 86 頁。

(56) 前掲、『我的一生——師哲自述』、第 429～430 頁。

(57) 金冲及主編、『周恩来伝 1949～1976(上)』、中国文献出版社、1998 年、第 168～169 頁；鄭恵、林薀輝他主編、蕭冬連著、『五十年国事紀要・外交巻』、湖南人民出版社、1999 年、第 124～125 頁。

(58) 前掲、『我的一生——師哲自述』、第 429～430 頁。

(59) 前掲、『周恩来年譜 (1949～1976)』(上)、第 368～370 頁；前掲、『我的一生——師哲自述』、第 430 頁。

(60) 「周恩来致毛沢東、劉少奇併報中央電」（周恩来による毛沢東、劉少奇宛併せて中央に報告する電報）、1954 年 5 月 30 日。前掲、『新中国与蘇連的高層往来』(上)、第 287 頁より引用。

(61) 前掲、『周恩来年譜 (1949～1976)』(上)、第 372 頁。

(62) 前掲、『新中国与蘇連的高層往来』(上)、第 287 頁。

(63) 前掲、『周恩来年譜 (1949～1976)』(上)、第 382～384 頁；前掲、『中国外交五十年』、第 118～119 頁。

(64) 前掲、『中国外交五十年』、第 119～120 頁；前掲、『周恩来年譜 (1949～1976)』(上)、第 383～384 頁。

(65) 前掲、『周恩来年譜 (1949～1976)』(上)、第 385～388 頁。

(66) 前掲、『中国外交五十年』、第 126～127 頁。

(67) 前掲、『周恩来年譜 (1949～1976)』(上)、第 394～395 頁。

(68) 前掲、『中国外交五十年』、第 129 頁。
(69) 同上書、第 131 〜 133 頁；前掲、『周恩来年譜 (1949 〜 1976)』(上)、第 397 頁。
(70) 前掲、『中国白書——中国を告発する』、第 35 〜 36 頁。
(71) Memcon, Kissinger and Zhou, 9 July1971, 4:35-11:20 PM, Top Secret / Sensitive / Exclusively Eyes Only, with cover memo by Lord, 29 July 1971, p. 21. Source: National Archives and Records Administration (NARA), NIXON PRESIDENTIAL MATERIALS STAFF, box 1033, China HAK Memcons July 1971. 和訳：『周恩来・キッシンジャー機密会談録』、毛里和子、増田弘監訳、岩波書店、2004 年、第 20 〜 21 頁より引用：Memorandum of Conversation, Tuesday, February 22, 1972 - 2:10 p.m.-6:00 p.m., Top Secret / Sensitive / Exclusively Eyes Only, pp. 21-22. Source: National Archives and Records Administration (NARA), Nixon Presidential Materials Collection, President's Office Files, Memoranda for the President, Box 87, "Beginning February 20, 1972". 和訳：『ニクソン訪中機密会談録』、毛里和子・毛里興三郎訳、名古屋大学出版会、2001 年、第 60 〜 61 頁より引用。なお、以下、1971 年 7 月キッシンジャー秘密訪中における周恩来・キッシンジャー会談、同年 10 月キッシンジャー訪中における周恩来・キッシンジャー会談、1972 年 2 月ニクソン訪中における毛沢東・ニクソン会談とニクソン・周恩来会談の和訳は、いずれも、『周恩来・キッシンジャー機密会談録』と『ニクソン訪中機密会談録』の訳文より引用する。
(72) 『ベトナム秘密報告——米国防総省の汚ない戦争の告白録』、ニューヨークタイムズ編集部編、杉辺利英訳、サイマル出版会、1972 年、第 76 頁。
(73) 『人民日報』、1954 年 12 月 29 日。
(74) 謝益顕編、『中国外交史・中華人民共和国時期 1949 〜 1979』、河南人民出版社、1988 年、第 301 頁、郭明主編、『中越関係演変四十年』、広西人民出版社、1992 年、第 66 頁。
(75) 1954 年 7 月 28 日ソ連外交部東南アジア局局長がファン・バン・ドンの言及した問題についてモロトフへの報告。Source: 1954 年 7 月 28 日第 759/ювам 号、АВПРФ. ф.06,оп.13а,п.35,д.156,лл.1-2.DA0760. 中国人ソ連・ロシア、ベトナム研究者である沈志華（華東師範大学教授）と李丹慧（中国社会科学研究員研究員）夫婦がロシア連邦対外政策公文書館（АВПРФ）とロシア当代文献保管センター（ЦХСД）より収集し所蔵する旧ソ連公文書の中国語訳より引用、翻訳。沈志華、李丹慧所蔵の旧ソ連公文書の索引番号は、「SD＊＊＊＊＊」となっている。なお、北京大学図書館 5 F にこれらの公文書のコピーセット一式が置かれている。本書が引用する旧ソ連の公文書で「SD＊＊＊＊＊」の番号がつけられたものはいずれも、沈志華、李丹慧所蔵の旧ソ連公文書である。
(76) 1955 年 4 月 17 日、ベトナム民主共和国政府代表団との会談・交渉についての指示。Source: АВПРФ.ф.022,оп.8,п.117,д.30,л.12—21. SD11440 より引用．
(77) 1955 年 6 月 10 日、ソ連外務省がベトナム駐在ソ連大使館宛の電報、Source:

АВПРФ.ф.079,оп.10,п.9,д.8,л.32、SD11447 より引用。
(78) 1956年11月10日、グロムイコがソ連共産党中央への報告、Source: АВПРФ.ф.022,оп.9,п.134,д.56,л.19—21、SD11453 より引用。
(79) 1958年4月16日、ソ連外務省がベトナム駐在ソ連大使館への指示。Source: АВПРФ.ф.079,оп.13,п.20,д.3,л.15—19、SD11457 より引用。
(80) 前掲、『中越関係演変四十年』、広西人民出版社、1992年、第66頁。
(81) 『裏切られた革命──チュン・ニュー・タン氏の証言』、友田錫著、中央公論社、1981年、第59頁。チュン・ニュー・タン氏は南ベトナム民族解放戦線の創立者の一人で、1969年に樹立された南ベトナム臨時革命政府の司法相を勤めたが、1979年8月にベトナムを脱出し、翌年の1980年3月にフランスに亡命した。
(82) 同上書、第58〜59頁。
(83) 前掲、『中越関係演変四十年』、第67頁。
(84) 前掲、『裏切られた革命──チュン・ニュー・タン氏の証言』、第56頁。
(85) Minister – Counselor of the Soviet Embassy in Hanoi Mitrophan Podolski to Moscow, December 17, 1966. SCCD, f. 5, op. 59, d. 327, p. 7. *The Soviet Union and the Vietnam War*, Chicago 1996, p. 16 より引用。前掲、『中国白書・中国を告発する』、第50頁。ただし、この二つの資料は、中国側の公文書資料の裏づけがない。特に後者は中越関係が極端に悪化したときのものである。この二件の資料は参考として提示する。
(86) 1961年10月17日、ベトナム駐在ソ連大使が1960年モスクワ会議以後ベトナムの動向についての報告。Source: АВПРФ.ф.079,оп.16,п.31,д.3,л.35—57、SD11459 より引用。
(87) 前掲、『中華人民共和国外交史』（第二巻）、第33〜34頁。
(88) 1962年毛沢東とボー・グエン・ザップとの談話。前掲、『中国与印度支那戦争』第137頁より引用。
(89) 中共中央文件、中発〔63〕190号、〔絶密〕、「中央関於在対外接触中有関越南問題以及其他問題応注意事項的通知」、湖南档案館、全宗号241、目録号1、案巻号1105。
(90) 前掲、『中華人民共和国外交史』（第二巻）、第34頁；前掲、『中国与印度支那戦争』第82頁。
(91) 『人民日報』、1963年5月11日第3版。
(92) 前掲、『中華人民共和国外交史』（第二巻）、第34頁；前掲、『中国与印度支那戦争』第82頁。
(93) 当代中国叢書『当代中国外交』、中国社会科学出版社、1987年、第159頁。鄧礼峰、『建国後軍事行動全録』、山西人民出版社、1994年、第327頁。
(94) 童小鵬、『風雨四十年』第二部、中央文献出版社、1996年、第219頁。
(95) 前掲、『中華人民共和国外交史』（第二巻）、第34頁；前掲、『中国与印度支那戦争』第82〜83頁。

（96） 韓念龍主編、『当代中国外交』、中国社会科学出版社、1987 年、第 159 頁。
（97） 1964 年 6 月 24 日毛沢東とヴァン・ティエン・ズンとの会談、7 月 27 日毛沢東と陳子平などとの談話。前掲、『中国与印度支那戦争』第 137 頁より引用。
（98） 前掲、『中華人民共和国外交史』（第二巻）、第 34 頁；前掲、『中国与印度支那戦争』第 84 頁。
（99） 関於 1964 年 7 月河内三党会議的情況、前掲、『風雨四十年』第二部、第 220-221 頁。
（100） 前掲、『風雨四十年』第二部、第 220-221 頁参照。
（101） 1964 年 7 月 27 日毛沢東とベトナム大使などとの談話。前掲、『中国与印度支那戦争』第 137 頁より引用。
（102） 1964 年 7 月 27 日毛沢東とベトナム大使などとの談話。同上書第 137 頁より引用。
（103） 前掲、『中華人民共和国外交史』（第二巻）、第 34 頁；前掲、『中国与印度支那戦争』第 83 ～ 84 頁。
（104） 王定烈主編、『当代中国空軍』、中国社会科学出版社、1989 年、第 384 頁。
（105）『人民日報』、1964 年 8 月 6 日。
（106） 1964 年 8 月 13 日毛沢東とレ・ズアンとの会談。前掲、『中国与印度支那戦争』第 42 ～ 43、138 頁。
（107） MAO ZEDONG AND PHAM VAN DONG, HOANG VAN HOAN Beijing, 5 October 1964, 7-7:50. 77 **CONVERSATIONS BETWEEN CHINESE AND FOREIGN LEADERS ON THE WARS IN INDOCHINA,** 1964-1977. pp. 72-75.
（108） Memorandum of the Main Intelligence Directorate (Glavnoye Razvedyvatel'noye Upravleniye (GRU) for the CPSU Central Committee, July 14, 1967. SCCD(ロシア当代文献保管センター)、f.5, op. 59, d. 416, pp. 119-122. Ilya V. Gaiduk, *The Soviet Union and the Vietnam War,* Chicago 1996, p. 16 より引用。
（109） USIA Report, April 1965. National Security Archive, V – 16, Vietnam, G. McT. Kahin Donation, box4. *The Soviet Union and the Vietnam War,* Chicago 1996, p. 16 より引用。
（110） 前掲、『周恩来年譜 (1949 ～ 1976)』(中)、第 655 頁。
（111）『人民日報』、1964 年 8 月 7 日。
（112） 中共邵陽地区宣伝部、『思想反応』、編号 34 字第 019、極秘、湖南省档案館、全宗号 116、目録号 166、案巻号 1092。
（113） 同上書、中共湖南省宣伝部、1964 年 8 月 10 日。
（114） 同上書、中共株洲市委宣伝部、『宣教動態』第 11 期、1964 年 8 月 14 日、内部資料。
（115） 同上書、中共常徳地区宣伝部、『宣教動態』第 11 期、1964 年 8 月 21 日、内部資料。
（116） 王定烈主編、『当代中国空軍』、中国社会科学出版社、1989 年、第 384 頁。
（117）「越南抗仏、抗米闘争時的中越関係」、『人民日報』1979 年 11 月 20 日。
（118）「1964 年 8 月 10 日劉少奇が米機によるベトナム爆撃の簡単状況及び情勢に対する見方と予測」、湖南省で開かれた極秘会議における劉少奇講話、極秘、手書きによる記録、第 279 ～ 297 頁。湖南省档案館、全宗号 146、目録号 1、案巻号 2462。

(119) 前掲、『当代中国外交』、第160頁。
(120) 1964年8月13日、毛沢東とレ・ズアンとの会談。前掲、『中国与印度支那戦争』第138頁。
(121) 『毛沢東外交文選』、中央文献研究室編、中央文献出版社、世界知識出版社、1994年、第557頁。
(122) 『周恩来外交文選』、中華人民共和国外交部・中央文献研究室編、中央文献出版社、2000年、第443頁。
(123) Telegram to the Soviet Embassador to France. SCCD, f. 4, op. 18, d. 582, p. 5. ***The Soviet Union and the Vietnam War,*** Chicago 1996, p. 9 より引用。
(124) Ibid., pp. 9-10 より引用。
(125) International Department to the Central Committee, Secret, July 25, 1694. SCCD, f. 5, op. 50, d. 631, pp. 163-164. Ibid., p. 11 より引用。
(126) Foreign Relations of the United Sates, 1964-1968, Vol. 1 Vietnam, 1964, Washington, 1992, p. 637.
(127) 1965年4月1日外交部「請審批『中国阻蘇援越』談話提綱的報告」、吉林省档案館、全宗77、目録11、巻号7。
(128) Top Security Letter of the Soviet Embassy in Hanoi to Moscow, "On the Political Situation in South Vietnam and the Position of the DRV", November 19, 1964. SCCD, f. 5, op. 50, d. 631, p. 253. ***The Soviet Union and the Vietnam War,*** pp. 16-17 より引用。
(129) Ibid., pp. 19-20 より引用。
(130) USSR Ministry of Foreign Affairs, The Soviet Union – Vietnam: Thirty Years of the Relationship, 1950-1980, Moscow, 1982, p. 85. Ibid., p. 20 より引用。

第 2 章

中越関係の変質

第1章は、現代中越関係の形成について検討し、その関係は、「同志プラス兄弟」及び「事実上の同盟」関係、すなわち、イデオロギーによって結ばれる「同志」関係、近代国家としての近代国際関係の意味における「事実上の同盟」関係、伝統的な「兄弟」関係という三つの性格または側面を持つことを明らかにした。本章の目的は、このような中越関係が、米中接近が始まるまでに変化したかどうか、もし変化したのであればどのような関係になっていたかについて検討することである。

第1節　ソ連の対越政策の転換と中ソ摩擦

1.アメリカの戦争拡大と中国

1.アメリカの戦争拡大
　大統領就任のわずか半月後の1965年2月6日、ジョンソンは南ベトナム民族解放戦線の武装力が米軍基地を襲ったとの理由で、「ブレーミングダート作戦」を開始し、北ベトナムを空爆し、さらに8日に二回目の空爆を行った。3月2日、アメリカ軍と南ベトナムの空軍機160機以上が4回目の北ベトナム爆撃を行い、本格的な大規模北爆の「ローリングサンダー作戦」を開始した。3月6日、アメリカは、南ベトナム政府の要請で海兵隊をダナンに上陸させると発表し、8日と9日に米海兵隊員3,500名をダナンに上陸させ、ベトナムでの局地戦を開始した。ジョンソン大統領は3月30日、南ベトナム支援を強めるとの声明を発表したが、同日、サイゴンのアメリカ大使館が爆破され、200名余りが死傷した。
　このように、アメリカは1965年前半に、ベトナムにおける戦争を特殊戦争から局地戦争にエスカレートさせた。しかし、中国の直接参戦を恐れて、アメリカは、北ベトナムに地上部隊を送らず、南ベトナムにおける地上戦と北ベトナムに対する空爆との方式をとった。南ベトナムでは、65

年3月から正式に地上部隊を送り、同年の年末には184,300名に達し、66年末には385,300名、67年末には485,300名、68年半ばには525,000名、69年1月には最高の542,400人に達した。

　一方、アメリカは、北ベトナムに対する空爆を繰り返し、その空爆は時として中国国境に非常に近い北ベトナム領を対象とすることもあり、米軍機が中国領内に侵入することもあった。65年6月23日、アメリカの北爆はハノイ以北に及んだ。ラスク米国務長官は7月10日、ベトナム戦争に聖域が存在しないと言明した。9月9日、サイゴンの米軍当局は8日に中国国境まで27キロの地帯を北爆したと発表した。66年4月26日米国防総省は、ベトナム戦争に「聖域なし」の声明を繰り返した。67年9月18日、米軍機が中国国境からわずか11キロまでの北ベトナム領タトケ橋を攻撃した。

2.中国の対抗姿勢

　中国にとって、アメリカによる戦争拡大は、南ベトナム、北ベトナムへの拡大だけでなく、中国にまで戦争を拡大する可能性も想定しなければならなかった。中国は、非常に強硬な姿勢でベトナムを支援する意思を表明し、「三線建設の大規模展開」などアメリカとの戦争に備えると同時に、さまざまな方法を使ってアメリカに中国の戦争ボトムラインを伝えようとした。

　65年2月6日の北爆を受け、中国は翌7日、「アメリカのベトナム民主共和国に対する侵犯は、すなわち中国に対する侵犯だ。六億五千万の中国人民は絶対に座視しない。我々はすでに準備した」[1]と強硬な声明を発表した。3月12日、中国政府はさらに声明を出し、次のように述べた。

> 「アメリカ侵略者に告ぐ。中国人民は恐れない。我々は、自己の安全をアメリカが侵略してこない善意の上に築くことは一度もない。我々は準備している。中国人民は断固として、あらゆる可能な措置を取り、ベトナム人民とインドシナ人民を支持し、米国侵略に反対する闘争を最後まで行う。どうせあなたたちはあれだけの武装力しか持っていな

い。あなたたちの方法は繰り返し言ってもその幾つかしかない。あなたたちはあなたたち（のやり方）でやる。我々は我々（のやり方）でやる。断言できるのは、戦争の進展は決してあなたたちの主観の願望にしたがって発展しないことだ」(2)。

　周恩来は3月20日、シリア外相と文化部長との会見で、我々のあらゆる行動はベトナム民主共和国政府と協議しなければならない。すなわち、ベトナム民主共和国の主張と要望にしたがって事を行うと述べた(3)。『人民日報』は3月25日付社説を発表し、中国人民は南ベトナム人民に必要なあらゆる物質的な支援を、武器と各種作戦物資を含め、提供する意向を表明すると同時に、「我々はまた、いつも準備して、南ベトナム人民が必要なときに、自己の人員を派遣して、南ベトナム人民と共に、共同で戦って、アメリカ侵略者を消滅する」と宣言した。その後、陳毅外相はスアン・トゥイへの手紙の中でもこの立場を繰り返した。

　このように、中国は、ベトナム支援の姿勢を非常に明確に表明してきた。アメリカは、中国のベトナム支援に大変怒り、アメリカのメディアは、ベトナム戦争には朝鮮戦争のときのような「保護所」が存在せず、米軍はどこまでも追撃し、かついかなる武器の制限も受けないと報じた。実際に、米軍機はしばしば中越国境地帯の中国領空に侵入した。65年4月8日と9日、中国海南島に侵入した米軍機は中国海軍航空兵のパトロール機にミサイルを発射した。中国側の認識としては、この時、アメリカは、中国軍単独または中国軍と北ベトナム軍が共同でベトナム戦争にどこまで介入するかについて、図りかねていた。つまり、中国は北ベトナムに援助を与えているが、「戦闘に入る準備がまだ出来ていない」(4)と考えていたため、中国の真意を探っていた。アメリカの軍事的探索は、中国雲南と広西及び沿海地域に海・空の双方から行われた。またメディアを媒介にして、ベトナム戦争では朝鮮戦争のときのような避難所が存在しないために、米軍はどこまでも追撃する脅かしをかけていた。したがって、アメリカ側のこれらの行為は中国本土への戦争拡大の脅威を与えることによって、中国のベトナム援助を抑制しようとしているものと中国側は受け止めていた(5)。

アメリカによる軍事的探りに対して、中国は強硬姿勢に出た。中国は、国境地域の防空力を強化して中国領空に侵入する米軍機を撃墜する方針を表明し、アメリカに対して、中国の決意を明確にした。米軍機が中国軍機を攻撃したため、中国軍の指導者は、中国領空を侵犯する米軍機に対して中国軍機を発進しても、監視するだけで攻撃しないという従来の規定を変更し、中国領内に侵入するあらゆる米軍機に対して「断固打撃を加える」方針を鮮明にした。65年4月8日、米軍機が数回、中国海南島の上空を侵犯した。毛沢東は翌9日、「米軍機が海南島に侵入すれば、打つべし、断固打つ」との命令を出した[6]。

　中国共産党中央は4月14日、次のように軍備を強化する指示を出した。

> 「アメリカはベトナムで戦争拡大のステップをとって、ベトナム民主共和国を直接、侵犯しようとし、わが国の安全に深刻な脅威を与えている。アメリカの侵略行為に対して、我々は絶対に無視できない。我々はいつでもベトナム人民とともに戦う準備をしなければならない。当面の情勢のもとでは、戦争に備える仕事を強化すべきだ。敵が冒険するかもしれないことを予測し、思想の上でも、現実においても、最も厳しい情勢に対処する用意をしなければならない。アメリカがわが国の軍事施設、工業基地、交通要所と大都市を爆撃し、あるいは我々の国土で作戦することに対処する用意をしなければならない。我々は、小さな戦争、中規模戦争ないし大規模戦争に対して、いずれも用意しなければならない」[7]。

　周恩来は5月28日、インドネシア第一副首相と接見するときに、「南ベトナムの友人は20万米軍と5、60万傀儡軍と戦うことができると言った。中国の人口は南ベトナムの50倍、中国は少なくとも1,000万の米軍と戦うことができる」「我々はすでに全国を動員した」と述べ、アメリカとの全面戦争も厭わない意思を表明した[8]。

　中国空軍は66年9月20日、海南島上空で米戦闘機を撃墜し、米軍パイロットを捕虜にした。12月18日、北京でアメリカ非難の10万人余りの

集会が行われ、陳毅外相が演説し、次のように述べている。

> 「我々はすでに準備を整えた。我々は最大の民族的犠牲を惜しまず、断固として最後まで兄弟のベトナム人民の抗米救国戦争を支持する。我々は言った言葉を守る。兄弟のベトナム人民は信じてよい。七億の中国人民はベトナム人民の強い後ろ盾であり、中国の広い国土はベトナム人民の信頼できる後方である」「いかなる荒波の中でも、中国人民は必ずベトナム人民と一致団結し、共に戦い、アメリカ侵略者をベトナムの土地から全部追い出す」[9]。

3.米中直接軍事衝突回避への中国の試み

　中国は、一方でアメリカの戦争拡大に対して断固たる対抗姿勢を明らかにしながら、他方ではアメリカとの直接軍事衝突を避けるために、さまざまな方法でアメリカにメッセージを送り、中国としてのボトムライン、アメリカの戦争エスカレーションに対する中国の姿勢を伝えようとした。1965年4月2日、周恩来は、まもなくアメリカを訪問する予定のパキスタン大統領ヤヒア・カーンに対して、ジョンソンに中国側の意見を伝えるよう要請し、三点のメッセージを託した。「一、中国は進んでアメリカに対する戦争を挑まない。二、中国人は言うことは必ず実行する。三、中国はすでに準備した[10]。ヤヒア・カーンのアメリカ訪問が延期された後、中国は他の道を探した。5月31日、陳毅外相がイギリスの中国駐在代理大使ホブソンを呼び、中国のベトナム問題についての四点のメッセージをジョンソンに伝えるよう要請した。その四点メッセージとは、周恩来がヤヒア・カーンに託した上記三点のメッセージの次に、「四、戦争が始まったら、境界は無い」という第四のポイントを付け加えたものであった。ホブソンは当日、電報で陳毅談話の内容をイギリス外務省に伝え、イギリス外務省は翌日、この電報及びそのコピーをアメリカのロンドン駐在大使館とイギリスのワシントン駐在大使館に伝えた。6月2日、イギリスの外交官はホブソンの電報をアメリカ国務省極東問題担当国務次官バンディに渡し、3日、イギリスのアメリカ駐在大使は再度中国のメッセージをアメリ

カ国務長官ラスクに伝えた。アメリカ側は、周恩来からのメッセージは驚くほど「穏やか」で、「中共は戦争に直接介入したくない」ことを表明し、そのために、アメリカに、「反中国の行動を避けるようアメリカへ警告した」ものだと分析した。

6月4日、アメリカはイギリスに対して、アメリカはワシントンが間違いなく正確に中国側のメッセージを受けとったことを中国側に伝えるつもりであり、また、ジョンソンが電報を読んだ次の日に会議を開き、いかに中国に回答するかについて議論すると通告した。三日後の6月7日、ホブソンは中国外交部西ヨーロッパ担当の役人に、イギリスはすでに周恩来のメッセージをラスクに伝えたことを明らかにした[11]。一方、6月8日、周恩来はタンザニア訪問を終えるに当たってタンザニア大統領に同じメッセージを託した[12]。

さらに、周恩来は8月20日、ザンビア政府代表団との会談の中で、アメリカが中国と戦争をしようとしても、中国という難関を乗り越えることは出来ないと強調し、中国の四つのポイントの立場を再度強調した[13]。翌年の66年4月10日も周恩来は、パキスタンの新聞記者フセインとの会見の中で再び中国の対米政策の「四点メッセージ」を説明し、かつ、この四つのポイントは、分割できない一体なものだと説明した。周恩来のこの談話は、一ヵ月後の5月10日に『人民日報』に載った。

　一、中国は進んでアメリカに対して戦争を挑まない。中国はハワイに派兵しているわけではなく、アメリカが中国の領土台湾省を占領しているのだ。にもかかわらず、中国は依然努めて、交渉を通して、アメリカが台湾省及び台湾海峡地域からそのすべての武力を撤退することを求め、かつ、ジュネーブとワルシャワでアメリカとこの絶対に譲歩できない原則的な問題についてすでに十年以上交渉している。これは良い証明である。

　二、中国人は言うことを必ず実行する。それは、もしアジア、アフリカまたは世界のいかなる国家でも、アメリカをはじめとする帝国主義国家に侵略されたならば、中国政府と中国人民は必ず支持と援助を

与えるということである。もし、このような正義の行動がアメリカの中国侵犯を引き起こすなら、我々は些かも迷わずに奮起して抵抗し、最後まで戦う。

　三、中国はすでに準備した。もしアメリカが戦争を中国に強いるなら、どれだけの人数が来ようと、核兵器を含めてどんな武器を使おうと、かれは、入ることができても出て行くことができないと断言できる。千四百万の南ベトナム人民が二十数万の米軍に対抗することができるならば、六億五千万の中国人民はきっと一千万の米軍に対抗することができる。アメリカ侵略者がどれだけ来ようと、必ずや中国によって消滅されよう。

　四、戦争が始まったら、境界は無い。アメリカの一部の軍事家は、海上と空中優勢に頼って中国を爆撃し、地上戦を戦わないと考えている。これは一方的な願望だ。もし戦争が空中戦または海戦によって始まったら、戦争が如何に進行していくかは、アメリカが一方的に決めることはできなくなる。あなたが空中から来ることができるなら、私はなぜ陸上から行くことができないのか。したがって、我々は、戦争が一旦始まったら、境界線が一切無くなると言うのだ[14]。

中国側が再三表明したこのメッセージは、アメリカに、中国の戦争ボトムラインを明確に伝えるものであった。アメリカは、ワルシャワでの米中大使級会談の中で、アメリカが中国と戦争をする意思がないと明言し、イギリスもアメリカから決して戦争を中国まで拡大しないとの確認を得たと言われる[15]。

2. ソ連の対越政策の転換

第1章で既述したように、ソ連はすでに1964年末に対ベトナム政策を転換していた。それを受け、1965年2月6日から10日にかけて、コスイギン・ソ連首相がベトナムを訪問した。ベトナムに向かう途中、5～6日に北京で周恩来と会談した。ベトナムに到着したのは、アメリカの「ブレー

ミングダート作戦」、北爆の開始、すなわちアメリカによるベトナム介入の本格化の日であった。アメリカの北爆の中でベトナムを訪れたソ連代表団は、コスイギン首相以外に、ソ連共産党中央書記アンドロポフをはじめ、ソ連民間航空部部長、ソ連外交部第一副部長、ソ連国防部副部長、空軍元帥、ソ連部長会議国家対外経済連絡委員会副主任などからなる大がかりの代表団であった。ベトナムは盛大にソ連代表団を受け入れた。レ・ズアン、ファン・バン・ドンなどホー・チ・ミン以外のトップ指導者と数千人のハノイ住民が新しく飾られたハノイ空港でソ連代表団を出迎え、空港からソ連代表団が宿泊する主席官邸にいたるまでの道に沿ってさらに10万人がソ連代表団を歓迎した。2月7日の午前にハノイの中央広場で8万人の群衆を集め、ホー・チ・ミン、レ・ズアン、ファン・バン・ドンなどベトナムのトップ指導者の全員出席でソ連代表団の訪問を祝った。午後にはコスイギンとホー・チ・ミンがそれぞれ率いるソ連とベトナム民主共和国の代表団が会談し、ホー・チ・ミン、レ・ズアン、ファン・バン・ドン、ボー・グエン・ザップ、レ・ドク・トなどトップ指導者が出席した。ソ連代表団がベトナムに滞在している間、ファン・バン・ドンは終始代表団に同行し、ホー・チ・ミンはすべての招待宴会、会見と音楽会に出席した。ソ連代表団のベトナム訪問は、ソ連の対越重視とベトナム政策の変化を意味するものであるが、上記のような盛大な歓迎ぶりから、ベトナムもソ連代表団の訪問を極めて重視したことが分かる[16]。

　ソ連代表団訪越の間に、コスイギンがホー・チ・ミンをはじめとするベトナム指導者とソ連のベトナム援助について協議し、ベトナムの防衛力強化のための援助協定を結んだ。10日に発表したソ越共同声明の中で、ソ連政府とソ連人民は社会主義兄弟国に対する自らの国際的責務を履行し、同盟国とともに、ベトナム民主共和国の安全を守り、その国防力を強化するための措置を取ることを宣言した[17]。

　コスイギンはベトナム訪問を終えて2月10～11日に再び北京に立ち寄った。アメリカの空爆はソ連人に大きな影響を与えた。コスイギンは周恩来との会談の中で、アメリカの北爆によって、ソ連がベトナムを援助する動機づけがなされたとの見方を示した。同時にソ連が、ベトナムに無償

で大砲、戦車、地対空ミサイルを供与する方針を明らかにした。コスイギンはまた、11日の毛沢東との会見の席上、ベトナム援助の問題で中国と協議、協力したいと表明した。このとき、中国の指導者はソ連に対して、ソ連のベトナム支援を支持する旨の発言をした。周恩来は、ソ連が速やかにベトナムに武器を供与することを希望し、中国が鉄道輸送面で支援可能であると答えた。毛沢東は、ソ連の南ベトナム人民に対する支援は今まで少なかったことを指摘するとともに、ソ連のベトナム援助を歓迎すると表明した[18]。

ただし、このコスイギン訪越でも、ソ連の対越支援は依然として幾分の留保があった。コスイギン訪越は、社会主義国家間の訪問でよく使われる党と政府代表団ではなく、政府代表団の名義であった。ソ越コミュニケでの対越援助の用語も曖昧であった。しかし、これに続く4月14日のレ・ズアン、ボー・グエン・ザップ訪ソでソ越両国が対越軍事援助について重点的に議論し、17日に発表されたコミュニケは、「ソ連は、今後、ベトナム民主共和国がアメリカの侵略を打ち破るのに必要とする援助を随時与えることを確認した」[19]と明確に宣言した。

このように、ソ連新指導部の誕生後、64年11月のファン・バン・ドン訪ソ、1965年2月のコスイギン訪越、4月のレ・ズアン、ボー・グエン・ザップ訪ソを経て、ソ連の対ベトナム政策は、これまでの対越直接支援を基本的に中国に任せるものから、ベトナムに直接関与する政策に転換した。

3. ソ連仲介の米越平和交渉問題

ソ連のベトナム政策の転換に伴って、中ソ両国の間に新たな摩擦が発生した。ソ連の新しい対越政策は、主として米越和平交渉の仲介と対ベトナム直接援助という二つの側面があったが、この二つの側面で中ソ両国は対立し、それが中越関係にも深い影響を与えた。

コスイギン訪越後、中国に対して、ソ連がまずアプローチしたのは、ベトナム援助ではなく、平和交渉についてであった。中国、ベトナム、北朝鮮を歴訪したコスイギンが、モスクワに戻ったのは1965年2月15日であっ

たが、その翌日の2月16日、ソ連政府は早速ベトナムと中国に、次の2点を骨子とする平和交渉案を提出した[20]。

1. インドシナ問題に関する新たな国際会議、または五大国、九大国会議を開き、ベトナム問題について討議する。会議の準備のためにアメリカが北爆を数週間停止する。
2. ベトナム問題の政治的解決案は、南ベトナムの中立化、他国がベトナムに干渉しないことを保証する、ベトナム全域に武器を送らない、などであった。

また、コスイギンは、ベトナム訪問についての演説の中で、ソ連は各国が「接触し」「交渉のテーブルでインドシナ問題を解決する」[21]と強調した。その後、ソ連は直ちに平和交渉活動を展開した。2月23日、ベトナムが既にソ連提案に対する反対を表明し、中国がまだ返答していない段階で、ソ連はフランス駐在のソ連大使を通して国際会議開催のメモワールをド・ゴール仏大統領に渡した。フランスはすぐにこの提案を公開した。それと同時に、ソ連指導者は、ソ連の極秘のベトナム軍事援助計画関連の内容の一部を西側記者に漏らし、また、アメリカと頻繁に接触し、ソ連を通せばベトナム問題解決への道を切り拓くことができると表明した。それを受け、アメリカ国務長官ラスクも、2月下旬以降の発言の中で、「政治解決の道はずっと開いている」と繰り返し表明し、ベトナム問題の平和的解決と第三国の平和交渉の試みを挫折させないことを希望した。ジョンソンは4月7日、アメリカが「関係政府」とベトナム平和の実現について「無条件に議論」を行う意向があると宣言し、7月28日、「ハノイの提案を議論することができる」、南ベトナム解放民族戦線の交渉参加は「乗り越えられない困難ではない」、ベトナムの4項目主張は「アメリカと北ベトナムとの交渉の基礎になりうる」[22]と表明した。

このように、ソ連はベトナムに対する軍事援助計画を作ると同時に、平和交渉に強い興味を示し、実際、ベトナム戦争のエスカレートから68年3月31日アメリカが北ベトナム北緯20度以北の地域に対する爆撃の停止

を宣言するまで、ジョンソン米政権の北ベトナム爆撃の停止やベトナム問題についてパリで交渉を行うなど一連の重要な呼びかけは、主にソ連政府を通して行われたのである。

アメリカとベトナムの間のさまざまな接触も実際上ソ連の仲介によって実現したと言われる[23]。しかし、米中敵対と中ソ対立の中で、ソ連のこのような動きは、中国にとって深刻な問題になった。ソ連はベトナム援助を通してベトナムをソ連側に引き寄せ、またベトナム問題解決の主導権を握る可能性があった。一方、ベトナム問題の平和交渉をめぐる米ソ間の往来は、ベトナム問題に関する双方の立場に「深刻な食い違い」があるにせよ、和平交渉を行う問題について両国間の「距離が比較的に小さい」[24]にせよ、中国から見れば、両国間の密接な接触行為自体、新たな潜在的脅威として受け止められていた。米ソ間でこのような協調がさらに進むと、反中国の一大包囲網になりえたためである。アメリカがソ連と共同でインドに核による保護を提供する意向を示し、ソ印協力を督励したことに加えて、米ソが共謀して、米ソ印日などの大国を含めた中国包囲網構築の動きとして、中国の指導者の目には映った[25]。中国にとって、アメリカは長期にわたり中国封じ込め政策を行ってきたが、ソ連と良好な関係を保たない限り、アメリカの包囲網は不完全な半円型にならざるを得なかった。しかし、現在ソ連も中国包囲網を構築しており、米ソが共謀すると、その包囲網がほぼ完了してしまう。唯一の例外は、ベトナムであるが、もしベトナムがアメリカに譲歩すれば、あるいはベトナムがソ連側につけば、この対中包囲網が完成し、中国は完全にアメリカとソ連に包囲されてしまうことになる。

そこで、ソ連の新しいベトナム政策に基づく行動に対して、中国は強い警戒感を示し、ソ連仲介の平和交渉に反対した。たとえば、65年5月17日に北京で行われた周恩来、鄧小平とホー・チ・ミンとの会談で、周恩来は、「ソ連修正主義者は、北ベトナムがアメリカと交渉し、民族解放戦線を棚上げにし、兄弟を裏切ることを望んでいます」[26]と述べ、ソ連の米越交渉介入の目的を批判した。11月17日、陳毅外相は北京でグエン・ズイ・チンとの会談で、「中国革命の歴史とベトナムの闘争史において、戦

いながら交渉するということが一定の時期において行われました。我々は敵と戦い、一定の段階に達したら我々が交渉を開始します。その目的は敵の仮面を剥ぐことです。それは正しいです。……我々両党は、アメリカが平和を求める意向を示していないということに同意しています。彼らが交渉したいのは、公衆輿論を欺こうとしているだけです。我々も彼らの仮面を剥ぐために我々の政治闘争を展開します。もし彼らが交渉したければ、我々は交渉します。これは私個人の意見です」と、個人の意見としながらも、「敵の仮面を剥ぐ」ための交渉に賛成する意見を述べた[27]。翌日の周恩来、陳毅とグエン・ズイ・チンとの会談の中で、周恩来と陳毅は、ベトナム戦争で中国がベトナムを支持するということは台湾問題の解決に悪影響を与えており、ベトナムがアメリカと交渉することができるのであれば中国もアメリカと交渉することができ、中国は南ベトナム問題を不問にしてアメリカと交渉することも可能であると明確に述べた[28]。翌19日に行われた周恩来とグエン・ズイ・チンとの会談でも、周恩来は、「我々は、戦争がある時点まで来れば交渉が必要になるという考えに反対しません。しかし、問題は、機がいまだ熟していないことです」「我々は、当面は軍事闘争が主な問題で、政治闘争がそれに補うべきだという考えに同意します」と述べ、現時点での交渉を支持しない意向を表明した[29]。

4.共同行動問題

ソ連のベトナム政策の転換に伴って、対ベトナム援助に関して、1965年から69年にかけて、中ソ間にさまざまな摩擦が生じた。それは主に、①共同行動問題、②ソ連のベトナム援助物資の中国通過問題、③ソ連が志願軍をベトナムに派遣する問題、をめぐる摩擦である。

共同行動問題は、ソ連の対越政策転換の直後から表面化した。65年3月4日、ソ連外相グロムイコが中国のソ連駐在大使潘自力を呼び、ソ連共産党中央書記長ブレジネフ、ソ連閣僚会議主席コスイギンから中国共産党中央主席毛沢東、中国国務院総理周恩来宛ての書簡を手渡し、中国共産党中央と中国国務院に渡すよう要請した。この書簡では次のように記述して

いる。

　　情報によれば、アメリカは、ベトナムの首都ハノイを含めて北爆を拡大するつもりである。したがって、中国、ベトナム、ソ連三者間ハイレベル会談を行い、ベトナム民主共和国の安全を守るために連合してさらなる措置を取ることについて議論すると提案する。

ソ連側は、この書簡を中国側に渡した同日、ベトナムのソ連駐在大使にも同じ内容の書簡を渡した。この問題に関して、3月8日と9日、中越両国の指導者がまず北京で両党会談を行い、三国ハイレベル会議を開かないことで合意した上[30]、翌10日、中国政府は外交ルートを通して、ソ連政府の2月25日の口頭声明と2月16日の提案に返事した。主旨は以下のようなものであった。

①ソ連が提出したのは一般意味での軍事援助ではなく、通常と異なる軍事計画である。このような重大な問題であるにもかかわらず、コスイギンが北京に立ち寄ったときに全く中国に言及しなかった。現在突然このような計画を提出したことに驚かされている。
②ソ連の要請は、事実上中国、ソ連、ベトナム三国を現在アメリカに対して公開作戦を開始する立場に置くものであるため、現在のベトナム人民の反米闘争情勢を複雑化させることになる。
③ベトナムは、ソ連が武装部隊をベトナムに進駐させることに賛成していない。ミグ21の飛行距離から見れば、昆明を作戦基地では、ベトナムの領空防衛の役割を果たすことが全く不可能である[31]。ソ連がこの程度の武器装備と作戦物資だけベトナムに与えようとしているのに、武装部隊を中国経由でベトナムに進駐させ、またソ連の飛行機に長期にわたって中国の領空を往復飛行させようとしている。これは、直ちに敵にばれてしまう。ベトナム、中国、ソ連三者の協議を経ずにこのような重大な行動を起こそうとするのは、自己の意志を他人に押し付けることである。したがって、中国側はソ連のこのような軍事計画に同意すること

が出来ない⁽³²⁾。

　しかし、ソ連は4月に中越ソ三国最高首脳会談を行うと再度提案し、中国は再度拒否した。それに対して、ソ連は、中国の姿勢は帝国主義の前で公然と自らの特殊の立場を示すもので、事実上侵略者を励まし、ベトナム人民の切実な利益に反すると中国を厳しく非難する書簡を中国に送った⁽³³⁾。7月17日、中国はソ連に書簡を送り、ソ連はアメリカと互いに情報を通じ合い、互いに応じ合い、その最終目的は米ソ関係の改善で、その「連合行動」も兄弟党、兄弟国を米ソ共同で世界を支配するための道具であるとソ連を非難した⁽³⁴⁾。

　このように、中国は、ソ連の大国主義、「老子（親分）党」を嫌って、また中ソ対立の中で中国の安全保障の観点からソ連との「共同行動」を拒否した。しかし、ベトナムの立場からすれば、社会主義諸国の共同行動、特に中ソ両大国による共同行動は、ベトナムに対する支援をより効率的にすることができるのみならず、共同行動自体、アメリカに対する強力なメッセージになると考えられる。ここでは、中越間の考えと利益の違いが存在していた。

5　ソ連のベトナム援助物資の中国通過問題

　一方、ソ連は、平和交渉提案提出の十日後の1965年2月25日、新しいベトナム援助軍事行動計画を作り、ソ連共産党中央とソ連政府の名義で中国駐在ソ連大使館を通して中国に口頭声明を提出し、次の要望を出した。

一、中国の鉄道を経由して、ソ連の1個旅団の戦闘部隊及びその他の現役武装人員4,000人をベトナムに派遣する。
二、中越国境近くで一、二箇所の中国の空港（たとえば昆明空港）を空け、ミグ21の組み立てとミグ21がベトナムの領空を防衛するために使う。空港の安全を守るために、500名の現役ソ連軍人を進駐させる。
三、ソ逗がミグ21やその他の武器、及びソ連軍人のベトナム駐在期間の

必需品を輸送するために、中国の領空で空中ルートを作る。

　要望提出からわずか二日後の2月27日、中国の返事を待たずに、ソ連は再度中国に、直ちに45機のAn-12輸送機を派遣して、中国領空経由で、75丁の高射機関銃と18門の37㍉高射砲を直接、ハノイに空輸したいとの要望を提出した。

　ソ連のこの武器空輸要請に対して、中国は直ちに拒否した。理由は、中ソ両国にベトナム援助を対外秘密保持しなければならないという取り決めがあったためである。大規模空輸を実施すれば、秘密保持の上で支障をきたす恐れがあった。中国からすれば、ソ連の提案は下心があるように見えた。たとえば、ソ連はベトナムに緊急に高射武器を輸送するよう要請してきたが、3月8日になってようやくこれらの飛行機と高射武器を中国側に渡した。中国は受けとった当日と次の日の二日間をかけて輸送しベトナムに引き渡した。そこで中国側は、もしソ連が本当にそんなに急いで輸送したかったならば、なぜ8日間もかかったのか、とソ連側の真意を疑った。中国はソ連の行為を疑い、中ソ関係が非常に悪化している中でソ連がこのような要請を出したのは、中国の主権に対する侵犯と中国の国家安全に対する脅威だと感じた[35]。

　3月30日、中ソ両国政府は「ソ連政府がベトナム民主共和国に提供する特殊物資の中国領内通過、転送に関する議定書」を結んだ。中国側の資料と研究成果によれば、ソ連軍用物資の中国通過輸送に関するこの議定書を結んだ後、中国は専門のチームを作り、ソ連のベトナム援助軍用物資の転送を優先的な位置に置いた[36]。ソ連の物資はいずれも順調に中ソ国境から中国の鉄道を経由して中越国境に到達した。しかし、ソ連側から常に中国がソ連物資の通過を拒む噂が流された。3月26日、スースロフ・ソ共政治局員はモスクワで開かれている国際共産党会議での報告で、ベトナム民主共和国におけるアメリカの侵略行為が絶えずエスカレートしているにもかかわらず、中国のソ連武器空輸拒否のため、ソ連はベトナムに提供する必要な軍事技術装備、主に防空装備を鉄道で運ばざるをえず、大変時間がかかる、と中国を批判した[37]。これに対して、中国は、公にソ連に

反論することを控え、外国の左派や中間派との会談の中で事実を説明することを通して、ソ連が事実を歪曲していると反論するとした(38)。

4月、ソ連最初のベトナム援助の地対空ミサイル装備、13列車で、403個コンテナ、282名の専門家及び一部の旅団指揮機材（大半は古いもの）を含め、2個火力大隊、2個技術大隊、1個指揮大隊に相当するものが、中国領内を経由してベトナムへ輸送された。アメリカ側も4月16日に、ハノイ周辺にソ連の対空ミサイル基地建設を確認したと言明した(39)。アメリカの情報部門の推計によれば、1965年の一年間でソ連がベトナムに1億ドル以上の軍事装備を提供した(40)。

4月13日、周恩来は、離任するチェルボネンコ・ソ連大使と会見し、中国がソ連のベトナム援助物資の中国通過を妨害しているとソ連が「でっち上げている」問題についてソ連を批判し、4月21日、劉少奇、鄧小平もチェルボネンコとの会見で同じ批判を行った(41)。5月28日、ソ越両国がモスクワで、ソ連がベトナムに補充物資を提供する協議を結び、中国に転送を依頼した。中国は時間を守ってこの物資を転送したが、しかし、ソ連は7月初頭に中国に書簡を送り、中国側が転送時間を守らなかったと非難した。7月14日、中国はソ連に返信し、ソ連の非難が誹謗だと批判した(42)。

このように、ソ連の対越援助の中国通過問題では摩擦が絶えなかった。なお、65年後半の半年、憑祥鉄道経由でベトナムに運んだ軍用ベトナム援助物資は合計65,000トンであったが、その中、ソ連と東欧（主にソ連）の物資は50,000トンで、中国の物資は15,000トンであった(43)。1965年から73年まで、ソ連は合わせてベトナムに10億ルーブルの経済援助と20億ドル以上の軍事援助を提供した(44)。ソ連の対ベトナム援助は65年から68年まで増え続けたが、その援助総額は、67年まで中国に及ばなかった（67年まで、社会主義諸国の対ベトナム援助の総額は約15億ルーブルであった。そのうち、ソ連の援助額は5,473億ルーブルで、対ベトナム援助総額の36.8％を占め、中国の援助額は6,662億ルーブルで総額の44.8％を占めた）(45)ものの、軍事援助の額は中国を大幅に超えた。

6　ベトナム支援志願軍派遣問題

　アメリカが南ベトナムに地上部隊を派遣した直後の1965年3月22日、南ベトナム民族解放戦線がその五項目提案の中で、「もしアメリカ帝国主義が引き続きアメリカとその追従国の作戦部隊を南ベトナムに派遣し、引き続き戦火を北ベトナムとラオスに拡大するならば、南ベトナム民族解放戦線は、各国人民が青年と軍人を南ベトナムに派遣し、南ベトナム人民と共に共同の敵を消滅しようと呼びかけるつもりである」との方針を示した。翌日、ブレジネフは赤の広場での宇宙飛行士を祝う集会で、「我々の中央機構は多くのソ連市民から、ベトナム人民の自由と独立を勝ち取る闘争に参加したいとのアピールを受けとった。我々は、ソ連人がこれらのアピールの中で自ら表した兄弟的団結と社会主義インターナショナリズム的感情を理解する」と、最初にベトナムへの志願者派遣の問題に言及した。

　4月14日に、ベトナム労働党第1書記レ・ズアンが北京経由でソ連を訪問した。4月17日のソ越コミュニケで、ソ連は、「もしアメリカがベトナム民主共和国に対する侵略を強化すれば、ソ連政府は、必要な状況下で、ベトナム民主共和国が要請する時に、ソ連市民がベトナムに行くことに同意する。なぜなら、彼らが、プロレタリアートのインターナショナリズム的感情に従い、ベトナム人民の正義の戦いのために、ベトナム民主共和国の社会主義成果を守るために戦う願望を表したのである」と声明した[46]。

　4月29日、ソ連はベトナム民主共和国国会の全世界各国議会への呼びかけに答える時も上記と同じ文言を使った。

　7月4日、ファン・バン・ドンはソ連のハノイ駐在大使との談話で、「ワルシャワ条約国は、ベトナム人民が同意すれば、ワルシャワ条約国が志願者をベトナムに派遣して共同でアメリカの侵略に反対するつもりであると声明する」との条文をワルシャワ条約国政治協商委員会声明に盛り込むよう要請し、少し前にアメリカ空軍がハノイ郊外とハイフォン地区を空襲したため、志願者派遣は特別な意味を持つと強調した。

　ソ連のほかに、キューバ、朝鮮民主主義人民共和国、ブルガリアなど社会主義国も、ベトナムに志願者を派遣する用意があるとの声明を発表し

た。たとえば、65年9月、南ベトナム民族解放戦線代表団のブルガリア訪問の共同声明は、「……もしベトナム民主共和国政府と南ベトナム民族解放戦線が要請すれば、ブルガリア人民は志願者を派遣してベトナム兄弟と肩を並べて戦い、侵略に反対するつもりである」と述べた[47]。

しかし、中国はソ連による志願軍派遣、パイロット派遣に反対した。たとえば、66年3月23日に北京で行われた周恩来とレ・ズアンとの会談で、周恩来は、「社会主義諸国に志願パイロットを要請するというベトナムの行動に多くの異議があります。あなた方はトラブルに巻き込まれることになるでしょう。ソ連人は秘密を敵に漏らすでしょう。したがって、志願者間の共同行動は不可能だと思います」と、ソ連の志願者やパイロット派遣に異議を唱えた[48]。

ところが、中国は、1965年6月からベトナムに部隊を派遣し、1969年まで計32万人を超える兵員を派遣した。これをどう解釈するかという問題が生まれるが、中国側は、これは「志願軍」ではなく、あくまでも「後方部隊」であるとした。たとえば、1966年8月23日に北京で行われた周恩来とファン・バン・ドンとの会談で、周恩来は、中国の支援部隊は「志願軍ではありません。彼らは後方部隊です。したがって我々は、一部の国が、中国の志願軍がすでにベトナムにいるから我々もベトナムに志願軍を送りたいというような要請を拒否することができるのです。もし中国の志願軍が北ベトナムにいたら、キューバ、アルジェリア、そしてソビエトなどがベトナムに彼らの志願軍の派遣を求めてくるでしょう」[49]と述べ、ソ連などの志願軍派遣に反対すると同時に中国がベトナムに部隊を派遣することを両立させるため、「後方部隊」の言い方に拘った。

社会主義諸国による幅広い志願軍派遣は、軍事的な意味だけでなく、特に政治的に極めて大きな意味を持つと考えられる。しかし、中国は自ら部隊を北ベトナムに派遣しながら他の社会主義諸国の志願軍派遣を拒んだ。この問題に関しても、中越間に重大な食い違いがあり、ベトナム側に強い不満があったと思われる。

第 2 節　中越間の協力と摩擦

　前述したように、アメリカによる戦争拡大に備えて、1964 年までに、中越間では共同作戦体制が立てられた。しかし、アメリカによる局地戦争に突入したのを境に、ソ連が対越政策を転換し、そこから中ソ、中越間にさまざまな矛盾を露呈した。それに加え、中越両国間でも、中国による対越援助をめぐってさまざまな矛盾が生じた。それらによっても、中越関係に深刻な変化が生じ、ベトナムは次第にソ連寄りになっていった。

1　ソ連の対越政策の転換による中越関係への影響

　ソ連のベトナム政策の転換とベトナムに対する軍事、経済援助は大きな効果をもたらした。それによってソ越関係が一変した。ベトナムの指導者は繰り返し、ソ連の軍事援助はベトナムにとって大変必要なもので、その援助の巨大な規模と効果も疑う余地のないものだとして、ベトナムは「誠心誠意ソ連の援助に深く感謝する」と強調するようになった。しかし、中国側は、ソ連のベトナム援助をめぐる摩擦が深刻化するにつれ、当初の支持から支持しない姿勢に変わった。また、ソ連ファクターが中越関係に悪影響を与えると当初から懸念したが、実際にそうなっていった。

　中国の懸念は、早くも上記 65 年 3 月 1 日の周恩来訪越時の発言に示された。さらに、同年 10 月 9 日に北京でファン・バン・ドンと会談した際も、周恩来は、同様の懸念を表明したうえで、ソ連の援助を支持しない姿勢を明確にした。「フルシチョフが権力を握っていた間、ソ連が我々を分裂させることはできませんでした。なぜなら、フルシチョフは余りあなた方を助けませんでしたから。ソ連人は今あなた方を援助しています。しかし、彼らの支援は誠実なものではありません」「我々はいつも修正主義者が我々の間に立ちはだかることを心配します」と、ソ連の存在、中越分裂に懸念を表明した[50]。

さらに、66年3月23日に北京で行われたレ・ズアンとの会談の中で、周恩来は、次のように、ソ連の目的は中越を分裂させることだと明言している。「昨年北ベトナムがアメリカとの交渉を始めて以来、いくつかの変化が生じてきました。我々は次のことを正直に申し上げるべきです。それらの変化はソ連の新しい指導者が登場してから、特にコスイギンがベトナムを訪問してから始まったのです。コスイギンがハノイから戻った後、ソ連は、彼らのベトナムに対する支持を利用して、欺瞞の方法であなた方の信頼を勝ち取ろうとしてきました。彼らの目的は、将来ベトナムをコントロールしてソ連との関係を改善し、ベトナム人民の闘争と革命を拒もうとの意図で、ベトナムと中国の関係に影を落とし、ベトナムと中国を分裂させることです」[51]。

　中ソ対立の狭間で、ベトナム側は苦慮した。中ソの間でソ連のベトナム援助物資の中国鉄道経由問題をめぐってしばしば対立が生じたため、ベトナムは援助物資の受け入れ方法と環境の問題について対応に苦慮した。ベトナム政府は、一方では66年初頭に正式に中国政府に対して、すでにソ連、東欧国家と合意し、今後のベトナム援助の経済物資の大半は海運で直接ベトナムの港に運ぶことに合意したと知らせた[52]。もう一方では、ソ連を怒らせない範囲内で中国のために弁護した。66年6月19日、ベトナム政府はベトナム通信社を通して声明を発表し、西側を批判する形で、「中国は力を尽くしてソ連などの国のベトナム援助軍事物資を計画に従って中国領内経過を手伝っている。西側のメディアが散布するいわゆる『ベトナム援助物資の中国通過が妨害されている』は、全くのでっち上げであり、極めて卑怯な挑発と離間の陰謀である」と述べた。

　ベトナムは67年2月28日に再び声明を出し、中国は「ソ連及びその他の国家のベトナム援助物資を適切且つ予定の時間にしたがってベトナムに運んだ」[53]と言明した。一方、ベトナムは、ソ連のベトナム援助に反対する中国の姿勢やソ連援助の目的に関する中国の解釈に対して、異なる立場をとった。これに関しては、1966年4月13日に北京で行われた周恩来などとの会談で、レ・ズアンは明確にベトナム側の立場を述べた。

レ・ズアン 私はいくつかの考えを説明したいのです。困難は、我々の間の見解が違っていることにあります。……

　我々は公に我々の間の意見の相違を語りません。我々は、ベトナムに対するソ連の援助はある程度誠実なものだと考えます。したがって、我々は、ソ連がベトナムを裏切るかどうかも問わないし、ソ連がベトナム援助物資の運送問題で中国を誹謗することも言いません。なぜなら、我々がそう言うと、問題がさらに複雑になると分かっているからです。これは、我々の置かれている境遇がもたらしたものです。主な問題はいかにソ連を評価するかということです。あなた方はソ連がベトナムを裏切っていると言いますが、我々はそう言いません。そのほか（の結論）はすべてこの評価によるものです。……

　ある社会主義国の他の社会主義国に対する評価は、特に中越関係に関して、国際主義の原則に基づかなければなりません。……

　ソ連に関して、我々は依然として彼らと良好な関係を保つでしょう。(54)

　ここで、レ・ズアンは、ソ連の援助は誠実なものであり、中越間にソ連に対する評価が異なるとの立場を極めて明確にした。ベトナム側がこのように明確に中国側に異を唱えることは極めて異例なことである。

2　中国のベトナム援助

　局地戦争への突入を機に、中国は対越援助を拡大した。また、中国は前後32万人を超える部隊を秘密裏に北ベトナムに派遣し、戦争に必要なインフラ整備や空中防衛に従事した。

1.物資援助

　アメリカの戦争拡大に伴い、中国はベトナムに対する無償軍事援助を大規模に拡大した。中国側の資料によれば、「1962年から66年にかけて、中国は南ベトナムに小銃27万丁、火砲540門、弾薬2億発以上、砲弾90

万発以上、爆薬700トン以上、軍服20万セット、布地400万メートル以上及び大量の蚊帳、軍靴、食品、交通と通信器材などを提供し」[55]、「65年から76年の間、中国生産の大型武器装備の多くはベトナムに供給した。一部の新しい兵器は、研究と生産に成功して、中国の部隊に装備する前に、優先的にベトナムに提供した。ベトナムの出した要求が中国の生産能力を超えたとき、中国軍は現役使用中の装備を取り上げてもできるだけベトナムの需要を満たそうとした。中国のベトナムに対する無償軍事援助は75年に縮小し、76年に停止した。ベトナム戦争期間中、中国の対ベトナム援助は総額200億ドルを超え[56]」、また、「64年から69年まで、中国が南ベトナムに提供した各種貨幣は合計約1.8億ドルであった[57]。軍事物資の援助は、65年から76年の間に中国がベトナムに提供した銃、砲、銃弾、砲弾、艦艇、中型戦車と水陸両用戦車、装甲輸送車、トラック、飛行機、爆薬、有線電機、無線電機、軍服及び大量のオイル、布団、医薬品、衛生器材などの軍用物品は、合わせて42.6億人民元に上り、200万人余りを装備できる」[58]。

2.中国による支援部隊

中国は、ソ連との共同歩調を断り、独自でベトナム援助を継続したが、その援助は、ベトナム側と協議を重ねた結果であった。周恩来訪越後まもなく、1965年4月、レ・ズアンとボー・グエン・ザップが中国を訪問し、中国に対して正式に援助の拡大と支援部隊の派遣を要請した。北京で4月8日に行われた劉少奇との会談でレ・ズアンは、「我々は、志願パイロット、志願兵士……とその他の志願者を、道路や橋を作る専門部隊を含め、ほしいです」と中国側に要請した。それに対して、劉少奇は、「これは我々中国人民の尽くすべき義務です。中国党の尽くすべき義務です」「我々の政策は、最大限にあなた方を支援することです。あなた方の必要なものなら何でも提供します」「我々の方針は、あなた方が必要なもので、我々にあるものはすべて、我々は出来るだけあなた方に援助する」「もしあなた方が要請しなければ、我々は来ません。あなた方が我々のどの部分を要請すれば、我々はあなた方にその部分を送ります。主導権は完全にあなた方

の手にあります」と、中国側の決意と方針を述べた。中国の姿勢に対してレ・ズアンはさらに、具体的な要請を述べた。「我々は中国の志願パイロットが四つの面で役割を果たすことを希望します。①アメリカの爆撃を北緯20度または19度に制限すること、②ハノイの安全を守ること、③いくつかのメインの交通経路を守ること、④ベトナム人のモラルを高めること」。この会談で、中越両党は中国がベトナムに支援部隊を派遣する協議を結んだ (59)。しかし、この時の中国の軍事技術力、軍事装備から考えれば、中国の力で①と②の役割を十分に果たすことが困難であったと推測され、中国側はベトナム側の要請に満たすことができなかったと考える。

また、5月16日、中国で休養中のホー・チ・ミンも、湖南省長沙市で毛沢東と会談し、「もし中国が中国との国境に近い北（ベトナム）でいくつかの道路の建設を手伝ってくだされば、我々はこの仕事をしている部隊を南（ベトナム）に送ります」と再度中国に援助部隊派遣を要請し、毛沢東は、「我々はあなたの要請を受け入れます。我々はそうします。問題ありません」とホーの要請を受け入れた (60)。

この前後、ボー・グエン・ザップとヴァン・ティエン・ズンも中国を訪問した。中越両軍の指導者は最高層会談の取り決めにしたがって、中国がいかに北ベトナムに支援部隊を派遣するかについて具体的に協議した。

①中国が高射砲部隊を派遣してベトナム防空空軍に協力し、北ベトナムから中国に通ずる二本の鉄道の幹線と一部の重点目標の安全を守る。②鉄道部隊を派遣して北ベトナムの鉄道線を新設または改造し、かつ鉄道工事中ではその対空防衛の任務を負う。③工程部隊を派遣してベトナム東北部沿海地域と東北群島の防衛施設の建設と安沛空港の建設任務を負う。④道路建設部隊を派遣して北ベトナムの12本道路（後に7本に変更）の建設または補強工事の任務を負う。⑤通信工程部隊を派遣してベトナムの西北地域の通信ラインの敷設任務を負う。双方は①〜④に関する協定を締結した。また、中越双方は作戦の指揮系統などについて次のように合意した。中国の支援部隊がベトナムに入ってから、ベトナム人民軍総司令部の指揮を受け、ベトナム側によって任務を与えられる。中国の支援部隊の名称について、双方は最初、高射砲部隊を「中国志願人員参加越南人民軍」と、

施工部隊を「中国志願工程隊」と呼ぶように決めたが、後に「中国後勤部隊」に名称を統一した(61)。

ベトナム側の負担を軽減させるため、中越両軍の協議に従い、中国支援部隊のベトナムでのあらゆる給養はすべて中国国内が責任を持ち、生活物資は全部国内から輸送する。中国支援部隊を保障するため、中国人民解放軍総後勤部は雲南と広西にそれぞれ後勤支部を設けた。

1965年6月9日、第一陣の中国志願部隊——中国志願工程部隊第2支隊が、広西友誼関からベトナムに入り、中国支援部隊の援越抗米軍事行動の幕開けとなった。

中国支援部隊の鉄道部隊は65年6月にベトナムに入り、70年6月の撤収まで作業が行われた。鉄道兵部隊からなり、「中国人民志願工程隊第1支隊」と称し、後に「中国後勤部隊第1支隊」と改名された。8個鉄道兵団、1個鉄道探査設計大隊及び防空分隊、総兵力は合わせて3万人余りであった。

中国支援部隊の国防工程部隊は65年6月にベトナムに入り、69年11月に全部が撤収した。国防工程部隊は工程兵、通信兵、砲兵からなる。この部隊は3個支隊と1個連隊があり、三つの国防工程の工事を担当した。

中国支援部隊の高射砲部隊は65年8月にベトナムに入り、69年3月に全部が撤収した。中国側の資料によれば、69年まで、中国防空部隊はベトナムで2,153回の対空作戦を行い、米軍などの飛行機を1,707機打ち落とし、1,608機に損害を与えた。

中国支援部隊の道路建設部隊は65年9月にベトナムに入り、69年2月に全部帰国した。中国道路建設部隊は68年6月までに与えられた任務を全部完成した。幹線道路を7本、合わせて1,206キロメートルを建設し、その中の606キロメートルは新しく建設したもので、600キロメートルは改造したものであった。また、そのために、橋305基合わせて6,854メートル、トンネル4,441箇所合わせて4.69万メートルを建設した。ホー・チ・ミンルートに通じる道も数本出来た。工事の中で、450人余りの中国人軍人が犠牲になり、3,211人が重軽傷を負った。

1960年代のベトナム秘密援助

1960年代のベトナム秘密援助

126 第2章 中越関係の変質

このように、65年6月9日に最初のベトナム支援部隊が北ベトナムに入り、70年7月に撤収完了した。69年3月までに防空、工程、鉄道、後勤などの部隊合わせて23個支隊、95個連隊と他に83個大隊延べ32万人余りをベトナムに派遣した。在ベトナム部隊の最も多い年は17万人余りであった[62]。

3　中越両国間の問題

　しかし、この時期において、ソ連をめぐる食い違い以外に、中越両国間の問題でも幾つかの摩擦が生じた。それは主に、中国人青年の自発的な越境ベトナム支援問題、中国のベトナム援助部隊に伴う問題、ベトナムのナショナリズム高揚に伴う問題、中国の文化大革命の影響などが挙げられる。

1.中国人青年の自発的な越境ベトナム支援問題

　アメリカによる戦争拡大は、中国の一般民衆の中で恐怖と不安を引き起こす一方、他方では多くの中国人青年がアメリカのベトナム侵略に怒り、ベトナム支援に動いた。1966年8月に始まった文化大革命はこのような青年の情熱をさらに高めた。一部の中国人青年は、自発的に、ベトナムの現地に赴き、自らの命の危険を顧みずにベトナム人と共に侵略者アメリカと戦おうとした。しかし、彼らの一部は、近代「国家」の意味をよく理解せず、個人またはグループで何の手続きもせずに国境を越えようとした。その一部は国境を越え、ベトナム側に逮捕され、厳しく追及された。前述したように、現代中越関係には、伝統的な「兄弟」関係、近代イデオロギーに基づく「同志」関係と近代主権国家システムに基づく「事実上の同盟」関係という三つの側面があった。しかし、この中国人青年の自発的な越境ベトナム支援問題に対しては、ベトナムは近代主権国家システムという側面のみに従って行動したようである。ベトナムは彼らを逮捕し、またこれら中国人による違法入国の問題で中国に抗議した。

　逮捕者が続出し、ベトナム政府から抗議される事態になった一方、更に多くの中国人青年が中越国境の近くまで行き、中国の現地地方当局にベト

ナム行きの許可を求めた。そして、さらに多くの人は、ベトナムに向かって中国各地から出発し、また多くの人は中央政府をはじめ当局にベトナム行きの許可を求めた[63]。このような状況に対して、中国政府は、自発的なベトナム行きを緊急に阻止すると同時に、毛沢東が自ら乗り出して、ベトナム側に説明するよう努めた。

いつでもベトナム人民と肩を並べて戦う。この時のベトナム支援宣伝ポスター。

　中国人青年の自発的なベトナム行きは、文化大革命の直後は散発的なものであった。彼らは中国政府またはベトナム側にベトナムへの入国許可を求めた。それに対して、中国政府は、個別に対応したが、すでに出発したものもあり、対応に手を焼いたようであった。たとえば、湖南省衡陽鉱冶工程学院の大学生が 66 年 11 月 9 日に、湖南省臨湘県白羊高校の学生が同年 12 月 25 日にそれぞれ、11 月 15 日出発と 67 年 1 月 6 日出発として陳毅外相に手紙を送り、ベトナム行きのパスポートの発行を要請した。中国

外交部は陳毅部長の名義で湖南省、広東省、広西省、雲南省に緊急の電文を送り、彼らのベトナム行きを阻止するよう指示した(64)。また、山東省山東大学の「援越抗美長征隊」は66年11月7日に出発したが、12月17日に湖北省からホー・チ・ミンに電報を送り、歩行でハノイまで行き、ベトナムを援助してアメリカと戦う意思を示した。ベトナム側からの要請と思われるが、中国外交部は12月22日に、彼らが経由すると考えられる湖南省と広西省に電報を送り、彼らを見つけ出し、ベトナムに行かないよう説得するよう指示した(65)。

しかし、このような自発的なベトナム行きが次第に増え、一部の人は勝手に国境を越えベトナムに渡ったケースも多数に上り、ベトナム側の抗議を受ける事態に発展したため、67年3月3日、中国政府は、中国共産党、国務院、中央軍事委員会という最高規格の名義で全国に指示文書を二つ出し、中国人の自発的なベトナム行きを阻止するよう通達した。

中国共産党中央委員会、国務院、中央軍事委員会

紅衛兵・革命大衆の自発的な援越抗美のための訪越をやめさせる通達
各省、市、自治区党委、人委、臨時政権機関、各レベルの軍区：
昨年11月以来、我が紅衛兵が国境を越えてベトナムに入り、南ベトナムで抗米闘争に参加したいと要求する事件が多発した。また、最近、安徽、江西、湖南など二十の省市の二百名以上の紅衛兵と革命労働者が、中越国境の凭祥市に集まり、市の党委員会にベトナム行きのパスポートの発行を求めた。さらに、一部の人が直接中国駐在ベトナム大使館に手紙、電報、電話で、ベトナム行きを求めた。このことはベトナム側の注意を引き起こし、我々に対して、協力して説得するよう求めてきた。このような行動は中越両国の関係にかかわるもので、善処しなければ、我々が困難な立場に立たされてしまう。あなた方は直ちに革命組織を通して勧告と阻止を行ってください。談話のときには、以下の数点を重点的に説明することができる。

一、我が紅衛兵と革命労働者がベトナムに行って抗米闘争に参加したいと求めることは、ベトナム人民の抗米救国闘争を支援するわが国人民の固い意志をあらわすもので、この種の革命精神と国際主義精神は素晴らしいものである。

二、わが国の抗米援越の行動は、全党全国の重要事業であり、党中央とわが国政府の統一した指導の下で行われるべきである。いかなる個人、いかなる団体も、厳密に紀律を守らなければならない。勝手に行動してはならない。……（中略）現在の状況では、党中央の呼びかけに応じて地元職場に戻るべきである。

三、わが国の人員がベトナムに行く場合、ベトナム側の同意を得なければならない。個人的に国境を越えることは、犯罪行為であり、兄弟国家を尊重しない行為でもある。したがって、この種の行為は断固として制止しなければならない。また、我が各地の革命大衆は、直接に中国駐在のベトナム大使館、領事館にベトナム行きの要請を提出して、相手を困らせるようなことをしてはならない。

中共中央
国務院
中央軍委
1967年3月3日 [66]

　湖南省は、さらにこれを1,050部印刷して、地区、市、県レベルまで送った。

　また、国境を越えてベトナムに一時滞在した学生が、帰国後に多人数の「座談会」などで、ベトナムでの見聞を大いに語り、機密漏えいが深刻になり、好ましくない影響が懸念され、それに対して、中国政府は11日後の3月14日に再び文書を出し、省市自治区及びそれ以下各レベルの政府に対して、「今後、もし密かに国境を越えてベトナムに入った人が帰国したのを発見したら、直ちに革命群衆組織を通して彼らに対して教育を行い、国際階級闘争の複雑性を認識させ、ベトナムでの見聞を厳重に秘密保持するようにさせなければならない」と指示した。これに関しても、湖南

省は、さらに7,210部印刷して、地区、市、県、及び人民公社レベルまで送った[67]。

この問題は、中越間の外交問題に発展し、中国の最高指導者がベトナム側に謝罪と説明に乗り出していた。たとえば、67年4月10日に北京で行われた毛沢東、周恩来とファン・バン・ドンとの会談で、毛沢東と周恩来が自らベトナム側に説明と謝罪した。

> **周恩来** 国境を越えてベトナムに行った紅衛兵は大半いい（人）です。彼らがベトナムに行ったのはアメリカと戦うためです。しかし、彼らは両国の規定を尊重せず、混乱を引き起こしました。これに対して、我々は遺憾の意を表します。
> （中略）
> **毛沢東** 一部の紅衛兵は国境の意味がわかりません。行った人は大半広西から行ったのです。一部は雲南から行ったのです。あなた方は彼らの面倒を見る必要がありません。彼らに少し説明して、送り返してください。[68]

2. 中国のベトナム援助部隊に伴う問題

前述したように、中国のベトナム援助部隊は北ベトナムで一定の役割を果たしたが、中国部隊のベトナム入りに伴って、幾つかの問題も現れた。それは主に、中国部隊の活動が厳しく制限されたこと、中国部隊と一般のベトナム民衆との接触も厳しく制限されたこと、及びソ連人顧問との関係であった。

中国部隊はベトナムの軍首脳の指揮下に置かれ、たとえば、防空部隊の支隊長がベトナム防空空軍首長の指示にしたがって、部隊の実際の情況に合わせて、具体的に組織し実行するということになっていた。当初、中国部隊の活動する地域が厳しく制限され、その後も場所が相当制限され、ベトナム指揮官の指示が不可欠であった。このように、中国部隊の活動は極めて限られたものであり、制限されていた。中国の部隊が軍事作戦の必要

に応じて、もっと自由に北ベトナムで活動できたら、もっと有効に防衛でき、ベトナム側の損害ももっと少なかったかもしれないと部隊関係者が嘆いていた(69)。

中国のベトナム援助部隊の第一陣が、ベトナムに出発する前に南寧に集結したときに、劉少奇主席の「わが軍の優れた伝統を発揮し、ベトナム人民のために好いことを多くする」との指示が伝達された(70)。また、中国援越部隊の「紀律守則」(71)に「いたるところでベトナム人民のために好いことをする」という条項があった。中国人民解放軍は、紅軍時代から民衆と密接な関係をつくり、「人民のために好いことをする」伝統があり、その上、ルールと指導者の指示もある。そこで、中国部隊がベトナム領内に入ると、行軍をしながら、防空壕を掘ったり、植樹をしたり、車を押したり、船卸しをしたり、散髪や掃除をしたりして、やれることは何でもやり、越中両国人民の親密な感情を深めようとしたという。しかし、このような行為はやがてベトナム側に止められた。中国部隊と一般のベトナム民衆との接触の問題は、特に医療関連で顕著であったようである。というのも、この時ベトナムの医療条件が非常に限られていたため、一般のベトナム民衆は中国部隊に治療を求めてくるケースが非常に多かったからである。たとえば、66年2月27日午後、第4支隊工兵第6団（連隊）の駐屯地に、一人のベトナム老人が子供を連れてこの団の医療隊を尋ねてきた。「うちの子供の病気が酷くて病院に行ったが断られた。幹部に証明書を出してくれるようにお願いしたが、出してくれない。仕方ないから、密かにここに来たのです。どうか子供を治して欲しい」とこの老人が語った。ちょうどその時、ベトナム側の連絡小組のメンバーの一人がドアの外を通った。すると、老人が慌てて子供を引っ張って隠れた。またある日、第4支隊第301団（連隊）の駐屯地で、この地区の農業社の主任が中国部隊の一人の医療関係者に対して、「派出所所長は郷社幹部が民衆を連れて中国部隊で治療を受けるようなことをすべきではないと批判している。しかし、我々が連れてくることはありえない。彼らが勝手に来たのだ……」と話し、中国側に正式に、「民衆の治療をしないでほしい」「私が上に、仕事がうまくやり遂げていないと叱られた」「今後民衆が治療を受けに来たら、名前

を記録して我々に教えてください」と要請した。ベトナムに入った中国の援越抗米部隊が多かれ少なかれ似たような情況に遭遇したという[72]。

また、かなりの数のソ連人顧問がベトナムに入ったことから、中国人とソ連人との衝突もあった。たとえば、広州軍区41軍団121師団363連隊3大隊機関銃中隊所属で中隊の副指導員を務めた于宗虎の証言によれば、于宗虎が率いる部隊が北ベトナムで道路工事に従事していたときに、ソ連人顧問を乗せた軍用車両が道を通ると、戦士たちが手元の竹の道具でソ連人が乗っている車両を襲い、ソ連人を追っ払ったという[73]。

この時期、上述のような問題以外に、ベトナム国内のナショナリズムの高揚で古代中国のベトナム侵略が宣伝されたことや、中国がベトナムに文化大革命を行うと要請したことなども両国間の摩擦になった[74]。

第3節　「テト攻勢」、米越交渉、インドシナ連邦問題と中越関係

1　「テト攻勢」と中越間のコミュニケーション

1.「テト攻勢」とその結果

1968年旧暦の正月で、西暦の1月30日に、南ベトナム解放民族戦線がおよそ67,000人の軍隊を動員して、南ベトナムの100以上の都市や町に攻撃をかけ、大攻勢に出た。「テト攻勢」と呼ばれる作戦である。31日に南ベトナム民族解放戦線は、「チユー・キー派に対する総攻撃のときが来た。チユー・キー派を打倒して新しい政治権力を打ち立てよう」と宣言した。2月4日、南ベトナム解放民族戦線がテト攻勢の初戦で大勝利したとの特別コミュニケを発表した。

「テト攻勢」は、アメリカに極めて大きな衝撃を与えた。ベトナムでの「勝利」の神話が崩れ、アメリカ政府と軍に重大な変化が生じ、全米で反戦の気運が大きく高まった。2月28日、アメリカ政府首脳がベトナム

問題で重要会議を開き、翌日の２月29日にマクナマラ米国防長官が辞任し、３月１日にクリフォードが新たに国防長官に就任した。３月12日にアメリカ大統領予備選が始まったが、ニューハンプシャー州で民主党のマッカーシー議員が予想外の得票を得た。３月22日、ジョンソン大統領はウェストモーランド南ベトナム援助軍司令官を解任する人事を発表した。そして、３月31日に、ジョンソン大統領は、北ベトナムの北緯20度以北の地域に対する空爆の停止、北ベトナムとの平和交渉の表明と大統領選不出馬を宣言するなどの演説を行った。この日から、アメリカの北ベトナムに対する爆撃が次第に軽減し、ベトナムをめぐる情勢が一気に大きく転換した。

　このように、ベトナムは「テト攻勢」で政治的、戦略的、心理的に大勝利を収めたが、あらゆる面で大勝利したわけではなかった。チュン・ニュー・タンによれば、「テト攻勢」の当初の目的は、「第一はサイゴン政権の転覆とそれに代わる平和勢力による暫定政権の樹立、第二はアメリカの世論に衝撃を与えてアメリカを平和交渉のテーブルにつかせる」ことであったが、しかし、作戦の結果、第二の目的は達成したものの、幾つか深刻な事態をもたらした。第一に、「サイゴン政府は倒れなかった。したがって、暫定政府も樹立できなかった」[75]、第二に、「テト攻勢で我々はサイゴン軍をある程度解体することが出来たが、解放戦線側の軍事的な損害もばかにならないものだった」、第三に、テト攻勢の後、アメリカとサイゴンは、解放戦線の組織を根こそぎ破壊させるために「フェニックス作戦」という名の「ベトコン狩り」を全土で展開した。これによって、解放戦線の地方組織の90％が破壊されたと言われるが、チュン・ニュー・タンは、「フェニックス作戦によって我々の組織も痛手を受けた。特に戦略村に浸透していた工作員たちの大部分が、この作戦で摘発されてしまった。その結果、解放戦線の地方組織の一部も壊滅した。おそらく、全組織の20％が破壊されたのではなかろうか」[76]としている。

　ベトナムが蒙った深刻な軍事的損害と南ベトナムでの組織の破壊は、ベトナムのその後の対米政策と行動に影響を与えざるを得なかったようである。アメリカ国内で立場が急激に悪化したジョンソンが３月31日に平和交渉の演説を行うと、ベトナムは、４月３日に、「真意」を確かめるため

にアメリカと会談すると、交渉受け入れの声明を出した。

2.問題となった中越間のコミュニケーション

　第1章で述べたように、現代中越関係は、極めて緊密な関係として出発した。1961年10月のベトナム駐在ソ連大使の批判的指摘によれば、少なくとも61年末あたりまで、ベトナム側は、ソ連やその他の外国関係者に会う前には必ず中国側と協議し、かつ中越間でソ連を含む他者に公開しない協議を行っていた。中越両国は63年から64年にかけてさらに共同作戦体制を立てた。しかし、特に1965年以降中越関係が変化していき、中越間のコミュニケーションも徐々に疎遠になっていった。では、「テト攻勢」の結果及びその後のベトナムの対米方針すなわち交渉受け入れについて、ベトナム側は中国にどう伝え、中国とどう調整を行ったか。それに関する資料は不十分で、確実な結論を得ることが現段階で困難であるが、入手しうる資料を分析した結果、いくつかのことが分かる。結論から言えば、ベトナム側が「テト攻勢」の本当の結果すなわちベトナム側の軍事上蒙った深刻な損害を中国側に伝えず、それとは逆にベトナムの軍事的勝利を誇張して中国側に伝えた。中国の指導者は、ベトナム側の「勝利」の話に幾分疑いの念を持ちながらも、ベトナム側の一定の勝利を信じた。そして、このことが中国側の誤解、誤った判断を招いた。

①ベトナムの軍事的「勝利」を信じた中国指導者

　「テト攻勢」後、中国はベトナムの勝利を喜び、ベトナムに対する期待が高まった。毛沢東は、この時秘密裏に北京で病気の治療を受けていたホー・チ・ミンに、今後ディエン・ビェン・フーのような戦役、大軍団を組織して南ベトナムで殲滅戦を行うよう提案した。ホー・チ・ミンは毛沢東の提案を受け入れ、すぐにベトナム労働党中央政治局にこの提案を伝えた[77]。また、2月7日に周恩来も北京でホー・チ・ミンとの会談の中で、ベトナム軍の実力を非常に高く評価し、毛沢東と同様、さらなる大規模作戦に言及した。「ベトナムが現段階まで来ました。一つ、二つまたは三つの野戦軍団を組織することを考えることが可能でしょうか。一つの軍団が

30,000から40,000人の兵士からなり、一回の軍事作戦で4,000から5,000人の敵兵士を全滅させることを目標とする。これらの野戦軍団は、根拠地から遠く離れたところで作戦任務を遂行することができ、この戦線またはあの戦線で作戦することができる」[78]と、周恩来はホー・チ・ミンに語った。これは明らかに、中国側は本当の情報を把握できず、ベトナムの「大勝利」を相当程度、信じた上での判断に基づいた発言であると言える。但し、これらの発言と提案は、「テト攻勢」の直後に行ったもので、病気治療のために前年末から中国に来ていたホー・チ・ミン自身も、前線の実情が分からなかった可能性が高い。いずれにしても、中国の最高指導者とホー・チ・ミンはともに実態とかけ離れた相当楽観的な判断を持っていたようである。

②ベトナムの平和交渉受け入れ決定への批判と中越対立

　中国の指導者はベトナムの軍事的勝利を信じ、それに基づいて判断し、ホー・チ・ミン以外のベトナムの指導者に対しても、大規模な作戦を展開することを提案したばかりでなく、さらに深刻なのは、中国の指導者は、ベトナムが和平交渉を受諾したことを理解できず、その上ソ連の介在がことをさらに複雑にし、中国側はベトナムの決定に猛反発することになったのである。

　ベトナムがアメリカの提案受け入れを表明した後に、ファン・バン・ドン総理がベトナム党と政府代表団を率いて中国を訪問した。周恩来は、4月13日、14日、17日、19日、29日と5回にわたってファン・バン・ドンと会見し、毛沢東は20日、29日に二回ベトナム代表団を接見した[79]。このファン・バン・ドン訪中で、中国側の誤解や誤った判断、中越間の対立が次第に深刻化していった。

　17日の会談で、周恩来は、「あなた方は、引き続き二、三年間戦う用意をしなければなりません。すなわち1968年、69年と70年です。毛沢東同志は、問題は勝利か失敗かではなく、大きな勝利か小さな勝利かではなく、あなた方がいかに偉大な勝利を勝ち取るかにあると言いました。時機が熟するときにあなた方は完全勝利を獲得するでしょう。この目標を実現

するためには比較的大規模な規模的な戦役を行う必要があります」⁽⁸⁰⁾と述べた。「テト攻勢」で証明した、ジャングルから出て米軍と作戦することの困難さと、「テト攻勢」でのベトナムの軍事的損害を顧みないこの発言は、この時点でも、ファン・バン・ドンなどベトナムの指導者がまだ中国に「テト攻勢」の軍事的結果を伝えておらず、中国の指導者は、ベトナム戦場の実態を知らされていないことを示していると思われる。

　一方、ファン・バン・ドンは、この時では、「我々がアメリカと戦っており、かつ彼らは敗北しつつある」と述べるにとどまったが、ソ連から戻った同月29日の周恩来との会談で、「ソ連の同志が全力で我々を支持し、彼らはまた我々が徹底的な勝利を獲得することに対して支持を表明した。ただし、彼らは確かに、もし大規模戦役を行ったらさらに大きな犠牲が出るだろうと言及した」と述べ、ソ連人の言葉を借りる形で、中国の大規模作戦の提案を否定した。しかし、この時点で中国側は「テト攻勢」におけるベトナムの軍事的挫折の実態と、ベトナムに大規模作戦を展開する能力がないことを知らなかった可能性が高いことを考えれば、中国はベトナムのこのような説明を理解できなかったばかりでなく、ソ連の言葉を借りるやり方は、ベトナムがソ連の意向で動いている印象、ベトナムがソ連の威を借りて中国に圧力をかけている印象を中国側に与えてしまう可能性が高く、中国側の反感、反発を買う可能性が大きかった。実際、この会談で、中国側は、ベトナム側の姿勢にかなり戸惑ったように思われる。ベトナム側の説明を聞いた後、中国側はベトナム、ベトナム戦争、中越関係をほとんど直接語らなくなり、ベトナムと直接関係のない話に終始した⁽⁸¹⁾。このような姿勢は、これまでの中国側の姿勢と著しく異なり、その後中国の対越姿勢の転換を暗示するものであった。

　中国は相当長くベトナム戦場の実態を知らなかったようである。これは、68年11月17日に北京で行われた毛沢東とファン・バン・ドン一行との談話の中からも窺わせる。この会談で、毛沢東は、ベトナムの軍事情勢を評価し、より大規模な作戦に言及した。「あなた方の春季戦役の戦い方は比較的にいい。私は、あなた方がディエン・ビェン・フー式の戦役を戦うことができないかと言ったことがあります」との毛沢東の発言に対

し、ファン・バン・ドンは、「……我々もディエン・ビェン・フーのような大きな戦役を戦うことを考えています。しかし、あのような大きな戦役を戦うには事前に大変な勝算を持っていなければなりません」[82]と返答した。ここでも、ベトナム側は、戦場の厳しい事態とベトナム軍の困難を中国側に明言しなかった。

いずれにしても、少なくとも、68年11月の時点まで、ベトナム側は、「テト攻勢」の本当の軍事的結果を中国側に知らせず、逆に軍事的勝利を強調して中国に伝えた可能性が非常に高い。中国側は、ベトナムの「勝利」をある程度信じ、それに基づいてベトナムに提案し、また、後で分析するように、ベトナム側の交渉受け入れなどに強い不満を持ったのである。一方、このとき、中国側の強硬な姿勢に対して、ベトナム側は、戦場の真相を説明せず、同様に強硬な姿勢で中国側と張り合ったことで、中越関係が急速に悪化した。その上、ベトナムが直接間接的にソ連を持ち出して中国側に対抗したことは、その後の中越関係の修復を困難にした。

③実情を知った中国側の姿勢の転換

では、中国側はいつごろベトナム戦場の実態とベトナム軍の深刻な事情を知るようになったのか。「77回会談」の会談記録によれば、ベトナムのアメリカとの交渉受け入れの一年後、中ソ国境紛争が生じ、ソ連がすでに中国の最大の敵になった後の69年4月12日に北京で行われた周恩来、康生とベトナム労働党中央南方支局代表団との会談で、中越間で初めてベトナム戦場の実態とベトナム軍の深刻な事情について意見を交わした可能性が高い。

この会談で、ベトナム側の紹介を聞いた後に、周恩来は、「今、私は情勢がはっきりと分かるようになりました」と発言した。これは、周恩来はいままで情勢がはっきり分からなかったが、今になってようやく分かったということを意味するものである。

周恩来は引き続き次のように述べた。「……したがって、康生同志と私は、南ベトナムの情勢、あなた方が直面する困難及びあなた方がとった措置について大変知りたかったのです。それが分かって、我々ははじめて、

あなた方の問題に対して全面的な返事をすることができます」「あなた方は、現在あなた方が直面する困難を我々に通告し、あなた方の経験を紹介しました。これらの経験は我々の検討に値します。我々は、毛主席がホー主席に言ったことに従います。すなわち、すべての計画と政策は南の人民が実際の状況に基づいて決めるべきであるということです」。

康生も、周恩来の発言の後に、「ベトナム労働党とベトナム労働党中央南方支局が実際の状況に基づいて出した方針は正しいものです。前回、グエン・バン・リン同志が我々に南の情勢を紹介した後、我々はあなた方に、大規模戦役を行うよう提案しました。現在、一定期間の考えを経て、我々は、この提案が実行不可能だと考えています」[83]と述べた。

この周恩来、康生の発言から、次のことが言えると考えられる。

①この会談で、ベトナム側がベトナム側の「直面する困難」を初めて中国側に伝えた。
②中国側はこの会談ではじめて、ベトナム戦場の実態とベトナム軍の深刻な事情を知った。この新しい情報に基づいて、
③ベトナム側の政策を再評価し、ベトナム側の方針が正しいとの結論を出し、また、
④中国側は中国側の従来の提案を再考する考えを示した。

1972年2月24日のニクソン・周恩来会談で、周恩来は、「ジョンソン政権が68年に北爆停止を発表したとき、我々はパリ交渉に乗り気ではありませんでした。いい機会だとは感じなかったからです。しかし、69年以後我々の立場は、交渉支持に変わりました」[84]と述べた。周恩来は、中国の変化が生じたのは69年であったと明言したが、なぜ変わったかには言及しなかった。本書の分析では、69年4月12日の中越会談がきっかけになった可能性が高い、ということができる。この会談で、中国側が初めてベトナム側の軍事的事情の真実を知り、そのため、判断と姿勢を変えたと推測できる。しかし、このような経緯は、とてもアメリカ側に明かせるものではなかった。

一方、この会談で、ベトナム戦争が持久戦であるとの認識を示した中国側は依然として、ベトナム側の「自主性」「自力更生」を強調した。これに関しては、後述する。

2　米越交渉と中越関係

1.ベトナムの対米交渉受け入れと中国の反発
①ベトナムの対米交渉受け入れ
　前述したように、「テト攻勢」は、政治的、戦略的にベトナム側が大きな成功を収めた。その結果、アメリカ政府が苦境に追い込まれ、アメリカ国内の反戦運動が一気に高まった。そのため、ジョンソンは、1968年3月31日にラジオ演説を行い、北ベトナムに対する軍事行動の停止、ベトナムとの交渉、さらには次期大統領選不出馬などを宣言した。一方、ベトナムは、「テト攻勢」で政治的、戦略的に大きな成功を見たものの、軍事的には大きな損害を受けた。そのため、ベトナム側は、アメリカ政府提案の受け入れを決め、4月3日に、米の「真意」を確かめるため米と会談するとの声明を出した。しかし、ベトナムは、中国に「テト攻勢」の真の結果を知らせず、また、米越平和交渉受諾も事前に中国と相談しなかった。「テト攻勢」でベトナム側が大きな軍事的勝利を収めたと考え、ベトナム側に3、4万人の野戦軍団を編制してより大規模な作戦を行うよう提案したばかりの中国は、ベトナム側の決定と行動に大きな衝撃を受けた。中国側は、ベトナムの米越平和交渉受諾を理解できず、加えて、ベトナムからの事前相談がなく、ソ連が交渉に介在していたことが重なったことなどから、ベトナム側に強い不満を示し、この時点と条件での米越平和交渉受諾に反対した。なお、このとき北京に来ていたホー・チ・ミンもこのベトナムの決定を事前に知らなかった可能性がある。ホアン・ヴァン・ホアンは、「4月3日、レ・ズアンは代表を派遣してアメリカと交渉すると勝手に声明した。このとき、ホー・チ・ミン主席は北京で病気治療をしていて、周恩来総理がこのニュースを知ると、すぐホー主席に聞きに行った。ホー主席も愕然とし、この件は自分がまったく知らないと答えた」[85]と回想している。

「テト攻勢」が開始するや、6日、コスイギン首相はアメリカのソ連駐在大使トンプソンと会い、三日後にタス通信を通して正式声明を発表し、爆撃の停止と和平交渉を呼びかけた。15日と16日、本国からワシントンに戻ったばかりのアメリカ駐在ソ連大使ドブルイニンが二度にわたりラスク国務長官とベトナム問題について協議した。同じ頃、ソ連のイギリス駐在大使がアメリカから帰国したウィルソン首相と会い、「アメリカのベトナム問題についての姿勢」を聞いた。米越平和交渉に対するソ連のこのような積極的姿勢と努力はアメリカの好評を得た。ソ連の内部報告によれば、ベトナム衝突からジョンソンが68年3月31日北緯20度以北への空爆停止を決断するに至るまで、アメリカとベトナムとの接触が第三国を通して行われていたのである。その中で、アメリカがベトナムに対して出した一連の重要な呼びかけ、すなわち、ベトナムに対する空爆、ベトナム問題についてパリで交渉することについて、ジョンソン政権がソ連政府を通して行った[86]。

このようなプロセスを経た後、3月31日ジョンソンの提案を受け、ベトナムは4月3日、アメリカ代表と接触する用意があると声明を出した。

②中国の批判とベトナムの反発

中国の指導者からすれば、ベトナムは「テト攻勢」の「大勝利」の後に、かつソ連の介在で、中国と事前の相談もせずに、このような決断と行動を見せたのは、まさに突然で大変に衝撃的な出来事であった。この時、中国国内でベトナムの行動に対する懐疑は相当広がっていたようである。たとえば、70年9月8日、中国外交部の幹部で周恩来の側近である喬冠華は、「パリ会談が始まるとき、私も、戦争の情勢がこんなにいいのに、どうしてアメリカと交渉するのかと疑問を持った」と語っている[87]。

このような「異常事態」に対して、中国はすぐ反発の姿勢を見せた。4月5日、南ベトナム民族解放戦線とソ連がベトナム政府の声明を支持する声明を発表したのとは対照的に、『人民日報』は、ジョンソンの声明を非難した。また、前述した4月のファン・バン・ドン訪中で、中越間に激しい対立が生じた。4月13日、北京での会談で、周恩来はファン・バン・

ドンに強い口調でベトナム側の米越平和交渉受諾を批判した。周恩来は、アメリカ政府の困難を全面的に分析した上で、ジョンソンの声明は困難から脱出するための陰謀だが、「テト攻勢」で軍事的「勝利」を収めたベトナムがその提案を受け入れたことは妥協であり、アメリカ政府に大変有利で、中国は大変驚いたと表明した。一方、周恩来は、中国は交渉そのものに反対するのではなく、交渉は有利な立場で行わなければならず、ベトナムがそのようにしていないから批判しているとも述べた。「昨年と一昨年、私は、戦争期間中交渉を行うことができると何回も申し上げました。交渉はある一点から始めることができる。毛沢東同志はまた、レ・ズアン同志とファン・バン・ドン同志に、交渉がより有利な立場に立って行わなければならないと忠告しました。しかし、あなた方の声明から、あなた方は不利な立場に立っており、有利な立場に立っていないことが分かります」[88]。

　また、ベトナム代表団が中国滞在中の４月15日、『人民日報』はジョンソンの北爆部分停止はペテンだと非難した[89]。

　４月17日に行われた周恩来とファン・バン・ドンの第二回会談でも、周恩来はベトナム側に戦いの継続を促し、勝利が近づいており、そのために、より大規模な戦役を戦う必要性があると主張した。さらに、周恩来とファン・バン・ドンの三回目の会談が二日後の19日に行われ、周恩来は再びベトナムの姿勢に反対する強硬発言を繰り返した。この会談で、もう一つ注目されるのは、周恩来の振る舞いである。周恩来は、冷静、論理的で希代の外交官であるという定評がある。三年後、キッシンジャー、ニクソンを相手に見事な交渉を行った。しかし、この会談では、周恩来の話は極めて珍しく乱れて、重複、矛盾、不明な発言が多かった。これは、周恩来自身の心情、ひいては中国の多くの指導者の心情、ベトナムの行為から受けた衝撃の大きさを物語っている。

　中国側の強い姿勢に対して、ベトナム側も不快感を示し、次第に反発を強めた。ファン・バン・ドンは中国側の発言に直接的に反発し、「あなた方は間違った」と指摘する場面もあった。双方（特にベトナム側）とも、「あなた方」「我々」という冷めた呼び方で相手側を指し、「同志」もしくは双方を指しての「我々」との言い方は非常に少なかった。また、少なく

とも二回周恩来の発言の正確さが問題になり、その意味を確認するために双方が論争する異例の場面もあった。これは、この会談の雰囲気が非常に緊張したものであったことを意味しているのであろう。

また、この対立の背景には、中国側がベトナムの実情を知らないこととソ連要因の存在があったが、この会談で、ベトナム側による緊張を和らげる努力がほとんど見られなかった。そればかりでなく、ベトナム側は強硬姿勢、譲歩しない姿勢で終始した。それのみならず、ファン・バン・ドンは最後のところで、中国の意見は考慮するが、「つまるところ、我々がアメリカと戦っており、かつ彼らを敗北させているのです。我々は、我々の軍事と外交行動に責任を負います」と、中国側の口出しを受け付けない発言をした(90)。アメリカの敗北が明らかになり、ソ連を後ろ盾につけたベトナムにとって、中国の「賞味期限」は近づいていた。

ファン・バン・ドンらがソ連訪問から北京に戻った後の4月29日に行われた周恩来、康生とファン・バン・ドンとの会談で、周恩来は、「長期にわたって、アメリカは中国に対して半包囲の政策を実行してきた。現在、ソ連も中国を包囲している。ベトナム(という部分)を除いて、包囲圏が完成に近づいている」と、ソ連が、アメリカとともに中国にとって、敵であり脅威であることを率直に述べた。中ソ対立が深刻になったこの時期での会談のため、中国側の発言は、自らの安全保障に対する深刻な不安、ソ連の行動の深刻性、ベトナムの重要性を率直に述べたものであった。ベトナムのソ連寄りは、ソ連が中国包囲網をつくっているということと関連で考えれば、ベトナムがソ連に加担する危険があると中国の指導者が懸念しているともいえる。中越両国の国益の違いが表面化し、かつ中国が問題を直接ベトナム側に指摘したということになる。

周恩来の指摘に対して、ファン・バン・ドンは、「我々がベトナムの全部国土でアメリカと戦って勝つ決心がさらに強固なものになった」と述べるのに止まり、アメリカと戦うことを強調するだけで、中国にとってのソ連の脅威とソ越関係についての言及を避けた。周恩来は、「これはなぜ我々があなた方を支持するかの理由です」と付け加えた。しかし、この後に、ファン・バン・ドンは次のように述べている。

「ソ連の同志は極めて大きな情熱を持って我々の紹介を聞いた。彼らは情勢と我々の経験を知りたかった。……ソ連同志が全力で我々を支持し、彼らはまた我々が徹底的な勝利を獲得することに対して支持を表明した。但し、彼らは、もし大規模戦役を行えばさらに大きな犠牲が出るだろうと言った。我々は、困難や苦しみは避けられないと答えた。将来の一時期の間、我々は大規模戦役とそれがもたらす困難や苦しみにさらに多くの準備をしなければならない。我々が勝つことは間違いない」

　この発言には少なくとも次の三つの重要なポイントがあると考えられる。一つは、ファン・バン・ドンは、このときの中越関係とソ越関係の雰囲気が異なっているということを伝えようとしたことである。もう一つは、前述したように、ソ連人の口を借りて中国側の大規模作戦の提案を否定しようとしたことである。なぜベトナム側が戦場の真実を中国側に伝えずにソ連の口を借りて中国側の提案を否定しようとしたのかは不明であるが、中国側がすでにソ連をアメリカと同等の敵として提起した直後に、ソ連の口を借りるのは、中国から見ればソ連の圧力と映り、逆効果になる。そして、第三のポイントは、ソ連側が「もし大規模戦役を行えばさらに大きな犠牲が出るだろう」と述べたことは、ベトナム側がソ連に、「テト攻勢」とベトナム戦場の実情を伝えた可能性が高いことを示している。ベトナム側が中ソ対立関係と中国の情報状況を知ったうえで、あえてソ連の名を出したのは、ソ連という強いサポーターを得たことで有頂天になっていたのかもしれない。ベトナム側の発言を聞いた中国側は直接答えず、話題をもっぱら中国の内政（文化大革命）に移した。この会談と19日会談でのファン・バン・ドンの強硬姿勢を併せて考えれば、この時中越間に深刻な亀裂が生じたということが言える[91]。

　さらに、1968年5月7日に北京で周恩来、陳毅がスアン・トイと会談したときも、中国側はベトナムによるアメリカの提案の受け入れに対する認識を示し、ベトナム側を批判した。周恩来は、「我々の意見は、あなた方が（交渉に）同意したのは速すぎて慌てすぎたため、アメリカにあなた

方が交渉を熱望しているとの印象を残した恐れがあるということです。毛沢東同志はファン・バン・ドン同志に、交渉は受け入れられるものだが、しかし、(まず)あなた方は高い立場を持たなければならない。第二、アメリカ、それに追随する諸国、及び傀儡政府が100万以上の軍事力を持っている。彼らの背骨が折られ、あるいは五、六本の指が折られない限り、彼らは失敗を受け入れず、去らないと言った」と述べ、現在ベトナム戦争の根本的な問題は「ベトナムを統一する問題」であり、平和交渉について、基本的な問題は戦場で得られないものは交渉の中でも得られない、との考えを示した(92)。また、周恩来と陳毅は、「ソ連人が機密をアメリカに漏らすかもしれないから、アメリカとの交渉の進展をソ連に知らせるべきではない」と強調した。

以上の中越間のやり取りから、中国がこの時点でベトナムの交渉受け入れに反対したのは、すべての平和交渉に反対したのではなく、時期と条件に反対したということがいえる。その原因は、①ベトナム戦場の実態が分からないことから来る誤認、②事前相談されなかったことへの不満、③ソ連ファクターの存在などが考えられる。

なお、68年5月8日、ホー・チ・ミンは、反米救国闘争堅持を呼びかける書簡を発表した。このホー・チ・ミンの行動には、二つの可能性が考えられる。一つは、アメリカとの平和交渉がやがて開始されることから、ベトナム人に、平和交渉に過大な期待をせず、戦いを堅持させることである。もう一つは、もしホー・チ・ミンが4月3日に発表されたベトナム政府の声明を事前に知らなかったことが事実であれば、ホー・チ・ミンは、レ・ズアンなどに声明の取り消しを求めることが出来ないが、ホー声明という形で、戦いを強調しようとしたことである。

2.米越交渉開始と中国

米越平和交渉は、最初から実質的進展がなかった。まず開催地を巡って対立した。1968年4月8日にベトナムは平和交渉の開催地としてプノンペンを提案したが、アメリカはジュネーブ開催に固執した。4月11日に、双方はまた、ビエンチェンかワルシャワかで対立した。4月18日、ラス

ク国務長官は記者会見で和平交渉の場所として日本を含む 10 ヵ所を提案したが、ベトナムはそのいずれも拒否した。5 月 3 日、ベトナムが 5 月 10 日からパリで会議を開催するようアメリカに提案し、アメリカは直ちに同意した。1 ヶ月をかけて、会議の開催場所がようやく決まったのである。

　68 年 5 月 9 日、アメリカとベトナムの代表団がパリに到着し、翌 10 日にベトナム和平交渉のためのパリ予備会談が始まった。さらに、13 日からアメリカとベトナムが正式に交渉を開始した。また、6 月 3 日にレ・ドク・ト・ベトナム労働党政治局員がベトナム和平会談のベトナム代表特別顧問としてパリに到着した。6 月 19 日に開かれた第 9 回会談で、双方は今後毎週水曜日に会議を開催することで合意した。翌 69 年 1 月 25 日から、この公開会談は、アメリカ、南ベトナム、北ベトナム、南ベトナム臨時革命政府の四者協議になった。一方、この公式会談とは別に、アメリカとベトナムは 68 年 9 月 7 日から秘密会談を始めた。ニクソン政権になってから、米越秘密会談はキッシンジャー大統領補佐官とレ・ドク・ト特別顧問、スアン・トゥイ首席代表の間で行われ、70 年 2 月 21 日から始まり、23 回行った。

　米越交渉が始まった後の 6 月 4 日、ジョンソン大統領は演説を発表し、米ソ関係に「目に見える」「希望と成果」が現れ、「両国の協力を推し進める」上で、歴史上のいかなる時期もこの時期より「さらに成果のある」時期はなかったと大変な満足を表明した(93)。

　米越平和交渉は米ソ関係の改善に役立ったかもしれないが、ベトナム平和そのものにはすぐには役立たなかった。ジョンソンが、米ソ関係を評価した同じ日、解放戦線が再びサイゴンに集中砲撃をし、ジョンソンは、北ベトナムの対応措置がなければ北爆は停止しないと言明した。6 月 6 日、ハノイ放送はボー・グエン・ザップ国防相の「わが解放軍と人民は南ベトナム南端から非武装地帯までのあらゆる戦場で戦っている」との演説を放送した。

　一方、米越交渉が開始された後も、中国は米越交渉を批判し、対ソ批判もより激しくなった。68 年 6 月 29 日、周恩来は北京でファン・フンと会見した時に、米越交渉を批判し、また、核問題で米ソ、特にソ連を批判し、

この条約は核のない国が核能力を持つことを禁止しようとするものであるとして、「ソ連新植民地主義、ソ連核植民地主義の行為である。ソ連は社会帝国主義国になった」と激しく批判した[94]。ベトナム人との会見の場でソ連を「社会帝国主義国」として批判したのは、入手しうる資料ではこれが最初であった。

　米越交渉は実質的な進展が見られず、米越双方とも互いに非難し合い、また戦場での戦闘を強化しようとした。68年7月14日から18日にかけて、アメリカの国防長官クラーク・クリフォードがサイゴンを訪問し、米軍の責任者と南ベトナムの指導者と会い、新しい軍事配備を行った。7月19日と20日、ジョンソンはホノルルで南ベトナムのチュー大統領と会談したが、7月20日に南ベトナム解放民族戦線は徹底抗戦の声明を発表した。同日、ホー・チ・ミンは抗米戦争を推進せよと、再度抗戦を呼びかけた。ラスク米国務長官は7月30日に、北爆の全面停止は不可能と発言し、これに対しベトナム外務省は8月4日、パリ会談停滞の責任がアメリカにあるとの声明を発表した。クリフォード米国防長官は8月15日、合意がない限り、北爆の全面停止に踏み切らないと述べ、同月の19日にジョンソン米大統領もデトロイトでの演説で、「北」の対応措置がない限り北爆を停止しないと言明した。さらに、10月6日にラスク米国務長官は、北ベトナムが態度を変えない限り、北爆の停止はあり得ないと発言し、10月9日にジョンソンは、ベトナムが妥協しないなら対決姿勢を続けると演説した。一方、この同じ日、ベトナム和平会談のベトナム側代表は、ジョンソン米大統領の任期中に解決するよう要望した。

　68年10月15日に米越双方がパリで初歩的な合意に達し、10月31日、アメリカ政府は11月1日20時より北ベトナムに対する軍事行動を停止すると宣言した。米越平和合意達成二日後の10月17日、北京で陳毅外相とレ・ドク・トが会談を行い、陳毅はベトナムを批判した。その主な内容は、次の四点である。①ベトナムは4月に空爆の部分停止を、今回は四者会談を受け入れ、二回主導権を失った、②ベトナムの「行動はベトナム人民の偉大な指導者ホー主席の指導と矛盾し、ベトナム人民の中のホー主席の威信を破壊した」、③ベトナムの行動は「ジョンソンの選挙を手伝った」、④

「我々は、あなた方が大変短い時間の間にソ連修正主義の提出した妥協と投降の提案を受け入れたと考えている。したがって、中越両党と両国政府はもはや相談する余地がなくなってしまった。ただし、ホー主席が言ったように、我々の関係は同志プラス兄弟なので、我々は9月の情勢の変化を検討してから意見を発表する」[(95)]。この陳毅発言がもつ極めて重大な意味は、次節にて分析する。

第4節　中越関係の変質

1　中国の対ベトナム姿勢の変化

中国側の対ベトナム姿勢の変化は、まず、上述したようなベトナムに対する批判を強めたことなどが上げられるが、実際の行動でもベトナムと距離を置き始めた。

68年10月初旬、ベトナムは、台風による損害の救済と南ベトナムでの作戦のための物資援助を獲得するために、代表団の中国派遣を求めた。しかし、周恩来はファン・バン・ドンに、「中国の党と政府の責任者は、10月では国内事務で忙しく、ベトナム党政代表団を接待することが出来ない」と答え、ベトナム側の要望に対しても、「69年の援助協議の中で調整することが出来る」[(96)]と返事した。予定されていたファン・バン・ドンとの会談も11月まで先延ばしされた。しかし、実際、その間に、毛沢東、周恩来は多くの外国の代表団と会い、様々な対外活動を行っていた[(97)]。これは、ベトナムに対する中国のメッセージであったと言えよう。

前述した、10月15日に米越双方がパリで初歩的な合意に達した二日後の10月17日に北京で行われた陳毅レ・ドク・ト会談での陳毅の発言は、中国の対ベトナム姿勢の重大な変化を意味するものであった。ベトナムが「大変短い時間の間にソ連修正主義の提出した妥協と投降の提案を受け入

れた」ため、「中越両党と両国政府はもはや相談できることがなくなった」と、中国の指導者が中越関係のあり方についてこのように踏み込んで発言をしたのは、現在入手しうる資料では、これは最初である。特に、「中越両党と両国政府はもはや相談する余地がなくなってしまった」ということは、中国が中越関係を根本的に見直すことを考えている、または決断したことを意味する重大な発言である。その理由は、ベトナムがホー・チ・ミンの指導と矛盾し、ソ連に頼って、アメリカに妥協したことであった。これを受けて、ベトナム側がどのような反応を示したかが重要になってくるが、この時点で、レ・ドク・トの返答は自信に満ちて、かなり強硬であった⁽⁹⁸⁾。

11月14日、毛沢東、林彪、周恩来、中央文革小組打ち合わせ会のメンバーが、毛沢東宅で会議を開き、周恩来はベトナム代表団との会談の状況を報告した。周恩来の報告を聞いた後、毛沢東は「すべて彼らに任せよう」と指示した⁽⁹⁹⁾。文化大革命の最中でこのようなメンバーによる会議は最高会議と言え、また、毛沢東による「最高指示」は、中国が新しい対越方針を打ち立てたことを意味するものである。

このように、中越間に激しい対立が生じた68年半ばから11月にかけて、中国は対越姿勢を大きく転換させた。「中越両党と両国政府はもはや相談する余地がなくなってしまった」「すべて彼らに任せよう」ということは、ベトナムから手を引くこと、少なくともベトナムと距離を置くことを意味する。

この政策転換を受けて、中国がまずとった措置は、在越中国軍の撤退であった。11月17日、まだ北京滞在中のファン・バン・ドンとの会談で、毛沢東は、「沢山の中国人があなた方のところで仕事をしています。アメリカは知っていますが、何も言いません。こんなことがないようにしています。しかし、現在、役に立たない部分の人は撤収できます。あなた方は議論しましたか」とさりげなく中国支援部隊の撤退を切り出した。これに対して、周恩来は、「我々は李班同志、及び我々の大使と武官と相談しなければなりません」と応じ、毛沢東はさらに、「もし彼らがまた来たら、我々がまた出かけていきますよ。これは大したことではありません」と述べ、

近いうちに中国の支援部隊が撤退することを強調した。かつ、中国部隊撤退の理由は、米越合意によるアメリカの北爆の停止であるとした。

　ファン・バン・ドンは、「我々に再度考えさせてください」と答えると、毛沢東は、「あなた方は再度考えてください。あなた方に役立つものが残り、今役に立たないものは撤退する。将来もしまた役立つようになったらまた行く。これは、あなた方の飛行機が中国の飛行場を利用するのと同じです。利用する必要があるときに利用する。もう必要がなくなったため利用しません」(100)と答えた。ファン・バン・ドンと毛沢東が「再度」という言葉を使ったことから、中国の援助部隊などの問題がすでに議論されたことがうかがわせる。おそらく、中国側がこの問題をベトナム側に提出したが、ベトナム側に断られた可能性が大きい。そこで、毛沢東が自ら乗り出し、中国の最高意志として中国援助部隊の撤退を求めた。また、毛沢東の発言で、「もう必要がなくなった」という言葉が重要で、アメリカの爆撃が停止したため、中国の援助部隊も、ベトナムの飛行機の中国空港の利用も「もう必要がなくなった」のである。実際、中国支援部隊の道路建設部隊は翌年の69年2月に、高射砲部隊は同じ年の3月に、国防工程部隊もこの年の11月に全部中国国内に撤収した。建設期間がより長い鉄道部隊は70年6月に全部撤収した。

　69年に入ると、中国はさらに一段と強くベトナムに、他国の軍事援助に依頼すべきでなく、今後厳しく独立自主、自力更生の方針に従うべきだと強調するようになった。69年4月12日、周恩来と康生は訪中のファン・バン・ドンに、「あなた方には豊富な人力資源があり、部隊に供給する武器にも困っていない。しかし、中国はいくらか問題が存在している。したがって我々は、あなた方が自分の人的資源をよりよく、より適切に使うことを希望する」と述べた(101)。この時期、ソ連の情報機関も、「中国共産党第九回代表大会以後、ベトナム労働党中央委員会第一書記レ・ズアンが毛沢東と、ベトナム労働党中央委員会政治局委員ファン・バン・ドンが林彪と、それぞれ会談を行った。その三回の会談の中で、中国の指導者はベトナム労働党の指導者に対して、彼らがソ連修正主義を支持していると非難した。ベトナムの代表者たちが中国の指導者からベトナムに対す

る有効な手助けを得ようとしたが、成功しなかった。ベトナム民主共和国と中華人民共和国の間に結んだ69年度援助協定は、半年間で中国がわずか31.4％しか達成しなかった。中国側は、ベトナムの船が中国の港から離れるよう提案したため、南ベトナムの愛国主義勢力に対する援助を複雑化させた」と報告している(102)。ベトナム外務省によれば、中国の対ベトナム援助は、69年は68年より20％あまり減少し、70年はさらに68年より50％あまりも減少した(103)。

また、69年6月9日、周恩来は、ルーマニア党政代表団との会見で、次のように述べて、中国が北ベトナムと距離を取る方針を中越以外の第三者に説明した。

> ベトナム問題について、ベトナムが引き続き抗戦してもいいし、パリ会談をやってもいい。これはまったくベトナム党自身の問題です。我々はベトナムの同志と意見交換をしますが、それは主にベトナムの抗米戦争の情況です。パリ会談に至っては、我々は一切聞いたことがない。一つはベトナムが主人であり、もう一つはソ連がかかわっているから、我々はなおさらかかわりたくない。会談の進展が速いか遅いかは、我々が注意を払わない(104)。

このように、中越以外の第三者に対ベトナム方針の転換を公言したことは、中国が対越政策の変化を公開したことを意味する。

62年10月のボー・グエン・ザップ訪中で毛沢東が「我々は互いに助け合い、共同で戦って敵に勝つ間柄です。あなた方は我々を見捨てることがない。我々もあなた方を見捨てることがない」と語ったが、68年の時点ですでに、中越間の「共同性」が崩壊していたとみなすことができよう。

2　ソ連のチェコ侵攻と中越関係

1963年から69年にかけて、中越関係に重大な影響を与えた要因の一つが、ソ連のチェコスロバキア侵攻とそれをめぐる中越の対応の違いである。

中ソ対立は、社会主義陣営内の深刻な危機であったが、68年に入ると、中ソ対立以外にも、社会主義陣営に危機が生じた。チェコスロバキアが自主的な道を歩み始めたのである。この年の4月から、第一書記のドゥプチェクをはじめとするチェコスロバキア共産党が、従来の政治、経済制度を根本的に改革しようとした。その結果、チェコに民主化、自由化の動きが活発になった。ソ連がチェコに対してさまざまな政治的、外交的に圧力をかけたが、いずれも失敗に終わった。68年8月20日、ソ連、東ドイツ、ハンガリー、ポーランド、ブルガリアなどワルシャワ条約機構5カ国が20万人の地上部隊と空軍を出動し、プラハに侵攻し、わずか2日間でチェコ全域を占領した。侵入の部隊は後に65万人に増加した。アメリカが50万人を超えるアメリカ兵と70万人の南ベトナム政府軍をもって数年戦っても苦戦を強いられたままなのと対照的に、ソ連をはじめとするワルシャワ条約機構軍は20万人の兵力で持ってわずか2日間でチェコスロバキア全域を占領し、その後も抵抗らしい抵抗がなかった。このような主権国家に対する軍事介入を正当化する理論として、11月12日、ソ連書記長ブレジネフが「制限主権論」演説を行い、「ブレジネフ・ドクトリン」と言われる論理を打ち立てた。それは、社会主義陣営全体の利益のために、そのうちの一国の主権を制限しても構わないというものであった。

　「ブレジネフ・ドクトリン」に基づくと、社会主義国である中国で生じた問題も社会主義陣営全体の問題であり、ソ連が他の社会主義国を率いて集団の名義を使えば、中国に介入することもできるということになる。中ソ対立がすでにきわめて深刻化し、中国の指導者は数年前からソ連による中国侵攻を懸念してきた。その上、中ソの間に数千キロにわたる国境線があり、その国境線に沿って、ソ連軍の精鋭部隊と核兵器が配備されたばかりでなく、モンゴルにもソ連軍が駐在していた。世界最強と言われる陸軍を持つソ連の軍事的脅威がその能力の面で極めて深刻であるばかりでなく、ソ連がそれを使う意志をしばしば表明していた。ソ連のチェコスロバキア侵攻、「ブレジネフ・ドクトリン」は、中国にとって極めて重大な脅威であった。そのため、中国はこの両者を強く非難した。チェコ侵攻の直後の8月23日に、周恩来がルーマニアの中国駐在大使館が主催した建国

セレモニーで談話を発表し、ソ連のチェコスロバキア侵攻を非難し、ソ連の新しい指導者は「社会帝国主義者」に堕ちたと厳しく批判した[105]。これは、中国の指導者が公開の場ではじめてソ連を「社会帝国主義」として批判したのである。しかし、ベトナムは中国とまったく逆の立場を取り、ソ連のチェコスロバキア侵攻を支持した[106]。

ベトナムはチェコスロバキアと同様中小規模の社会主義国で、かつ侵略を受けており、また、民族独立と国家統一のために戦っている最中であった。それに、ベトナムは、ソ連のチェコスロバキア侵攻に対する中国の姿勢を十分に知っていた。しかし、このソ連のチェコスロバキア侵攻に対してベトナムは、中国に同調しなかったのみならず、中立の立場すら取らず、明確にソ連を支持した。これは、中国からすれば、中越間の「共同性」を崩壊させる重大な要素であり、また、理論上中国に対するソ連の侵攻を正当化し得る「ブレジネフ・ドクトリン」への支持は、中越両国の「共助性」を脅かすものであった。

3　中ソ戦争の危機とベトナム

1.中ソ戦争の危機

前述したように、中ソ関係は、1950年代末から悪化の一途をたどり、60年代後半になると、敵対的な性格がいよいよ濃くなっていった。60年代に入ってから、中ソ両国の国境摩擦が次第に深刻化し、両国の国境警備部隊間の小競り合いが絶えず、次第にエスカレートし、ソ連の国境警備部隊による中国人住民に対する暴力行為も頻発した。

1969年3月2日、珍宝島（ソ連名：ダマンスキー島）で中ソ両軍が衝突した[107]。『人民日報』、『解放軍報』が4日付の共同社説でソ連を非難し、モスクワ放送は、中ソ国境事件は北京指導者の冒険主義がつくりだしたものだと非難した。15日には、中ソ両軍が珍宝島で再び衝突した。それ以降、中ソ関係の緊張状態が緊迫の度合いを増し、8月13日には新疆自治区裕民県テルクティ地区の中ソ国境でソ連軍が国境を越え中国の国境警備隊を

襲撃し、大規模な流血事件になった。

　珍宝島衝突以降、ソ連は中国に対する圧力を強めた。ソ連がとった措置の中でもとりわけ、中国に対する軍事的圧力の強化と中国に対する包囲網構築の強化は中国側の強い警戒を引き起こした。3月2日と15日の衝突以降、ソ連は、中ソ国境で大挙兵力を増強させ、東側の関係国に中国に対する軍事力行使、核の使用を示唆し、またアメリカに対しても、ソ連による対中国武力行使、核兵器使用に対するアメリカの態度を探った。中ソ国境衝突の直後から、ソ連は中ソ、中国・モンゴル国境に空軍基地とミサイル基地を大量に建設し、また、ソ連軍は6月28日から中国国境付近で大規模軍事演習を開始した。さらに、9月、極東のソ連空軍が何回も飛行停止、命令待ちの命令を出し、中国に対する奇襲攻撃の雰囲気を作った。それに合わせて、この時期、ソ連は中国の核施設や中国軍の動きに対して繰り返し調査と分析を行った[108]。ソ連軍が大挙中国を侵攻した場合、通常兵器による戦争でも、中国が受ける損害はベトナムがベトナム戦争で受ける損害をはるかに超えることは間違いなく、核兵器を使用した場合はなおさらである。

　このような状況の下で、ソ連は、アメリカに代わって、中国にとって最大の敵になった。中央文革小組の打ち合わせ会で、毛沢東は、ソ連の脅威に対して必要な準備をしなければならないとして、「東北、華北、西北は準備しなければならない。準備が整って、彼（ソ連）が来なくても構わない。大敵が目の前にいるから、適切に動員・準備したほうがいい」「核基地が準備態勢を整え、彼（ソ連）が飛行機で爆撃することを防がなければならない」[109]と指示した。4月1日から24日にかけての中国共産党第九回全国代表大会で、林彪が中央を代表して行った政治報告の中で、アメリカに対する批判の数倍の分量でソ連を批判した。ソ連の中国攻撃の圧力が最も強かった9月、中国は23日と29日に相次いで核実験を行い、西側メディアは、これは中国の臨戦準備と分析した。

　一方、ソ連は、アジア集団安全体制の構築を唱えて、中国に対する包囲網作りを急いだ。1969年6月、ブレジネフは世界共産党労働者党会議で、アジア集団安全保障構想を発表した。これに対して、新華社は6月27日

に、ソ連提唱のアジア集団安保体制は反中国軍事同盟だと論評した。9月19日、国連総会でもソ連外相は再びアジア集団安保の必要性を強調した。

9月11日、ソ連閣僚会議主席コスイギンはホー・チ・ミンの葬儀に参加する帰途、北京空港で、周恩来と三時間半の会談を行い、国境問題で戦争をせず、交渉を通して国境問題を解決することで合意した。それによって、極度に緊張する中ソ関係に転機が訪れ、10月20日、中ソ国境外務次官級交渉が北京で始まった。しかし、中ソ国境におけるソ連の軍事力増強は変わらず、ソ連の軍事圧力は以降20年間続いた。

2.ベトナムの対応

中ソ危機は世界に大きな反響を引き起こした。多くの国は、中ソが戦争を回避するよう呼びかけ、働きかけた。中国の宿敵であるアメリカでさえ、中国が敗れればアメリカの国益が損なわれるとの認識から、ソ連の中国攻撃をけん制した。8月14日、アジアとヨーロッパ訪問から帰国したニクソンは国家安全保障会議で、ソ連はより侵略的であり、中国がある戦争で潰されることを座視することは、アメリカの利益に合致しないと述べた。公の場では、アメリカの政府高官は繰り返し、中ソ衝突に対する関心とソ連に対する警告を発した。たとえば、8月27日CIA長官ヘルムスがわざと記者会見で、ソ連が中国の核施設に奇襲攻撃を仕掛ける可能性があると発言した。この後に行われた米ソ戦略核兵器制限交渉の中で、アメリカは、第三者に脅威を与えるような戦略的な取り決めに絶対参加しないと明言し、事実上ソ連に対する警告を発した[110]。

では、中国がソ連との戦争に直面し、建国以来最大の危機にさらされ、ソ連が中国の最大の敵になった事態に直面して、ベトナムはどのような姿勢をとったか。中ソ戦争の危機は、中越の国益の違いを表面化させた。というのは、これまでの中越関係の土台の一つは、アメリカが双方にとって最大の敵であり、ソ連が双方にとって同盟国であるということであった。中ソ関係の変化によって、中ソ同盟が次第に形骸化していったが、アメリカが中越にとって最大の敵であるという共通点は続いた。しかし、このとき、ソ連が中国の最大の敵になったが、ベトナムにとって、アメリカは依

然として最大の敵であり、ソ連は依然として同盟国であり、かつますます親密でますます重要になる同盟国であった。すなわち、中越間の国益とりわけ安全保障上の極めて重要な利益に極めて重大な食い違いが生じたのである。

実際、この中ソ戦争の危機で、ベトナムは表面上「中立」の立場をとった。中国側からすれば、また従来の中越関係の性格からすれば、これは重大な意味を持たざるを得ない。前述したように、62年10月のボー・グエン・ザップ訪中で毛沢東が「我々は互いに助け合い、共同で戦って敵に勝つ間柄です。あなた方は我々を見捨てることがない。我々もあなた方を見捨てることがない」と語った。68年の時点で、中越間の「共同性」が大きく崩れたが、69年中ソ戦争の危機に直面したとき、「あなた方(ベトナム)は我々(中国)を見捨てることがない」という中越関係も成り立たなくなったのである。なお、ベトナムが中ソ間で調停、仲介などを行ったような努力を示す資料も見当たらない。

中ソ戦争の危機で、ベトナムは、「中立」の立場に立って中国を助けなかったのみならず、むしろさらにソ連へと傾斜し、ソ越関係は中越関係よりますます密接になった。さらに、レ・ズアンの言葉に従うならば、レ・ズアンはすでに69年の時点で、極秘にベトナムの将軍たちに中国との戦争に備えよと指示していた[111]。このレ・ズアン発言に従うならば、中ソが敵対関係になった69年の時点で、ベトナムは、アメリカとの戦争でまだ中国を利用する必要があることから、表面上は「中立」の立場をとったが、実際、内部ではすでに、ソ連側につき、中国との戦争に備える方向に動いたということになる。

ベトナム側はその真意を当然ながら中国側に伝えることはなかったろう。しかし、中国側も幾らか察知していたようである。ソ連軍参謀部が69年8月15日にソ共中央に送った国際情勢調査報告によれば、「中国共産党第九回代表大会後、ベトナム労働党中央委員会第一書記レ・ズアンが毛沢東と、ベトナム労働党中央委員会政治局委員ファン・バン・ドンとチュオン・チンが林彪と、それぞれ会談をもった。その三回の会談の中で、中国の指導者はベトナム労働党の指導者に対して、彼らがソ連修正主義を支

持していると非難した」⁽¹¹²⁾。ここで重要なのは、中国側が批判したのは、ベトナムの中立姿勢ではなく、ベトナムがソ連を「支持している」ことである。中国の最高指導者である毛沢東とそれに継ぐ指導者である林彪が、そろって、直接にベトナムに対して、中ソ戦争の危機に際してベトナムがソ連を支持していると非難したことは、きわめて異例なことで、重大な意味を持つ。毛沢東自らがベトナムを批判したこと自体、非常に重大な動きであるが、毛沢東の後継者で、対外的にほとんど発言しなく、外国の指導者とほとんど会わない林彪までが、わざわざベトナムの指導者と会見してそれを批判したことは、ベトナムのソ連支持に対する中国側の落胆、失望と怒りを端的に表していると考えられる。

したがって、69年になると、中越間の「共同性」「互助性」「ベトナムが中国を見捨てない」という信頼性または期待は、いずれも、大きく崩れたと言えよう。前述したように、69年6月9日、周恩来は、ルーマニア党政代表団との会見で、中国が北ベトナムと距離を取る方針を公言し、中国の対ベトナム方針の転換を第三者に公開した。周恩来のこの発言は、中ソ戦争の危機に直面しまたベトナムの姿勢を鑑みた中国側が、ベトナムに対してさらに一歩踏み込んだ措置をとったということが言えよう。

4　ホー・チ・ミン死去

1969年9月2日、ホー・チ・ミンが死去した。現代中越関係において、リーダー間の個人的関係がきわめて大きな意味を持ってきた。毛沢東、周恩来、鄧小平、ホー・チ・ミン、レ・ズアンなどが中越関係を大きく左右した。ホー・チ・ミンは、ベトナム革命、ベトナムの独立と統一闘争のシンボル的な存在であったばかりでなく、前述したように、中国と極めて密接な関係を持ち、中越関係を維持する上でも極めて重要な存在であった。また、ホー・チ・ミンは毛沢東、劉少奇、周恩来など中国の最高指導者達の革命の先輩であり、かつての上司でもあったため、ベトナムの指導者達の中では唯一中国の指導者達から尊敬されかつ大変親しまれた人物であった。

ホー・チ・ミンは、献身的な革命家であったが、軍事家ではなく、権謀術数に長けた政治家でもなかったようである。ホー・チ・ミン自身、羅貴波、陳賡などに、自分は戦が分からないと語ったことがある。また、民衆の中での極めて高い威信を誇っていたのとは裏腹に、ベトナム労働党とベトナム政府内での権力は必ずしも強くなかったようである。ホー・チ・ミンは早くも 1960 年に、羅貴波に対して、レ・ズアンなどは重要なことを自分に言わない、自分は何も分からないと不満を漏らしたという[113]。また、50 年代からホー・チ・ミンは病気がちで毎年中国を治療に訪れた。このようなホー・チ・ミンの健康状態と権力掌握状態から、ベトナム党と政府、軍内の動きを完全に掌握できたとは言えないが、しかし、ホー・チ・ミンが生きている間は、彼の路線から完全に外れることも困難であった。

　一方、57 年からチュオン・チンに代わってホー・チ・ミンに次ぐナンバー・ツーの地位に就き、60 年から正式にベトナム労働党の第一書記になったレ・ズアンは、長期にわたって南ベトナムで革命に従事し、中国と密接な関係を持たず、南ベトナムから北ベトナムに追われたことでジュネーブ会議の結果に不満を持ち、また非常に親ソ的なベトナム人指導者であった。第一書記に就任してから、レ・ズアンが数回モスクワを訪問し、フルシチョフと親密な関係をつくった。1965 年以降ソ連の援助を手に入れ、ホー・チ・ミンの健康状態が悪くなると、レ・ズアンは親ソ反中の姿勢を表面化させていった。65 年 4 月に訪ソしたレ・ズアンは、「ソ連は私の第二の祖国」と叫んで周りを、特に中国人を驚かせた。レ・ズアンは、このソ連訪問のときに、ソ連駐在ベトナム大使館でベトナム人外交官とベトナム人留学生の代表に対してスピーチを行い、長々と中国を批判した。それに驚いたベトナム人留学生の代表達は、当夜集まって、レ・ズアン講話に対して 40 以上の問題を指摘し、文書で正式にベトナム労働党中央に報告書を送ったが、ハノイに届いた報告書はレ・ズアンの側近によって止められ、ベトナム労働党中央、ホー・チ・ミンの手には渡されずレ・ズアンの手元に渡されたという。レ・ズアンはモスクワ訪問の帰途北京に立ち寄り、中国駐在ベトナム大使館でも三時間以上にわたる長い講演を行い、多くの問題で中国を批判した。また、ホー・チ・ミンの病気が深刻になると、レ・ズアン

グループは、ベトナムの党中央の会議でも繰り返し中国を批判し、ホー・チ・ミンが死去する前には中国批判はベトナム指導部の中ですでに主流になっていた。レ・ズアン、ベトナム側のこのような動きは、中国側はいずれも把握していたという(114)。

また、前述したように、69年に中国がソ連による全面戦争、核攻撃に直面していたとき、レ・ズアンは極秘にベトナムの将軍たちに中国との戦争に備えよと指示した。

なお、チュン・ニュー・タンは、「ソ連への傾斜の本当の出発点はホー・チ・ミンの死」で、「ホー・チ・ミン主席の存命中は、中ソとも、ベトナムをどちらか一方に傾けることは出来なかった。が、1969年にホー主席が死ぬと、ソ連はあらゆる手段に訴えてベトナムをソ連の軌道に引き付けようとし始めた」(115)との見解を示しているが、ベトナムのソ連への傾斜は、ホー・チ・ミンの病状が深刻になったとき、68年の時点ですでに決定的になっていた。ホー・チ・ミンの死去によって、レ・ズアンなど親ソグループは国内で遠慮するものがなくなったといえよう。

総じて、ホー・チ・ミンの死は、中越関係にとって一つの時代が終わったことを意味すると言っても過言ではない。チュン・ニュー・タン曰く、「ホー・チ・ミンは遺言の中で、社会主義諸国の連帯を強く訴えていた。紛争の一方に与しないで、兄弟等の間の矛盾を解決することに努めよ、と言った。だが、その後継者たちは、革命を裏切ったばかりでなく、ホー・チ・ミンの遺言にも背いたのだ」(116)

5　インドシナ連邦問題と中越関係

　ソ連、アメリカ、中越両国自身以外に、インドシナ連邦問題も、中越関係の変質に極めて複雑な影響を与えた重大ファクターの一つであったようである。

　インドシナ半島に位置するベトナム、ラオスとカンボジアの三ヵ国は、歴史上、三つの国であった。966年にベトナムが王国の地位を獲得した時、その領域は現在のベトナム北部にほぼ相当する。ベトナムの歴代王国は、南と西に向かって領土の拡大を図り、現在のベトナム領土の中部と南部は主としてカンボジアから奪い取ったものである。カンボジアとラオスは歴史的にベトナムによる侵略、なし崩し的領土拡張、圧迫を受けてきたため、ベトナムに対する警戒心も非常に強い。

　近代のフランス植民地主義者はこの三ヵ国を一つの植民地支配体系下に置き、フランス支配のインドシナでは、ベトナム人を下層の役人などとして、フランスに協力してラオスとカンボジアに対する支配を図ったため、ラオス人とカンボジア人が直接向かう植民地支配者は往々にしてベトナム人であった。従って、ラオスとカンボジアとしては、近代の植民地支配はフランスによるものであったが、ベトナム人はフランス植民地主義者の協力者であった。

15世紀の東南アジア

　フランスの植民地支配に抵抗するため、三ヵ国の志士達は反仏闘争の中で密接に協力したが、ベトナム共産党の「インドシナ連邦」構想は一貫してラオス人とカンボジア人に反対された。第二次世界大戦後、第一次インドシナ戦争の中でラオスとカンボジアは相次いで独立した。

ソ連共産党と中国共産党は、ベトナム共産党と関係が深く、1954年までカンボジアとラオスの事情についてほとんど知らなかったため、ジュネーブ会議前のソ越中三国間の打ち合わせでは、「ベトナム側が再三、中国とソ連に、インドシナ三国が不可分なもので、勝利後は一つの連邦国家を形成すべきだと主張し」「ソ連と中国は、この時点ではインドシナが一つの国家であり、ラオスとカンボジアはベトナムの少数民族であると考え、ベトナムを支持した」[117]。しかし、周恩来はジュネーブ会期中にカンボジア、ラオス王国の代表との接触を通して、「インドシナの三つの構成国は、その民族と国家の境界線が非常に明確でかつ厳格なものであり、このような境界線は、フランスがインドシナに対する植民地統治を確立する前からすでに存在し、この三国の人民もこのように見ている」「今回ジュネーブ会議での接触を通じて、我々は初めて、問題がそんなに簡単ではなく、厳密に三つの国として扱わなければならないということが分かった」との認識に至った。この認識は中国共産党中央の同意を得、更にベトナム労働党の同意を得たため、それ以降、中国は、ベトナム、カンボジア、ラオスを三つの国として厳格に扱うようになり、ベトナム側も、ジュネーブ会議以降は「インドシナ連邦」または「インドシナは一つ」などを語らなかうなった[118]。

　一方、第一次インドシナ戦争でベトミンはカンボジア、ラオス領内で活動地域をつくり、支配した。そして、ベトナムの対南ベトナム・対米武装闘争に伴って、ベトナム人のカンボジア、ラオス領

1650年前後のカンボジア

内への浸透が次第に広がった。『ベトナムを告発する』によれば、1960年にベトナムが武装闘争の再開を決定したが、「彼らは困難にぶつかると、カンボジア領内に避難してきた」最初は、「彼らはカンボジア国境のコンポントラチュ（スバイリエン州）からスヌール（クラチェ州）に至る地区沿いに住みついた」「1961年にかれらはカンボジア内部に浸透しはじめた。1962年から1963年にかけて、彼らは更に浸透を拡大し、必要とあれば、腐敗行為さえ利用した。ベトコン（南ベトナム民族解放戦線）はカンボジア全国を自由に思うままに旅行することができた」「1965年には、15万のベトナム人（ベトコン）がカンボジア領内に住みつき、ロメアスヘク（スバイリエン州）からラタナキリまで、つまり、カンボジア東北部僻地の『蛇の尾』地区と呼ばれるところの国境から2ないし5キロも入り込んだ地区に住んでいた。1966年、この数は20万にまで増え、1967年にはさらに増大した」「1961年から1963年にかけて、サイゴン防衛線がジア・ディン付近に達した。それは更に大きく広がり、ジア・ディンを越えて先へと延びてきた。1965年から1966年にかけて、サイゴン防衛線はカンボジア・ベトナム国境にまで達した。そこでベトコンはカンボジア領内に避難してきて、各種サービス機関、軍事勢力、病院、芸術家グループ、輸送機関、政治指導部、中央委員会から州委員会、地区委員会までの全指導機関を設置した」[119]

更に、カンボジアの人口は、ベトナム系カンボジア人も含めて、1962年の統計では590万人であったが、「1970年にはカンボジア領内に居住するベトコンの数は150万から200万の間を上下した。8万名の負傷した戦士がカンボジア領内に設けられた病院で手当てを受けていた。そこで、カンボジア革命勢力と人民はベトナム人にとって恩人だったのである。彼らは常にベトコンに対して援助と支援を与え、隠れ場所と避難所を与え、コメや食糧を補給した。……カンボジア革命勢力と人民は、ベトナム人を友人であり、革命家であると考えたからこそそのように行動したのである。しかしながら、ベトナム人はカンボジアに入っても、カンボジア併呑の戦略を忘れたことはなかった」[120]

では、カンボジア共産党のこの認識は、彼ら自身の体験以外に、裏付け

られる資料はあるのか。ベトナムはこの時期の公文書を公開していないため、ベトナム側からの公式資料を入手できない。一方、ベトナム駐在のソ連大使が1971年5月にソ連政府に送った報告の中で、「最近の一年、ベトナムの同志は、慎重な形で、再び元のインドシナ共産党綱領の中にあったインドシナ社会主義連邦を作るという論点を新たに提起した。この問題はきわめて微妙であるが、しかし、これを社会主義の共通利益として利用することができないわけでもない」と指摘している。1971年5月の時点でこの一年ということは、ソ連側が少なくとも70年5月くらいからベトナム側の「インドシナ連邦」構築の動きを知ったということであるが、ベトナム側の実際の動きはそれよりも早いと推測できるから、「テト攻勢」後、1960年代末から「インドシナ連邦」論がベトナム内部で再び台頭したことがわかる。

　さらに、それとの関連で、この報告書は、「ベトナムの同志は時として、インドシナ問題の解決において明らかに狭隘な民族主義の姿勢になり過ぎて、ラオスとカンボジア問題をベトナムの利益に従属させる意図が顕著で、ラオスとカンボジアの友人たちの背後での不満情緒をもたらした」「ベトナムの指導者はまた、極力的に、ベトナムとインドシナ問題を解決する特殊の権利を保ち、少なくとも現段階において各社会主義国家が幅広くインドシナ事務に参加し協調することを阻止しようとしている。従って、ベトナム人は、……社会主義各国と十分な協同行動、特に外交政策領域における協同行動を行う意図がない」などとベトナムを批判しながら、「ベトナム以外に、目下我々にはこの地域でより頼れるものがない」「現在、ハノイはベトナム、ラオスとカンボジア各国の解放戦線の意見交換、共同行動と協力の中心になった。ラオス人とカンボジア人は総じて、ベトナム人のインドシナ各国人民闘争統一戦線における主導的地位を認め、ベトナム労働党との一致を保ち、民族解放闘争の中でその豊かな経験と支持に頼っている」「労働党の路線は総じて、（まだ緩やかなものではあるが）すでに我々に有利な方向に向かって発展しており、ベトナム民主共和国はすでにインドシナ各国人民の闘争の主導的なパワーになっている。このような状況のもとで、我々は、この地域で我々の政策を確立するより大きな可能性

をすでに手にした。インドシナが我々の東南アジア全体に通ずる鍵になる可能性を排除しない」「我々のアジア集団安全保障体系構築の提案に対して、ベトナムの同志も類似の立場を持っている」などと、ベトナム労働党の路線はすでにソ連に有利な方向に発展しており、ソ連は、ソ連の全般的外交戦略、中国包囲網構築を意味する「アジア集団安全保障体系」のために、ベトナム労働党の路線、「インドシナ連邦」問題を利用しようと考えていたのである[(121)]。

　また、フランスに亡命した元南ベトナム臨時革命政府の部長を務めたチュン・ニュー・タンは次のように証言している。「当初はインドシナ三国を打って一丸としたインドシナ共産党であったために、ラオスやカンボジアの革命分子の幹部のための養成所が作られていた」ラオスの権力を掌握したラオス愛国戦線の「ほとんどのメンバーはハノイで養成された人たちであった。そこで、ラオスの指導者たちとベトナムの指導者たちとの関係は極めて緊密だった。ありていに言えば、ラオスは完全にベトナム共産党に支配下に置かれているといってよい」「カンボジアでも、ベトナムはラオスに対すると同じようにことを進めた。だが、不幸なことに、ポル・ポトを中心とするバッタンパイ・グループとキュー・サムファンやヤチン兄弟らのフランス帰りの左翼知識人グループが主導権を握って、ハノイで養成されてカンボジアに送り込まれたクメール・イサラクのグループを虐殺し、粛清してしまった」「すでに当時のベトナムの指導者は大きくソ連寄りになっていたから、ポル・ポト派にしてみれば、ベトナムの支配を免れるためには中国と結ぶしか道がなかったのだ」「こういうわけで、ベトナムの指導者の頭の中には、確かにはじめはインドシナ連邦を作る気持ちがあったのだが、カンボジアの抵抗で大きな障害にぶつかった」[(122)]。

　明らかに、『ベトナムを告発する』による指摘は、根拠のあるものであったと考える。『ベトナムを告発する』は更に、ベトナムはカンボジアで、インドシナ連邦構築、カンボジア併呑のための様々な工作を指摘している。「カンボジアの人民と革命勢力は、ベトナム人の誠実さを信じた。当然、ベトナム人はこうしたスローガンを理由として、彼らの分裂活動・サボタージュ活動を覆い隠そうとし、カンボジアの革命運動内部に浸透を

図った。彼らはカンボジアの幹部と人民と友好関係を結び、その後、彼らをベトナムの組織に引き入れようとした。彼らはフランス植民地主義者と闘争を行った人々を組織し、インドシナ共産党に復帰させた」「ベトナム人は行く先々で紛争と混乱をつくり出し、スパイ行為・サボタージュ行為を働いた。1967年以後、人民と幹部はベトナム人のこうした活動全体に強く反対するようになったが、カンボジア革命勢力の指導者たちはつねにベトナムとの連帯と相互援助を発展させるよう勧めていた。ベトナム側について言えば、彼らはそうした形の上での連帯を利用して、カンボジアの併合・併呑を目指す「インドシナ連邦」の戦略をおしすすめた。このように、当時ベトナム側が苦境に直面していたにもかかわらず、彼らはこの戦略を放棄しなかった」「ベトナム人は、カンボジアに避難所を求めてやってきたばかりでなく、カンボジア併合・併呑の工作のためにもやってきたのである。ベトナム人は、この上ない苦境に陥ったにもかかわらず、時が迫ればカンボジア革命政権を打倒するため、ベトナム人はいたるところで引き続き戦略的勢力を整えていた」「簡単に言えば、1930年から1970年まで、各時期において、いかなる状況の下でもベトナム側は『インドシナ連邦』の戦略を通じてカンボジアの併合・併呑を狙う活動を頑迷に、一貫して推し進めてきた。1930年から1945年までは、彼らは何らの成果も得なかった。1945年から1954年まで、さらに1970年まではベトナム側がカンボジア革命勢力の隊列内部に潜入させた分子のおかげで、若干の面で彼らはいくらか活動を行うことができた」ベトナムは「『インドシナ連邦』という邪悪な構想によってカンボジアを併合・併呑しカンボジア民族を絶滅させる野望を常に抱いていたベトナムは、その目的を達成するために何十年にもわたってこの上なく陰険な活動を続けてきた」[123]。

「テト攻勢」以降、ベトナム側が再び「インドシナ連邦」問題を持ち出したのも、中越関係に様々な極めて複雑な影響を与えることになり、中越関係の変化、変質を性格づけていくことになった。

結語

　第1章で述べたように、現代中越関係は、伝統的関係としての「兄弟」関係、近代的国家関係としての「事実上の同盟」関係、及び近代的イデオロギー関係としての「同志」関係という三つの性格または側面を持った関係として形成し、かつ極めて緊密な関係であった。しかし、本章の分析で明らかになったのは、1965年以降、ソ連ファクターの存在や中越間のさまざまな問題のため、「同志プラス兄弟」で「事実上の同盟」関係である中越関係が急激に変化した。ベトナムは、ソ連を借りて中国に対抗し、次第に親ソへと傾き、中ソ戦争の危機では事実上中国を見捨てた。また、ホー・チ・ミンの死とそれに伴うレ・ズアンへのベトナム労働党内の権力シフトも中越関係に大きな影響を与えた。そのような中越関係の変化にともなって、特に68年から69年にかけて、中国の対越姿勢が大きく転換し、ベトナムに対する援助を大幅に減らし、ベトナムから手を引いていった。これらによって、中越関係は大きく変質し、もはや「兄弟」関係、「事実上の同盟」関係ではなくなった。また、イデオロギーにおいても、ソ連をどう評価するか、中国の文化大革命をどう見るかなどをめぐって中越両国の立場は対立的なものになっていた。このような関係の変質、その背景にある認識と利益の相違が相互不信を生んだ。

　一方、民族解放、国家独立、反帝国主義、反植民地主義といったイデオロギーにおいて、中越双方は依然基本的に一致しており、その意味で、「同志」関係が依然存在した。加えて、アメリカが中国の敵で、中国敵視の政策を取る限り、中国から見ればアメリカは依然脅威であり、そのアメリカに対抗するベトナムを支援することは依然として中国の利益に適うものであった。また、ソ連の中国包囲網構築を成功させないためにも、ベトナムを完全にソ連側に追いやることができなかった。したがって、中越間に深刻な対立が生まれ、関係が質的に変化したにもかかわらず、中国はベトナムを見捨てるわけには行かなかった。

　69年6月4日、周恩来が中国のベトナム駐在大使王幼平などを呼んで、

「いずれにしても全力を尽くしてベトナムを手伝ってこの戦争に勝たなければならない」[124]と指示し、中越関係に重大な変化が生じたにもかかわらず、中国はなおベトナムを支援していく姿勢を示した。中越関係の複雑性、中国側の揺れ動く心境を反映しているかもしれない。

更に、「テト攻勢」後、ベトナムは内部で再び「インドシナ連邦」の構築を持ち出し、ソ連は自らの覇権秩序や中国包囲網の構築のためにベトナムのそのような動きを利用しようと動き出したことは、中越関係の変化、変質を大きく性格づけることになっていった。

第2章脚注

(1) 郭明など編、『現代中越関係資料選編』（中）、時事出版社、1986年、第357～358頁。
(2) 『人民日報』、1965年3月12日。
(3) 前掲、『周恩来年譜』（中）、第719頁。
(4) The Pentagon Papers: The Defense Department History. FRUS, 1964-68, vol. 2, p223, p428.
(5) 前掲、『中華人民共和国外交史（第二巻）』、第424頁。
(6) 『毛沢東軍事文集』（第6巻）、軍事科学出版社、中央文献出版社、1993年、第403頁
(7) 『建国以来毛沢東文稿』（第11冊）、中央文献出版社、1996年、第359-360頁。
(8) 1965年5月28日、周恩来とインドネシア第一副首相との会談録。**77 CONVERSATIONS BETWEEN CHINESE AND FOREIGN LEADERS ON THE WARS IN INDOCHINA, 1964-1977,** pp. 85-86.
(9) 『人民日報』、1966年12月19日。
(10) 1965年4月2日周恩来とヤヒア・カーンとの談話。前掲、『周恩来外交文選』、第440～444頁；前掲、『周恩来年譜』（中）、第723頁。
(11) 陳兼、James G. He 著、「越戦初期中美之間的特殊『信息伝達』」（ベトナム戦争初期における米中間の「コミュニケーション伝達」）、中国社会科学院アメリカ研究所編、(12)『史林』、2004年第1期、第118～124頁。
(12) 前掲、『周恩来年譜』（中）、第736頁。
(13) 同上書、第750頁。
(14) 『人民日報』、1966年5月10日。
(15) 前掲、『周恩来外交文選』、第439頁。陳兼、James G. Hershberg、「越戦初期中美之間的特殊『信息伝達』」http://www.coldwarchina.com/zwxz/mgxz/cj/001740_6.html
(16) 「蘇連代表団訪問越南民主共和国活動情況（ソ連代表団のベトナム民主共和国訪問の活動について）」（1965年2月6－10日）、SD11466より引用（出典が記されていない）。
(17) 『**Nhan Dan**』、1965年2月11日、前掲『滄海一粟——黄文歓革命回憶録』第299頁より引用。
(18) 前掲、『中華人民共和国外交史』（第二巻）、第265頁。
(19) 『**Nhan Dan**』、1965年4月19日、前掲『滄海一粟——黄文歓革命回憶録』第299頁より引用。
(20) 時殷弘著、『美国在越南的干渉和戦争(1954-1968)』、世界知識出版社、1993年、第242-252頁；前掲、『多勃雷寧回憶録——信頼』、第177-178頁；前掲、『中華人民共和国外交史』（第二巻）、第40頁。

(21) 前掲、『美国在越南的干渉和戦争 (1954-1968)』、第 245、249-251 頁参照。
(22) 前掲、『中華人民共和国外交史』（第二巻）、第 39-40 頁。
(23) ベトナム国防部軍事研究院編、廖賢春など訳、『越南人民軍歴史』（第二集）、広西人民出版社、1991 年、第 168、177、183-184、186、191、194、202、227 頁。
(24) 1968 年 5 月 7 日周恩来がスアン・トゥイと接見するときの発言。『周恩来外交活動大事記』、外交部外交史研究室編、世界知識出版社、1993 年、第 554 頁；前掲、『周恩来年譜 (1949～1976)』（下）、第 233 頁。
(25) 1968 年 4 月 13 日、19 日周恩来とファン・バン・ドンとの会談録；10 月 17 日陳毅とレ・ドク・ドとの会談録。**77 CONVERSATIONS BETWEEN CHINESE AND FOREIGN LEADERS ON THE WARS IN INDOCHINA, 1964-1977, pp.** 123-129, pp. 138-140。
(26) 1965 年 5 月 17 日、北京、周恩来、鄧小平とホー・チ・ミン会談。Ibid., p. 85.
(27) 1965 年 11 月 17 日、陳毅とグエン・ズイ・チンとの会談。Ibid., p. 89.
(28) 1965 年 11 月 18 日、周恩来とグエン・ズイ・チンとの会談。Ibid., p. 89.
(29) 1965 年 11 月 19 日、周恩来とグエン・ズイ・チンとの会談。Ibid., p. 90.
(30) 前掲、『中華人民共和国外交史』（第二巻）、第 269-270 頁。
(31) ミグ 21 の続行距離は、内部燃料タンク満タン時は 1,100 キロ、増槽装着時が 1850 キロ。昆明ハノイ往復直線距離は約 1,400 キロ。
(32) 前掲、『中華人民共和国外交史』（第二巻）、第 265-267 頁。
(33) 同上書、第 270 頁。
(34) 『建国以来毛沢東文稿』（第十一冊）、中央文献研究室編、中央文献出版社、1998 年、第 394～395 頁；同上書、第 270-271 頁。
(35) 1965 年 4 月 1 日外交部「請審批『中国阻蘇援越』談話提綱的報告（「中国がソ連のベトナム援助を阻止する」談話の綱要を審査し許可する報告）」、吉林省档案館、全宗 77、目録 11、巻号 7、第 38 頁；前掲、『中華人民共和国外交史』（第二巻）、第 265-267 頁。
(36) 1965 年 4 月 1 日外交部「請審批『中国阻蘇援越』談話提綱的報告」、吉林省档案館、全宗 77、目録 11、巻号 7、第 37-38 頁；1965 年 10 月 21 日「蘇連共産党中央至中国共産党中央的信（ソ連共産党中央が中国共産党中央宛ての手紙）」、1965 年 11 月 9 日「中国共産党中央関於印発我党中央関於蘇聯援越物資過境問題給蘇共中央的復信的通知（中国共産党中央が、我が党中央のソ連援越物資の中国領内通過問題に関してソ連共産党宛の返答書簡を印刷、配布する通達）」にて参照、吉林省档案館、全宗 1、目録 1-21、巻号 135、第 7 頁；前掲、『中華人民共和国外交史』（第二巻）、第 265、267 頁。
(37) 1965 年 3 月 26 日、スースロフの共産党と労働党協商会議についての報告。SD08116 より引用。
(38) 1965 年 4 月 1 日外交部「請審批『中国阻蘇援越』談話提綱的報告」、吉林省档案館、全宗 77、目録 11、巻号 7。

(39) Intelligence Memorandum, "Situation in South Vietnam", February 3, 1965. NSA, V – 16, box3; Executive Sessions of the Senate Foreign Relations Committee, 1965, p. 275. **The Soviet Union and the Vietnam War,** p. 24 より引用；1965 年 2 月 9 日、『真理報（プラウダ）』、グロムイコ主編『蘇連対外政策史』（下巻）、中国人民大学出版社、1989 年中国語訳版、第 437-438 頁。

(40) Memorandum, "Value of Soviet Military Aid to North Vietnam", October 26, 1965. Harriman Papers, Special Files, Subject File: Vietnam. General Box520. **The Soviet Union and the Vietnam War,** p. 59 より引用。

(41) 前掲、『中華人民共和国外交史』（第二巻）、第 267-268 頁。

(42) 同上書、第 268 頁。

(43) 1965 年 7 月 26 日中国対外貿易部「中国運輸代表団和越南運輸代表団会談紀要」、鉄道部弁公庁档案処、物資局 1965 年、巻号 409、第 7 頁。前掲『中国与印度支那戦争』、第 147 頁より引用。

(44) 郭明主編、『中越関係演変四十年』、広西人民出版社、1992 年、第 103 頁。

(45) Report, "Socialist Countries' Economic Aid to the DRV", Research Institute of the USSR Ministry of Foreign Trade, November 1967. SCCD, f.5, op. 59, d. 329, pp. 125-126. **The Soviet Union and the Vietnam War, p.** 58 より引用。

(46) 1966 年 7 月 9 日以後、ソ連外交部東アジア局「ベトナムへの志願者派遣についての背景資料」。Source: ЦХСД.ф.5,оп.58,д.262,л.82-85、SD06764 より引用。

(47) 前掲、「ベトナムへの志願者派遣についての背景資料」、SD06764 より引用。

(48) 1966 年 3 月 23 日、北京、周恩来とレ・ズアン会談。**77 CONVERSATIONS BETWEEN CHINESE AND FOREIGN LEADERS ON THE WARS IN INDOCHINA, 1964-1977.** p. 91.

(49) ZHOU ENLAI AND PHAM VAN DONG, HOANG TUNG Beijing, 23 August 1966. Ibid., pp. 96-97.

(50) 1965 年 10 月 9 日、周恩来・ファン・バン・ドン会談。Ibid., pp. 87-88.

(51) 1966 年 3 月 23 日、周恩来・レ・ズアン会談。Ibid., p. 91.

(52) 1966 年 3 月 24 日対外貿易部など四部「関於越南退回借用四処『869』倉庫和撤走派駐有関口岸和倉庫的人員的通知」、鉄道部弁公庁とう案処、国際連絡局 1966 年、巻号 680、前掲、『中国与印度支那戦争』、第 147 頁より引用。

(53) 前掲、『中越関係四十年』、第 76 頁より引用。

(54) 1966 年 4 月 13 日、北京、周恩来・レ・ズアン会談。**77 CONVERSATIONS BETWEEN CHINESE AND FOREIGN LEADERS ON THE WARS IN INDOCHINA, 1964-1977,** p. 91.

(55) 前掲、『中華人民共和国外交史』（第二巻）、第 35 頁。

(56) 張愛萍主編、『中国人民解放軍』（上）、当代中国出版社、1994 年、第 273 頁；軍事科学院歴史研究部編、『中国人民解放軍六十年大事記』、軍事科学出版社、1988 年、

第 617 頁。
(57) 前掲、『中華人民共和国外交史』（第二巻）、第 35 頁。
(58) 前掲、『中国人民解放軍』（上）、第 272、273 頁。
(59) 「越南抗仏、抗米闘争時期的中越関係（ベトナムの抗仏、抗米闘争時期における中越関係）」、1979 年 11 月 20 日、『人民日報』；曲愛国など編、『援越抗米──中国支援部隊在越南』、軍事科学出版社、1995 年、第 11 頁；LIU SHAOQI AND LE DUA Beijing, 8 April 1965. **77 CONVERSATIONS BETWEEN CHINESE AND FOREIGN LEADERS ON THE WARS IN INDOCHINA, 1964-1977.** p. 83.
(60) MAO ZEDONG AND HO CHI MINH Changsha (Hunan), 16 May 1965. Ibid., pp. 83-84；洪左君、「風雨千載情」、『歴史瞬間的回遡』、当代世界出版社、1997 年、第 133 頁。
(61) 曲愛国、「中国支援部隊在越南戦場的軍事行動（中国支援部隊のベトナム戦場における軍事行動）」、前掲、『中国与印度支那戦争』第 90 〜 91 頁。
(62) 同上書、第 12 頁。
(63) 王賢根著、『援越抗米実録』、国際文化出版公司出版、1990 年、第 112 〜 124 頁参照。
(64) 湖南省衡陽鉱冶工程学院紅衛兵 1966 年 11 月 9 日の手紙と陳毅外相 11 月 12 日の電報、湖南省臨湘県白羊高校教師と学生 1966 年 12 月 25 日の手紙と 12 月 31 日陳毅外相への電文。湖南省档案館所蔵、全宗号 241、目録号 1、案巻号 2757。
(65) 1966 年 12 月 22 日外交部電報。湖南省档案館所蔵、全宗号 241、目録号 1、案巻号 2757。
(66) 1967 年 3 月 3 日中共中央文件、中発〔67〕75 号、〔秘密〕、「中共中央、国務院、中央軍委関於勧阻紅衛兵和革命群衆自発赴越援越抗美的通知」、湖南省档案館所蔵、全宗号 241、目録号 1、案巻号 1105。
(67) 同上書、1967 年 3 月 14 日中共中央文件、中発〔67〕92 号、〔秘密〕、「ベトナムの秘密を守る」。
(68) 1967 年 4 月 10 日に、北京、毛沢東、周恩来とファン・バン・ドン会談。**77 CONVERSATIONS BETWEEN CHINESE AND FOREIGN LEADERS ON THE WARS IN INDOCHINA, 1964-1977,** pp. 99-101.
(69) 前掲、『援越抗米実録』、第七章参照。
(70) 同上書、第 60 頁参照。
(71) 同上書、第 74 頁参照。
(72) 同上書、第五章参照。
(73) 于宗虎へのインタビュー。2005 年 1 月 3 日、中国湖南省汨羅市国税局宿舎にて。
(74) 前掲、『援越抗米実録』、第十九章参照。
(75) 前掲、『裏切られた革命──チュン・ニュー・タン氏の証言』、第 123 頁。
(76) 同上書、第 131 〜 133 頁。
(77) 『人民日報』、1979 年 11 月 21 日。
(78) ZHOU ENLAI AND HO CHI MINH Beijing, 7 February 1968. **77 CONVERSATIONS**

BETWEEN CHINESE AND FOREIGN LEADERS ON THE WARS IN INDOCHINA, 1964-1977, pp. 120-121.
(79) 前掲、『周恩来年譜(1949〜1976)』(下)、第229頁。Ibid., pp. 121-131.
(80) ZHOU ENLAI AND PHAM VAN DONG 17 April 1968. Ibid., p. 123.
(81) ZHOU ENLAI, KANG SHENG, AND PHAM VAN DONG Beijing, 29 April 1968. Ibid., pp. 127-131.
(82) MAO ZEDONG AND PHAM VAN DONG Beijing, 17 November 1968. Ibid., pp. 137-153.
(83) ZHOU ENLAI'S AND KANG SHENG'S COMMENTS TO A COSVN DELEGATION Beijing, 12 April 1969. Ibid., pp. 154-156.
(84) Memorandum of Conversation, Thursday, February 24, 1972 - 5:15 p.m.-8:05 p.m. Top Secret / Sensitive / Exclusively Eyes Only, p. 19. Source: National Archives and Records Administration (NARA), Nixon Presidential Materials Collection, President's Office Files, Memoranda for the President, Box 87, "Beginning February 20, 1972". 和訳は、前掲、『ニクソン訪中機密会談録』、第158〜159頁。
(85) 前掲、『滄海一粟——黃文歓革命回憶録』、第308頁。
(86) 「ベトナム駐在ソ連大使館が米越接触の状況についてソ連政府への報告(1971年9月1日)」。Source: ЦХСД.ф.5,оп.63,д.513,л.69—73、SD11471 より引用。
(87) 1970年9月8日に喬冠華が各省市自治区外事責任者の学習セミナーにおける講話。記録稿、本人の校閲を得ていない。湖南省档案館所蔵、全宗号241、目録号1、案卷号1112。
(88) **ZHOU ENLAI AND PHAM VAN DONG Beijing, 13 April 1968. 77 CONVERSATIONS BETWEEN CHINESE AND FOREIGN LEADERS ON THE WARS IN INDOCHINA, 1964-1977,** pp. 121-123.
(89) 1968年4月15日、『人民日報』。
(90) ZHOU ENLAI AND PHAM VAN DONG 19 April 1968. Ibid., pp. 123-127.
(91) ZHOU ENLAI, KANG SHENG, AND PHAM VAN DONG Beijing, 29 April 1968. Ibid., pp. 127-131.
(92) 前掲、『周恩来年譜(1949〜1976)』(下)、第233頁。
(93) 前掲、『中華人民共和国外交史』(第二卷)、第41-42頁。
(94) **ZHOU ENLAI AND PHAM HUNG Beijing, 29 June 1968. 77 CONVERSATIONS BETWEEN CHINESE AND FOREIGN LEADERS ON THE WARS IN INDOCHINA, 1964-1977,** pp. 135-136.
(95) CHEN YI AND LE DUC THO Beijing, 17 October 1968. Ibid., pp. 136-137.
(96) 前掲、『周恩来年譜(1949〜1976)』(下)、第262頁。
(97) 前掲、『周恩来外交活動大事記』、第502、528〜531頁；同上書、第262〜267頁。
(98) CHEN YI AND LE DUC THO Beijing, 17 October 1968. **77 CONVERSATIONS**

BETWEEN CHINESE AND FOREIGN LEADERS ON THE WARS IN INDOCHINA, 1964-1977, p. 137.

(99) 前掲、『周恩来年譜(1949～1976)』(下)第266頁。

(100) MAO ZEDONG AND PHAM VAN DONG Beijing, 17 November 1968. **77 CONVERSATIONS BETWEEN CHINESE AND FOREIGN LEADERS ON THE WARS IN INDOCHINA, 1964-1977, p. 143.**

(101) ZHOU ENLAI'S AND KANG SHENG'S COMMENTS TO A COSVN DELEGATION, Beijing, 12 April 1969. **77 CONVERSATIONS BETWEEN CHINESE AND FOREIGN LEADERS ON THE WARS ON THE WARS IN INDOCHINA, 1964-1977,** pp. 154-156；前掲、『周恩来外交活動大事記』、第535頁。

(102)「ソ軍参謀部偵察総局が国際情勢調査についてソ共中央への報告」、1969年8月15日。SD01840より引用、Sourceの出典が記していない。

(103) 前掲、『中国白書・中国を告発する』、第66～67頁。

(104) 前掲、『周恩来外交活動大事記』(下)第539頁。

(105) 前掲、『周恩来年譜(1949～1976)』(下)第257頁。同上書、第529頁。

(106) North Vietnam's public support for the Warsaw Pact invasion of Czechoslovakia in August 1968 contributed to the Beijing leaders' sense of losing out in the competition with Moscow over Hanoi's allegiance. Gilks, *The Breakdown of the Sino-Vietnamese Alliance*, pp. 44-46.

(107) 珍宝島(ダマンスキー島)は、中ソ国境の河川であるウスリー川に浮かぶ島である。島の大半は川の中間線より中国側に位置するが、ソ連側も主権を主張していたため、中ソ係争の島となった。1969年3月2日、中国の国境警備隊が珍宝島に上陸すると、ソ連国境警備隊も優勢の兵力を出動して上陸し、中国側に島から退去せよと迫った。にらみ合っている中でソ連の国境警備隊員が発砲し、中国側も応戦した。しかし、中国側に、前の晩に上陸して待ち伏せしていた部隊も参戦し、ソ連側が数十人の死傷者を出す結果となった。1991年、中ソ東部国境協定が調印され、珍宝島が中国の領土として中ソ両国によって正式に認定された。

(108) たとえば、1969年7月19日、8月15日、9月1日にソ連軍参謀部偵察総局がソ共中央に送った国際情勢調査は、中国の核、中国軍の動きや政治動向について報告している。SD01839、SD01840、SD01841参照。

(109)「毛沢東在中央文革碰頭会上的講話」、1969年3月15日、李捷、「60年代中国国内局勢的変化与中美関係」(1960年代中国国内情勢の変化と中越関係)、姜長斌・(美)羅伯特・羅斯主編、『従対峙走向緩和：冷戦時期中美関係再探討』、世界知識出版社、2000年、第520頁より引用。

(110) Henry Kissinger, *White House Years*, Boston: Little, Brown, 1979, pp. 180-184.

(111) *"Le Duan and the Break with China"*, http://wwics.si.edu/index.cfm?topic_id=1409&fuseaction=library.document&id=14967

(112) 前掲、「ソ軍参謀部偵察総局が国際情勢調査についてソ共中央への報告」、SD01840 より引用。
(113) 羅貴波の中国共産党中央委員会への報告、2005 年 7 月李丹慧へのインタビューによる。
(114) 前掲、『滄海一粟──黄文歓革命回憶録』、第 303 ～ 305 頁；施盈富著、『秘密出兵亜熱従林──援越抗美記事』、解放軍文芸出版社、1990 年、第 112 ～ 116 頁。
(115) 前掲、『裏切られた革命──チュン・ニュー・タン氏の証言』、第 160 頁。
(116) 前掲、『裏切られた革命──チュン・ニュー・タン氏の証言』、第 159 頁。
(117) 前掲、『我的一生──師哲自述』、第 429 頁；曲星著、『中国外交五十年』、江蘇人民出版社、2000 年、第 141 頁。
(118) 本書第一章第二節参照。
(119) 民主カンボジア外務省編、『ベトナムを告発する・「黒書」全訳』、日本カンボジア友好協会訳、社会思想社、1979 年、第 34 ～ 35 頁。
(120) 同上書、第 35 ～ 36 頁。
(121)「インドシナ問題解決に関するベトナム労働党の政策及びソ連がソ共二十四回大会の決議に基づいて直面している任務について」、ベトナム駐在ソ連大使のソ連政府への報告、1971 年 5 月 21 日。SD01829 より引用、出典が記していない。
(122) 前掲、『裏切られた革命──チュン・ニュー・タン氏の証言』、第 285 ～ 287160 頁。
(123) 民主カンボジア外務省編、『ベトナムを告発する・「黒書」全訳』、日本カンボジア友好協会訳、社会思想社、1979 年、第 36 ～ 41 頁。
(124) 雲水著、『出使七国記実──将軍大使王幼平』、世界知識出版社、1996 年、第 102 頁。

第 3 章

米越交渉と米中和解への動き

第1章と第2章は、米中接近が始まる前の現代中越関係がどのような関係であったかという本書の第一の課題について検討した。現代中越関係は「事実上の同盟」「同志プラス兄弟」の関係として出発したが、この関係が1960年代半ばから変化し、1968年から69年にかけて変質したという結論が、分析結果から得られた。具体的に言えば、この時期になると、現代中越関係の三つの性格または側面の中で、伝統的関係としての「兄弟」関係と、近代的国家関係としての「事実上の同盟」関係は、基本的にはすでに存在しておらず、かつ、それは、ベトナムが中国を見捨てるという側面が強かったが、しかし、近代的イデオロギー関係としての「同志」関係は、さまざまな食い違いがあったにせよ、依然として一定程度存在していた。本章の目的は、中越関係がすでに大きく変質した69年から米中和解が本格的に進む71年7月のキッシンジャー秘密訪中の間におけるアメリカと中国の変化、米越交渉、米中接近及び中越関係の動向について把握することである。

第1節　ニクソン政権の対越政策の目標と米越秘密会談

1　バンコク秘密会議と「ベトナム化」政策の意味

　ニクソンは1969年1月20日、アメリカ合衆国大統領に就任し、半年後の7月下旬から8月にかけて、アジアとヨーロッパのいくつかの国を訪問した。この訪問で、ニクソンは、本格的にアメリカの対アジア外交と対中国政策の修正に乗り出した。アメリカの対中国政策について、ニクソンは、アメリカがソ連の「アジア集団安全保障体制」の提案に賛成せず、中国を孤立させるいかなるものにも参加しないと繰り返し表明し、パキスタン、ルーマニア大統領に中国との関係改善の意向を伝え、この二国の大統領が「メッセンジャー」になることを要請した[1]。アメリカの対アジア外交

については、ニクソンは7月25日にグアムで記者会見を行い、いわゆる「グアム・ドクトリン」または「ニクソン・ドクトリン」と言われる方針を発表した。その主な内容は、アメリカの兵力の削減と負担の軽減を表明し、アジア諸国に自助を求めるもので、アメリカのアジア戦略の転換を意味するものであった。

ニクソン政権の当面の最重要課題であるベトナム戦争の処理に関して、建前としては、この「ニクソン・ドクトリン」に伴い、ベトナム戦争の「ベトナム化」が進められることとなった。「ニクソン・ドクトリン」以降、アメリカ政府は、南ベトナムに対する援助を強化することによって、南ベトナム政府の軍事能力及びその他の力を強化し、南ベトナム政府軍を戦争の主力部隊として育て上げ、米軍が撤退した後も戦争を継続できるようにし、それを通して南ベトナムの存在を維持していくということを公言してきた。また、アメリカの政府関係者も、南ベトナム政府に対して、アメリカは南ベトナムを見捨てないことを約束してきた。たとえば、ニクソンはこのアジアとヨーロッパへの旅で、まず26日にフィリピンを訪問し、27日にインドネシア、29日にタイを訪問したが、30日にすでに通り越した南ベトナムを突如訪問し、31日にインド、8月1日にパキスタンをそれぞれ訪問した。南ベトナム訪問の際、アメリカ側は南ベトナム政府に対して、援助の強化、南ベトナムを見捨てない約束をした[2]。

アメリカ政府の公式表明や南ベトナム政府に対する約束を見る限り、「ニクソン・ドクトリン」「ベトナム化」は、アメリカの負担の軽減、南ベトナムを含めたアジア諸国の自主防衛の強化を意味するものであり、南ベトナムを見捨てるものではない。ベトナム側も、アメリカによる戦争の「ベトナム化」の目的は、「アメリカ軍のベトナム南部からの撤退後も、グエン・バン・チュー傀儡政権を維持することができる」ことであると認識し[3]、それを強く警戒し、戦場においても、メディア戦線においても、グエン・バン・チュー政権維持という「ベトナム化」政策を挫くことを最大の目標とした[4]。

しかし、このように公式に表明された「ベトナム化」政策は、果たして、アメリカ政府の新しいアジア政策、「ニクソン・ドクトリン」「ベトナム化」

政策の真意なのか。

　実際、南ベトナムを訪問する前日の29日に、ニクソンは、タイでアジア地域におけるアメリカの直接の外交責任者であるアジア各国駐在のアメリカ大使などを集めて秘密会議を開き、ニクソンの真の狙い、「ニクソン・ドクトリン」「ベトナム化」政策の真意について語っていた。

　ニクソン米大統領は、1969年7月29日午後4時に、バンコクのタイ駐在アメリカ大使館で、アメリカの南ベトナム駐在大使をはじめ、マレーシア担当責任者、シンガポール担当責任者、ラオス駐在大使、ビルマ駐在大使、ネパール駐在大使、セイロン（現スリランカ）駐在大使、タイ駐在大使、アフガニスタン駐在大使を招集し、大統領補佐官キッシンジャー、ジークラー（Ziegler）、NSCスタッフのサンダース（Sanders）も同席する中で秘密会議を開き、ベトナム問題を中心に指示を出した。この会議については、ニクソンとキッシンジャーは彼らの回想録や著作の中で直接取り上げたことがなく、これまでの研究でも言及する論者がいなかった。しかし、公にされてきたアメリカの声明などとは異なり、この会議は、外交の現場の直接責任者を集めた秘密会議であり、ここで語られたものこそ、ニクソン大統領、ひいてはアメリカ政府の真意であり、ここで出した指示はアメリカの最高行政・外交指導者の命令であることはいうまでもない。この会議で、ニクソンは冒頭で自分の考えを述べ、そして、各外交責任者の報告を聞いた後に、総括的な話をし、指示を出した。ニクソンの冒頭の話と最後の話は次の通りである。

　　ニクソン　私の総体的な確信は、ベトナム問題があるにもかかわらず、アジアは我々が行動を起こす場所で、そうすべき場所だ。……我々が最も衝突に巻き込まれそうな地域はアジアだ。中東も可能性があるが、米ソ間になるだろうから、（衝突の可能性が）より低い。しかし、アジアの国々は、中国の準備が整った革命輸出に直面している。
　　　私が見たところでは、我々がベトナム戦争を終結させる方法——アメリカの失敗として見られることのない、そして、共産主義者が数年以内 (a few years) に支配権を取得するようなことをもたらさない決着

――は、我々がアジアで生命力ある政策を持ちうるかどうかを決めるだろう。これにドミノ理論を当てはめる必要がない。
……誰も平和を望んでいるが、しかし、最も有害な影響を持つベトナム問題の解決は、共産主義者が数年内(a few years)に勝利するような解決法だ。
（中略）
ニクソン　ベトナムに関しては、パリの正式会談では重要な進展がない。秘密会談は別だが。ソ連はわずかな役割しか果たしていない。彼らは困ることがないから、彼らがそこから何か得られない限り、彼らに期待することができない。エスカレーションは米ソを巻き込む恐れがあり、我々を拘束する。一方、彼らは彼ら自身の難題を抱えている。ベトナム問題が存在する限り、他の領域で我々との関係の進展を促すことが難しい。ソ連は、アメリカとのよりよい関係を必要とするか、あるいはそれがほしいのであれば、ベトナム問題を進展させることで道を見つけるだろう。私が彼らの立場なら、ベトナムについては「それをアメリカにやる」姿勢を維持するだろう。

　中ソ関係とアメリカの姿勢。我々は急いでソ連の中国封じ込めに応じるべきだとは思わない。アメリカにとって最もいいスタンスは、それぞれをプレーすることだ――非公開的に。……

　ベトナム問題の実際の意味は、アメリカ人が世界で大きな役割を果たすかどうかということだ。この問題は極めて疑わしい。……我々が（世界で）役割を果たすために、我々はアジアでどのような政策を実行すべきか。
１、（南）ベトナム政府が少なくとも五年間生命力を維持すること。
２、国内に転覆の問題が生じた場合、諸国は自らで問題を処理しなければならない。我々は助けるが、アメリカの地上部隊を出すことはない。外国によって輸出された革命があっても、アメリカは地上部隊を出さない。もちろん、これは通常の軍隊による侵略を言っているものではない。
……(5)

この内部秘密会議において、ニクソンは、アメリカの目標は南ベトナム政権が五年以内に崩壊することを防ぐことであると語り、かつ、これをドミノ理論に当て嵌めてはならないと強調した。これは明らかに、米軍撤退後南ベトナムの親米政権が崩壊することを見越しての発言である。ニクソンが求めたのは、南ベトナムの親米政権が短期間で崩壊することを防ぐこと、言い換えれば、その長期的存続ではなく、アメリカの面子とベトナム戦争後におけるアメリカのアジア外交のために、南ベトナムの親米政権がさらに「少なくとも五年間」生き延びることである。この内部秘密会議におけるニクソンの発言と指示から、ニクソン政権のいわゆる戦争「ベトナム化」政策、「ニクソン・ドクトリン」の真の狙いは、公に繰り返し宣伝した米軍撤退後南ベトナムにおける親米政権の長期的生存ではなく、数年程度の存続であるということが分かる。それは同時に、南ベトナムの親米政権を見捨てることを意味するものでもある。

　いうまでもなく、ニクソン政権が当初から南ベトナム政権の長期生存を考えておらず、その数年程度の延命を求めただけであったことは、秘密事項であり、ベトナム側やその他の関係側に伝えることはなく、また公言できるようなものではなかった。そうであったからこそ、ニクソンとキッシンジャーは、彼らの回想録や著作の中で、この会議を直接取り上げることができなかったと考えられよう。

2　アメリカ大統領特使のベトナム派遣の提案と米越秘密会談

　米中和解は、アメリカによる大統領特使の北京訪問が突破口であったが、こうしたスタイルを取るのは、アメリカ側からの提案によるものであった。問題解決の権限を持つアメリカ大統領特使を派遣して相手国の首脳と直接会談し、素早くかつ有効的に重大な問題を解決するというニクソンとキッシンジャーのこの外交スタイルは、米中和解の実現で有名になったが、実際には、ニクソンとキッシンジャーが最初にこのスタイルを実行しようとしたのは、中国に対してではなく、ベトナムに対してであった。前述したニクソンのアジア各国訪問と「ニクソン・ドクトリン」の発表、

バンコク内部秘密会議での秘密指示の直後の1969年8月4日に、キッシンジャーとスアン・トゥイがパリで会談し、アメリカ側がアメリカ大統領特使の派遣を提案したが、合意に至らなかった。数ヵ月後にアメリカ側が再度提案し、パリで米越秘密交渉を行う結果となった。

　69年8月4日、アメリカの提案により、キッシンジャーとスアン・トゥイはパリで秘密会談を行った。この会談で、双方は、ベトナム問題解決のための軍事問題と政治問題について議論し、また、キッシンジャーは米越間でよりハイレベルの交渉チャンネルを開くことを提案した。

　会談が始まると、キッシンジャーは、両国間に存在する大きな相互不信を嘆いた。また、キッシンジャーは、「ハノイは我々の好意と誠実さをよく疑う。我々にとって、ハノイがこのようにするのは、心理的な影響を与えようとしているのか、あるいはどの程度まで彼らが本当にそれを信じているか判断するのが難しい」と述べ、アメリカは真剣に交渉を通して早急な解決を求めたいと強調した上で、次のようにニクソン大統領自らが承認したメモを読み上げた。

・アメリカは、すべての外来の軍隊がベトナムから撤退するというプログラムの一環として、すべての米軍を例外無しにベトナムから撤退させる。
・アメリカは、どんな自由な政治的プロセスの結果も受け入れる用意がある。（これがどのような政治的プロセスを意味するかについて、さらに次のように付け加えた）
　　A. どちら側も、（相手側が）戦場で負けていないものを交渉のテーブルで諦めることを期待することができないことを認識している。
　　B. 公平な政治的プロセスは政治的諸勢力間の既存の関係に合致しなければならないと信じる。
　　C. ベトナムに共産主義勢力(forces)の解体を求めないが、ベトナムもアメリカに非共産主義勢力(forces)の解体を求めるべきではない。

　キッシンジャーは、これがアメリカ側の出した最終提案ではなく、交渉のためのたたき台で、これを持ってベトナム側と交渉したいとした上で、

アメリカの最高レベルの意志として、続いて次のように述べた。

> **キッシンジャー**　迅速に交渉を行うために、大統領はベトナムと連絡する他のチャンネルを開く準備ができた。結果を得る交渉を行う権限を与えるハイレベルの特使を任命する用意がある。……キッシンジャーを任命する用意がある[6]。

　このように、キッシンジャーは、キッシンジャー自身がアメリカ大統領の特使となり、ベトナムの外相あるいは首相と食い違いのある問題について直接交渉し、早急に結論を見出したいという旨をベトナム側に提案した。

　もしこのアメリカ側の提案がベトナム側に受け入れられていたならば、キッシンジャー秘密外交の第一幕は、米中間ではなく、米越間で演じられたのであろう。しかし、この時、米越双方の主張に大きな隔たりがあった。スアン・トゥイは、ベトナム問題の解決には、二つの基本的な問題があると指摘した。「第一の問題は、すべての米軍とアメリカ側についているその他の外国の軍隊を南ベトナムから完全撤退させることである。……すべての米軍が南ベトナムから無条件に撤退しなければならない」と述べると、キッシンジャーは、米軍撤退には交換条件がなければならない、一方的な撤退は論外だ、アメリカの撤退とベトナムの撤退の間に明確な関係がなければならない、北ベトナム軍隊の撤退がなければアメリカ軍隊の撤退はありえないと強硬に反論した。スアン・トゥイが「第二の基本的な問題は南ベトナムの政治的レジームであり」「チュー、キを変えなければならない」と述べると、キッシンジャーは、アメリカにはチューまたはキを変える考えはまったくないと念を押した。一方、キッシンジャーは、どんな解決も既存の政治諸勢力のバランスを反映しなければならないと繰り返し述べた。

　このようなやり取りの下で、キッシンジャーは、「両国は、相手の決意をテストする必要があるようなことは再びあってはならない。今から12月1日までの間に解決策を見つけるよう努力しなければならない」と求めたが、両者間の食い違いは非常に大きく、スアン・トゥイから直接的な積

極的反応がなかった。ベトナム側は、アメリカ特使派遣の提案に反応を示さなかったばかりでなく、もう一つのチャンネルを設けるというキッシンジャーの提案に対しても何の反応も示さなかった。もしこのような議論が有益であると考えるならもう一回会おうというキッシンジャーの最後の提案に対してさえ、スアン・トゥイは消極的なコメントを持って答えた[7]。

　この8月4日会談で明らかになったことは、米越間特にベトナムのアメリカに対する不信が根強く、また、米越間の主張には、軍事問題、政治問題のいずれにおいても大きな相違があったことである。軍事問題に関して、米軍の完全撤退については一致したが、ベトナム側が米軍の完全無条件撤退を主張したのに対して、アメリカはベトナム軍の南ベトナムからの撤退を条件とした。政治問題に関しては、ベトナム側は南ベトナムのチュー政権の交替を求めたが、アメリカ側はそれを断固拒否した。そのため、もう一つのよりハイレベルのチャンネルを開くとのアメリカの提案に対して積極的な返事を得られなかったばかりでなく、次回会談のめどすら立てることができなかった。なお、この会談では、具体的な議論に入ることもなく、また、後に争点になる休戦や捕虜の釈放などの問題は、まだ交渉のテーブルに上らなかった。

　キッシンジャーとスアン・トゥイによるこのパリ会談の後、双方とも歩み寄りの姿勢を示さず、新しい進展がなく、三、四ヵ月後に会う（キッシンジャーの提案）ということもなかった。

　この会談の直後の69年8月12日、ベトナム側が南ベトナムの100の都市や町、基地に対して一斉攻撃を開始し、大規模な軍事行動に出た。膠着した状況の中で、アメリカ側が再び動き出し、キッシンジャーのイニシアティブで、米越秘密交渉を行う合意がようやくなされ、70年2月21日にキッシンジャーとレ・ドク・ト、スアン・トゥイによる米越秘密会談がパリで開始された。

第 2 節　米中和解の第一歩

1　アメリカ側の動き

　1960 年代末、ベトナムがアメリカの交渉提案を受け入れた直後、そして中越関係がその内部で緊張し、変質していく頃、アメリカでは、米中関係の改善を提唱する動きが相次いで現れた。68 年 5 月 21 日、カッツェンバーグ、ロストウ両上院議員が演説で、米中関係の改善を強く主張した。7 月 12 日、ハンフリー副大統領は「新時代の外交政策」という声明を発表し、対中国貿易制限の緩和、交流の拡大などを提唱した[8]。8 月 8 日、アメリカ共和党は共和党大会で、次期大統領候補に上院議員のニクソンを正式に指名したが、ニクソンは、大統領候補指名を受けた直後の 9 月に雑誌 *U.S. News and World Report* とのインタビューで、「我々は中国を忘れてはならない。我々はソ連邦に対してと同じように、中国に対しても対話のチャンスを常に求めなければならない。我々は変化がもたらされることのみを求めてはならない。我々自らが変化を引き起こそうとしなければならない」と述べ、自ら変化を起こして中国との対話を求める考えを示した[9]。

　69 年 1 月 20 日、ニクソンが米大統領に就任し、その就任式での演説で、「われわれは開かれた世界——国の大小を問わず、いかなる国民も怒りの孤立の中に住むことのない世界を探求する」[10]と述べ、間接的に中国との関係改善を示唆した。

　しかし、敵対関係が二十年間続いた米中関係が、一直線に改善に向かうことはありえなかった。69 年 1 月 27 日、ニクソンは就任後初の記者会見で、ベトナム政策を最優先すると表明するとともに、中国の国連加盟に反対するとも明言した。また、68 年 11 月 26 日に毛沢東の承認を得て中国外交部は 69 年 2 月 20 日に米中大使級会談を再開することを提案し、アメリカ国務省の同意を得たが、69 年 1 月 24 日に中国の外交官がオランダで亡命を求め、アメリカがこの外交官に政治難民の資格を与えたため、中国

は2月6日、アメリカに抗議し、同月19日に声明を出し、米中大使級会談の再開を取り消した。これに対して、3月4日、ニクソンは記者会見で、中国との関係改善に消極的な意見を述べた。

　一方、ニクソンは、大統領就任後二週間足らずの2月1日にキッシンジャーにメモを書き、中国との和解の可能性を探るというニクソン政権としての姿勢をあらゆる形で徹底させるよう促した。同月23日から3月2日にかけて、ニクソンがブリュッセル、イギリス、西ドイツ、イタリア、フランスなど欧州諸国を訪問し、フランス大統領ド・ゴールとの会談では両大統領は中国との関係について議論したが、その議論の中で、ニクソンは、中国に対する認識及び対中関係改善の意図について語った。

> 　私は、中国問題に話題を変えた。話を進めるうちに、私と彼の考え方が似ていることに気がついた。彼は言った。「中国人のイデオロギーについては何の幻想も抱いていません。しかし、彼らを孤立させて怒り狂わせておくべきだとは思いません。西側諸国は、中国を知り、接触を持ち、影響を及ぼしていくべきです」。私は言った。「ソ連と話を進めながら、今後のことを考えると、私も貴下と同じように、中国との関係でも我々の安全保障のための措置を講じておいたほうがいいという気持ちになります。今後十年で、中国は核開発で大きな進歩を遂げた時、我々は選択の余地がなくなります。現在以上に彼らとの意思疎通を図ることが、大変重要です」。ド・ゴールは、「中国の成長によって、余儀なくされる前に、中国を承認したほうがアメリカのためにいいでしょう」と述べて、この意見に同意した(11)。

　ニクソンがここで示した対中国関係改善を目指す理由は、①イデオロギーの問題があるにせよ、中国を孤立させるべきではなく、中国を知り、接触を持ち、影響を及ぼすべきであること、②（69年のような状況なら）中国は十年でアメリカでさえ選択の余地がなくなるほどの核大国になり、中国の成長によって余儀なくされる前に中国を承認することが、アメリカにとって賢明な選択であるということであった。すなわち、米中関係自体

が、アメリカに米中関係の転換を考えさせる主要な原因であったということである。

69年7月21日、アメリカ政府は、アメリカ人の中国製品購入及び中国渡航禁止措置の緩和を発表し、記者、国会議員など六種類の人々の中国訪問を許可した。そして、前述したように、ニクソンは7月下旬から8月にかけてのアジアとヨーロッパ訪問の際、パキスタンとルーマニア大統領に対して、中国にアメリカの米中関係改善の意向を伝えるよう依頼した(12)。

しかし、69年9月7日に訪中したルーマニア部長会議主席がニクソンの米中関係改善の意向を周恩来に伝えたが、周恩来の発言は以前と変わらず、米ソ両超大国の対外政策は両国が協力して世界を支配することだと、米ソ両国を批判することで答えた(13)。後述するように、この時、中国もアメリカと同様、米中関係の改善を考えており、周恩来はポーランドに赴任する代理大使雷陽に、アメリカの動向に注意せよとの指示を出していた。ルーマニアルートからのメッセージに周恩来が反応を示さなかったのは、アメリカからの最初のメッセージで慎重であったことと、ルーマニアはソ連の同盟国であるため完全に信頼することができなかったことなどが理由であったと考えられる。

一方、8月8日に、アメリカ国務長官のロジャーズ (William Rogers) も、訪問先のキャンベラで、「我々は、（中国と）対話するチャンネルを捜し求めている」との談話を発表し、対中改善の姿勢を示した。また、前述したように、8月14日、アジアとヨーロッパ訪問から帰国したニクソンは国家安全保障会議で、ソ連はより侵略的で、中国がソ連との戦争で潰されることを座視することは、アメリカの利益に合致しないと述べた。また、ニクソンは国防省とCIAに、ソ連が中国を攻撃した場合のアメリカの対応について研究するよう秘密指示を出した。公式声明の中で、アメリカの政府高官は繰り返し、中ソ衝突に対する関心とソ連に対する警告を発した(14)。

このように、ニクソンは、69年2月のヨーロッパ訪問の際も米中関係自身の論理に基づき、両国関係改善の意向を示していた。すなわち、ニクソンなどアメリカの指導部の対中政策転換、米中関係改善のロジックは、

米中関係自体にあったということである。一方、その直後に中ソ国境衝突が勃発し、中ソ両国が戦争の危機に直面すると、ニクソンなどは次第に、米中両国の間に重大な共通的戦略利益が生まれたことを明確に認識するようになったのである。

中ソ対立を利用して、米ソ関係をアメリカにより有利にする可能性が生まれたことから、アメリカは対中国関係の改善を加速させた。しかし、20年にわたる厳しい対立のツケは重かった。その後遺症の一つは、キッシンジャーの言葉を借りると、「二十年の米中隔絶がアメリカの首脳に与えた罰の一つは、どうやって中国の指導者に近づくことができるか全く分からないことだ」[15]。相互隔絶の状態で、関係を改善するために、アメリカはまず中国とコンタクトをとる方法を探ることから出発しなければならなかった。ニクソンとキッシンジャーは、直接と間接の方法を模索した。間接的な方法は、前述したルーマニア大統領とパキスタン大統領に要請した方法であるが、しかし、中国からの積極的な反応はなかった。そのため、アメリカは、直接的接触も試みるようになった。1969年9月9日、ニクソンはアメリカのポーランド駐在大使ウォルター・ストーセルをホワイトハウスに呼んだ。ニクソンを待っている間に、キッシンジャーはストーセルに、この次に何らかの社交の場で中国の大使と一緒になるチャンスがあれば、こちらから本人に近づいて、アメリカが真剣な交渉を行う用意があることを伝えるよう指示した。そして、ニクソンがストーセルを大統領執務室に呼び、誰にも気づかれないよう非常に慎重に、「中国人と接触し、私は会談に非常に真剣であること、我々（アメリカと中国）はもっと良好な関係を持つべきことを彼らに伝えてほしい。そして、彼らの反応を教えてほしい」と指示した[16]。

このように、69年9月頃になると、米中関係自身のロジックと対ソ戦略から中国との関係改善を考えていたニクソン政権は、直接、間接的な方法で、ワルシャワ、ルーマニアとパキスタンの三つのルートから中国との接触を図ろうと動き出した。

さらに、69年9月22日国務省副長官リチャードソン (Elliot L. Richardson) はNYでの公開談話で、「アメリカは、中ソ間の争いのエスカ

レートに関心を示さないわけにはいけない」⁽¹⁷⁾と発言し、10月10日キッシンジャーはパキスタン空軍元帥シャー・アリ・カーン (Sher Ali Khan) と会見し、中国との関係緩和の印としてアメリカは二隻の駆逐艦の台湾海峡での恒例のパトロールを停止することを中国に通告し、ヤヒア・カーン (Yahya Khan) 大統領を通して中国に伝えてほしいと希望した⁽¹⁸⁾。

　10月20日午後の、ホワイトハウスでのドブルイニン・ソ連大使との非公式会談で、ニクソンは、「我々が中国に関して、これまでにとった措置、あるいはこれから取ろうとしている措置は、ソ連の立場を苦しくしようとねらったものではない。我々が、ソ連を恒常的な敵にしたくない、と考えていると同じように、中国とアメリカは、敵対関係に立つような状態が続くことを、容認するわけにはいかないのです。したがって、我々は、貿易関係、人的交流、そして最終的には外交的な面で前進することになるでしょう。これは、決してソ連を敵視する措置ではないことを、改めて指摘しておきたいと思う。十年以内に、中国は核兵器を持つ大国となり、多くの国に脅威を与える力を持つことになるでしょう。ソ連とアメリカだけが、思う通りの世界を築くことができるような時代は、過ぎ去ろうとしているのです。ベトナム問題に関してアメリカとソ連が対立している場合、有利な立場に立つのは中国だけだ。だからこそ、今がベトナムの紛争を解決する最後のチャンスなのです」と述べ、米中関係の転換の意向をソ連にも強く示し、かつそれをもってベトナム問題に対するソ連の譲歩と協力を迫った。また、11月19日にアメリカは、ルーマニアを通して中国にアメリカ人作家ホワイト（Theodore White）の手紙を渡した。この手紙は、アメリカが対中国政策を再検討する可能性について示唆しており、台湾からの米軍撤兵を暗示していた⁽¹⁹⁾。

2　中国側の動き

　一方、ベトナムによるアメリカの交渉提案の受け入れと米越交渉の正式スタート及び北爆停止の合意、中越関係の変質と中国の対越姿勢の転換、アメリカ側のハイレベルにおける米中関係改善提唱の動きなどを受け、中

国側にも新たな動きが現れた。

　前述したように、米越両国が北爆停止の合意に達した後の 1968 年 11 月 26 日に、毛沢東の承認を得て、中国外交部はアメリカ側に 69 年 2 月 20 日に米中大使級会談を再開することを提案した。アメリカ国務省は直ちにこの提案に同意した。中国外交部のスポークスマンは米中大使級会談の問題について談話を発表し、次のように述べた。

　　「十三年来、中国政府は、米中大使級会談で一貫して二つの原則を堅持した。第一に、アメリカは、中国領土台湾省と台湾海峡地区からそのすべての武装力を撤退し、台湾省にあるすべての軍事施設を撤去することを保証する。第二、アメリカ政府は、米中両国が平和共存五原則に関する協定を結ぶことに同意する」[20]

　しかし、アメリカがオランダで亡命を求める中国外交官に政治難民の資格を与えたため、中国は 69 年 2 月 19 日に声明を発表し、この会談を取り消した。

　68 年 12 月、陳毅外相が中国共産党中央委員会に国際情勢分析の報告を提出し、次のように述べた。

　　「米帝の世界戦略は依然として南北米州をその安定した後方とし、しっかりと西欧を掌握し、ソ修（ソ連修正主義）と東欧を利用して共同で中国に反対し（ソ修に対する転覆工作を放棄しない）、アジア・アフリカ・ラテンアメリカで火を消す工作をするというものである。米ソが共同で反中国ということだけを見て、米帝が欧州を放棄または重要視しないと考えるのは間違いである。米ソが共同で反中国ということだけを見て、米ソ間に矛盾がないと考え、米帝がソ連東欧を転覆する意図を放棄しつつあると考えるのも間違いである」[21]

　陳毅はこのように、アメリカの戦略的な重心が東に移っておらず、米ソ間の矛盾が調和できないことを指摘し、米ソが共同で中国に対抗するとい

う側面を強調しすぎることに同意しなかった。これは、中国が二つの超大国の間で依然として大きな旋回の余地を持っていることを意味する。これは、毛沢東の考えと期せずして一致したものであり、中国の最高指導部の重視を引き起こしたという。

　前述したように、ニクソンは69年1月20日の大統領就任演説で「われわれは開かれた世界――国の大小を問わず、いかなる国民も怒りの孤立の中に住むことのない世界を探求する」と間接的に中国との関係改善を示唆していた。それを読んだ毛沢東は、「1949年から現在まで、彼らは我々という怒った孤独者が彼らに与えたものの本当の味を嘗めてきた」と論評し、『人民日報』、『紅旗』雑誌に載せる予定の評論員論文に、「照発（このまま載せてよし）。ニクソンの演説も新聞に載せるべきだ」[22]と指示し、それにしたがって、『人民日報』は1月20日のニクソン就任演説を全文掲載した[23]。

　69年2月19日、中国外交部が米中大使級会談中止の声明を出したその日に、毛沢東は、中央文革小組打ち合わせ会メンバー及び陳毅、李富春、李先念、葉剣英、徐向前、聶栄臻などとの談話で、「あなた方数人の古参の元帥は少し国際問題を研究してください。陳毅が責任者で、(徐)向前、(聶)栄臻、(葉)剣英が参加する。国際問題はちょっとおかしい。米英の新聞はいつもソ連の（中国に対する）出兵の問題を言っている。ソ連は極東で（軍事）演習をやっているが、何も言わない」と指示した。珍宝島事件後と「九大」の会期中にも、毛沢東はまた二回同じ指示をした。それを受け、周恩来は具体的に手配し、外交部及び関係部門を通じて電文と国際問題の関連資料を四人の元帥にそれぞれ送り、陳毅の主催で月に二、三回議論を行うよう指示した[24]。

　そして、6月から、陳毅、葉剣英、徐向前、聶栄臻の四元帥は、毛沢東の指示と周恩来の取り決めによって国際問題についての研究と議論を始め、10月までに数回の討論を行った。四人の議論に同席し記録をとった周恩来の秘書である熊向暉によれば、四人の元帥は、議論の中で、「ソ修は中国を主要敵と見なしている。ソ修が中国の安全に与える脅威は米帝の

それより大きい。中ソの長い国境で、ソ修は絶えず緊張を作り、武装侵入を発動し、大規模の兵力を集結させている。ソ修は大量の反中国世論を作り、国際的呼びかけに奔走し、一部のアジア国に飴とむちを持って圧力をかけ、反中国包囲網を作ろうと企んでいる。これらは、ソ修が対中国侵略戦争に挑むための準備の重大なステップである。しかし、ほんとうに中国と大規模戦争をやるには、ソ修はいまだに大きな懸念と困難を抱えている」との情勢認識を示した。また、議論の中で、四人の元帥は繰り返し、「万が一ソ修がわれわれに対して大規模戦争を発動した場合、我々は戦略上アメリカカードを使うかどうか」について検討する考えを明らかにした。

葉剣英元帥は、「魏、蜀、呉三国が並存したとき、諸葛孔明の戦略的方針は『東連孫呉、北拒曹操（東の孫権の呉と連合して北の曹操の魏に対抗する）』だった。これを参考にすることができる」と述べた。四人は、中米ソ三大勢力の間で、米ソ間の矛盾と闘争は「経常的、熾烈的」なものであり、「中ソ矛盾は米中矛盾より大きく、米ソ矛盾は中ソ矛盾より大きい」と分析し、米ソ矛盾が米中、中ソ矛盾より大きいため、必然的に米ソの対中国政策を制限することになり、それは同時に、中国外交に幅広い展開の余地を提供すると考えた。

四元帥は7月11日と9月17日に二つの報告書を提出し、また陳毅は周恩来に口頭報告を行った。7月11日に提出した「戦争情勢に対する初歩的な予測」と題した報告では、中、米、ソ三大勢力間の闘争について全面的な分析がなされ、米ソ争奪の中心は依然として欧州にあり、当面大規模の対中国戦争を発動する可能性は大きくないと指摘した。9月17日に提出した報告書のタイトルは「当面の情勢についての見方」であり、次のように述べている。

> 当面の最も重要な問題はソ修が大挙してわが国に進攻してくるか否かの問題である。ソ修が戦争の準備態勢を強め、米帝がこれを煽り、わが国は戦争への備えを急いでいるときに、コスイギンが突然回り道をして北京を訪れ、我々に国境情勢の緩和、両国関係の改善などを希望すると表明した。その意がいずれにあるか、検討に値する。

（１） ソ修は確かに中国に対する侵略戦争を発動する意図を持っている。ソ修の戦略目標は米帝と世界を再分割することにある。ソ修はわが国を社会帝国主義の版図に入れたいと妄想している。最近、ソ修では反中国戦争の世論がより一層強まり、公然と我々に対して核による威嚇を行い、密かにわが方の核施設への奇襲攻撃を企んでいる。……
（２） ソ修は中国侵略戦争を発動するつもりであり、これに相応する軍事的配備を設けたとはいえ、政治的決断を下すことができない。なぜなら、対中国作戦は生死存亡にかかわる大問題であり、ソ修はそれを悟ってはいるが、掌握できないでいる。ソ修の対中国侵略戦争の政策決定は、その殆どが米帝の態度によって左右される。現在までのところ、米帝の態度はソ修を安心させないばかりか、彼らにとって最大の戦略的憂慮となっている。米帝は絶対に、ソ修が中ソ戦争に勝利を得、資源と人力の面で米帝をしのぐ大帝国を築くことを望んでいない。米帝は数回にわたり、中国との関係を改善したいと表明し、それは、今回のニクソンのアジア訪問前後に高まった。
（３） 周総理がコスイギンと会見したとのニュースは全世界にインパクトを与え、米帝、ソ修、それに各国反動派の戦略思想に混乱を生じさせた。我々は米帝、ソ修打倒を堅持していたから、かえってコスイギンが自らやってきて和を説き、ニクソンも我々との対話を急いでいる。……我々は米・ソに対して、会談方式による闘争を含め鋭く対決する闘争を進める。原則上は確固として、方策上は柔軟にである。……米帝は大使級会談の再開を要求してくるならば、我々は有利なときを選んで回答したほうがよい。このような戦術的な行動は戦略的な成果をあげることもできる。

さらに、陳毅元帥は周恩来に対する口頭報告で、次のように述べたという。

ニクソンは、ソ修に対する戦略的な考慮から、中国を引っ張り込もうと急いでいる。我々は戦略的に、米、ソの矛盾を利用した方がいい。そのため、中米関係を打開する必要があり、そのためには相応する措置を取らな

ければならない。私はいくつか「非常識」な考えがある。

　第一、ワルシャワ会談が再開されるとき、我々が進んで米中部長級またはさらにハイレベルの会談を行い、協議して米中間の根本的な問題と関連ある問題を解決するよう再提案する。我々は会談のレベルと議論のテーマを出すだけで、アメリカが我々の主張を受け入れることを前提としない。私は、アメリカが喜んで受け入れると予測する。もし、我々が提出しなくても、私は、アメリカも我々に似たような提案を出してくると予測する。その場合、我々は受け入れるべきだ。

　第二、ハイレベルの会談を行えば、そのこと自体が戦略的な行動になる。我々が先決条件を提出しないことは、我々が台湾問題で立場を変えたことを意味しない。台湾問題はハイレベル会談の中でステップバイステップで解決を計らうことができる[25]。

　このように、四人の元帥は、米ソ矛盾が中ソ、米中より深刻であるため、中国は米ソ矛盾を利用してアメリカとの関係改善を図るべきであり、そのためにはハイレベルの会談が望ましいとの考えを示し、陳毅はさらに中国が進んで先決条件なしにハイレベル会談を提案するよう進言した。特に、台湾問題を先決条件にしない点は重要な提案である。これが毛沢東にどれほど影響を与えたかは不明であるが、書面と口頭報告がいずれも周恩来に届いたことは確かで、周恩来に一定の影響を与えたことは間違いないだろう。

　前述したように、1969年9月7日訪中のルーマニア部長会議主席がニクソンの米中関係改善の意向を周恩来に伝えたときには、周恩来の発言は以前と変わらず、米ソ両超大国の対外政策は協力して世界を支配することだと言っていた[26]。しかし、9月17日の四元帥の報告書と陳毅の口頭報告を受けた後、11月21日に、周恩来は間もなくアルバニアを訪問する中国党政代表団と会見するときに次のように指摘した。「米ソ結託だけを語り、米ソ争奪を語らないのは、非常に偏ったものだ。現在、米ソ争奪の中心は中東だ。結託だけを見て、争奪が見えないと、一部の問題は解釈できない。二つの陣営の矛盾しかないという言い方は偏ったものだ。国際情勢に対する分析は矛盾を分析しなければならない。どうして矛盾が見えない

のか」⁽²⁷⁾ このように、周恩来の発言に変化が見られた。

69年12月2日、周恩来はパキスタン大使を通じ、ニクソンの伝言に対して、「ニクソンは我々と接触したいなら、存分に公式のチャンネルを利用してよい」⁽²⁸⁾と返答した。

3　米中間の第一回直接接触と米中大使級非公式会談

上述したように、69年9月までにアメリカが直接と間接の両方から中国との接触に乗り出し、そして11月頃に中国側も対米関係改善を決めた。しかし、アメリカ側で中国との直接接触の任務を与えられたストーセルは中国側との接点がなく、困っていた。「如何に慎重にこのことをやり遂げるかは私にとっての問題であった。我々が同じ宴会に参加することが極めて少なく、しかも、いつも多くの人が周りにいて、騒々しい。適切なチャンスを見つけるのは難しかった」⁽²⁹⁾とストーセルは回想している。しかし、ストーセルが中国との直接接触の指示を受けた直後の9月11日に、中ソ関係に新しい動きが現れた。69年9月3日にホー・チ・ミンが死去し、その葬式に出席するためにベトナムを訪問していたソ連首相コスイギンは、帰途北京に立ち寄り、中国首脳との会談を申し出た。9月11日、すでにソ連領内に入ったコスイギンが中国側の会見の返事をもらい引き返して北京空港に着き、空港で周恩来総理と会談を行った。中ソ間のこのような動きにアメリカ側は焦りを見せ、キッシンジャーはストーセルに何回も電報を送った末、とうとう怒り出し、ストーセルに対し、もしこれ以上この命令を執行しないなら、他の人を派遣してこの命令を執行させるとの電報を送ったという⁽³⁰⁾。

1969年12月3日夜、ワルシャワ駐在のユーゴスラビア大使館がワルシャワ文化科学宮殿でファッション・ショーを主催し、各国の使節を招待した。中国大使館も招待状を受けとったが、しかし、その前に、代理大使の雷陽はすでに、この時期では中国の最も友好的な国であるアルバニアのワルシャワ駐在大使からの招待状を受けとっていた。そこで、中国大使館は、雷陽と同時に赴任した二等書記官の李挙卿とポーランド語通訳の景志成が

ファッション・ショーに参加することを決めた。

　一方、ストーセル米大使は、これを中国人と接触できる絶好のチャンスと見て、大使館の二等書記官で米中大使級会談アメリカ側連絡秘書官のシモンズを連れて、自らファッション・ショー見学に訪れた。しかし、李挙卿と景志成はアメリカ人との接触を避けるために、ショーが終わる数分前に退場して帰ろうとした。ストーセルとシモンズは慌てて席を立って走りながら二人の中国人外交官を追いかけ、ワルシャワ文化科学宮殿の外でストーセルはようやく景志成に追いつき声をかけた。景志成は彼らを警戒し足を止めなかったため、ストーセルはやむを得ずその後を追いながらニクソン大統領のメッセージを伝えた。「最近私はワシントンでニクソン大統領と会いました。大統領は中国と重大で具体的な会談を行いたいと言いました。大統領が貴国の指導者と会談を行いたいというのは、極めて真剣なものです。我々は貴国とより良好な関係を持ちたいからです。このことを貴殿の上司にご報告ください。ご返事いただければ嬉しいです」[31]と。

　超大国外交とはとても言えないような極めて異例な形で、ニクソンのメッセージがアメリカ人外交官を通じて初めて正式に中国側に伝えられた。

　李挙卿と景志成は中国大使館に戻るとすぐ雷陽に事情を報告し、雷陽はこの動きを当夜すぐ電報で国内に報告した。周恩来はすぐに毛沢東のところに報告に行った。「ドアと道を見つけた。もう敲いてもよくなった。ドアを敲くレンガを手にした」[32]と周恩来は興奮して毛沢東に言ったという。ここの言うドアと道とは、米中両国政府が直接接触するチャンネルを指す。周恩来の報告を聞いた毛沢東は、アメリカ側との接触を許可し、また、公に接触し、秘密にする必要がないと指示した[33]。

　このように、69年12月初めまでに中国側はルーマニア、パキスタンとワルシャワの三つのルートから、それぞれアメリカの間接と直接のメッセージを受け取った。前述したように、中国側も対米関係の転換を考えていた。しかし、実際の対米接触に当たっては、中国の指導者は非常に慎重であった。中国側は、ルーマニアルートでは直接答えず、パキスタンルートでは公式のチャンネルを利用するようにと返事した。ストーセル大使に

よる直接接触は、中国側に大きな影響を与えたが、中国側は依然慎重にアメリカ側の真意を探った。

ストーセル接触の翌日、米国務省はすぐにこの接触を公表し、またワルシャワの米大使館が中国大使館に電話をかけ、ストーセルのメッセージを中国政府に伝えたかどうか尋ねた。アメリカに対して善意を示し、アメリカ側の真意を再確認するため、毛沢東と周恩来は、この年の2月26日に無線などを装備した遊船に乗って中国の領海に侵入し逮捕された二人のアメリカ人の釈放を決め、ワルシャワの中国大使館外交官の駱亦粟が7日にわざわざアメリカ大使館へ赴き、中国政府の決定をアメリカ側に伝え、アメリカ側から3日夜のメッセージは極めて真剣なものであるとの確認を得た。

そこで、中国政府は9日、雷陽代理大使がアメリカ大使と会見することを許可した。それを受け、中国大使館は、10日午前に、中国大使館代理大使雷陽が次の日（11日）に中国大使館でアメリカ大使と会うことを正式に通知した。当夜23時頃、アメリカ大使館から同意の返事が届いた。これに関して、キッシンジャーは回想録の中で、「この種の招待は、共産党が中国の政権を握って以来、米中間のあらゆる接触を通じて初めてのことだった。ストーセルが、裏口からひそかに訪れることにしても結構だ、と返事すると、そんな細かな心遣いは無用で、正面玄関のほうがはるかにふさわしいとの返事が返ってきた」と述べている。

ここへ来て、米中両国の大使級の政府関係者が、約二年ぶりに、ようやく会うことになった。1969年12月11日、ストーセルは正門から中国大使館に入った。ストーセルは、中華人民共和国の大使館を訪れた初めてのアメリカ大使である。

ストーセルと雷陽とのこの日の会談は、非公式会談であり、第135回大使級会談を行うための事前協議であったが、「会見は心のこもったもの」[35]であった。ストーセルは、事前に用意した原稿に基づいて発言し、アメリカ政府を代表して、70年1月14日に米中大使級会談を再開するよう正式に提案した。また、会談の中で、ストーセルは、アメリカが「中華人民共和国とより広い交流を保つべきである。中華人民共和国はアジアで重要な

役割を果たしており、アジア問題の解決と決定は究極的にアジア人民の参加がなければならない。これはすなわち、中華人民共和国はこのプロセスに参加すべきだということである」「アメリカは古いイデオロギー問題で無益な繰り返しをしたくない」[36]と表明した。これはすなわち、アメリカは中国の国際的役割を認め、両国間のイデオロギーの相違を認めることを前提に、中国との関係改善に乗り出すという意思表示である。さらに、ストーセルは、ニクソンの対中関係改善の願望の真剣さを強調し、今後の米中大使級会談はポーランド政府が提供する場所ではなく、交替で米中両国の大使館で行うことを提案した[37]。

雷陽のこの日の任務は主にアメリカ側の話を聞き、その意図を知ることであったため、ストーセルに正式な返答をしなかった。会談が終了すると、雷陽はすぐに会談の内容を本国に報告した。12日、米中接触は複雑、微妙かつ敏感な問題であると考えた周恩来は、外交部からのこの会見に関する資料を毛沢東に報告し、「少し置いておいて、各方面の反応を見てから、どう回答するかを決めよう」と提案した。そこで、中国側はすぐには返答しなかった。

その間、アメリカ政府は一連の対中緩和措置をとった。アメリカ政府は、19日にアメリカ企業の非戦略物資の対中国取引を承認し、21日に対中国輸出入禁止措置の一部解除を決定し、さらに、23日には第七艦隊の台湾海峡パトロール緩和を発表した。また、翌月の70年1月2日、アグニュー副大統領はサイゴンから台北への機内で米中関係改善の意向を表明した。

一方、12月29日、周恩来は毛沢東に報告書を送り、1月初めに「会談の再開を決めた」と回答するよう提案した。毛沢東が報告書に「同意」と書き、許可した[38]。さらに、翌月の70年1月7日、中国共産党中央政治局は12月11日の米中会談について議論し、米中大使級会談の再開を正式に決定した[39]。翌日の8日、雷陽がアメリカ大使館を訪れ、米中大使級会談の再開に関するアメリカ側の提案に正式に返答し、70年1月20日に中国大使館で会談することを提案した。ストーセルはすぐに中国が提示した会期に同意した上で、わざわざ次のように述べた。「(アメリカ大統領は)中国との対話拡大に重要な意味を賦与していると明確に強調した」「中華

人民共和国とソ連の間の考えの食い違いに対して、アメリカは、こちら側またはあちら側に立とうとする意図がなく、中国に反対するいかなる同盟にも参加する意図がない。また、ブレジネフ主義は適切なものではないと考えている」「（アメリカは）ソ連の庇護を受けるどんなアジアと東南アジア安全条約にも参加せず、またこの類の条約締結を促さない」[40]。すなわち、アメリカは、中国の国際的役割と両国間のイデオロギーの相違を認めることに加え、米中関係改善の重要な意味とソ連の中国封じ込めに与しない姿勢を示したのである。

こうして、第135回米中大使級会談の開催が正式に決定された。また、今後の大使級会談を交替に米中両国の大使館で行うことも合意された。

4　アメリカ大統領特使の北京派遣決定と中止

1970年1月20日、第135回米中大使級会談がポーランド駐在の中国大使館で行われた。数百人の記者に囲まれ、大変な賑わいを見せた後、会談に参加する米中両国のメンバーが、中国大使館の地下にある機密保持室へと連れられ、そこで会談を行った。この第135回大使級会談は、その雰囲気も内容も以前の会談と異なっていた。

硬い表情で非難し合うのではなく、以前よりはるかに穏やかな雰囲気で建設的な提案を出し合った。会談が始まると、アメリカ大使ストーセルがまず発言した。ストーセルは事前に用意した原稿を読み上げ、アメリカ政府は米中関係を改善したいと願っており、両国政府の間に食い違いが存在することを否定しないが、あらゆる努力を尽くして食い違いを克服すべきであり、アメリカは、代表を北京に派遣し中国のオフィサーと直接に議論するか、またはワシントンで中国政府の代表を迎えたいとの考えを明らかにした。ベトナムに投げかけて成功しなかったアメリカのこの外交スタイルは、今度は中国に対して示されたのである。一方、雷陽は、米中間の最大の食い違いは台湾問題であり、中国は、いかなる国も中国の領土を侵略し占領することを許さないと強調し、アメリカ政府が提出するどんな考えや提案に対しても、平和共存の五原則に合致し、根本から米中関係を改善

することに役立つのであれば、中国は考慮し論議する用意があること、また、このような論議は、大使級会談を通して行うこともできるが、より高いレベルの会談かその他双方が合意する方法で行うこともできると表明した⁽⁴¹⁾。このように、米中両国の指導者がハイレベルの直接接触を行い、二国間関係を改善するという希望を米中双方が互いに伝えたのである。

　アメリカのハイレベル会談の提案を受け、中国は次回の大使級会談でこれに対する返答をしなければならないため、最高指導者レベルで真剣に準備を進めた。2月12日、周恩来は中央政治局会議を主催し、外交部が雷陽宛に送る電文の原稿及び第136回米中大使級会談に参加する中国側代表の発言原稿について討議し、修正した。周恩来は「次回の米中大使級会談は重要なチャンスとステップだ」⁽⁴²⁾と考えた。周恩来の提案により、米中会談中国側発言の原稿に書かれていた「もしアメリカ政府が部長級の代表またはアメリカ大統領の特使を北京に派遣して米中関係の根本的な問題についてさらに討議する意向があれば、中国政府は考慮（考える）する」の「考慮」を「接待（受け入れる）」に直した。会議終了後、周恩来は修正箇所にさらに次のように注釈をつけた。「『接待』の二文字は私の提案で直したものです。なぜなら、わが方は第135回会談ですでに考慮とその他の道を通して行うことができると発言し、しかも、前回の会談でアメリカ側はすでに北京で直接討議すると言った。……そこで、『接待』に直すのは、『歓迎』よりは軽いが、『考慮』よりは幾分確実になる」。同日、修正原稿を毛沢東、林彪に送り、毛沢東は、「照弁」と指示した⁽⁴³⁾。単に考えるという意味の「考慮」と、受け入れるという意味の「接待」との間には、実質的な違いがある。これは、中国側がアメリカの大統領特使の受け入れを決定したものであり、かつ、この決定は、周恩来の提案により、政治局の討議と許可、毛沢東の許可を得たものであり、中国側の対米中関係転換に向けた大きな一歩であった。

　2月20日、第136回米中大使級会談はアメリカのポーランド駐在大使館の機密保持室で行われた。雷陽は、二国間関係の根本的な問題すなわち台湾問題をまず解決すべきだと再度強調し、平和交渉を通して米中間の争点を解決するとの中国の一貫した主張を繰り返した。その上で、アメリカ

側の第 135 回会談での発言について、（台湾問題を解決するためには）確かに「より徹底した探求」が必要で、「この任務を現在の両国の大使級会談に担わせるのは、一定の困難がある」[44]、「もしアメリカ政府が部長級の代表またはアメリカ大統領の特使を北京に派遣して米中関係の根本的な問題についてさらに討議する意向があれば、中国政府は接待する用意がある」[45]と表明した。また、双方は次回会談、すなわち第 137 回米中大使級会談を北京で行うことに合意したという[46]。

第 136 回会談が終わると、ストーセルは当日直ちに中国側の意向を電報でワシントンに報告した[47]。それを受け、アメリカ政府は、キッシンジャーとニクソンも手を入れ、両国の政府代表ができるだけ早く会い、アメリカ代表団の北京派遣について協議するよう提案する文書を作成した[48]。

このように、ストーセルによる中国外交関係者との接触を契機に、米中関係が急展開を見せ、アメリカ特使を北京に派遣することで合意に至った。この合意が 70 年 2 月にすでになされたことを考えると、世界を震撼させた 1971 年 7 月のアメリカ大統領特使（キッシンジャー）の中国訪問がさらに 1 年以上も前に実現する可能性があったと言える。

しかし、米中間の深い対立はそれほど容易に解決できるものではなかった。アメリカ政府部内では、国務長官を始め、外交関係者の大勢が特使の早期派遣に非常に消極的であった。さらに、第 136 回米中大使級会談から一ヶ月も立っていない 3 月 18 日に、カンボジアでアメリカ支持のクーデターが起こり、カンボジア国家元首シアヌークが中国に亡命した。中国はアメリカがこのクーデターの黒幕であると考え、3 月 24 日、周恩来は毛沢東と林彪に書簡を送り、米中北京会談を 4 月中旬に延期することを提案した。毛沢東は、（更に）数日延期し、「4 月 25 日にしたほうがいい。総理が状況を見て決めてくださいと指示した」[49]。

4 月に入ると状況はさらに悪化し、それに伴って米中関係改善の動きが停滞し、両国関係は再び悪化へと向かった。4 月 30 日にアメリカ軍がカンボジアを侵攻すると、中国政府は 5 月 4 日にアメリカのカンボジア侵略を激しく非難する声明を発表した。さらに、5 月 16 日に中央政治局が米中会談の延期を決定し、5 月 18 日には、中国側が正式にアメリカ側に、

アメリカの戦争拡大のため、5月20日に予定されていた第137回米中大使級会談はもはや適切ではなくなったと通告した。

このように、ストーセルによる中国外交官との接触によって急速に進んだ米中接触も、アメリカによるベトナム戦争の激化とインドシナへの戦争拡大により一時頓挫することになった。第137回米中大使級会談が予定されていた1970年5月20日に、毛沢東は、「全世界人民団結起来，打倒美帝国主義及其一切走狗！（全世界人民が団結して、アメリカ侵略者とそのすべての追随者を打倒せよ！）」との声明を発表し[50]、アメリカを激しく非難し、対立の姿勢を明確にした。米中両国が再び接近を開始するのは、70年6月に、アメリカがカンボジアから撤兵した後のことである。

1970年5月20日『人民日報』トップページ

一時頓挫したにもかかわらず、この米中間の直接接触は重大な意味を持つと考える。①この接触は、始めから米中両国政府の最高指導者が指示し指揮したものであり、両国関係を変えようとする両国最高指導者層の強い意向と意気込みが反映されていた。②初めての、第三者を一切通さない接触であった。③接触、交渉の雰囲気はこれまでと非常に異なり、「和解」ムードであった。④接触は大使級正式会談とアメリカ大統領特使の北京訪問の合意をもたらし、内容も建設的なものが多く、実質的なものであった。⑤双方の目的は共通する部分と異なる部分があったが、双方とも、両国関係を改善する本当の願いがあった。したがって、この接触は、米中和解への歴史的な一歩であったと言える。一方、⑥米中両国とも国内で深刻な意見の食い違いがあることも明らかになり、それが、その後の米中接触に強い影響を与えた。すなわち、メディアの注目と米国務省を避けるため、ニクソンはパキスタンを通して、中国に国務省を避ける秘密のチャンネルを作るよう求め、それ以降、直接接触から秘密の間接接触に変わったのである[51]。

　一方、この米中接近の動きについて、ベトナムは相当早い時期から知っていたと思われる。それは、ベトナム側の諜報活動によるもののみならず、中国の指導者は早い時期からベトナム側に米中接触を伝えたからである。チュン・ニュー・タンは、「1969年から70年にかけて、わが方の諜報機関は、中国政府とアメリカ政府との接触についての情報を入手した。ワルシャワでの米中会談が、次第に話題に上りはじめた。この頃から、我々は、中国が腹の底では何を考えているのだろうかと疑いを抱き始めた」[52]と回想している。また、本章第四節で詳細に述べるが、70年9月23日に行われた毛沢東とファン・バン・ドンとの会談での毛沢東の発言から、中国側はかなり早い時期にベトナム側に米中接近の動きを伝えたと考えられる[53]。

第 3 節　米越秘密交渉

　前述したように、アメリカのイニシアティブで、1970 年 2 月 21 日から米越秘密交渉が始まった。アメリカ側の交渉責任者はキッシンジャー大統領補佐官で、ベトナム側の交渉責任者は、レ・ドク・ト政治局委員とスアン・トゥイ外交部長であった。この日に第一回米越秘密交渉が行われ、それに続き 3 月 16 日、4 月 4 日、9 月初め、9 月末と、米越は五回にわたって秘密会談を行い、レ・ドク・トが初めの三回に参加した。しかし、両国は、軍事問題と政治問題のいずれに関しても激しく対立し、妥協点を見出せないまま秘密会談が中断した。

　71 年初頭、レ・ドク・トがドブルイニン・ソ連駐米大使を通してアメリカに接触し、アメリカは 1 月 9 日にドブルイニンに米越秘密交渉の再開を提案し、合わせて一連の提案を提出した。ベトナムは 2 月に入ってからドブルイニンにアメリカ側への回答を託し、アメリカの提案については会談で議論すべきだとして秘密交渉の再開に同意した。しかし、アメリカがドブルイニンからベトナムの返事をもらったのは 2 月 23 日で、その直前にアメリカと南ベトナムはラオスに対する大規模侵攻を開始した。このため、3 月 16 日にキッシンジャーとスアン・トゥイの間で行われた第六回秘密会談も激しい応酬の中で終わった。

　71 年 4 月 10 日から 17 日にかけて、アメリカの卓球チームが中国を訪問し、いわゆる「ピンポン外交」が世界を驚かせた。上述したように、ベトナムは、独自の諜報活動を通して相当早い時期から米中接近の動きを把握しており、また中国側からも相当早い時期から伝えられたと思われ、少なくとも 70 年 9 月に毛沢東から直接、米中接近、アメリカ政府関係者の中国訪問について知らされていた。米中接近のこのような動きがベトナムの米越交渉姿勢にどのような影響を与えたかは資料の制限により不明であるが、「ピンポン外交」の後、すなわちキッシンジャー秘密訪中の直前の 5 月 31 日と 6 月 26 日に行われた第七回と第八回の米越パリ秘密会談では、ベトナムがかなり柔軟な姿勢に転じたことをキッシンジャーは感じとっ

た。以下、キッシンジャー秘密訪中前に行われたこの二回の米越秘密交渉で、どのような進展があったのか、米越交渉と米中交渉は関連性があったのか、あったとしたらどのような関連性があったかなどの問題について検討する。

　まず、71年5月31日にキッシンジャーとスアン・トゥイの間で行われた第七回米越秘密交渉で、キッシンジャーは、ベトナム側に下記の七項目の提案を行っている。軍事問題で重大な譲歩を示したが、政治問題では妥協はなかった。

> 第一項目　我々は、南ベトナムから我々の軍隊を撤退する最終期限を設ける用意がある。私が以前指摘したように、我々は、大体同じ時期に我々の他の同盟国の軍隊を撤退させる。
> 第二項目　ベトナム人とその他のインドシナ人民は、すべての外来の軍隊がインドシナの国々から撤退することについて、自ら議論すべきである。
> 第三項目　アメリカが最終的に合意した時期に基づいて撤退することを有効に行うために、インドシナ全域で停戦すべきである。
> 第四項目　停戦の一部として、インドシナ諸国に対して外からの軍隊が新たに侵入しない。
> 第五項目　停戦及びその規定に対する国際監視を設けるべきである。
> 第六項目　双方は、1954年と1962年のジュネーブ協定の尊重、ラオスとカンボジアの中立、領土保全と独立の尊重を新たに誓約すべきである。これは、国際会議で正式に行うことができる。
> 第七項目　私は、インドシナ全域における双方によって捕らえられているすべての戦争捕虜と無実の市民の即時釈放という我々の提案を改めて表明したい。我々は、この問題は人道主義的な見地から解決されるべきだと信じる。もしそれができなければ、これらの人々の問題は、我々の最終提案で提起された解決の中の一部として解決されなければならない。我々は次のように要求する。
> 　・あなた方のほうは、協定が達成される日に、全インドシナで捕

らえられているすべての捕虜のリストを提出すべきである。
・捕虜の釈放は、我々が合意した日程に基づいて撤退を開始するのと同じ日に開始すべきである。
・捕虜の釈放は、我々の最終撤退が完了する少なくとも二ヶ月前に完了すべきである⁽⁵⁴⁾。

　アメリカの七項目提案のポイントは、軍事問題のみに言及したことである。具体的には、米軍とアメリカについている他の外国の軍隊の撤退以外に、インドシナの国々からのすべての外国軍の撤退、すなわちベトナム軍のカンボジアとラオスからの撤退、米軍との間だけではなく、インドシナ全域で停戦すること、ラオスとカンボジアの中立（南ベトナムには言及していない）、そして捕虜の釈放、それも米軍撤退終了の二ヶ月前に釈放を完了することであった。この提案が北ベトナム軍の南ベトナムからの撤退には触れず、北ベトナム軍の南ベトナムにおける存在を事実上認めたことは、秘密会談当初のアメリカの主張と比較すれば大きな譲歩であり、米軍撤退後のベトナム情勢にとって決定的な妥協であると言える。しかし、ベトナム側が最も重要視しているベトナム問題の政治解決の問題には言及しなかった。実際、この問題はアメリカにとっても最も重要な問題であった。
　この会談に続き、6月26日、キッシンジャーとレ・ドク・ト、スアン・トゥイの間で第八回米越秘密交渉が行われた。ベトナム側は、アメリカの七項目提案に質問を行い、これを批判した上で、九項目の提案をもってアメリカ側に回答した。中でも、ベトナム側はアメリカの提案の中で政治問題に触れられていなかったことに対し、厳しく批判した。それに対して、キッシンジャーは、次のように答えた。

キッシンジャー　アメリカは、南ベトナムにおける政治的現実を反映する政治的進化を受け入れる用意がある。……米軍の撤退は、再び戻ってきてそのような結果を覆すための撤退ではない。……あなた方はよくサイゴンの政府がアメリカの力で維持されているだけだと言う。米軍の撤退はあなた方の立場を試すことができる⁽⁵⁵⁾。

このようなやり取りの後、双方は休憩に入ったが、後半の交渉で、ベトナム側はベトナム自身の九項目提案[56]を提示した。

> 第一項目　1971年内に米軍とアメリカ側についている外国軍の南ベトナム及びその他のインドシナ国からの完全撤退を完了すべきである。
> 第二項目　戦争中に捕らえたれたすべての軍人と民間人の釈放は、第一項目で言及した撤兵と同時に開始し完了すべきである。
> 第三項目　サイゴンで平和、独立、中立と民主的な新政府を樹立するために、アメリカは南ベトナムでチュー・キ・キエムに対する支持を停止すべきである。南ベトナム共和国臨時革命政府は、南ベトナムの国内諸問題の解決と全国の協調の達成のためにこの新しい政府と話し合いに入る。
> 第四項目　合衆国政府は、全ベトナムの平和のために、合衆国によってもたらされた損害の全責任を負わなければならない。ベトナム民主共和国政府と南ベトナム共和国臨時革命政府は、合衆国によってベトナムの二つの地域にもたらされた損害に対する賠償を合衆国政府に求める。
> 第五項目　合衆国は、インドシナに関する1954年のジュネーブ協定とラオスに関する1962年ジュネーブ協定を尊重すべきである。アメリカは、インドシナ諸国に対する侵略と干渉を停止し、インドシナ人民自身に彼らの問題を解決させるべきである。
> 第六項目　インドシナ諸国間に存在している諸問題は、インドシナの当事者によって、独立の相互尊重、主権、領土保全と内政の相互不干渉に基づいて解決されるべきである。ベトナム民主共和国は、そのような問題の解決に参加する用意がある。
> 第七項目　すべての当事者は、上記問題に関する協定が結ばれた後に休戦すべきである。
> 第八項目　国際監視を設けるべきである。
> 第九項目　インドシナ人民の基本的な民族権利、南ベトナム、ラオス、

カンボジアの中立及びこの地域の恒久平和のための国際的保障がなされるべきである。

　ベトナム側のこの九項目に対して、アメリカ国家安全保障会議上級スタッフＷ・リチャード・スマイザーは以下のように分析した。
　「この九項目が意味することは、分かりやすく言えば、我々はあなた方に、平和、あなた方の捕虜、国際監視などのような、あなた方の面子を立てるいくつかのアレンジメントをしてやる。その代わり、あなた方は我々に、中立的な新しいサイゴン政権、パワー獲得のよいチャンス、インドシナ全域の政治的アレンジメントにおける発言権、及び賠償を与えなければならない」。
　この九項目提案からベトナム側もいくつか譲歩したことがわかる。南ベトナムで連合政権を作らなければならないとは主張してはいない。米軍撤退に対する国際監視だけでなく、すべての解決に対する国際監視を認めた。アメリカの軍事基地の閉鎖とすべての軍事設備の国外搬出を別項として要求していない。そしてアメリカ側の捕虜の釈放を明言した。
　米越間で対立していたのはいくつかあった。ベトナム側は南ベトナムに新しい政府を作らなければならないと主張した。賠償については、これまでになかった要求である。また、ベトナムはすべてのインドシナ国家の国内問題に対するハノイの発言権を求めた。休戦を、軍事的、政治的解決がなされた後へと延期した。ビン女史の提案（九ヶ月）より短い（六ヶ月）撤退期限を要求した。そのため、アメリカは、「ベトナムはアメリカが提示しているもの以上のものを求めている」と認識していた[57]。
　実際、ベトナム側の提案は、捕虜の釈放、国際監視などでアメリカに譲歩したが、政治問題では依然として南ベトナムにおける新しい政府の樹立を主張し、さらには、戦争賠償の問題を初めて持ち出した。また、インドシナのほかの国に対する発言権を主張した。
　アメリカ側は、ベトナム側のチュー政権交代の要求を受け入れないとしていた。しかし、この問題で一定の譲歩が必要だということも認識していた。そこで、アメリカが直接手を下してチューを引き降ろすことは拒否す

るが、米軍撤退、インドシナ問題解決の進展による間接的な方法でのチューレジームの変更を考えた。アメリカ側、特にキッシンジャーは、71年10月の南ベトナム大統領選挙を好機だと考えた。ベトナムと交渉を重ねて、7月中旬までに合意に至ることができれば、南ベトナムの政治的プロセスに大きな影響を与えることができると考えたのである。これが、キッシンジャーの「アメリカは、南ベトナムにおける政治的現実を反映する政治的進化を受け入れる用意がある。……米軍の撤退は、再び戻ってきてそのような結果を覆すための撤退ではない」という発言の意味であった。だが、米越間交渉で最も重要なこの問題に関するキッシンジャーの表現は曖昧なものであり、アメリカに極めて深刻な不信感を抱いているベトナム人にその真意を伝えることは困難であったと考えられよう。しかし、6月26日の米越秘密交渉の翌日の27日にキッシンジャーがニクソンに提出した報告書の中でも、キッシンジャーは依然、もし交渉を通じての平和が可能であるならば、それは10月以前だと信じていると述べている[58]。三日後の6月30日にまとめたベトナムの九項目提案に対する分析の中で、スマイザーは、10月までには間に合わず、ベトナム側は10月までに何とか妥結したいとは考えていないのではないかとキッシンジャーに進言し、平和が来るのは72年だと予測した[59]。キッシンジャーのより楽観的な分析は、来るべき中国訪問を計算に入れた予測であったであろう。

　キッシンジャー秘密訪中直前の5月31日と6月26日に行われた米越秘密会談は、米軍の撤退、捕虜の釈放で双方が一致したが、政治問題で双方が依然対立していたことがわかる。また、ベトナムは、賠償を初めて求めた。一方、この二回の交渉について、キッシンジャーは、ベトナム側が初めて双方の提案に基づく交渉を認め、アメリカの提案を拒否する言い方を避ける姿勢を見せるなど、ベトナムが柔軟に転じたように見えたと感じた。「ピンポン外交」など、米中接近の加速を見てベトナム側の交渉姿勢がより柔軟になった可能性がある。しかし、キッシンジャーは、中国訪問を控え、米越交渉を急がず、米中接近の影響、中国の協力を待ったようである。「ベトナムがより一層深く具体的な交渉を熱望しているのが明らかだが、アメリカは現段階で待っていても失うことは何もない」と、キッシ

ンジャーはニクソンへの報告書の中で述べている⁽⁶⁰⁾。

　なお、栗原浩英の研究によれば、ベトナムは、1971年まで「テト攻勢」の軍事的損害から回復していなかったため、労働党内に「ベトナム問題を軍事的に解決しようとする」という軍事攻勢戦略を主張する勢力があったものの、「日和見主義者」と批判され、「長期抗戦」を主張する勢力が優勢であった。同年4月14日、モスクワを訪問していたレ・ズアンもソ連に対して、戦争のエスカレーションは望んでいないこと、それに相応した施策をとると語っていたという⁽⁶¹⁾。

第4節　米大統領特使訪中の再合意と中国の対越姿勢の再転換

1　米大統領特使訪中の再合意

　1969年12月3日の米大使ストーセルによる中国外交関係者との直接接触を契機に始まった米中急接近、翌年2月20日の米大統領特使の北京訪問合意は、アメリカの戦争拡大、米中両国の国内における意見の相違などによって一時頓挫したが、米中接近の動きが完全に止まったわけではなかった。70年3月16日、アメリカは、アメリカ国民の中国旅行のさらなる緩和措置を発表した。さらに、4月29日に半製品や他国製の非戦略物資の対中輸出制限の緩和を発表した。そして、10月初め、ニクソンは米誌『タイム』の記者のインタビューに応じ、「もし、私が死ぬ前に何かしたいことがあるとしたら、それは中国に行くことだ。もし私がいけなくても、私の子供を行かせる」と語った。一方、中国側も、10月1日の国慶節にアメリカ人ジャーナリストであるエドガー・スノーを天安門上に招待し、毛沢東のそばに立たせた。

　アメリカ国内での国務省や議会の反対、そして機密漏洩を警戒したニクソンとキッシンジャーは、アメリカの公式の政府機関ではなく外国の第三

者ルートを選択した。10月下旬、ニクソンはパキスタン大統領ヤヒア・カーンに、「仲介人」として米中関係正常化を「手伝う」よう要請した。その後26日に、ルーマニア大統領チャウシェスクを歓迎する宴会に出席し、国際問題について語るときに、「初めて意識的に」「中華人民共和国」という名称を使い、また、個人的にチャウシェスクにも米中間でのハイレベルの接触を希望するとの「伝言」を中国側に伝えるよう依頼した。11月12日には、米国連大使も、国連総会での演説で中国を正式名称で呼んだ。

このように、アメリカは、ルーマニアとパキスタンの二つのルートを開拓したが、しかし、中国は、ソ連の同盟国であるルーマニアよりも、米中双方の友好国であるパキスタンのルートを好んで選択した。11月10日、パキスタン大統領ヤヒア・カーンは、ニクソンの親書を携行し、中国を訪問した。同月下旬、ルーマニアからもニクソンの「伝言」が中国に伝わった。ヤヒア・カーンのこの中国訪問の際、周恩来との会談が繰り返し行われたが、特に、11月14日に行われた周恩来とヤヒア・カーンの第五回単独会談で、周恩来は中国の立場を次のように詳しく伝えた。台湾問題の解決は中国の内政問題であり、他国の干渉を許さない。アメリカの武力が台湾と台湾海峡を占領していることは、米中関係に緊張をもたらす最重要要因だ。中国政府は、一貫して交渉を通してこの問題を解決することを願っている。現在、ニクソン大統領は中国と和解しようとする姿勢を示している。もし、アメリカが本当に上述した最重要問題を解決する願望と方法を持っているならば、中国政府は、アメリカの大統領が特使を北京に派遣して相談することを歓迎する。時期は、パキスタン大統領を通して相談して決めることができる。これは、周恩来がヤヒア・カーンに託したアメリカへの中国の「伝言」であったが、周恩来は、意図的に、この「伝言」が毛沢東主席の許可を得たものであることを説明した[62]。

中国側のこの「伝言」は、12月8日にニクソンとキッシンジャーに伝わった。

アメリカ側の返事を待つ間に、中国側はさらなる行動をとった。12月12日、周恩来は、毛沢東とスノーの接見についての外交部提案を毛沢東に送り、さらに、「ここ数日に主席がスノーと一度会うことを提案する」

と付け加えた。18 日、毛沢東は書斎でエドガー・スノーと会見し、「もしニクソンが中国に来たいと言うなら、旅行者としてであれ、大統領としてであれ、歓迎する」と、ニクソンの中国訪問を歓迎する意向を示した。この後、周恩来は外交部にできるだけ早くアメリカ人の中国訪問の問題について研究するよう指示した。

　12 月 16 日、アメリカ側は、周恩来の 11 月 14 日の「伝言」に対する回答をアメリカ駐在パキスタン大使ヒラリーに渡した。周恩来のメッセージは米中会談のテーマを主に台湾問題に限定したが、アメリカの回答は、「北京会談は、台湾問題のみに限定せず、関係改善と緊張緩和を目的とする他の措置についても言及する。しかし、米軍の台湾駐留に関するアメリカ政府の政策は、東南アジア・太平洋地域に配備してある米軍を、同地域の緊張が減ずるのに従い削減するというものである」(63)と述べ、米中会談を台湾問題に限らず全般的な話し合いの場に設定すること、そして、台湾問題を東南アジア・太平洋地域の緊張緩和と関連付けたのである。この時の東南アジア・太平洋地域における緊張は何よりもベトナム戦争であったことから、アメリカは最初から、台湾問題とベトナム・インドシナ問題をリンケージさせる戦術をとったと言えよう。

　71 年に入ってからも、アメリカは、対中貿易制限の緩和、中国旅行制限の緩和、貿易禁止措置の撤廃などの対中緩和措置をとった。71 年 3 月 15 日、米国務省は、米国民の中国渡航制限の全廃を発表し、4 月 14 日には、ニクソンが対中国貿易、旅行緩和措置を発表した。5 月 7 日、アメリカ政府はさらにドル使用制限撤廃など 3 項目の対中貿易緩和策を発表し、6 月 10 日にはニクソンはさらに対中国貿易の禁輸解除品目リストを発表した。

　中国側も対米緩和に動いた。その中で、71 年 3 月 28 日から 4 月 7 日にかけて名古屋で第 31 回世界卓球選手権が開催されたが、その最終日の 4 月 7 日午前に、中国卓球代表団はアメリカ卓球チームの中国招待を発表した。4 月 10 日から 17 日にかけて、アメリカ卓球チームが中国を訪問し、周恩来首相がアメリカチームと会見した。

　一方、12 月のアメリカのメッセージに対して、しばらくの間中国は返答しなかった。アメリカが議題を台湾問題から大幅に広げたこと、台湾問

題をベトナム問題に関連付けたことに対して、中国側は熟考する必要があったと思われる。また、インドシナで米軍が空爆を続けたことも中国を困らせ、中国は繰り返しアメリカを厳しく批判した。四ヶ月が経過した後、中国側がようやく動いた。4月21日、周恩来はパキスタンのチャンネルを通してニクソンにメッセージを伝え、27日にニクソン、キッシンジャーがこのメッセージを受けとった。周恩来のメッセージには次のような文言が書かれていた。「もし中米両国関係を根本的に回復しようとすれば、台湾と台湾海峡地域から米国のすべての兵力を撤退させなければならない。このキー・イシューの解決には、高級指導者の直接談判ではじめて方法が探れるだろう。そこで中国政府は、米国大統領特使、たとえばキッシンジャー博士、ないし国務長官、ひいては大統領本人でさえ北京に来て直接交渉するのを歓迎する」[64]。

このメッセージを受けとったニクソン、キッシンジャーの回答は5月10日付でアメリカ駐在パキスタン大使ヒラリーを通して中国側に伝わった。ニクソンの回答は、「両国間で見解を異にする問題を解決する」ために周の提案を受け入れる、テーマは自国の主要関心事を自由に提起するのがよい、大統領の正式訪問に先立って予備的意見交換のために、キッシンジャーを特使として送る用意がある、予備会談は厳重な秘密を要するという内容であった[65]。5月29日、周恩来は中国側の回答をパキスタンに託した。中国側は、台湾問題以外にも自由なテーマで議論しようというニクソンの提案を基本的に受け入れると表明したが、「最初に解決すべき問題は、中国とアメリカ両国間の重要懸案、すなわちすべての米軍兵力を台湾並びに台湾海峡地域から撤退させる具体的方法に関する問題である」と、台湾問題が最重要であることを強調した[66]。

2 中国の対越姿勢の再転換

前述したように、中国の指導部は1969年11月頃に対米関係の改善を決めた。その後69年12月から70年2月にかけて、米中関係改善は急展開し、アメリカ大統領特使の北京訪問まで話が進んだ。しかし、その後のアメリ

カによる戦争拡大と米中両国内部における食い違いなどによって、改善のステップが止まった。それでも、米中両国の指導者とも、米中関係自身の論理とマクロ的な国際政治戦略から、米中関係の改善を考えていたため、この停滞は一時的なものであり、両国の指導者層はその後も関係進展の手がかりを探っていた。

　中国の指導者にとって、対米関係の転換を決意するに当たって、ベトナム問題を無視することは考えられない。米中関係の改善によって、アメリカが脅威ではなくなるか、その脅威が軽減することを予想することができる。しかし、イデオロギー上、アメリカがベトナムで戦争を遂行する以上は、中国はベトナムを支持せざるを得ない。むしろ、アメリカとの関係改善がイデオロギー上複雑な問題をもたらす。その上、アメリカは、最初から台湾問題をベトナム問題と関連付けさせた。このため、特に米中関係に進展が見られたとき、あるいは中国の指導者が自ら米中関係改善のイニシアティブを取ろうと考えまたは行動するとき、もう一方でベトナム問題をどうするかという課題が常に存在していたと考えられる。この問題に関して入手できる記録などの資料は少ないが、中国指導者の発言や中国側の行動からある程度推論することができる。結論を先に言えば、それは、中国側の対越姿勢の再転換とベトナムに対する援助の強化である。また、米中間の動きに関して、中越間は非常に早い時期からコミュニケーションをとり、中国は、さまざまな措置をとって、ベトナム側に中国の方針を伝えた。

　68年の中越大論争、中越関係の変質と中国の対越姿勢の転換から、中越関係は冷却化し、中越間の指導者の往来も極端に減った。70年3月に戦争がラオスに拡大されたのを契機に中越間指導者の往来が増加するが、双方の話は遠慮がちなものであった。中国側の姿勢は依然、ベトナムを励ましたりはするものの、具体性が乏しく、中国の支持、支援についてはほとんど言及しないものであった。明らかに、中国の姿勢は依然としてベトナムと距離を置くものであった。たとえば、70年5月11日に北京で行われた毛沢東との会談で、レ・ズアンは毛沢東と中国を終始、褒め称えたが、中国側はベトナムがよくがんばっていると評価しながらも、ベトナム支援の決意を示す発言はほとんどなかった。また、6月17日に北京で行われ

た周恩来とグエン・チ・ビン女史との会談でも、周恩来は朝鮮戦争の例を挙げてベトナムを励ますにとどまり、具体的な話はなく、中国のベトナム支持にもほとんど言及しなかった[67]。

　中国側の対越姿勢の本格的な再転換は、少なくとも70年9月頃には始まったと思われる。この月にファン・バン・ドンが中国を訪問し、毛沢東、周恩来がファン・バン・ドンと会見したが、この時の中国側の姿勢は、68年の中越大論争以来の姿勢とは完全に異なるものであった。中国側は積極的にベトナム支援の話を持ち出し、ベトナム支持の姿勢を強く表明した。周恩来は少なくとも二回ファン・バン・ドンと会談を行ったが、9月17日の会談では、中越双方に重大な変化が見られた。

　ファン・バン・ドン　我々は、ニクソンのベトナム化方針の目的は依然として南ベトナムで軍事勝利を得ることにあると考える。しかし、これは、ニクソンが外交闘争の手段を考えないことを意味しない。しかし、我々は、彼らが外交、平和を語ることは世界を欺くためであり、実際、彼らは外交に対していかなる幻想も抱いていないということをよく知っている。我々は当然軍事・政治闘争を堅持し、これらの闘争が必ずや勝利を勝ち取ることを信じている。それと同時に、状況が許せば、我々は最大の努力をして外交闘争を強化する。我々にとっても、ニクソンにとっても、外交は単なる文字遊びに過ぎない。我々であれ彼らであれ、外交に幻想を抱いていない。……
　周恩来　私は、ベトナムと中国との協力の問題についてお話したい。毛沢東同志はいつも、あなた方の困難を理解し、あなた方を助けて困難を解決し、我々の関係は前線と後方の関係であり、したがってあなた方の困難は我々の困難であると我々に注意しています。私は明確にお話ししなければなりません。我々は必ずあなた方の要求を基本的に満足させます。我々はまた、あなた方がまだ提出していない問題をいくつか考えました。今から、もし新しい困難が現れたら、我々に知らせるよう希望します。我々は力を尽くして全力であなた方を助けます。あなた方が注文した幾つかの種類の武器は現在すでに時代遅れに

なりました。我々はこれらの武器を改良し、より有効でより軽いものにしました。したがって、あなた方がこれらの武器の使用を考えるよう提案します。大後方は前線を支援しなければなりません。(68)

　このやりとりには、中越双方の変化を示すいくつかの重要なメッセージが含まれている。まず、すでに米中接近の動きを察知して不安を抱いていたベトナムは、従来の姿勢を一変して、アメリカが外交、平和を語るのは世界を欺くためであること、自らが対米交渉に幻想を抱いていないことを強調した。このような語り方は、従来中国がベトナムに対して用いるものであったが、米中接近を察知したベトナムがここで中国に対して語ったのである。第二に、ファン・バン・ドンのこのような発言に対して、周恩来は直接何も答えなかった。米中接近に向かう中国側の変わらぬ決意の表れであったといえよう。第三に、その代わりに周恩来は中国の対越姿勢の再転換を強く示した。周恩来は、進んでベトナムに対する協力を持ち出し、中国は必ず基本的にベトナムの要求を満足させ、最大の力でベトナムを助けるという方針を重ねて強調した。

　さらに、9月23日に行われた毛沢東とファン・バン・ドンとの会談で、毛沢東はファン・バン・ドンに対して次のように述べた(69)。

　　毛沢東　どうしてアメリカ人は、10万人以上の中国軍があなた方を手伝って鉄道や道路、空港を作っているという事実に対して騒がないのだろう。彼らは知っているのに。
　　ファン・バン・ドン　もちろん、彼らは恐れています。
　　毛沢東　彼らはそれに対して騒ぐべきです。彼らが推測したベトナムにいる中国軍の数も実際の数より少ない。
　　ファン・バン・ドン　彼らは中国を相手にすることが難しいと気づいたと思います。
　　毛沢東　もし彼らがそう思っているなら、次はどう出るでしょう。アメリカ人は依然として北京に来て交渉したいと思っています。これは彼らの目的ですよ。彼らは、ワルシャワでは満足できないと言ってい

ます。我々は、もし彼らが北京に来たければ来なさいと返事しました。しかし、彼らは、思い切って来ることがなかった。
（中略）
毛沢東 もしアメリカが中国を攻撃するなら、今や中国のどの省も堅固なる要塞になっている。しかし、そのような状況になったとしても、我々は依然としてあなた方を支持する。なぜなら、あなた方も困っているからです。誰であれ、我々にも困難があるからあなた方を手伝わないという人は反動派だ。……我々はあなた方のほしいものを与えなければなりません。

　一般的に、毛沢東は具体的な問題を語らず、原則や方向性のみを示す談話を行う場合が多い。しかし、このファン・バン・ドンとの会談では、毛沢東はその方向性を示す少なくとも二つの具体的な問題をベトナム側に伝えた。第一は、アメリカ人が北京を訪れて交渉したいという考えを現在も引き続き持っており、中国側はいつでもそれを受け入れる方針であることをベトナム側に伝えたことである。なお、「依然として」という言葉を使ったことは、これ以前に、米中大使級会談でのアメリカ大統領特使の北京訪問に関する合意を中国側がベトナム側に伝えた可能性が高いことを示していると考えられる。第二は、中国は強い意志をもって全力でベトナムを支援することをベトナム側に伝えたことである。米中北京会談の決定と中国によるベトナム支援の強い意志を、毛沢東自らがベトナム側に伝えた意味は大きい。とりわけ、中国側がこのように非常に早い時期に米中北京会談の可能性をベトナム側に伝えたことの意味は大きいと言える。
　中国側のこの対越姿勢の再転換は、やがて中国側の行動に反映される。70年10月6日、中越経済技術援助協定、中越軍事援助議定が北京で調印された。翌月、毛沢東は、南ベトナムの被災者への援助物資を200万人民元から「500万」元にして許可した。70年12月16日のニクソンのメッセージを受けとった後、中国のベトナム支援の姿勢はさらに強化された。70年12月20日は南ベトナム民族解放戦線成立10周年であり、アメリカは攻撃を強化した。それに対して中国は、党と政府の共同声明を出した。党

と政府が共同で声明を出すことはかつてなかったことであり、従来にない強烈な形が取られた。また、中国は南ベトナム民族解放戦線成立10周年を祝う行事を催したが、ベトナムは解放戦線委員会のメンバーを団長とする代表団を中国に派遣して、この祝賀活動に参加した。中国は、国家元首格の扱いでこの代表団を歓迎した。その目的は、ベトナムに対する強力な支援を示すことと、アメリカに対するデモンストレーションであった[70]。

71年2月15日、中国とベトナムはさらに北京で「1971年度経済、軍事追加援助協定」に調印した。

この直後の71年3月3日、中国共産党中央政治局が会議を開き、ベトナム援助を一層強化する方針を正式に決定した[71]。この翌々日に、周総理が大掛かりな代表団を率いてベトナムを訪問したことから、この会議は、対米関係の進展を控えた中国が、対ベトナム関係の方針と政策、ひいては周恩来訪越の方針を決めた会議であったと推測されよう。

71年から73年にかけて、中国がベトナムに提供した援助が最も多い3年間であった。援助協定の総額は90億元にのぼり、軍事物資の援助額は2年間で過去20年の総額を上回った[72]。

中国が対米外交の転換に当たってベトナムに対して行った象徴的な外交行動は、周恩来訪越である。71年3月5日から8日にかけて、周恩来が中国党・政府代表団を率いてベトナムを訪問し、8日に共同コミュニケに調印し、中国は最大の民族的犠牲を払っても、ベトナムを全面的に支援することを強調した。また、3月6日、周恩来は中国代表団を歓迎するハノイ市民集会で、「我々の偉大な指導者毛主席が崇高なるプロレタリアート国際主義精神を持って我々に教えました。もし我々の中で誰かがベトナム人民の抗米救国闘争を手伝うことができないと言うならば、それは裏切りであり、革命を裏切ることだと」「あなた方の抗米救国戦争と社会主義建設事業を支援することは、我々の道義上拒否できないプロレタリアート国際主義の義務です」と演説した[73]。アメリカ大統領特使の北京訪問がいよいよ現実になりつつあるこの時期におけるこのコミュニケと周恩来の講演は、米中関係が変化しても、中国のベトナム援助の姿勢が変わらず、「革命を裏切る」ことがないというメッセージであったと言えよう。それに、

極めて重要なことは、周恩来がここで強調した中国の変わらぬベトナム支援の理由は「兄弟」ではなく、「事実上の同盟」を意味する共通の脅威や利益などでもなく、もっぱらイデオロギーであったということである。この時の中国の対越援助は、「抗米」「革命」「プロレタリアート国際主義精神」といったイデオロギーが最大の要因であることを示していると言えよう。

また、この訪問で、周恩来は、ベトナムに対する中国とソ連の援助は並行して相矛盾するものではなく、中国はソ連のベトナム援助物資の中国領土通過を完全に保障すると述べたという。これは、ソ連の対越援助に対する中国側の姿勢にも重大な変化が生じたことを意味するものと言える[74]。

中国側は、この周恩来訪越がアメリカに対する политический メッセージでもあると考えていたようである。たとえば、71年4月20日、外交部副部長が接待工作問題に関する講話で、「今年3月5日総理がベトナムを訪問するときは、ちょうどアメリカがラオスに侵入したときで、総理のベトナム訪問は政治爆弾であり、アメリカにショックを与えるものであった」と述べている[75]。

3　米中接近と中越間コミュニケーションの問題

　第1章と第2章で述べたように、現代中越関係は、極めて緊密な関係として出発し、少なくとも61年末あたりまで、ベトナム側は、ソ連やその他の外国関係者に会う前には、必ず中国側と協議し、かつ中越間ではソ連を含む他者に公開しない協議を行っていた。また、63年から64年にかけては共同作戦体制を構築していた。しかし、特に65年以降、中越関係に変化が生じ、中越間のコミュニケーションも次第に疎遠になっていった。68年の「テト攻勢」及びその後のベトナムの対米交渉受け入れについては中越間のコミュニケーションが著しく欠如し、中国側における判断の重大な誤りとベトナムへの強い反発を招き、中越関係の変質につながった。では、米中接近に当たって、中越間はどのようなコミュニケーションを取ったのか、あるいはコミュニケーションがなかったのか。もしコミュニケーションをとっていたならば、中国側はいつどのような形でベトナム側に伝

え、ベトナム側はどのように反応し、中越間にどのように協議し共同行動・「共同作戦」を行ったのか、あるいはそうしなかったのか。以下、米中接近をめぐっての中越間コミュニケーションについて整理してみよう。

　まず、中国側は米中接近の動きについてベトナム側に伝えたのかどうか、もし伝えたとすれば、いつどのような形で伝えたのかについて見てみよう。

　上述したように、70年9月23日に行われた毛沢東とファン・バン・ドンとの会談で、毛沢東は、「アメリカ人は依然として北京に来て交渉したいと思っています。……彼らは、ワルシャワでは満足できないと言っています。我々は、もし彼らが北京に来たければ来なさいと返事しました」と述べていた。これは、少なくとも1970年9月23日の時点で、中国側はベトナム側に直接米中接近の動きを知らせたことを意味し、また、「依然として」という言葉から、中国側は1970年2月の米中大使級会談におけるアメリカ大統領特使の北京訪問合意を、この時点よりも前にベトナム側に伝えた可能性が高いと推測することができる。そして、中国がアメリカ大統領特使を招待するという返事をアメリカに送る一ヵ月半前の71年3月5日から8日にかけて、周恩来が中国党・政府代表団を率いてベトナムを訪問し、下記のチュン・ニュー・タンの証言が示すように、ベトナム側に米中接近の新たな動きを伝え、米中関係が改善されても中国のベトナム援助は変わらないと表明した。なお、次章以降で述べるように、キッシンジャー秘密訪中の直後とニクソン訪中後にも、周恩来がベトナムを訪れ、米中接近の新たな動きを伝えた。

　では、ベトナム側は米中接近に対してどう反応したか。これを示す資料は現在のところチュン・ニュー・タンの証言のみであるが、前述したように、米中大使級会談に関して、チューは、「69年から70年にかけて、わが方の諜報機関は、中国政府とアメリカ政府との接触についての情報を入手した。ワルシャワでの米中会談が、次第に話題に上りはじめた。この頃から、我々は、中国が腹の底では何を考えているのだろうかと疑いを抱き始めた」と述べており、また、71年3月の周恩来訪越の目的とベトナム側の受け止め方に関しては、次のように証言している[76]。

キッシンジャーと中国の接触でニクソン訪中の準備が進んでいることに、ハノイの指導者たちは不安を覚えていた。
　そこで、周恩来自身が代表団を率いて1971年3月5日にハノイにやってきた。それは、ハノイの指導者たちの不安をしずめるためだった。周恩来は、ハノイ政府にこういった。
　「中国はベトナムをアメリカに売ったりはしない。中国がアメリカと接触しているのはまったく別の目的からで、中国自身の利益を考えてのことだ。アメリカと接触しているからと言って、中国がベトナムへの援助をやめるようなことはしない。中国の援助はこれまでどおり続けられるだろう」
　ハノイの指導者たちは、周恩来の言葉を100％信用することは出来なかった。中国の国内情勢、とくに中国共産党の内部の情勢から見て、ほんとうに一貫した政策を取れるのだろうか。
　ともかくハノイの指導者たちは、中国の援助が従来どおり続くと言う約束を諒として、当面、それ以上この南ベトナムでは騒がないことにした。
　それに、ベトナム人は、周恩来を繊細で信頼するに足りる政治家として尊敬していた。だからこそ中国は周恩来をハノイに送って寄越したのだ。
　我々は、中国を非難する前にまず、中国がなぜこのような政策をとるようになったかを理解しようとした。
　中国がアメリカと接触するからには、それなりの理由があるに違いない。とりわけ、防衛と安全保障の面でそれが必要になったのだろう。中国はソ連との対立をかかえて自国の安全を何よりも大事に考えているのだ——。
　ハノイの指導部は、我々解放戦線に周恩来のハノイ訪問の内容を知らせて、慌てふためかないように、あからさまに中国を非難することは慎むように、と忠告してきた。また、米中間の事態の進展を注意深く見守り、中国の指導者たちに対して機会あるごとにベトナムのことを忘れないように、ベトナムと中国の関係を損なうようなことはしな

いように説得することをすすめてきた。
　我々は、アメリカと交渉を進めるにあたってまだまだ中国の支援を必要としていた。
　しかし、ハノイの共産党の指導者たちが、一方では、中国の指導者たちのことを、ソ連との間にイデオロギー上の溝を掘ったといって非難したことも事実だった。敵であるアメリカと接触していることについても、まるきり恨みの気持ちをぬぐうわけにはいかなかった。
　こうして、ベトナムの共産党の指導者たちと中国の指導者たちとの間に、最初の対立が生じていった。だが、ことわっておくが、この時点で対立といってもそれはあくまでイデオロギー面での対立であり、軍事、経済、政治上の意見の対立ではなかった。
　その後、中国の援助は 1975 年まで続いた。……
　いずれにしても、中国の援助はソ連に比べて圧倒的に多かった。

　チューは南ベトナム民族解放戦線のメンバーで、ハノイの動きやハノイでの中越間のやりとりを直接的に知る立場になかったため、「こうして、ベトナムの共産党の指導者たちと中国の指導者たちとの間に、最初の対立が生じていった」というような誤解もあったが、その証言から、米中接近に対するベトナムの反応は、不安と中国に対する猜疑心、批判の抑制などがあったと考えられよう。
　そもそも、米中接近という新しい事態に対して、中越関係の角度から、中越両国にはどのような対応が考えられるか。前例として、64 年までの中越両国は、緊密にコミュニケーションをとり合い、かつ共同作戦体制をつくっていたが、68 年になると、両国間のコミュニケーションが著しく欠如し、何らかの共同体制をつくるどころか、激しく対立していた。米中接近に当たって、中国は相当早い段階からベトナムとコミュニケーションをとり、周恩来をベトナムに派遣するなどしてベトナムと協議した。中国の援助を依然、必要としていたベトナムは、米中接近に対する不安と中国に対する猜疑心を抱きながらも対中批判を抑制していた。しかし、中越両国は、64 年までのように、緊密な協議を通して何らかの共同行動・「共同

作戦」を打ち立てることはなかったようである。中国とベトナムから出た資料や研究成果からは、米中接近に当たって中越間が協議して共同行動・「共同作戦」を構築していたことを示すもの、あるいは推測させるようなものはまったく見当たらない。これは、65年以降の中越関係の変化、68〜69年にかけての中越間の深刻な対立の結果、このときに中越関係がすでに変質していたことなどが原因であると考えられる。このときばかりでなく、71年7月のキッシンジャー秘密訪中、同年10月の訪中、72年2月のニクソン訪中の後も、周恩来のベトナム訪問、あるいはファン・バン・ドンの中国訪問を通じて双方がコミュニケーションをとっていたものの、共同対策を協議し、共同行動・「共同作戦」を打ち立てることはなかったようである。

結語

　本章は、中越関係がすでに大きく変質した1969年から、米中和解が本格的に進む71年7月のキッシンジャー秘密訪中までの期間における、アメリカと中国の変化、米越交渉、米中接近と中越関係を中心に分析した。本章の分析から、次のようないくつかの結論を導くことができると考える。

　1、アメリカに大きな変化が生じたことである。ニクソン政権の誕生に伴って、ニクソン、キッシンジャーを中心に、対外政策を転換し、その中で、対中政策と対ベトナム政策も大きく変化した。対ベトナム政策に関しては、アメリカは、南ベトナムから撤退し、ベトナム戦争から手を引く政策に転換した。それは、表では「ニクソン・ドクトリン」であり、ベトナムに関しては、南ベトナムに対する全面援助を通して、米軍が撤退した後も南ベトナムが独自に戦うことができるようにし、それによって南ベトナムを存続させるというものであった。しかし、アメリカの本当の政策目標は、アメリカの面子のために、米軍が撤退した後、南ベトナムの体制をしばらくの間維持させるという程度のものであった。

　アメリカの対中政策に関しては、ニクソンとキッシンジャーは、従来の

アメリカの中国敵視政策の転換を決め、中国に接近する道を探り続けた。中国の最高指導者層も対米政策転換の意図を持っていたため、米中接近は急テンポの展開を見せたが、長い対立の後遺症や、国内外の圧力のため、急接近と停滞を経た後、アメリカ大統領特使キッシンジャーの中国極秘訪問が合意された。

　２、米越交渉に実質的な変化はなかった。公式の米越交渉は68年から始まったが、米越秘密交渉は70年から正式に始まった。米軍のベトナムからの撤退は当初からの前提であったが、それ以外には米越間に食い違いが大きく、交渉が難航した。71年6月にいたるまで、米越間の距離は徐々に縮まったが、チューレジームの交代という、米越双方、とりわけベトナム側が最も重視する問題に関しては進展がまったくなかった。一方、その間、米軍の地上部隊の大半が南ベトナムから撤退した。

　３、中国側にも大きな変化が生じた。アメリカ側の対中姿勢の変化、ソ連が中国の最大の敵になったことなどの事態を受け、中国側も、その対米政策と対越政策を大きく転換させた。対米政策に関しては、アメリカと比較すると幾分、受身的であったが、中国は、アメリカとの対決姿勢を転換し、いくつかの屈折を経ながら、アメリカ大統領特使キッシンジャーの中国訪問を受け入れる決定を下した。ベトナムとの関連で言えば、中国におけるこのような大きな変化は、中越関係の変質、とりわけベトナムの中国に対する姿勢の変化が大きな影響を与えたものも多くあったと考えられる。

　中国は、対米政策の転換とともに、対越姿勢を再転換させた。前章で述べたように、68年から69年にかけて、中越関係の変質に伴い、中国は従来の対越政策を大きく転換し、対越援助を大幅に削減して、ベトナムから手を引く姿勢をとった。しかし、米中接近が始まり、米特使の中国訪問がいよいよ現実になるとともに、中国は、その対越姿勢を再び転換し、対越援助をかつてのピーク期をも大幅に超えるほどに増加させるなど、ベトナムに強くかかわるようになった。このときの中越関係は、すでに形成期の中越関係と大きく異なり、「兄弟」や「事実上の同盟」ではなく、対ソ関係でもイデオロギー上の違いが存在していた。ただし、民族解放や反帝国

主義といったイデオロギー上の「同志」関係が依然存在し、そのために中国はベトナムに対する支援を一定程度維持していた。また、中越間の激しい対立が、双方に暗い影を落とし、相互不信を根強く植えつけていた。それも一つの原因で、中国は、アメリカとの関係の変化について相当早い時期からベトナム側に伝え、ベトナム側との調整を図っていたものの、双方の意見の一致を得ることがなく、また、双方が共同行動をとっていたことを裏付ける資料もない。

第 3 章脚注

(1) ***Public Papers of the Presidents,*** Nixon, 1971(Washington D.C., 1972).
(2) MEMORANDUM OF CONVERSATION, July 30, 1969, Top Secret/Sensitive/Exclusively Eyes Only. Source: National Archives and Records Administration (NARA), NIXON PRESIDENTIAL MATERIALS STAFF, National Security Council (NSC) Files For the President's File – Vietnam Negotiations, Camp David Box 1023.
(3) 前掲、『中国白書・中国を告発する』、第 66 ～ 67 頁。
(4) 1970 年 9 月 17 日、北京で周恩来と会談したときも、ファン・バン・ドンは、「我々は、ニクソンのベトナム化方針の目的は依然として南ベトナムで軍事勝利を得ることである」との認識を示した。ZHOU ENLAI AND PHAM VAN DONG Beijing, 17 September 1970. **77 CONVERSATIONS BETWEEN CHINESE AND FOREIGN LEADERS ON THE WARS IN INDOCHINA, 1964-1977,** pp. 171-173.
(5) NIXON PRESIDENTIAL MATERIALS STAFF, ***National Security Council (NSC) Files For the President's File – Vietnam Negotiations,*** Camp David Box 1023. MEMORANDUM OF CONVERSATION, U.S. Embassy, Bangkok, Thailand, 4:00 p.m., Tuesday, July 29, 1969.
(6) NIXON PRESIDENTIAL MATERIALS STAFF, ***National Security Council (NSC) Files For the President's File – Vietnam Negotiations,*** Camp David. Box 852, MEMORANDUM FOR: THE PRESIDENT, FROM: HENRY A. KISSINGER, SUBJECT: Meeting with the North Vietnamese, August 4, 1969, p2.
(7) Ibid., Meeting with the North Vietnamese, August 4, 1969, pp. 5-10.
(8) 入江啓四郎、安藤正士著、『現代中国の国際関係』、日本国際問題研究所、1975 年、第 702 ～ 718 頁参照。
(9) "Nixon's View of the World-from Informal Talks," "U. S. News & World Report", September 16, 1968. p48.
(10) Richard M. Nixon, ***Memoirs of Richard Nixon,*** New York: Grosset & Dunlap, 1978, pp. 545-546. 日本語訳：『ニクソン回顧録・第一部、栄光の日々』、松尾文夫・斉田一路訳、小学館、1978 年、第 307 ～ 308 頁。
(11) Ibid., pp. 576-577. 日本語訳：同上書、第 373 ～ 374 頁。
(12) ***Public Papers of the Presidents,*** Nixon, 1971(Washington D.C., 1972).
(13) 前掲、『周恩来外交活動大事記』、第 539 頁。
(14) Henry Kissinger, ***White House Years,*** Boston: Little, Brown, 1979, pp. 180-184.
(15) Ibid., p. 184.
(16) "Diplomat's Fondest Memory: China Breakthrough", ***New York Times,*** 1982 年 9 月 24 日。なお、キッシンジャーは、「9 月 9 日、アメリカのポーランド駐在大使ウォルター・ストーセルが、通例の表敬のため、ニクソンをたずねた」と記述している（Henry

Kissinger, ***White House Years,*** p. 188. 日本語訳：『キッシンジャー秘録①ワシントンの苦悩』、第247頁）。

(17) Elliot L. Richardson: The Foreign Policy of the Nixon Administration: Its Aims and Strategy", The U. S. Department. Of State Bulletin, Vol. LXI, No. 1578(September 22, 1969), p. 260.

(18) Henry Kissinger, *White House Years,* Boston: Little, Brown, 1979, p. 186.

(19) Richard Soloman, ***U. S-PRC Negotiations, 1967-1984: An Annotated Chronology,*** RAND, 1985, p. 9.

(20) 前掲、『米中関係の歴史的展開――1941～1979年』、第53頁。

(21) 陳小魯、「陳毅与中国外交」、国際戦略研究基金会編『環球同此涼熱――一代領袖men 的国際戦略思想』、中央文献出版社、1993年、第155頁。

(22) 林克、徐涛、呉旭君著、『歴史的真実』、香港利文出版社、1995年版、第312頁。

(23) 『人民日報』、1969年1月28日。

(24) 前掲、『周恩来年譜（下）』、第281頁；王永軟、「1969年――中美関係的転折点（連載一）（1966～1976年米中ソ関係記事）」、『当代中国研究』1997年第4期、第118頁；前掲、『党的文献』1995年代6期。第78～79頁。

(25) 熊向暉、『歴史的注脚』、第173－204頁；宮力、「中国的高層決策与中美関係解凍」、『従対峙走向緩和：冷戦時期中美関係再探討』、第684～685頁；太田勝洪、朱建栄編、『原点中国現代史・第六巻　外交』、岩波書店、1995年、第33～35頁。

(26) 前掲、『周恩来外交活動大事記』、第539頁；前掲、『周恩来年譜』、第319～320頁。

(27) 前掲、『周恩来年譜』、第334頁。

(28) 前掲、『周恩来年譜（下）』第334頁。

(29) "Diplomat's Fondest Memory: China Breakthrough", *New York Times,* 1982年9月24日。

(30) 景志成、「外交史上的一件趣聞――美国大使在華沙追逐我外交官的真相（外交史上の珍談――アメリカ大使がワルシャワで中国外交官を追いかけることの真相）」、『外交学院学報』、1990年第3期、第72～73頁。

(31) "Diplomat's Fondest Memory: China Breakthrough", *New York Times,* 1982年9月24日；前掲、宗道一、『文史精華』2001年9月・総136期、第29頁。

(32) 前掲、「周恩来是中国外交的創始人和奠基人」、第15頁。

(33) 中華人民共和国外交部外交室編輯室編、裴堅章主編、『研究周恩来――外交思想与実践』（周恩来研究――その外交思想と実践）、世界知識出版社、1989年、第15頁。

(34) Henry Kissinger, ***White House Years,*** Boston: Little, Brown, 1979, pp. 188-189. 日本語訳：前掲、『キッシンジャー秘録①ワシントンの苦悩』、第248頁。

(35) Ibid., p. 189. 日本語訳：同上書、第248頁。

(36) 前掲、「1966～1976年中美蘇関係記事（連載一）」、『当代中国史研究』、1997年第4期、第126頁。

(37) 駱亦栗、『外交学院学報』、2000年第4期、第25～26頁。
(38) 前掲、『周恩来年譜(1949～1976)』（下）、第338頁。
(39) 前掲、「1966～1976年中美蘇関係記事（連載一）」、『当代中国史研究』、1997年第4期、第126頁。
(40) 王永軟、「1966～1976年中美蘇関係記事（連載二）」、『当代中国史研究』、1997年第5期、第110頁。
(41) 駱亦栗、『外交学院学報』、2000年第4期、第26頁。
(42) 前掲、「1966～1976年中美蘇関係記事（連載二）」、『当代中国史研究』、1997年第5期、第111頁。
(43) 前掲、『周恩来年譜(1949～1976)』（下）、第348頁。
(44) 前掲、「1966～1976年中美蘇関係記事（連載二）」、『当代中国史研究』、1997年第5期、第111頁。
(45) 駱亦栗、『外交学院学報』、2000年第4期、第26頁。
(46) 陶文剣主編、『中美関係史(1949～1972)』、人民出版社、1999年、第516頁。
(47) FROM AMEMBASSY WARSAW TO SECSTATE WASHDC IMMEDIATE 1303, **"SINO-US TALKS: FEBRUARY 20 MEETING",** 1970 FEB 20 PM1: 30. NARA, Nixon Presidential Materials Collection, NSC, Box 1031.
(48) NARA, Nixon Presidential Materials Collection, NSC, Box 1031. この提案についての文書が3部あり、その中の二部はキッシンジャーとニクソンが手を入れた。文書の作成日がはっきりと書かれていないが、第137回米中大使級会談の直後に作成されたものと推測される。
(49) 前掲、『周恩来年譜(1949～1976)』（下）、第357頁。
(50) 『人民日報』、1970年5月21日。
(51) 前掲、「1966～1976年中美蘇関係記事（連載二）」、『当代中国史研究』、1997年第5期、第111～112頁。
(52) 前掲、『裏切られた革命——チュン・ニュー・タン氏の証言』、第158頁。
(53) MAO ZEDONG AND PHAM VAN DONG Beijing, 23 September 1970. **77 CONVERSATIONS BETWEEN CHINESE AND FOREIGN LEADERS ON THE WARS IN INDOCHINA, 1964-1977,** pp. 174-176.
(54) NIXON PRESIDENTIAL MATERIALS STAFF, *National Security Council (NSC) Files For the President's File – Vietnam Negotiations,* Camp David. Box 853, MEMORANDUM OF CONVERSATION, May 31, 1971, pp3-4.
(55) Ibid., MEMORANDUM OF CONVERSATION, June 26, 1971, p1-5.
(56) Ibid., MEMORANDUM OF CONVERSATION, June 26, 1971, pp7-8.
(57) Ibid., MEMORANDUM FOR: THE PRESIDENT, FROM: HENRY A. KISSINGER, SUBJECT: Meeting with the North Vietnamese, June 26, 1971, pp1-5.
(58) Ibid., MEMORANDUM FOR: THE PRESIDENT, FROM: HENRY A. KISSINGER,

SUBJECT: Meeting with the North Vietnamese, June 26, 1971, p5.
（59）Ibid., MEMORANDUM FOR: DR. KISSINGER, FROM: Dick Smyser, SUBJECT: Your Next Meeting with the North Vietnamese, pp2-2.
（60）Ibid., MEMORANDUM FOR: THE PRESIDENT, FROM: HENRY A. KISSINGER, SUBJECT: Meeting with the North Vietnamese, June 26, 1971, p3.
（61）栗原浩英、「米中接近とベトナム労働党――漸進的解放戦略と軍事攻勢戦略の間で」、増田弘編、『ニクソン訪中と冷戦構造の変容――米中接近の衝撃と周辺諸国』、慶應義塾大学出版会、2006年、第183〜185頁。
（62）前掲、『周恩来年譜』（下）、第410〜411頁；前掲、『周恩来伝』（下）、第2049〜2050頁。
（63）Henry Kissinger, ***White House Years,*** p. 702. 日本語訳：前掲、『キッシンジャー秘録』④、第136頁。
（64）Ibid., pp. 714-715. 日本語訳：同上書、第153〜154頁；前掲、『周恩来年譜』（下）、第452頁。
（65）Richard M. Nixon, ***Memoirs of Richard Nixon,*** pp. 549-550. 日本語訳：前掲、『ニクソン回顧録（第一部）』、第315頁；Ibid., pp. 724-725. 日本語訳：同上書、前掲、『キッシンジャー秘録③』、第164頁。
（66）Richard M. Nixon, ***Memoirs of Richard Nixon,*** p. 551. 日本語訳：同上書、第316頁；Ibid., pp. 726-727. 日本語訳：前掲、『キッシンジャー秘録③』、第167〜168頁。
（67）1970年3月21日周恩来とファン・バン・ドン会談、1970年5月11日毛沢東とレ・ズアン会談、1970年6月17日周恩来とグエン・チ・ビン女史との会談、1970年7月23日周恩来とTRINH DINH THAOとの会談を参照。***77 CONVERSATIONS BETWEEN CHINESE AND FOREIGN LEADERS ON THE WARS IN INDOCHINA, 1964-1977,*** pp. 171-173.
（68）ZHOU ENLAI AND PHAM VAN DONG Beijing, 17 September 1970. Ibid., pp. 171-173.
（69）MAO ZEDONG AND PHAM VAN DONG Beijing, 23 September 1970. Ibid., pp. 174-176.
（70）1971年4月20日、「関於接待工作的講話記録（接待工作に関する講話記録）」、極秘、第6頁。湖南省档案館所蔵、全宗号241、目録号1、巻号1119。
（71）前掲、『周恩来年譜(1949〜1976)』（下）、第441頁。
（72）前掲、『中華人民共和国外交史』（第二巻）、第51頁；前掲、『当代中国外交』、第162頁；USSR Foreign Ministry Memorandum, "Vietnam – China Relations", July 4, 1973. SCCD. f.5, op. 66, d. 71, p. 88. ***The Soviet Union and the Vietnam War,*** p. 231 より引用。
（73）1971年3月6日周恩来の中国党政代表団を歓迎するハノイ市民の集会での演説。外交部編、『当前重大国際問題和我国対外政策』（当面の重大な国際問題と我が国の対外政策）、福建省档案館、全宗244，目録1，巻号77，第19頁。前掲、李丹慧「中美

緩和与援越抗美」脚注54より引用；1971年4月20日、接待工作問題に関する講話記録、極秘、第4頁。湖南省档案館所蔵、全宗号241、目録号1、巻号1119。
（74）1971年3月17日、フランス駐在ソ連大使とフランス駐在ベトナム総代表団団長との会談メモリアール。SD01830より引用、出典が記していない。
（75）前掲、「関於接待工作的講話記録」、第3頁。
（76）前掲、『裏切られた革命——チュン・ニュー・タン氏の証言』、第162〜164頁。

第4章

キッシンジャー秘密訪中とベトナム問題

前述したように、米中接近が始まる時点において、現代中越関係の三つの性格の中で、伝統的関係としての「兄弟」関係と、近代的国家関係としての「事実上の同盟」関係はすでに基本的に存在せず、かつ、それは、ベトナム側が進んで中国と距離を置き最終的に中国を見捨てるという側面が強かったが、しかし、近代的イデオロギー関係としての「同志」関係は、対ソ評価などでさまざまな食い違いがあったにせよ依然として存在していた。それでは、すでに「事実上の同盟」とも「兄弟」とも言い難いが、ある程度「同志」であるベトナムを、中国は米中接近の中で、どう扱ったのか。本章は、1971年7月のキッシンジャー秘密訪中を中心に、米中両国はどのような戦略の下でベトナム問題を扱い、特に、アメリカとの交渉の中で、中国はベトナム問題にどう対応したかについて考察する。

第1節　米中会談への準備とベトナム問題

　キッシンジャーの北京秘密訪問が決まった後、米中交渉に向けて、双方とも真剣な事前準備を始めた。アメリカ側では、ニクソンとキッシンジャーは、官僚を通す場合のリスクと米中接触のリスクを考えて、秘密主義に徹したため、公式の形式的な準備はほとんどなく、交渉そのもののための準備が中心で、キッシンジャーとそのスタッフは、ニクソンと相談しながら、綿密な交渉プランを作った。一方、中国側は、アメリカとの関係の転換、キッシンジャー受け入れに当たって、大掛かりな内部準備を行った。中国側のこのような事前準備はもちろん国民レベルまでの議論というわけではなかったが、指導部内や関係責任部署で議論と準備が進められ、その中では、ベトナム・インドシナ問題は常に大きな問題であった。これまで二十年にわたって敵対してきたアメリカとの関係の改善ないし転換は、中国にとって極めて重大で敏感な問題であったため、アメリカとどう向き合うかという対外的な問題と同時に、国内における意見の統一という課題が存在

した。中国の指導部は、一方では直接の関係者の間でアメリカ大統領特使を迎える準備を進め、もう一方では、指導部内や関係部署などに少しずつ情報を伝え、その上で会議を開いて意見の統一や最終的な政策決定を行うという方法を採ったようである。即ち、中国の事前準備のほうはアメリカのそれより遥かに複雑で綿密であった。本節は中国側の事前準備とベトナム問題を重点的に分析する。

1 中国の事前準備とベトナム問題

アメリカ大統領特使キッシンジャーの中国訪問は極秘事項であり、周恩来は、ベトナム訪問の際には米国特使訪中の予定をベトナム側の指導者に伝えた。しかし、中国国内では一部の関係者以外には明らかにされなかった。それでも、米中関係の転換、キッシンジャー訪中の衝撃を和らげ、その訪問受け入れの準備や、来るべき新時代を迎える準備のために、何らかの形で一定の範囲で新しい情勢を知らせる必要があった。周恩来などは、さまざまな極秘会議で、間接的にキッシンジャー訪中、米中関係の転換を示唆し、中国が新しい時代を迎える準備をするよう指示した。1971年3月、ベトナム訪問の後と思われるが、周恩来は、ある極秘会議で、次のような旨の発言をした[1]。

①ベトナム戦争では、アメリカの失敗はすでに決定的になった。
②アメリカは国内外でさまざまな困難や危機に直面し、そのため、いつも中国問題で何かしたいと企んでいる。大使級会談ではまったく中国の言いなりで、台湾の新聞は、アメリカはまったく面目ないと罵倒している。
③アメリカ人の中国訪問について、「最近、毛主席は、アメリカの左派、中間派、右派いずれも来ていいと指示した。これは、戦略的な意味を持つ重大な政策決定である」
④交渉するか否かは当時の情勢によって決めるものである。
⑤米ソ矛盾を利用する。ソ連と外交関係を保つことでアメリカに対抗し、

アメリカ人を来させることでソ連に対抗する。

　中国がアメリカ卓球チームの中国訪問受け入れを発表した4月7日、周恩来は、全国旅行・対外援助会議参加者との接見で、さらに踏み込んで、外国人を中国に来させる新しい段階がすでに到来し、思想的、実務的に準備しなければならないと指示した。この時期、中国の外国人受け入れは厳しく制限されていた。中国旅遊局の71年の外国人受け入れ計画は、わずか400人であった。周恩来は、毛沢東が外国人の受け入れを増やす指示を出したこと、アメリカ卓球チーム招待は毛沢東の決断であったこと、対外関係の新しい時代が始まったことなどを指摘し、特に、外国人の受け入れを増やすという毛沢東指示を実行することを強調した[2]。

　周恩来はまた、この談話の中で、ベトナムに対する支援を繰り返し強調した。周恩来は4月21日に中国側によるニクソンへの返答をパキスタンに託したが、それに合わせて、同月の中旬から下旬にかけて、全国旅行・対外援助会議、接待工作会議、対外宣伝問題などの極秘の内部会議が相次いで開かれた。これらの会議の席上、周恩来をはじめ中国政府責任者は、ベトナムに対する支援を再三にわたって強調した[3]。

2　米大統領特使受け入れ決定とベトナム問題

　5月10日、キッシンジャーを大統領特使として北京に派遣し、中国の指導者と幅広い議論を行うという内容のニクソンのメッセージが中国に伝わり、アメリカ大統領特使の中国訪問がいよいよ現実な議事日程に上るようになった。アメリカへの最終回答を控え、検討すべき問題が多くあるため、中国の最高政策決定層は、この重大な訪問に対する認識を統一する必要があると考えた。

　周恩来は5月25日、外交部核心小組の責任者を集めて会議を開き、ニクソンからの一連のメッセージについて検討した。その翌日の26日、毛沢東の意見に基づき、中国共産党中央政治局会議を主催し、集中的に米中関係について討議した。27日、周恩来は毛沢東に、「26日の夜に政治局会

議が開かれ、皆さんがいくつかの意見を述べた。私はプラン的な報告を書き、皆さんの審議を経た後、主席、林副主席に送るつもりです」との旨の手紙を送った。毛沢東は、「皆さんの審議を経た後」という文言の下に横の線を引き、「この方がいい」とのコメントを書いた[4]。そこで、周恩来がこの会議での議論に基づき、「中央政治局関於中美会談的報告（中央政治局の米中会談に関する報告）」を作成した。この報告は、第二次世界大戦以来米中関係の変化のプロセスを回顧し、キッシンジャーとの予備会談やニクソンの訪問で現れる可能性のあるさまざまな状況を予測し、かつそれぞれへの対策を練った。また、米中会談の八項目方針を打ち立てた。周恩来は、5月29日の会議でこの報告を読み上げ、修正し、それから毛沢東と林彪に報告した。

　米中会談の八項目方針は、概ね以下の通りである。

1．アメリカのあらゆる武力と専用の軍事施設について、期限を設けて、中国の台湾省と台湾海峡地域から撤去すべきである。これは、米中両国関係を回復するにあたっての鍵となる問題である。もし、この点について事前に原則的な議定が決められなければ、ニクソンの訪問は延期される可能性がある。
2．台湾は中国の領土であり、台湾解放は中国の内政問題である。他者の干渉を許さない。日本軍国主義が台湾で活動することを防がなければならない。
3．我々はできるだけ台湾の平和解放に努力し、台湾に対する工作を真剣に行う。
4．断じて、「二つの中国」「一中一台」の活動を行うことに反対する。もし、アメリカ合衆国に中華人民共和国と国交を結ぶ意図があるならば、中華人民共和国は中国を代表する唯一合法的な政府であることを認めなければならない。
5．もし、前三項がいまだ完全に実現していなければ、中米は国交を結ぶことができない。双方の首都に連絡機構を作ることはできる。
6．我々から進んで国連の問題を提出しない。もし、アメリカ側が国

連問題を提出するならば、我々は明確に、我々が絶対に「二つの中国」または「一中一台」の取り決めを受け入れることができないことを告げる。
7．我々から進んで米中貿易の問題を言い出さない。もし、アメリカ側がこのことに言及するならば、米軍が台湾から撤退するという原則が確定した後に、協議をすることができる。
8．中国政府は、極東の平和を保障するために、アメリカの軍事力がインドシナ、朝鮮、日本と東南アジアから撤退すべきだと主張する[5]。

　この八項目方針の第一項目は、いわば、ニクソン訪中を認める前提であり、第二、三、四項目は米中国交樹立の条件である。したがって、キッシンジャー秘密訪中で中国側がともかくも達成しようとした目標はこの第一項目の実現である。これらの方針の新しいところは、アメリカが台湾から撤兵することを求めるが、アメリカと台湾が断交することを両国政府間往来の先決条件とすることを堅持してはいないという点である。引き続き台湾解放が中国の内政問題であると強調すると同時に、できる限り台湾を平和的に解放することも強調し、真剣に対台湾工作を強化するとした。また、初歩的に双方の首都で連絡機構を作る構想を打ち出した。
　これらの方針について、中央政治局は次のように予測した。米中双方が合意に達することができる可能性もあれば、合意できない可能性もあるが、いずれにしても中国にとって損害を及ぼすことはないばかりでなく、中国が外交上有利な立場を獲得することになるであろう。もし、上記各項目についてキッシンジャーの訪問の際にある程度の合意が得られれば、ニクソンの訪問に道を開くことになる。もし、ニクソンの賛同を得ることができれば、これらの主張がアメリカの大統領選挙の前に実現される可能性がより大きくなるであろう。もし全く合意できず、ニクソンの訪問ができなくなったとしても、中国のこれらの主張はちょうどニクソンの対戦相手の候補者に条件を用意したことになる。もちろん、中国の方針は、まず政権派、次に反対派である。なぜなら、もしまず反対派と交渉して、その賛同を得て、選挙綱領になったとしても、当選した後に必ずしも履行される

とは限らないからである。しかし、ニクソンは政権の座についているため、必然的に、中国との交渉を成功させ、これをもって彼の選挙の資源を増大させることを望むことになり、これは、キッシンジャーの中国訪問のプレッシャーになるであろう。

この段階では、米中両国が長期にわたって対立し、互いに隔絶していたため、中国政府内部にも、来るべき秘密会談に様々な懸念を抱く人々がいた。①米中会談は普通の出来事ではなく、アメリカ人民の闘志にマイナスの影響を与えることがないか。②インドシナ抗米戦争とパリ会談の妨げになるのではないか。③ニクソン、キッシンジャーのこのやり方は欺きではないか。表面は和解を講じるが、実質は変わらず、中国の戦争に備える士気を緩めさせ、（それから、）小（さな作戦）なら、蒋介石を放り出し、大（きな作戦）なら、ソ連を東に向かせる。

中央政治局会議はこれらの問題についても真剣に分析し、次のように指摘した。

「アメリカの大衆運動は、ニクソン政権になってから、確かに高まっており、その重点は反戦と反人種差別にある。その運動は改良を捨て革命に向かう転換期にあると言う人がいる。我々はちょうど、ベトナム撤兵と台湾撤兵、中国と正常な関係を作るという二つのカードを持って、アメリカの大衆を動員し、政権派と反対派の政策に影響を与え、大衆の闘志を高める。また、数年内にアメリカで革命が起こり、武装で政権を奪い取る可能性があると予測することはまだできないが、インドシナの抗米戦争、中米人民の往来と両国の会談は、アメリカの大衆を動員し、大衆のリーダーを検証するよいチャンスである。昔中国大革命(1924〜27)の前夜に、ソビエトロシアは、一方では代表を派遣して孫中山を手伝って国民党を改組させ、国共合作を行わせたが、もう一方では大使を派遣して北京に駐在させ、北洋政府と外交交渉を行った。その時のレーニンがとったこのような外交路線は、中国人民大衆を動員する役割を果たした。この歴史は参考になりうる」

米中会談がインドシナ人民の抗米闘争とパリ会談の妨げになるかという問題に関して、中央政治局はその懸念を払拭する見方を指摘している。つまり、一時的には屈折が生じる可能性があるが、米中交渉がはっきりした結果を得れば、インドシナの抗戦とパリ会談により有利になるはずである。というのも、ニクソンはすでにはっきりと、米ソの覇権争いの焦点が中東と欧州にあり、極東ではないと認識しているからである。米中会談にもし進展があれば、必ずやインドシナからの撤兵とパリ会談の助けになる。ステップとしては前後があるにしても、インドシナ抗戦への支援にさらに有利である。

　アメリカ側に欺きがあるかどうかという問題について、中央政治局は、次のように確認した。

> 「今日の情勢は、我々が絶えず帝国主義、修正主義、反動主義と闘争し勝利した結果であり、米帝が内外ともに困っていることと、米ソが世界の覇権を争っていることによる必然的な趨勢でもある。米帝が詐欺をする可能性を論ずるまでもなく、……戦争の準備を緩めないことが常に我々の任務である。もし何らかの動向があれば、それはまさに我々の動員と作戦能力を鍛え、（アメリカの）反動的面目をさらに露にし、人民の覚悟を高めるチャンスとなる。逆に、もし、交渉がうまく行けば、少なくとも米ソ両覇権国の互いの争いを激化させることができ、我々は戦争準備の力を強めることができる」

　中央政治局会議による、これらの分析を見ると、いくらか「文革」期の「左」の用語があるものの、基本的には現実的で戦略的な内容である。特に、アメリカの戦略の中心は極東ではなく欧州にあるとの予測、米国内に革命が起こる条件が揃っていないという分析、及び米中会談の情勢はアメリカが「内外ともに困っている」ことと、米ソが世界の覇権を争っていることによる必然的な趨勢であるとの分析などは、比較的に正確な判断であった。これらは、中国が緊張緩和と米中関係に関する新政策を実行する理由と基礎を構成する[6]。

上述の中央政治局会議の状況は、中国人研究者の研究論文に書かれている内容である。これらの内容から、①米中交渉のメインテーマは台湾問題をはじめとする米中間の問題である。②しかし、ベトナム問題は大きな懸念事項であり、中国側は、米中接近によるベトナム抗戦への一時的なマイナス的影響を考慮に入れたものの、米中接近は結果的にベトナムに有利になり、また中国は米中交渉をベトナムに有利な方向へ導くという見解を持っていたことが分かる。

　このような政治局会議の議論と許可を経て、周恩来は5月29日、パキスタンのチャンネルを通じて、キッシンジャー訪中を受け入れるメッセージをニクソンに送った。

3　米大統領特使受け入れに向けての国内準備

　中央政治局会議を受けて、中国政府は数千人規模の対外事務会議を開いた。翌30日とさらにその翌日の31日、周恩来は、この外事会議でそれぞれ長いスピーチを行った。米中関係について「もしアメリカが台湾と台湾海峡から撤兵し、一つの中国を認めるならば、それはアメリカが過ちを認めたことになり、中国はアメリカと国交を結ぶかどうかについて考えなければならない」、「中国は『ピンポン外交』でアメリカ人を中国に来させたが、今後、このようなことはさらに起こる」などと述べ、米中関係のさらなる進展を予告した。同時に、ベトナム問題に関して、ベトナムの勝利はすでに決定的になったが、中国の「インドシナ三国人民の抗米救国戦争を支援することが長期にわたる任務であり、我々は過去において支援してきたし、現在も引き続き支持していかなければならない。しかも、さらに有効的に、さらに多く（支援）しなければならない」などと述べ、米中関係が改善されても、中国のベトナム・インドシナ支援は変わらないばかりかさらに強化することを強調した[7]。

　また、中国共産党中央は、1971年5月31日付けで、ニクソン訪中を歓迎すると意向を表明した70年12月18日の毛沢東・スノー会談録を公文書として全共産党員に伝えることを決定した。この決定は、「中共中央が『毛

主席がアメリカの友好人士スノーとの会見の談話紀要』を伝えることについての通知」という文書として、文書そのものを「基層党の支部まで印刷して発送し、口頭で全党に伝え、真面目に学習を組織し、主席の談話の精神を正しく理解する。党内外の反応は、集めて中央に報告してください[8]」と指示した。全党員に伝えることは、一般の国民も知りうることを意味する。すなわち、中国政府は、アメリカ大統領特使を受け入れる決定を下すとほぼ同時に、国民にニクソン訪中を歓迎するとの毛沢東発言を伝えることを決定したのである。

そして、6月1日に中央政治局は再び会議を開き、6月上旬に中央工作会議を開催して、米中関係及び関連する国際問題について伝達し、討議することを決めた。6月4日から18日にかけて、中央工作会議が北京で開かれ、周恩来はここで中央政治局による米中会談についての報告を説明した。半月間も会議が続いたことからも、この会議の重要性が分かり、様々な疑問ないし反対があったと推測されよう。中国人研究者である王永欽によれば、会議に参加した各方面の責任者225人が、周恩来のこの報告と、毛沢東とスノーとの談話紀要について真剣に、討議し、また、米中関係大事記、米中双方往来の伝言、及びアメリカ側指導者談話の概要など関連の付属文書と資料を読んだ。それによって、米中関係を打開することの重要な意味に対する認識を深めた。また、会議の参加者は、関係部門が行った国際問題に関するテーマ別報告を聞いた。その中には、アメリカと台湾の情況、共産主義運動の情況、外事工作、中東情勢、欧州情勢と中ソ会談の情況などが含まれていた。最終日である18日の全体会議で、周恩来は三時間に及ぶ長いスピーチを行った。周恩来はその中で、「この会議を通じて、全党、全軍、全国人民がさらに国家の重大問題に関心を持つよう動員する。会議の精神を学び貫徹することは、大変重大な任務であり、重要な思想と世論の動員である」と、広く世論を動員する必要を強調した。そのために、周恩来は、各地が中央の統一的な指導に協力し、対外的な接待工作をうまく行うよう求めた。また、「外国の賓客を迎える工作の中で、礼尚往来、卑せず驕らず、大国主義で、極左、排外をしてはならず、また、古い奴隷主義、媚外をしてはならない[9]」と述べたという。

ここに至り、中国の政策決定者層は、新しい対米政策と方針を確立した上、来るべき新しい事態と新時代に備えるために、全国で組織的、思想的、実務的な準備を行ったのである。

　一方、基本方針が決まると、中国の最高政策決定者層は、周恩来と外交部に、米中高層交渉の実務準備と実施を委託した。彼らは、一定の対応をする権限を持つが、重要な問題は中央政治局と毛沢東の決定を経なければならない。周恩来の指導の下で、工作チームが作られた。この工作チームは、米中会談の中で論じられる可能性のある問題について議論し、資料を準備し、プランを作った。周恩来は、工作チームや外交部の関係者とともに繰り返し検討し手直しをした後に、71年7月4日に、「中美予備性会談中幾個関鍵問題（米中予備会談におけるいくつかのキー・イシュー）」というタイトルの報告書をこの夜に開かれる中央政治局会議の議論のために送り、「会談の中で、原則を堅持し、機を見て行動する。相手が取引することに備える。何かあれば随時毛主席、林副主席と政治局に指示を仰ぐ」と付け加えた。中央政治局の討議を経て、この件は、毛沢東の最終許可を得た[10]。

　なお、キッシンジャー秘密訪中が終わり、ニクソン招請が公表された直後の71年7月20日、中共中央は中央・地方のリーダー、各軍区に「ニクソンの北京訪問に関する中共中央の通達」を出した。通達の内容はおおよそ次のようなものである。

1、総理の名でニクソンを招請したのは毛主席が自ら決定したことである。
2、ニクソン招請は、アメリカ帝国主義との戦いの今一つの形態であって、米帝国主義・反動派に反対するこれまでの立場に影響しない。
3、ニクソン招請は、アジアなどの人民、特にベトナム人民の反米闘争を支援する今ひとつの形態であって、対越交渉で苦しんでいるアメリカをいっそう追い詰める戦略である。
4、ニクソンは、中国封じ込めが破産したために膝を屈して和を求めに来る。

5、ニクソン招請は、ソ連修正主義帝国主義を孤立させる重要な戦略配置である。現段階の中ソ矛盾は敵対矛盾であり、中国にとって主要矛盾である。米ソの結託を裂くことは、ソ連の侵略的野心に対する重大な打撃になろう。

6、ニクソン招請は、台湾問題を解決する重要な段取りである。米軍が台湾から撤退しさえすれば、台湾は内政問題となり、武力であれ交渉であれ、立派に解決できる[11]。

ここでも、ベトナムとの関連では、「ニクソン招請は、アジアなどの人民、特にベトナム人民の反米闘争を支援する今ひとつの形態であって、対越交渉で苦しんでいるアメリカをいっそう追い詰める戦略である」と述べられている。

第2節　7月9日会談とベトナム問題

　二年以上の複雑な事前交渉と準備を経て、1971年7月9日から11日にかけて、アメリカ大統領補佐官キッシンジャーは秘密裏に中国を訪問した。パキスタン経由の秘密訪問のため、飛行時間も含め、パキスタンを離れる時間が48時間しか許されないという時間的制約の中で、キッシンジャーは、周恩来総理、葉剣英元帥と延べ約17時間の会談を行った。そのうち、7月9日の午後16時35分から23時20分まで、10日の12時10分から18時まで、同日の23時20分から23時50分まで、11日の10時35分から11時55分までの約14時間半は、周恩来・キッシンジャー会談であり、11日の0時0分から1時40分までと9時50分から10時35分までの約二時間半は葉剣英・キッシンジャー会談であった。

キッシンジャー極秘訪中　1971年7月9日〜11日

　キッシンジャー秘密訪中は、米中関係改善の土台作り、ニクソン訪中の事前準備が目的であった。米中関係の政治的基礎と原則を打ち立て、相互に確認するための第一歩であり、すべての出発点であった。一方、台湾問題、ベトナム・インドシナ問題を始め、米中関係にとって大きな影響を及ぼす具体的なイシューについても議論された。むしろ、米中和解の政治的基礎は、それまでの二年以上にわたる事前交渉の中ですでに基本的な方向を確認済みであったため、キッシンジャー秘密訪中における交渉では詳しく議論されず、台湾問題、ベトナム・インドシナ問題などに多くの時間を割いた。

　ベトナム政府の『中国白書』によれば、70年12月10日に毛沢東がエドガー・スノーに語ったニクソン訪中歓迎の言葉を、米中関係における「決定的な意味を持つ北京の転換点であり、また同時にこれはベトナム革命とインドシナ革命を裏切り、世界革命を裏切る露骨な転換点であった」として、その後の米中接近の一連の動きをベトナムに対する中国の裏切り行為

とした上、中国がアメリカと接近するという「外交目標を達成するための切り札としてベトナムを利用しようと企んだ」「北京の思惑は、ベトナム問題を利用して、台湾問題を先に解決するということであった」[12]と記述されている。また、レ・ズアンは、79 年の発言の中で、米中接近について「中国人は積極的にアメリカ人と取引し、我々を駆け引きのカードとして使った。アメリカ人が彼らの失敗を認識してから、彼らはすぐに、中国人を利用して彼らの南ベトナムからの撤兵を加速させようとした。ニクソンとキッシンジャーが中国に行ったのは、このことについて協議するためであった。ニクソンの中国訪問の目的は、このような方式でベトナム問題を解決し、アメリカの利益を維持し、アメリカの失敗を軽減し、と同時に中国がより多くアメリカ側に立つよう誘おうとするものであった」と述べている[13]。

では、このキッシンジャー秘密訪中における米中交渉の中で、米中和解の目的と政治的基礎、ベトナム問題に関する米中の姿勢及びその変化はどのであったのか。ベトナム側の批判との関連で言えば、中国は米中交渉でベトナムを「裏切る」ような行為または取引きをしたのか。中国はベトナムを対米交渉のカードとして使ったのか。中国はベトナムを利用して台湾問題を先に解決しようとしたのか。本章は、これらの問いに関連してキッシンジャー秘密訪中について考察するが、本節ではまず 7 月 9 日の周恩来・キッシンジャー第一回会談からこの問題について検証する。

キッシンジャー一行が北京に到着したのは 7 月 9 日であったが、到着直後に早速、午後 4 時 35 分から 11 時 20 分にかけて、夕食をはさんで、周恩来と第一回会談を行った。この会談では、新しい米中関係の基礎、台湾問題、インドシナ問題、ソ連や日本など大国の問題を含め多くの問題が話題に上った。当然ではあるが、会談はまず米中関係改善の基礎から始まったが、事前交渉の成果とキッシンジャーが冒頭で明確にアメリカの姿勢を表明したため、この最も基本的な問題に関する議論はむしろそれほど長い時間を要しなかった。一方、ベトナム・インドシナ問題に関する議論は、台湾問題よりも遥かに長く時間を費やし、実質的な議論の半分強の時間をかけていた。議論の中での中国側が最も厳しい姿勢で臨んだ問題でもあっ

た。キッシンジャーがまずベトナム・インドシナ問題に関するアメリカの基本的な姿勢について述べた。その発言にかなり曖昧な部分もあった。周恩来の発言は、最初は客に対する気配りもあったと思われ比較的に丁寧であったが、議論が進むにつれ厳しさを増した。ベトナム問題に関する周恩来の批判と厳しい質問を受け、キッシンジャーの発言は次第に明確になり、最初の発言から明らかに譲歩と思われる発言も現れた。

　以下、この第一回米中会談で、新たな米中関係の政治的基礎と原則、アメリカのベトナム問題を台湾問題にリンケージさせる戦術、ベトナム問題に対するアメリカと中国の基本姿勢、ベトナム問題の解決で最大の障害になっている南ベトナム政権をめぐる問題及びアメリカの中国への協力要請などについて米中間の交渉を見てみよう。

1　米中関係の政治的基礎と原則

　第一回会談の実質的な論議でまず言及されたのは、米中関係の政治的基礎と原則についてであった。アメリカは二十年以上にわたって中国封じ込め政策をとり、中国との往来を拒否してきたため、新しい米中関係の構築に当たって、アメリカ側が新しい対中姿勢を示すことが重要であった。キッシンジャーは、次のように切り出した[14]。

> **キッシンジャー博士**　私たちにとってこれは歴史に残る機会です。というのは、これが米中両国の指導者が双方とも対等であると認め合ったことを基礎にして行う初の会談であるからです。初期の接触では、中国の文化的優越性に対比して、我々は新しい発展途上にある国でした。この百年間に中国は外国の抑圧の犠牲になっていました。さまざまな困難や離れ離れの道を歩んだ後、今日ようやく対等と相互尊重を基礎にして、出会うことになりました。そういうことでお互いに新しい歴史の一ページを今開いています。
>
> 　私たちは今日、世界的な流れによってここでともに結ばれました。現実が私たちを結びつけたのです。現実が私たちの未来を作り上げると

信じています。

これが議論のはじめですから、我々の中華人民共和国に対する全般的な態度について述べさせていただきます。

我々は、中華人民共和国は、その業績、伝統、イデオロギーと力を持つがゆえに、アジアの平和、世界の平和に関わるすべての問題に平等を基礎にして参加すべきだと考えています。あなた方が国際的な協定を形成するのに相応しい役割を果たすことは、我々の利益でもあり、何よりも世界の利益にかなうことだと考えています。

もちろん、私たちの間に深いイデオロギー的な相違があることを承知しています。あなた方はご自分の理念が勝利するという信念に身を捧げておられますし、我々は、我々で将来に対する確信を持っています。肝心なのは、どちらが正しいのかの判定は両国とも歴史に委ねることであり、その間、対等・相互尊重の基礎に立ち、人類福祉のために相互に関心のあることについて協力し合うことです。

（中略）

キッシンジャー博士 力強く発展している中華人民共和国が合衆国の本質的な利益の脅威となるものではない、とニクソン大統領は確信しています。

キッシンジャーの発言を受けて、周恩来は、次のように述べた。

周恩来総理 双方の立場や世界観が異なっていることは明確です。あなたが今おっしゃったように、双方がそれぞれの信念を持ち、自分たちの考えが実現するだろうと確信しています。しかし、このことは、太平洋の両側の二国が、あなたがおっしゃったような、共存と対等と友好のためのチャンネルを探すことの障害にはなりません。

　最初の問題は対等の問題でした。別の言葉では相互性の原則です。すべてのことは相互的に行わなければなりません[15]。

新しい米中関係の政治的基礎と原則については、これで基本的に確認さ

れた。キッシンジャーと周恩来の発言を要約すると、それは、以下の四点にまとめることができると考えられる。

　第一に、新しい米中関係は、対等と相互尊重を基礎とし、協力、共存と友好を求めるものである。

　第二に、アメリカは、国際政治への中国の参加と役割を認めかつそれがアメリカの利益に一致すると考える。

　この二点は、アメリカの対中認識と政策の根本的な転換であるといえる。

　第三に、米中関係を転換させたのは、「世界的な流れ」であり、「現実」である。

　第四に、米中間に「深いイデオロギー的な相違」「立場と世界観の違い」があるが、重要なのは、判定を歴史に委ね、人間福祉、共存、対等と友好で協力することである。いわば、イデオロギー、価値観の相違を認識または容認した上で、対等、共存、友好関係を築くということである。

　キッシンジャー 10 月訪中時のコミュニケについての議論では、イデオロギー・世界観の相違が大きな問題になり、また、72 年 1 月ヘイグ訪中時は、ヘイグの発言にここで確認された原則に反するものがあったため中国側の反発を買ったが、上述した新しい米中関係の政治的原則は、ニクソン訪中に至る米中交渉、米中関係の中で基本的に守られたと思われる。

2　アメリカのベトナム問題と台湾問題リンケージ戦術

　米中関係の政治的基礎を確認したうえで、双方の議論は具体的な問題に入った。議論するテーマとしてキッシンジャーは、台湾、インドシナ、その他の主要国との関係、南ア情勢、両政府間のチャンネル、軍備管理、その他中国が提起したい問題をあげ、インドシナ問題を第二のテーマとして、台湾の次に上げた。しかも、キッシンジャーは、インドシナ問題に関するアメリカの「見解を述べる機会を求めた」[16]を強調し、台湾問題をインドシナ問題に絡ませる戦術に出た。

　周恩来が台湾問題についての見解を述べ、キッシンジャーの意見を求めると、キッシンジャーは、議論を進める方法を聞くという巧妙な形で、「総

理が台湾問題について述べられましたから、私はインドシナ問題についての見解を述べ、また総理の台湾問題についての見解に対して私が意見を述べ、総理が私のインドシナ論に対して意見を述べる」という議論の進め方を示す形で、明確にインドシナ問題と台湾問題を絡ませた。周恩来は、台湾問題とインドシナ問題と関連があるとキッシンジャーが考えるならば二つの問題を一緒に議論してもいいと答えると、キッシンジャーは、台湾問題とインドシナ問題は「ある程度関連がある」と述べた[17]。明らかに、キッシンジャーは、台湾問題とインドシナを絡ませ、中国が最も重要視する台湾問題を持ち出すと、アメリカは最も重要視するインドシナ問題を持ち出すという戦術であった。インドシナ問題を台湾問題にリンケージさせるという方法は、米中の事前接触の当初からアメリカ側が使ってきたものであるが、ここではさらに明確にこの戦術に出た。

　台湾問題とインドシナ問題の具体的な関連性について、キッシンジャーは、台湾におけるアメリカの軍事展開は、三分の一は台湾防衛のためであるが、三分の二はアジアの他の地域の活動に関与しており、この部分の米軍は、「インドシナ戦争が終わって定められた短期間内に撤退させても結構です」[18]と述べた。中国側が最初から求めていたのは、米軍が台湾と台湾海峡から撤退することであったが、その中国側にとって最も重要な問題を、アメリカは、インドシナ戦争と関連付けたのである。すなわち、台湾防衛にかかわる米軍は、米中二国間の関係いかんで、両国間でその撤退を決めることができるが、他の三分の二の撤退は、インドシナ戦争の行方によって決めるわけで、明らかに、アメリカ側は、台湾問題をカードとして用いることで、インドシナ戦争問題解決のための中国の協力を引き出そうというものであった。

　このように、キッシンジャーは、冒頭から台湾問題をインドシナ問題に絡ませる戦術に出たが、台湾問題解決の時間についても、キッシンジャーはインドシナ戦争と関連付けて次のように述べ、台湾と台湾海峡からの米軍撤退がインドシナ戦争に左右されるとの立場を再度示した。

　「もし東南アジアの戦争が終結するならば、軍事問題の主要な部分は

大統領の今任期中に解決されることでしょう。政治的問題は、大統領の二期目の早い時期に解決されるでしょう」[19]。

この第一回会談で、周恩来は台湾問題を米中間の核心問題として強調したが、キッシンジャーの台湾問題をインドシナ問題と絡ませる戦術に対しては、明確な反応を示さなかった。台湾問題とベトナム・インドシナ問題の相互関連についてどう決定すべきかという問題は、上述したように極めて重大な問題であり、総理である周恩来でさえ、決定権がなかったと考えられる。

一方、中国側が最も重要であると主張し、米中間の「唯一の問題」[20]として強く強調した台湾問題に関して、この第一回会談で、キッシンジャーは、アメリカ側の基本姿勢を明らかにした。「一つの中国」に関して、キッシンジャーは、アメリカは「二つの中国」や「一つの中国、一つの台湾」による解決を擁護しないと表明し、台湾の政治的将来は中国が示した方向に展開せざるを得ないと予測し、政治的問題はニクソン政権の二期目の早い時期に解決するであろうと表明した。米軍撤退に関しては、キッシンジャーは、ベトナム・インドシナ問題にリンケージさせながらも、その三分の二は「インドシナ戦争が終わって定められた短期間内に撤退させても結構で」、他の三分の一は米中関係が改善されれば削減してもいいと述べた。これは、中国側の米中会談に関する八項目方針の第一項目に照らして言えば、台湾と台湾海峡から米軍撤退は確認されたものの、「期限を設けて」というポイントに関する「原則的な議定」という方針を満たしていないものであると考える。しかし、全体的に見れば、キッシンジャーが示したアメリカ側の台湾問題に対する基本姿勢は、中国側が主張したものと非常に近いものになっていたことは明かしたのである。

3　ベトナム問題に関するアメリカの基本姿勢

キッシンジャーは、アメリカのベトナム問題・インドシナ問題についての基本姿勢を明確にし、米越秘密交渉におけるアメリカの立場などを紹介

し、かつベトナム問題を台湾問題に絡ませた上で、中国の協力を求めた。

　キッシンジャーは、まず、中国の「原則と友情を知っている」と述べ、そして、「平和の時期が来た」と述べた上で、アメリカのベトナム・インドシナ問題解決の基本姿勢について、次のように述べた[21]。

　キッシンジャー博士　我々がベトナム戦争を交渉を通じて終わらせたいと思っていることは保証できます。そしてあなたが先ほどおっしゃったように、ベトナムとインドシナからすべての軍隊を撤退させる日程を定める用意ができていることも確約できます。
　しかし、我々は、こちらの名誉と自尊心に矛盾しないような解決を求めています。もしそれが得られないならば、戦争は続くことでしょう。それはあなたが言われたような結果をもたらし、私たちの利益に反して、関係改善の妨げになるでしょう。

　すなわち、アメリカの基本姿勢は、以下の四点にまとめられる。

①交渉を通じてベトナム戦争を終結させたいこと。
②米軍が完全にインドシナから撤退し、かつ、軍撤退の日程を定めること。
③アメリカの「名誉と自尊心」に矛盾しない解決を求めること。
④戦争が継続することは米中関係改善の妨げになること。

　これに続き、キッシンジャーはアメリカにとっての「困難」を強調した[22]。それは、米越の視野の違いとベトナムの猜疑心であるとキッシンジャーは強調した。

　キッシンジャー博士　こちらが困難と判断している一つは、率直に申し上げますと、我々は、問題を世界の平和という見地から見ていますが、北ベトナムと解放民族戦線は、たった一つの外交政策しか持っていません。つまり、インドシナのことだけなのです。

ハノイは非常に疑っていることは知っています。彼らは戦場で戦いとったものを交渉のテーブルで失うことを恐れているようです。

そして、キッシンジャーは、最近の二回の米越秘密交渉、すなわち5月31日と6月26日の米越秘密会談について紹介した。5月31日の秘密会談でアメリカはベトナムに、①ベトナムからの撤退の日限を設けること、②解決の一部として、インドシナ全域で休戦すること、③すべての捕虜を釈放すること、④ジュネーブ協定を尊重することなどを提案した。6月26日、レ・ドク・トは9項目提案を持って回答した。アメリカから見ての問題と障害について、キッシンジャーは、二つの問題と二つの障害をあげた。

①ベトナムが提示した米軍撤退の期限が71年12月31日で短すぎる。12ヶ月以内なら可能である。
②ベトナム側は賠償を請求している。これはアメリカの名誉と矛盾する。平和が達成すれば自発的に援助を与えるが[23]。

これはキッシンジャーのいう二つの問題であるが、同時に、これはベトナムとの間で解決できるとの考えも示した。これを踏まえたうえで、キッシンジャーは、「二つの障害」を強調した。

キッシンジャー博士 その一つは、北ベトナムが平和の条件として、我々がサイゴンの現政権を放り出すことを事実上要求していること。二つ目は、我々が撤退する間のインドシナ全域での休戦に同意を拒んでいること[24]。

キッシンジャーは、第一「障害」について、すなわちなぜアメリカがそのような要求を呑めないかについてここでは述べなかった。米軍が撤退すれば、ベトナムの政治的目的が自ずと達成されること、米軍撤退が長引けば長引くほどサイゴン政府が強化されることを述べるのにとどまった。休戦が不可欠の理由として、キッシンジャーは、もし米軍撤退中に「友軍が

攻撃を受けるなら、我々がまた戦争に引きずり込まれてしまうからです。また紛争が始まり、予想もできない結果をもたらすでしょう」と説明した。

4　ベトナム問題に関する中国側の基本姿勢

アメリカのベトナム問題に関する基本姿勢の説明をキッシンジャーから聞いた後、周恩来は中国のインドシナ問題に対する基本姿勢を次のように述べた。

　周恩来総理　ベトナム問題とインドシナ問題を解決するための我々の態度は、次の二つからなっています。
　　第一点は、インドシナにおけるすべての米軍、及び合衆国に追随してきた外国軍は撤退すべきこと。
　　第二点は、インドシナ三国人民だけに彼ら自身の運命の決定が委ねられること。

周恩来はこれを「二つの原則」と称することもあったが、この周恩来発言に対して、キッシンジャーは即座に、「二点とも賛成です」[25]と答えた。

後述するように、アメリカの基本姿勢などに対して中国側が異議と批判を持っていたが、中国側の基本姿勢に対し、アメリカは賛成した。両者の基本姿勢の一致から言えるのは、インドシナからの米軍撤退、インドシナ三国が自らの運命を決定することが、最初からの合意であり、米中間議論の前提であるということになる。

5　南ベトナム政権の問題

米越交渉のテーブルの上で、グエン・バン・チュー政権の存否がこの時の最大の焦点となっていた。では、米中交渉でキッシンジャーはこの問題についてどう説明したか。

まず、中国側が意見を表明する前に、キッシンジャーは次のように述べ

た。

　　キッシンジャー博士　我々はリアリストだといいたいと思います。平和が実現すれば、我々はそこから一万マイルも離れたところに退き、彼らはそこに居続けられるのです。ですから、彼らが守りたくなるような平和を確立することが我々の利益にかないます。再び戦争が起こることを我々は望みません(26)。
　　（中略）
　　キッシンジャー博士　政治的解決について、彼らは現在の政府は米軍の力だけに支えられている幽霊政権だと主張しています。もしそれが本当なら、我々の軍隊が撤退すれば、彼らが語り望んでいる条件がもたらされるでしょう。さらに彼らは非現実的です。戦争が長引けば長引くほど、我々はサイゴン政府を強化してしまい、撤退すれば撤退するほど彼らの求めに答えられなくなるのです。彼らは戦争を続けると脅かしていますが、それは彼らの要求を実現することを不可能にしてしまいます。それも我々が望むならまだしも、望んでいないのです。
　　（中略）
　　キッシンジャー博士　大統領に代わって厳粛に申し上げます。……我々は、南ベトナムの政治的解決を事態の推移に委ね、ベトナム人のみに任せます。
　　解決は南ベトナム人民の意思を反映し、干渉されることなく、彼らの将来を彼らが決定できるように保証されなければならないと思います。我々は再びベトナムに介入することはなく、政治的成り行きを甘んじて受け入れます(27)。
　　（中略）
　　キッシンジャー博士　とにかく我々が希望するのは、インドシナの国民が軍事紛争なしに彼らの将来を決定することです(28)。

　また、キッシンジャーは、「ここを立ち去った後、7月12日に私はパリでレ・ドク・トに会い、今概要をお話した線に沿って別の提案をするでしょ

う」⁽²⁹⁾と言ったが、上述キッシンジャー発言は、5月31日と6月26日米越秘密交渉でのキッシンジャーの姿勢とほとんど変わらず、周恩来に対するリップサービスに過ぎない。

　キッシンジャーの上記説明には曖昧ないし自己矛盾なところがある。「ベトナム人のみに任せる」ことは、「南ベトナム人民の意思を反映し、干渉されることなく、彼らの将来を彼らが決定できるように保証されなければならない」ということには必ずしもならない。北ベトナムの「干渉」は、同じ「ベトナム人」ではあるが、南ベトナムに対する「干渉」と見なされる可能性もある。実際、アメリカはこれまでそう主張してきた。北ベトナムの「干渉」があった場合、アメリカはそれでも「再びベトナムに介入することはなく、政治的成り行きを甘んじて受け入れる」かどうか、ここでは不明である。

　さらに問題なのは、「インドシナの国民が軍事紛争なしに彼らの将来を決定する」というアメリカの「希望」である。

　キッシンジャーのこの説明を聞いて、周恩来はまずベトナム問題の経緯を説明し、自己批判も兼ねて、アメリカを批判し、ベトナム人が1954年のジュネーブ会議で騙されたと感じているため、疑い深くなるのも理解できるとの意見を示した。それに対して、キッシンジャーは、54年と71年のアメリカの政策の違い、すなわち54年ダレスの政策は反共的イデオロギー政策だが、71年ニクソンの政策は現実主義政策であると説明した上で、より踏み込んだ発言をした。

キッシンジャー博士　もし国民が自己防衛したいと思うなら、自分の努力に基づいて行うべきであり、一万マイル先の国の努力に基づくのではないと考えます。
ですから、我々がベトナムから撤退しようというのは、ほかのやり方で再び介入を計るという策略を考えているというのではありません。過去の夢ではなく、今の現実に外交政策の基礎をおきたいと考えているのです⁽³⁰⁾。

ここで、キッシンジャーは、南ベトナム政権の「自己防衛」を強調し、アメリカは再びインドシナに戻らないことを明言したといえる。
　周恩来は、中国が提示する二つの原則に関する細目の話をした時、さらに南ベトナム政権を「悪の病根」とし、米軍が撤退した後も内戦が続く場合のアメリカの姿勢を質した。それに対して、キッシンジャーは、「軍事紛争なし」解決というアメリカの「希望」と南ベトナムという地域限定を捨てることになる。

> **周恩来総理**　……もし米軍が撤退しても、悪の病根がまだ残るなら、ベトナム人民は惨めな地獄へと投げ出され、虐殺の危険にさらされてしまいます。内戦は依然として続くでしょう。
> 　その結果をどのように引き受けますか？合衆国は十年間軍隊を送り込んできました。このことに答えなければなりません。
> **キッシンジャー博士**　二つのレベルでお答えします。
> 　第一に、我々は誓ってインドシナ全域で休戦をします。第二に、その際インドシナの全勢力がお互いにある相違を解決するためにそれなりの努力をすべきでしょう。
> 　第三に、我々は子供ではありません。また、歴史も平和協定締結の日に止まってしまうのではありません。もし地域の勢力が再び発展し、外部からの支援を受けないなら、我々は二度と一万マイル先からやってくるようなことはありません。我々は歴史を止めるような条約を提案しているのではありません[31]。

　周恩来の発言は、「とにかく我々が希望するのは、インドシナの国民が軍事紛争なしに彼らの将来を決定することです」とのキッシンジャー発言を否定するものであるが、それに対し、キッシンジャーは、「誓う」「アメリカは子供ではない」などの言葉を使って、アメリカの姿勢をさらに明確に強調した。「子供ではない」アメリカは、米軍撤退後も内戦が続くことを予想しており、それでもアメリカは介入しないということである。また、第三点も重要である。地域を南ベトナムに限定せずにインドシナに限

定し、したがって「外部」からの支援または干渉は、南ベトナムの「外部」ではなくインドシナの「外部」になるからである。

周恩来はさらにアメリカに譲歩を迫り、夕食のときも同じ姿勢であったが、キッシンジャーは、「休戦と捕虜の解放があれば、合衆国軍の完全な撤退と将来をインドシナ人民に委ねる」というアメリカの立場を繰り返した[32]。

夕食での会話もインドシナ問題が中心であったが、夕食後の会談再開でも、周恩来は、ベトナム問題でさらにアメリカを攻めた。周恩来は引き続き、米軍の即時完全撤退、南ベトナム政権の崩壊、内戦の継続を主張し、そしてアメリカによる南ベトナム支援を問題にした。

> **周恩来総理** 南ベトナムの傀儡たちに援助がなかったならば、サイゴンの体制はとっくの昔に崩壊していたとはっきり言えるでしょう。どうしてあなた方はこの問題に尻尾を残したがり、諦めようとしないのですか？
> （中略）
> **周恩来総理** ……我々の見解では、ただ完全に撤退すればいい。どのように、など考えないことです。彼らは戦うかもしれません。我々は干渉しません。彼らは自分の問題を自分で解決すると信じています。
> （中略）
> **周恩来総理** あなた方はこの体制（チュー政権）を軍事援助のようなことで支持し続けるのですか。軍隊は置かないといわれましたが、軍事援助があればまた支持し続けることになります[33]。

これらの批判または質問に対して、キッシンジャーは、次のように答えた。

> **キッシンジャー博士** 我々が提案しているのは、早く交渉をしようということです。撤退に最終期限を設ける、撤退中は休戦する、交渉でいくつかの試みがあるだろう、と言っているのです。もし協定が失敗

すれば、ベトナム人民は決着が着くまで戦うでしょう。
　（中略）
　キッシンジャー博士　我々の立場は何か特定の政府を南ベトナムに残すというのではありません。平和協定がなった場合には、我々が政府に与え得る援助を制限する特別の義務や、平和協定の後にその政府との関係を限定する義務も引き受ける用意があります。
　我々は、同盟の始まりがどうであったかにせよ、自分たちが同盟してきた相手を人民が打倒するのに参加することができません。
　あなたがお考えのように政府が不人気であるならば、我々の軍隊の撤退が早ければ早いほど、打倒されるのも早くなるでしょう。もしそれが撤退後に打倒されても、我々は干渉しません。
　（中略）
　キッシンジャー博士　我々は国際的に合意された南ベトナムの地位を受け入れる用意があります。つまり、我々がまだ維持する軍事援助の量と種類を厳密に制限することです。
　（中略）
　キッシンジャー博士　（インドシナ全域での休戦は）しばらくの時間です。時間制限をしてもかまいません。たとえば十八ヶ月くらい[34]。

　キッシンジャーはここでも、米軍撤退の間にインドシナ全域で休戦すれば、その後戦いが起こり、チュー政権が倒れてもアメリカは干渉しないと明言し、かつ、協定が失敗し、戦争が続くことまで予測した。また、ここで、キッシンジャーは、アメリカのさらなる譲歩を提示した。すなわち、平和協定の後、アメリカが南ベトナムに与える援助、まだ維持する軍事援助の量と種類を厳密に制限するということである。
　この第一回会談におけるキッシンジャーと周恩来の交渉を見ると、キッシンジャーの発言に明確な変化があり、アメリカはいくつかの譲歩を示したことが分かる。第一、外からの干渉を、「南ベトナム」から「インドシナ」に後退したのである。これは、北ベトナムによる南ベトナムへの介入を容認することを意味し、きわめて重大な譲歩である。第二、インドシナにお

ける「軍事紛争なし」の将来決定の希望を取り下げ、米軍撤退後の戦争を事実上容認し、そしてその場合でもアメリカは干渉しないと明言したことである。さらに、第三、前二項にもかかわらず、アメリカは、平和協定の後、アメリカが南ベトナムに与える援助、まだ維持する軍事援助の量と種類を厳密に制限するという新しい提案である。この新しい提案は、キッシンジャーが進んで提起した具体的な提案である。

 ただし、この時の中国は基本的にベトナム側の立場に立ち、米軍のできるだけ早い撤退とチュー政権打倒を主張したため、米中間の食い違いは残った。そのため、これ以降も両者間に論争が続いた。周恩来は、「二十五年たって、もはや合衆国がヘゲモニーを行使する立場にいることは不可能になりました」(35)と断言し、キッシンジャーは、「この政府(ニクソン政権)は、新しい現実にアメリカの対外政策を適合させる大変困難な作業を行ってきたし、同時に苦痛に満ちた困難な戦争を終結させなければなりません(周、うなずく)。我々は、遠隔の国の防衛はアメリカの優先的な責務にはなりえないという原則を打ち立てました。その責任はまず第一に彼ら自身のもので、第二にその地域の他国(第三国)のものです。そして合衆国は、(ある)超大国が自分の力では対抗しきれないような国々に対してヘゲモニーを握ろうとしてきたときに主として介入すべきです。これが我々が政権についてからの哲学です」と再度ニクソン政権の立場を説明したが、周恩来は、キッシンジャーの最後の点で「見解の相違がある」と指摘し、中国は一切他国に干渉すべきではないとの立場を主張し、また、一方では、アメリカが力を収縮して集中的にソ連に対抗するとのキッシンジャーの考えには理解を示した(36)。

6　中国への協力要請と中国側の反応

 この第一回会談で、キッシンジャーは、中国の協力を求めた。
 まず、ベトナム問題解決に関するアメリカの立場を述べた後に、キッシンジャーは遠まわしに、「平和」のために中国の「できること」を促した。

キッシンジャー博士 大統領は私に対して、平和の時が来た、とあなたに伝えるよう求めました。そちらができることは何か、こちらが言うことではありません。インドシナの戦争が終われば、私たちの関係改善は促進されるだろうと信じています[37]。

これに対して、周恩来は直接答えることなく、アメリカのベトナム介入を批判した上で、中国側のベトナム問題に関する基本姿勢を述べた。キッシンジャーは直ちに中国の態度に賛成すると表明し、そしてより明確な言葉で再び中国の「手助け」を求めた。

キッシンジャー博士 ベトナム人は偉大な戦士であるが、それと同じ資質は平和の達成を困難にしています。ベトナム人民の戦いに対する一途さが、平和への見通しを奪っています。あなたは答えたくないかもしれませんが、誰か彼らの友人が手助けをして、彼らが見通しを持って一定の政治的進展が必要なことを理解するようにすれば、我々は迅速に戦争を終わらせることができます[38]。

キッシンジャーの協力要請に対して、この日の会談では、周恩来は終始明確な答えを避け、ベトナムの立場を支持する発言を繰り返しにとどまった。周恩来一人では決められない問題であったと考えられよう。

第3節　毛沢東の決断と10日会談

1　毛沢東の決断

　周恩来・キッシンジャーの第一回会談は9日深夜11時20分まで続いたが、それが終わると、周恩来はすぐ毛沢東の所に赴き、キッシンジャーと

の会談の内容について報告した。台湾問題とインドシナ問題を関連付けられ困難な選択に迫られているという難題は、毛沢東に投げられた。

米中交渉、この第一回の米中会談でさまざまな問題が出てきたが、中国側にとって、中でもアメリカの台湾問題をベトナム問題・インドシナ問題にリンケージさせた問題は難題であったと思われる。

中国側は、台湾問題の解決、すなわち中国の統一問題の最終解決を求めてきた。アメリカとの関連では、台湾問題は、アメリカによる一つの中国の承認と、それに関連する台湾と台湾海峡からの撤兵という二点である。5月29日に最終的に決定した米中会談の八項目方針は、アメリカが期限を設けて台湾と台湾海峡から撤兵することを事前協議によって議定する事項として規定し、「一つの中国」を米中国交の条件とした。そこで、ニクソン訪中の準備会談であるキッシンジャーとの交渉では、アメリカの台湾と台湾海峡からの期限付き撤兵は中国側にとってまさに最大の焦点の一つであった。キッシンジャーは、米軍の台湾と台湾海峡からの撤退に応じたものの、それをベトナム・インドシナ問題と関連付けて、中国側のベトナム問題解決への協力を求めたのである。

周恩来の報告を聞いた後、毛沢東は少なくとも二つの指示を出したと思われる。解決の時間に関してはインドシナ問題を台湾問題に優先させることと、ニクソンが北京に来る前にまずソ連を訪問するようアメリカ側に提案するという指示である。

毛沢東は、周恩来の報告を聞いた後、次のように発言したという。

> アメリカは更生しなければならない。アメリカはベトナムから軍隊を撤退させなければならない。台湾は急がない。台湾では戦をしていない。ベトナムでは戦をしている。人が死んでいるのだ。我々はニクソンを来させるには自分たちだけのためではだめだ[39]。

これは、台湾問題とインドシナ問題の原則と進展を確認した内容に基づき、二つの問題の解決の時間的優先順位に対する毛沢東の明確な指示であった。また、これは、インドシナ問題を台湾問題に絡ませるというアメ

リカのリンケージ戦略を無効にする役割も有するといえる。

　ベトナム外交部の『中国白書』は、「北京の思惑は、ベトナム問題を利用して、台湾問題を先に解決するということであった」が、「ベトナムは、自己の自主独立路線を強く堅持した」ため、中国の「企み」が失敗したと述べている[40]。しかし、これは明らかに事実に悖る。中国の指導者は、ベトナム問題を利用して台湾問題を先に解決しようとしたのではなく、むしろ、それとは逆に、台湾問題を急がせない姿勢をとる一方、ベトナム問題の解決を急がせる方針をとったのである。中国側のこのような決定は、ベトナム側と協議する前に下したものであることから、この決定は、「ベトナムは自己の自主独立路線を強く堅持した」ためではなかったことも明らかであろう。

　台湾問題とベトナム・インドシナ問題の相互関連という極めて重大な問題について、周恩来は9日の交渉で即断することができなかった。だが、毛沢東のこの指示を受け、翌日以降の周恩来は、この問題に関して交渉に臨んだ。

　なお、毛沢東のもう一つの指示は、ニクソンが北京訪問の前にまずソ連を訪問するようアメリカ側に提案するというものである。10日以降の交渉で、周恩来はキッシンジャーに対して、真剣にニクソン訪ソの先行を求めたが、これが毛沢東の指示であったことは、翌年ニクソンと会談するときに初めて明らかにしたようである。72年2月22日に行われたニクソン・周恩来第二回会談で、周恩来は次のように述べた。

　周恩来　我々は米ソ関係の改善には決して反対しません。
　　キッシンジャー博士はそのことで証言できると思います。我々は大統領がまずソ連を訪問しそれから中国に来られたらどうかと言いました。毛主席はそのようにキッシンジャー博士に伝えてほしいと私に言いました。つまり、先にソ連に行くことが利益になると感じられたら、そうできたわけです。利益というのは、一方的なものではなく、双方の、また世界全体の利益です[41]。

2　10日の会談

　周恩来・キッシンジャーの第二回会談は、10日の午後12時10分から18時まで行われ、第一回会談と同様、長丁場の会談であった。周恩来は、第一回会談では初対面の客に対する礼儀で遠慮もあったが、第二回会談では「より強硬な路線をとった」(42)とキッシンジャーは感じた。周恩来は、中国側の世界観、原則論を繰り返したが、キッシンジャーからさらなる譲歩を得ることができなかった。米中間の相違が依然大きいため、周恩来は、毛沢東の指示に基づいて、曖昧な形でインドシナ問題の解決を台湾問題に優先させるとの中国側の姿勢を述べ、そして、ニクソンが先に米ソ首脳会談を行い、その後に北京を訪問することを提案した。また、周恩来は、キッシンジャーによる再度の協力要請に返答しなかった。

1.中国の世界観とベトナム問題

　第一回会談では、米中双方とも、イデオロギー、世界観の相違を認めたが、この第二回会談では、周恩来は、中国の世界観を詳細に述べアメリカを厳しく批判し、かつ、中国の世界観とベトナム問題との密接的な関連性を明らかにした。周恩来は、「世界全般の情勢」として、次のように長く述べた。

> **周恩来総理**　昨日の初めから終わりまであなたは、インドシナ問題をただインドシナの問題として見ないで、全般的な世界情勢とかかわりがある事例としてみてほしいとおっしゃってきました。
> 　昨日あなたは、我々が達した包括的な合意を、世界とアジアにおいて私たち二国間の平和に役立つようなやり方で、実施に移す方法を見出すべきだといわれました。
> 　　これは本当に包括的な問題です。昨日の後半の議論に入ったときに、第二次世界大戦後の世界情勢は緊張緩和ではないと申し上げました。それどころか大戦後も戦争が絶えたことがありません。世界戦争がありませんが、抵抗戦争、侵略戦争、内戦を含め地域的な戦争があ

りました。……現在のような状況から抜け出すことができるといえるでしょうか？現在の状況では、それが可能だとはあまり言えないでしょう。

（中略）

周恩来総理 情勢が緊張緩和に向かうことができるでしょうか？昨日私はこう言ってお答えしました。私たちの関係の中で、双方が緊張緩和の努力をすべきだと。

しかし昨日あなたが示した時間表についていえば、可能だと思えません。つまり、あなた方がインドシナ撤退でたどる段階と撤退と両国間の関係正常化との関連のことで、それはそちらの大統領からヤヒア・カーン大統領を通じて我々に送られた最初のメッセージにあったものです。

（中略）

周恩来総理 我々の哲学によれば、抑圧のあるところに抵抗があります。あなたはこれに関して毛主席の人民戦争論に言及されました。しかし、そのような抵抗はあなた方の抑圧、転覆活動、干渉に刺激されているのです。取り上げるべきもう一つの側面は、二つの超大国の競争です。その結果、客観的事実によれば世界は緊張緩和に向かっていません。逆に混乱のまま推移しています。

このような混乱の世界で、中国はどんな犠牲を払っても自らを守る決意であり、ベトナム人民やインドシナ人民も同じことだと思います。彼らも同じように考えています。私が昨日申し上げたように、ベトナム人民は、もし自分たちが平和に暮らすことを許されないならば、さらに百万人を犠牲にしても戦い抜くのにやぶさかではないと決意を固めています。

（中略）

周恩来総理 あなた方については、南ベトナムでの侵略と抑圧は十年続いています。大小を問わずすべての国が平等だという観点に立てば、あなた方もベトナム人民の尊厳と名誉と栄光を尊重しなければなりません。あなたが哲学と呼ぶものを議論する際には、我々は冷静な

仕方で客観的な世界の発展を見なければなりません⁽⁴³⁾。

周恩来はここで、中国の世界観を述べ、そしてこの世界観とベトナム問題が密接に関連することを明らかにしたのである。すなわち、中国の世界観の一つとして、大小を問わずすべての国が平等であり、抑圧や干渉のあるところに抵抗が生まれることは当然なことで、その代表的な例はベトナムである。ベトナム問題と中国の価値観、イデオロギーとの関係は、このように明確である。中越関係がすでに変質し、すでに「兄弟」「事実上の同盟」とは言えなくなっても、イデオロギーにおけるベトナム問題の重要性から、中国はベトナムを引き続き支持しなければならないのである。

2.基本姿勢は9日の繰り返し

具体的にインドシナ問題に入ると、周恩来は、引き続き厳しくキッシンジャーに迫ったが、話の内容は9日の交渉と基本的に同じものであった。

> **周恩来総理** 第二はインドシナ問題です。申し上げたように、我々はビン女史の七項目提案を支持し、公式にもその支持を表明しています。昨日はあなた方の軍隊の撤退とあなた方についてきた他の国々の軍隊の撤退という要の問題を議論しました。あなた方の二つの傀儡については、注意を払う必要はありません。なぜなら、そうすることはあなた方の信用を落とすだけで、何の名誉にもならず、かえって不名誉になるからです。もちろんあなた方が傀儡を変え、連立政府を作ろうとするならば、そのほうがましです。彼らが同意せず、あなた方はただ放っておけば、彼らは自滅するでしょう。……そうすることによってあなた方は客観的世界の混乱を変え安定化させる努力をすることになるでしょう。そうせずに、事態を混乱させたまま引きずるならば、あなた方が撤退したとしても、結果はより大きな混乱となるでしょうし、戦争の火が再び燃え上がるでしょう⁽⁴⁴⁾。
>
> （中略）
>
> **周恩来総理** 閣下は昨日、軍隊の撤退と軍事基地撤去に期限を設ける

とおっしゃいました。どのように期限を設定するかはベトナム人民と交渉してください。我々は彼らに代わって話す立場にはありません。しかし、この問題に対する希望を言えば、あなた方が完全に撤退し、技術顧問を含めて、尻尾を残さないことです。第二に、あなた方が育てた体制は取り除かれるべきだというベトナム人民の要求は、いかに取り除くかについて、やはりベトナム人民と話し合ってください。我々は干渉しません。

我々は彼らを支持します。戦争が終わらない限り、我々は支持し続けます。支持はベトナム人民に対してだけでなく、カンボジアやラオスの人民に対してもです。もちろん彼らは同じ戦場で戦っているといっていることはご存知でしょう。

しかし、いかなる制度を彼らが採用すべきか、そして反動体制を打倒した後どんな最終解決にたどり着くのかは、彼らが決めるべきことであって、我々は干渉しません。

（中略）

周恩来総理 我々があなた方に求めているのは、（ベトナムから）去って交渉を通じて彼らが自分の制度を選ぶのに任せなさいということです[45]。

このような周恩来の発言を受け、キッシンジャーは、9日の発言より幾分さらに明確な回答をした。

キッシンジャー博士 インドシナ問題に関して我々の基本的立場はすでに総理にご説明したと思います。付け加えたいのは、他の国々、特に我々が協調し始めた他の国々が、我々の問題を理解と忍耐を持ってみるケースの一つだということです。あなた方の1954年の経験が、総理のおっしゃる尻尾が何らかの形で残されると、我々がまた介入する機会を残すだろう、という確信に導いたのだということが分かりました。しかしそれ以来我々がしてきた経験から見れば、そして昨夜私が総理にご説明したような変化した哲学から見れば、それは我々の目的

ではないし、目的ではあり得ません。
　我々が求めるのは、軍事的撤退と政治解決の間の移行期です。我々が再介入するためではなく、ベトナム人民と他のインドシナ人民が自らの運命を決定できるようにするためです。
　その移行期においてでさえインドシナ諸国に与えられうる援助の形を制限することを受け入れるのにやぶさかではありません。もしインドシナ諸国が外部からの軍事援助を受け入れたくないのなら、我々はすべての軍事援助の廃止を考えてもかまいません。
　総理に昨日申し上げ、また繰り返しますが、米軍の完全撤退の後、インドシナ人民が政府を変更しても、合衆国は干渉しません。
　合衆国は人民の意思による決定を黙って受け入れます。
　総理は喜んで命を捧げる百万人のベトナム人のことをおっしゃいましたが、総理に申し上げたいのは、これ以上さらに百万もの命を失う必要はないということです[46]。

　このキッシンジャー説明を受けても、周恩来は依然として繰り返しキッシンジャーに迫った。キッシンジャーは、これ以上議論しても実りあるものにはならないとした。

3.中国への協力要請と中国側の反応
　一方、この第二回会談でも、キッシンジャーは、再度遠まわしに中国の協力を求めた。

キッシンジャー博士　向こうが交渉に気持ちよく、善意を持って、共通の目的を理解して臨むならば、交渉は成功することができます。
　我々は中華人民共和国に対して、友人たちへの援助をやめるよう求めているのではありませんし、総理に同盟国と個人的にこう話してほしいとお願いしているわけでもありません[47]。

　キッシンジャーは、「お願いしているわけではない」という言い方をし

た。しかし、わざわざこの話題を持ち出して、しかも、周恩来「個人的」と提示したことから、実際は、中国が正式的にはベトナムへの橋渡しをするのが困難であれば、せめて周恩来が個人的に何か協力することができないかと遠まわしに求めたと思われる。

しかし、周恩来は、前回の会談と同様、キッシンジャーの協力要請に応えることなく、アメリカのインドシナ・ベトナム問題解決を促し、中国のインドシナ・ベトナム支援を強調するのにとどまった。

なお、ここでは、ベトナム・インドシナ問題に対するアメリカ側の協力要請をどう見るかという問題がある。アメリカの中国に対する協力要請は、戦争の継続もしくは拡大への中国の対米協力ではなく、米軍の継続駐留への対米協力ではなく、南ベトナムレジームの存続への対米協力でもなかった。アメリカの協力要請は、米軍のベトナムからの早期撤退、平和の早期達成である。かつ、米軍が撤退した後は再び戻ってこないという約束をして、南ベトナムレジームの打倒も歴史の流れに任せ、アメリカはそれを受け入れるという了解の上での協力要請である。レ・ズアン自身、「アメリカ人が彼らの失敗を認識してから、彼らはすぐに、中国人を利用して彼らの南ベトナムからの撤兵を加速させようとした」[48]と述べ、アメリカが中国を利用しようとした目的は、戦争の継続ではなく、米軍の撤退を加速させることであるとの認識を示している。

4.台湾問題とインドシナ問題

この第二回会談で、毛沢東の指示を受けた周恩来は、台湾問題とインドシナ問題が関連していると認め、その上でキッシンジャーが第一回会談で提起した解決を批判した。周恩来はまず次のように述べた。

> 「あなたもおっしゃったように、台湾問題とインドシナ問題は結びついています。しかし、あなたが昨日提起した二者択一は、ただ問題を引き伸ばすだけで、一歩出て次の一歩へと踏み出す前に様子を見るようなものです。その結果は問題を解決する前に、複雑にさせすぎてしまって、進行を止めることもできないところまでいってしまうことに

なるでしょう」⁽⁴⁹⁾。

そして、周恩来は、再度台湾問題に関する原則と時間を強調し、それをキッシンジャーに確認したうえで、次のように述べた。

> **周恩来総理** あなた方は台湾を占領していますが、戦争はありません。ですから我々は十五年間あなた方と議論を続けていくことができます。もとよりそんな状態を続けさせてはいけませんが。
> しかし、ベトナムではまだ戦争をしています、人々は毎日死に、傷ついています。そこであなた方は二つの可能性を考えなければなりません。一つは交渉の成功ですし、もう一つは失敗です⁽⁵⁰⁾。

毛沢東の明確な指示があったにもかかわらず、周恩来は依然、慎重な発言をしたのである。しかし、周恩来は、米軍の台湾と台湾海峡からの「期限をつけて」撤退という問題で、まったくそれ以上の追求はしなかった。ニクソン訪中を含め、米中交渉の全過程を通じて、中国側は、ベトナム問題をめぐってはアメリカと繰り返し交渉したが、台湾と台湾海峡からの米軍の期限付き撤退問題に関しては、アメリカ側が提示した曖昧な期限に対して、交渉のテーブルで一度も追求した事実がなく、米軍撤退の「期限」は曖昧のままにされた。台湾からの米軍撤退は、ベトナム戦争が終結し、ベトナムが統一し、ソ越が同盟を結び、ベトナムがカンボジアを侵略し占領した後のことであった。

5.米ソ首脳会談の先行を要請

この第二回会談で、周恩来は毛沢東の指示に基づき、ニクソン訪ソを訪中に先行させる案を提示しキッシンジャーに了解を求めた。キッシンジャーがホスト役の中国の都合としてニクソン訪中はいつがいいかと確認を求めると、周恩来は、次のように答えている。

> **周恩来総理** ニクソン大統領の訪中の意向を我々が最初に知ったのは

記者会見で公表したときです。そこで彼は希望を表しました。しかし中国政府が招待をすれば、公式の招待となります。もとよりそれは、はっきり言いましたように、重大な事柄です。閣下が発展する事態を分析して言われたように、我々が時期が少し遅れるだろうと考えています。多くのことが議論し尽くされ、さまざまなことが起こった後のことです。

そうすると、次のような疑問が起こります。

たとえば、大統領はソ連訪問やソ連の指導者の合衆国への招待の可能性あるいは大統領とソ連の指導者がどこかで会見することなどを考えたか、というものです。

もしそのような可能性があるならば、ニクソン大統領の訪中前にソ連と会見するのが最善でしょう。

我々は大きな混乱を恐れてはいません。事態の客観的な発展によれば、それもありうることです。しかし我々は意図して緊張を作り上げようとは思っていません。

ピンポン玉を投げただけでソ連が慌てふためいたことはご覧になったとおりです[51]。

周恩来はこのように、ニクソンが先にソ連を訪問することを提案した。

周総理のこの提案は、毛沢東の指示にしたがって提起したものであるが、中国側の苦悩を表していると言える。中国は、「多くのことが議論し尽くされ、さまざまなことが起こった後」に、ニクソンが中国を訪問すると考えていたのである。では、「さまざまなことが起こった後」の「さまざまなこと」は具体的に何を指すのであろうか。台湾問題とベトナム・インドシナ問題が最も重要な「こと」であろうが、しかし、ソ連と関連させていることから、台湾問題というよりも、ベトナム・インドシナ問題を何よりも指していると考えられる。すなわち、中国は、ニクソン訪中はベトナム・インドシナ問題をはじめ「さまざまなことが起こった後」になると考えていた。しかし、ベトナム・インドシナ問題でまだ重要な動きが「起こっていない」この時点で、ニクソンの中国訪問は、中国を困った立場に

立たせることになる。それでも、革命家の毛沢東や周恩来は「恐れない」が、しかし、「最善」なのは、ニクソンが中国に来る前にまずソ連に行くことである。言い換えれば、もしニクソンが中国に来る前にまずソ連に行けば、中国は困った立場から解放されるか緩和されることになるわけである。

キッシンジャーにとって、中国側のこの提案はまったく意外だったようで、その答えは、一旦ニクソン訪ソを先行させる考えを示したがすぐに変化し、10月訪中では明確にこの中国側の提案を拒否したのである。

まず、周恩来からこの提案を受けると、キッシンジャーは、米ソ首脳会談はすでに話し合われ、ニクソンはモスクワ訪問の招待をすでに受けている。ソ連側が招待を引き伸ばしているが、「しかし、大統領とソ連指導者との会見は原則的に受け入れられました。訪問はソ連指導者によって延期されています。今後六ヶ月以内には訪問することになるでしょう」と述べ、72年1月までにニクソンがソ連を訪問する見通しを示した。

周恩来はすぐに、「その場合、大統領の（中国）訪問日程は来年の夏、5月1日以降とか設定したらいかがでしょう。それが大統領にもずっと都合がいいでしょう」[52]と、米ソ首脳会談後のニクソン訪中への決意をキッシンジャーに促した。

キッシンジャーが、アメリカの大統領選挙の問題で、ニクソン訪中は5月より少し早く、3月か4月のほうがいいと答えた。この時間でも、米ソ首脳会談は先に行われることになるため、周恩来はすぐに、「いいでしょう。……しかし、大統領が先にモスクワに行ってその後中国のほうがいいという原則にはご賛成ですか？」と、米ソ首脳会談後のニクソン訪中を「原則」としてキッシンジャーに受け入れを迫った。

しかし、半年以内のニクソン訪ソを考えたキッシンジャーは、ここに来て態度を変え始めた。キッシンジャーはまず、「こちらのソ連との関係は、私たちの中国との関係とは別の問題です」との認識を示した上で、「日程を決めるときに何も起こらないとは約束できません。努力します。モスクワと北京かどちらが先だという条件をつけて会うことはしません」と、周恩来のこの「原則」を否定した[53]。ニクソン訪中の先行は、中国にとっ

て困ることがあっても、アメリカにとって困ることはなく、むしろ、対ソ関係を考える上でもこの方が有利であるからである。

3　11日の最終会談

キッシンジャーが北京を離れる直前の11日午前10時35分から11時55分までに、周恩来とキッシンジャーは最後の第四回会談を行ったが、ベトナム問題に関して、周恩来は、中国の立場を再度強調した上で、パリ交渉が進展するよう期待した。しかし、この最終会談でベトナム問題に関する双方のやり取りに関して、アメリカの会談記録とキッシンジャーのニクソンへの報告書は、食い違いが相当あり、報告書には、会談記録に記されていない下記内容が含まれていた。

> 彼（周恩来）は、次のようなポイントを指摘した。
> ・彼は、我々のパリ会談が成功することを希望し、私の幸運を祈ってくれた。
> 　　　（中略）
> ・彼は、我々はハノイが我々の信じているよりももっと賢いことを発見するだろうと思った[54]。

しかし、この二つのポイントは、アメリカの会談記録にないものである。正式の会談の時にアメリカ側に記録漏れがあったか、双方が立ち上がって別れの挨拶をするときのやり取りか、あるいは単にキッシンジャーの誤解であったかは不明である。しかし、キッシンジャーは特にこの最後のポイントを重要視したようである。キッシンジャーは、次のように分析した。

> これは、彼（周恩来）が北ベトナム人と協議し、一定の影響力を行使できるかもしれないということを意味する[55]。

結語

　本章は、キッシンジャー秘密訪中における米中交渉のプロセスについて考察した。考察結果をもとに、ベトナム・インドシナ問題に関連づけて総括し、本章の結論としたい。具体的にベトナム・インドシナ問題に関連するものについて、米中交渉が始まる前から双方が基本的に一致した部分、交渉を通して変化した部分、そして依然残った食い違いなどを整理し、総括してみたい。

1.議論が開始する前に米中双方がすでに基本的に共通した部分。

①アメリカ軍と米側に立つすべての外国軍隊のインドシナ全域からの完全撤退である。ベトナム戦争を引き起こしたのはアメリカによるベトナム・インドシナ侵略・介入であったので、米軍撤退は最重要前提であったが、この問題は、最初から合意が得られた。これは、米越交渉においても同じことが言える。
②アメリカは「インドシナに軍事基地や軍事同盟国を求めない。そして中華人民共和国が心配するような政策をあの地域で実施することはない」[56]ということである。これによって、中国にとってアメリカはインドシナにおける脅威ではなくなることを意味する。

2.米中交渉で変化した部分。
　まず、中国側の「攻勢」を受けアメリカ側が変化したものが多く見られるが、主に以下の項目をあげることができる。

①南ベトナムにおけるプレーヤーの問題である。キッシンジャーは最初、南ベトナムの問題を「南ベトナム人民」の「意志」によって「干渉」されることなく解決することを主張したが、この主張は、「ベトナム人民」「インドシナ人民」に後退した。すなわち、北ベトナムをプレーヤーと

して認めない立場からプレーヤーとして認める立場に変わった。
② 南ベトナム政権の運命に関する発言は、曖昧な発言から明確な姿勢に変化した。「政治的解決について、彼らは現在の政府は米軍の力だけに支えられている幽霊政権だと主張しています。もしそれが本当なら、我々の軍隊が撤退すれば、彼らが語り望んでいる条件がもたらされるでしょう」という表現から、「我々は子供ではない。また、歴史も平和協定締結の日に止まってしまうのではない」「それが撤退後に打倒されても、我々は干渉しない」と変化した。
③ インドシナにおける「軍事紛争なし」の将来決定の希望を取り下げ、米軍撤退後の戦争を事実上認めた。そしてその場合でもアメリカは干渉しないと明言した。
④ 平和協定の後、アメリカが南ベトナムに与える援助、まだ維持する軍事援助の量と種類を厳密に制限すると、キッシンジャーが進んで新しい具体的な提案を提起した。これは事実上、戦争の「ベトナム化」の見直しないし中止を意味する。

一方、アメリカ側の交渉姿勢と交渉戦略を受け、中国側にも大きな変化が見られた。

① 時間的にベトナム・インドシナ問題の解決を台湾問題に優先させるという方針が明確になった。
② 米ソ首脳会談先行を要請した。

3. 残った食い違い（双方とも原則論を繰り返し、また中国は基本的にベトナムの立場を繰り返した点）

① チュー政権の問題。中国はベトナムの立場を支持してチュー政権の排除を主張したが、アメリカは、米軍撤退後の政治的進展を受け入れると表明したものの、自らの手によるチュー政権の排除を拒否した。
② 米軍撤退中の停戦問題。中国はアメリカだけとの停戦を主張したが、ア

メリカは、全面停戦を主張した。
③米軍撤退の期限の問題。中国は米軍の即時完全無条件撤退を主張したが、アメリカは、捕虜釈放という条件付きと期限付きの撤退を主張した。
④最大の食い違いは価値観の違いであるが、この秘密訪問では大きな論点にならなかったため、次回の訪問特にコミュニケをめぐって双方が激しく論争することになる。

なお、キッシンジャーは、次回の訪中までベトナム問題で進展するとも約束した。

以上の中国側の角度からのベトナム・インドシナ問題に関連した論点整理により、次のような結論を導くことができる。

①中国にとって、ベトナム問題は米中接近の理由、動機、内容、手段のいずれの側面でも決定的なものではなかったが、サブイシューとしては非常に重要なテーマであった。そのため、中国はベトナム・インドシナ問題を重要視した。
②中国側は、ベトナムの抗米戦争に対する米中接近の一時的な消極的影響を考慮に入れたが、長期的にはベトナムにとっても有利なことと判断した。また米中関係の改善、米中交渉を通して、ベトナムの抗戦とパリ平和交渉を助けると決めた。したがって、ベトナム問題に対処することも、周恩来の主な交渉任務の一つであった。
③台湾問題とベトナム問題における原則と進展を確認したうえで、中国側は、アメリカ側の台湾問題をベトナム・インドシナ問題にリンケージさせる戦術に対して、時間的にベトナム・インドシナ問題の解決を台湾問題に優先させる方針をとった。
④そのため、中国側は、米中会談「八項方針」の第一項目方針である「期限をつけて」台湾と台湾海峡からの米軍撤退を原則的に議定するという方針を棚上げにする結果となった。中国は、時間的にベトナム問題の解決を優先したため、米中交渉の中では、この問題に関する交渉努力すら

ほとんど見られなかった。

第 4 章脚注

（1）1971 年 3 月、「関於美国問題的講話記録（アメリカ問題に関する講話の記録）」、極秘、第 21 ～ 26 頁。どのような会議での講話かは記されていなく不明である。湖南省档案館所蔵、全宗号 241、目録号 1、巻号 1119。
（2）1971 年 4 月 7 日、「周総理会見旅遊和外援工作会議参加者的談話紀要（周総理が旅遊工作、対外援助工作会議参加者を会見するときの談話紀要）」、極秘、第 16 ～ 36 頁。湖南省档案館所蔵、全宗号 241、目録号 1、巻号 1117。
（3）前掲、「関於接待工作的講話記録」、第 4 頁；1971 年 4 月 20 日、「関於対外宣伝問題的講話記録（対外宣伝問題に関する講話記録）」、極秘、第 7 頁；1971 年 4 月 22 日、「関於亜洲問題的報告記録（アジア問題に関する報告記録）」、極秘、第 5 頁。いずれも湖南省档案館所蔵、全宗号 241、目録号 1、巻号 1119。
（4）前掲、『周恩来外交活動大事記』、第 644 頁。
（5）前掲、『周恩来年譜』（下）第 458 ～ 463 頁；沈志華・李丹慧「中美和解与中国対越外交 1971 ～ 73」、『美国研究』2000 年第 1 期、第 98 ～ 116 頁。
（6）前掲、『周恩来年譜』（下）、第 458 頁；宮力、「中国的高層決策与中美関係解凍」、『従対峙走向緩和：冷戦時期中美関係再探討』、姜長斌・（美）羅伯特・羅斯主編、世界知識出版社、2000 年；第 670 ～ 718 頁；『周恩来外交活動大事記』、第 644 頁。
（7）「周総理在外事工作会議的講話（周総理が外事工作会議における講話）」（総理の校閲を経ていない）、未定稿、機密、外交部弁公庁、（71）部文 119 号、第一回講話（1971 年 5 月 30 日）第 10 ～ 25 頁、第二回講話（1971 年 5 月 31 日）第 52 ～ 85 頁（引用文は第 84 頁）。湖南省档案館所蔵、全宗号 241、目録号 1、巻号 1119。
（8）中共中央文件、中発（1971）39 号、1971 年 5 月 31 日、「中共中央が『毛主席がアメリカの友好人士スノーとの会見の談話紀要』を伝えることについての通知」、湖南省档案館所蔵、全宗号 241、目録号 1、巻号 1116。
（9）王永欽、「打破堅氷的歳月」（三）、『党史縦横』、1997 年第 5 期、第 120 ～ 121 頁。
（10）前掲、『周恩来年譜（下）』、第 467 頁。前掲、「打破堅氷的歳月」（一）、『党史縦横』、1997 年第 5 期、第 121 頁。
（11）香港『星島日報』、1972 年 2 月 18 日。日本語訳：太田勝洪編『毛沢東外交路線を語る』、現代評論社、1975 年、第 248 ～ 266 頁。
（12）前掲、『中国白書・中国を告発する』、第 66 ～ 74 頁。
（13）***Le Duan and the Break with China",*** http://wwics.si.edu/index.cfm?topic_id=1409&fuseaction=library.document&id=14967
（14）Memcon, Kissinger and Zhou, 9 July1971, 4:35-11:20 PM, Top Secret / Sensitive / Exclusively Eyes Only, with cover memo by Lord, 29 July 1971, pp. 2-4. Source: National Archives and Records Administration (NARA), NIXON PRESIDENTIAL MATERIALS

STAFF, box 1033, China HAK Memcons July 1971. 本章でキッシンジャー秘密訪中における米中会談録のアメリカ側記録はすべてこのボックスより引用。和訳：前掲、『周恩来・キッシンジャー機密会談録』、第5〜7頁。

(15) Ibid., p. 7. 和訳：前掲、『周恩来・キッシンジャー機密会談録』、第8頁。
(16) Ibid., p. 8. 和訳：同上書、第9頁。
(17) Ibid., p. 11. 和訳：同上書、第12頁。
(18) Ibid., p. 12. 和訳：同上書、第13頁。
(19) Ibid., p. 14. 和訳：同上書、第15頁。
(20) Memcon, Kissinger and Zhou, 10 July 1971, Afternoon (12:10 p.m. - 6:00 p.m.), Top Secret/Sensitive/Exclusively Eyes Only, with cover memo by Lord, 6 August 1971, p. 13. 和訳：同上書、第53頁。
(21) Memcon, Kissinger and Zhou, 9 July1971, 4:35-11:20 PM, Top Secret / Sensitive / Exclusively Eyes Only, with cover memo by Lord, 29 July 1971, p17. 和訳：同上書、第17頁。
(22) Ibid., p. 17. 和訳：同上書、第17頁。
(23) Ibid., p. 18. 和訳：同上書、第18頁。
(24) Ibid., p. 19. 和訳：同上書、第19頁。
(25) Ibid., p. 24. 和訳：同上書、第23頁。
(26) Ibid., p. 17. 和訳：同上書、第17〜18頁。
(27) Ibid., pp. 19-20. 和訳：同上書、第19頁。
(28) Ibid., p. 20. 和訳：同上書、第20頁。
(29) Ibid., p. 20. 和訳：同上書、第20頁。
(30) Ibid., p. 22. 和訳：同上書、第22頁。
(31) Ibid., p. 27. 和訳：同上書、第25〜26頁。
(32) Ibid., p. 27. 和訳：同上書、第26頁。
(33) Ibid., pp. 32-33. 和訳：同上書、第30〜31頁。
(34) Ibid., pp. 32-34. 和訳：同上書、第30〜32頁。
(35) Ibid., p. 37. 和訳：同上書、第34頁。
(36) Ibid., pp. 41-42. 和訳：同上書、第37〜38頁。
(37) Ibid., p. 20. 和訳：同上書、第20頁。
(38) Ibid., p. 25. 和訳：同上書、第23〜24頁。
(39) 魏史言、「キッシンジャー秘密訪中の内幕（基辛格秘密訪華内幕）」、外交部外交史編集部編、『新中国外交風雲』第二輯、世界知識出版社、1991年版、第41〜42頁。
(40)
(41) Memorandum of Conversation, Tuesday, February 22, 1972 - 2:10 p.m.-6:00 p.m., Top Secret / Sensitive / Exclusively Eyes Only, p. 18. Source: National Archives and Records Administration (NARA), Nixon Presidential Materials Collection, President's Office Files, Memoranda for the President, Box 87, "Beginning February 20, 1972". 訳文：前掲、『ニク

ソン訪中機密会談録』、第 55 〜 56 頁。
（42） NIXON PRESIDENTIAL MATERIALS STAFF, Kissinger Office Files, Box 90, MEMORANDUM FOR: THE PRESIDENT, FROM: HENRY A. KISSINGER, SUBJECT: MY Trip to China, p. 5.
（43） Memcon, Kissinger and Zhou, 10 July 1971, Afternoon (12:10 p.m. - 6:00 p.m.), Top Secret/Sensitive/Exclusively Eyes Only, pp. 3-9. 和訳：前掲、『周恩来・キッシンジャー機密会談録』、第 43 〜 49 頁。
（44） Ibid., p10. 和訳：同上書、第 50 頁。
（45） Ibid., pp. 22-24. 和訳：同上書、第 61 〜 63 頁。
（46） Ibid., p. 22. 和訳：同上書、第 61 頁。
（47） Ibid., p. 26. 和訳：同上書、第 64 〜 65 頁。
（48） **Le Duan and the Break with China",** By Stein Tønnesson, http://wwics.si.edu/index.cfm?topic_id=1409&fuseaction=library.document&id=14967
（49） Memcon, Kissinger and Zhou, 10 July 1971, Afternoon (12:10 p.m. - 6:00 p.m.), Top Secret/Sensitive/Exclusively Eyes Only, p. 9. 和訳：前掲、『周恩来・キッシンジャー機密会談録』、第 49 頁。
（50） Ibid., p. 25. 和訳：同上書、第 63 頁。
（51） Ibid., p. 35. 和訳：同上書、第 72 頁。
（52） Ibid., p. 35. 和訳：同上書、第 72 〜 73 頁。
（53） Ibid., p. 36. 和訳：同上書、第 73 〜 74 頁。
（54） NIXON PRESIDENTIAL MATERIALS STAFF, Kissinger Office Files, Box 90, MEMORANDUM FOR: THE PRESIDENT, FROM: HENRY A. KISSINGER, SUBJECT: MY Trip to China, pp. 15-16.
（55） Ibid., MY Trip to China, p16.
（56） Memcon, Kissinger and Zhou, 9 July1971, 4:35-11:20 PM, Top Secret / Sensitive / Exclusively Eyes Only, p. 20. 和訳：前掲、『周恩来・キッシンジャー機密会談録』、第 20 頁。

第 5 章

キッシンジャー 10 月訪中とベトナム問題

前章で、第一回キッシンジャー訪中の交渉を通して、米中両国が確認した新しい両国関係の政治的原則と、インドシナ問題を検討した。第5章の目的は、キッシンジャー秘密訪中後のベトナム問題をめぐる動きを検討し、また、第二回キッシンジャー訪中で米中双方がベトナム問題をどう扱ったかについて分析することである。

第1節　キッシンジャー秘密訪中後のベトナム問題

1　周恩来訪越

　周恩来は、1971年7月11日に行われたキッシンジャーとの最後の会談で、キッシンジャー秘密訪中が公表される7月15日の後にベトナム関連問題に関する米中間の議論をベトナム側に伝えると述べた[1]。しかし、周恩来は、キッシンジャーを送った後、翌12日に政治局会議で米中会談について報告し、中国の最高指導部で新しい米中関係について議論を行った後、翌13日にはベトナムに飛んだ。14日にベトナムの最高指導者レ・ズアン、ファン・バン・ドン、ボー・グエン・ザップなどと会談し、キッシンジャー秘密訪中と米中交渉の内容についてベトナム側に伝え、協議を行った。キッシンジャーとの約束に反して、周恩来は、キッシンジャー訪中公告の前、国内での報告の後にすぐベトナムに行ったのは、ベトナムとの関係の重要性を考えた毛沢東の指示か政治局の決定であったと考える。

　この訪問での中越間の協議の詳細を示す第一次資料は公開されていないが、ベトナム側の研究成果を利用した栗原浩英は、周恩来が次のように、キッシンジャーとの会談内容をベトナム側に忠実に伝えたと指摘している。

　　「インドシナ問題は、われわれとキッシンジャーの会談で最も重要な

問題である。キッシンジャーは、インドシナ問題解決と台湾問題解決をリンケージさせると言っている。米国はインドシナから米軍を撤退させた後に、台湾からの米軍撤退が可能となると言っている。中国にとって、米軍の南ベトナムからの撤退は第一の問題だ。中国の国連加盟は二の次だ」「何よりも重要なのはベトナム問題だ」[2]

アメリカ人研究者であるバール (S. T. Ball) は、周恩来がベトナム側に、まず米軍撤退の問題を解決し、サイゴン傀儡政権を覆すにはさらに時間が必要だと述べ、間接的にベトナムの指導者にチューの交替に拘らないよう説得したと指摘している[3]。

また、レ・ズアンは、1979年の発言で、周恩来訪越について次のように述べている。

「ニクソンが中国に行く前、周恩来が私に会いに来た。周は私に、『このような時に、ニクソンがまもなく私を訪問します。その主な目的はベトナム問題を議論することです。ですから、私はあなたに会わなければなりません。同志、あなたと議論するために』と言いました。

私は、『同志、あなたは何を言ってもかまいません。しかし、私はやはり（あなたに）従うことがありません。同志、あなたは中国人、私はベトナム人です。ベトナムは私自身の祖国です。決してあなたの（祖国）ではありません。あなたにはベトナムのことを議論する権利がありません。しかもあなたはアメリカ人とベトナムのことを議論する権利がありません』と言いました」[4]

いずれにせよ、米中秘密交渉の後、中国は、対外関係において、まず周恩来自らが乗り出してベトナムと協議した。その事実に間違いはなかろう。

2　中国内部の動き

前述したように、キッシンジャーを迎えるために、中国は国内でさま

ざまな準備を行った。そのため、キッシンジャー秘密訪中後では、国内において最高層が内部で会議や説明を行うなどの動きを示す資料はない。一方、1971年9月に、対外連絡部、外交部、人民日報、新華社、総参謀部第二部などが共同で「当面の国際情勢と中国の対外政策に関するいくつかの問題」[5]という未定稿の内部資料を作成し、1972年2月29日に中央対外連絡部がこれを印刷した。この内部資料は、内部に対する説明のためのものであり、対外宣伝のものではない。この内部文献は、アメリカが中国に関係改善を求める原因、中国にとってのアメリカとの関係改善のメリット、そして、インドシナ人民の抗米闘争との関係などについて述べている。これにより、当時の中国側の考えの一端を窺い知ることができる。

アメリカが中国に関係改善を求める原因について、この文献は、次のように述べている。「かつて自惚れていたアメリカ帝国主義は現在急激に衰退している」「ニクソンはなぜ急いで中国に来たいのか。このことは、彼個人の一時の衝動ではなく、孤立的な現象でもない。これは、中国人民と世界人民が長期にわたって米帝ソ修と闘争した結果であり、現代世界の四つの矛盾が激化した結果であり、米ソ両覇権国が激しく争った結果である。第一に、アメリカ帝国主義自身に深刻な困難がある。米帝が起こしたベトナム侵略戦争は、米国にとって最も時間が長く、消耗も最も大きい戦争である。第二に、米帝の世界戦略が絶えず失敗し、力不足で、世界をかばいきれず、アジアに陥って他の所を失うことを恐れている。第三に、わが国の発展と強大さがアメリカを孤立させ、封鎖と封じ込めの中国政策が破綻した。……アメリカは、中国を孤立させようとしたが、結局自分を孤立させた。現在、アメリカの政治資本がすでにきれいに剥奪され、全世界人民の前で理に負けたため、ニクソンがわざわざお化粧してたずねて来ざるを得なくなったのである」[6]。

中国にとってのアメリカとの関係改善のメリットについて、この文献は、ニクソンが絶えずさまざまなチャンネルを通して、中国に来たいと表明したことを受け、毛沢東主席が大局から考え、重大な戦略的な決断としてニクソンを中国に来させる政策決定を下したとした上で、次のように、中国にとっての四つのメリットを述べた。

「このようにするのは、米帝が内外共に困難な状況の下で、アメリカにインドシナと台湾、台湾海峡からの撤兵を加速させるよう迫ることに有利である。これは、大きなメリットである。米中両国関係が次第に正常化し、米中両国の往来が回復することを通して、アメリカ人民の革命を支持することに有利である。帝国主義間、特に米ソ両覇権国間の矛盾を拡大させ、帝国主義の力をよりいっそう減少させることに有利である。世界大戦を遅らせ、世界革命の発展を促進することに有利である」[7]

ここでは、中国にとってのメリットがさまざまに述べられており、また当時ならではのイデオロギー的な色彩も強いが、その第一のメリットとして、「アメリカにインドシナと台湾、台湾海峡からの撤兵を加速させるよう迫ることに有利である。これは、大きなメリットである」と強調していることが注目される。内部における考慮でも、インドシナ問題が台湾問題よりも優先的な位置にあったことを窺い知ることができる。

インドシナ人民の抗米闘争との関連について、この文献は次のように述べている。「米中交渉はインドシナ三国人民の抗米救国闘争の妨げにならないかという人がいるかもしれない。それはまったく逆である。我々がアメリカと交渉するのは、インドシナ問題の解決を推進するためであり、アメリカ政府にベトナム人民とインドシナ人民の正義なる要求を実現させるためである。もし、アメリカがこのような要求を実現しなければ、中国人民は断固として、抗米救国戦争が最後に勝利するまでインドシナ人民を支持する。インドシナ問題がいかに解決するか、その決定権はインドシナ三国人民にある。我々は、決して友人を裏切らず、ベトナムの主権に損害を与えず、ベトナム人民の利益を裏切らない。インドシナの抗米救国戦争を破壊しているのはソ修帝国主義である。この一握りの裏切り者は、人に告げられない目的を達成するため、デマを飛ばして、けがして、中越関係をそそのかしている。我々は、必ず警戒を高めなければならない。我々は、アメリカとの交渉で、米帝がベトナム侵略とインドシナ戦争を停止し、アメリカが占領しているアジアと世界のあらゆる所から撤兵するよう迫

る」⁽⁸⁾。

　さらに、この文献は、現在の情勢の下では、敵の奇襲攻撃に備えるよう戦争準備をしなければならないこと、大国主義に反対し、プロレタリアート国際主義を建設することを訴えている⁽⁹⁾。

3　米越交渉の準備とキッシンジャー訪中の影響

1. 第九回米越秘密交渉

　7月11日に北京からパキスタンに戻ったキッシンジャーはすぐパリに赴き、翌日の12日にレ・ドク・トと第九回秘密会談を行ったが、この会談は、ベトナムがまだキッシンジャー秘密訪中を知らない中で行われたため、5月31日、6月26日会談の延長線上にあり、米中接近の影響がまだ現れていないと考えられる。「会談の雰囲気が非常によかった」「問題を南ベトナム大統領追放ということだけに限定することに成功した」とキッシンジャーは考えた⁽¹⁰⁾。

2. 「ベトナム化」政策の中止を検討

　中国秘密訪問と第九回米越秘密交渉の後、アメリカは早速第十回秘密会談のための準備を進めた。キッシンジャー秘密訪中に同行し、周恩来・キッシンジャー会談にも同席したアメリカ国家安全保障会議上級スタッフのウィンストン・ロードとW・リチャード・スマイザーの二人は、15日までに、7月26日に予定されているキッシンジャーとレ・ドク・トとの会談のためにキッシンジャーにメモランダムを作成した。この文書は、アメリカの南ベトナムに対する援助のレベルについて、次のように提言している。

　「停戦が最終的に実現されるために、武装解除が行われなければならない。これは、部分的にはハノイを安心させるためである。……我々の立場からは、下記の原則がもっとも有用なようである。
・協定を結んでから六ヶ月以内に、南ベトナムに対する我々の援助を、1969年夏にベトナム化が始まった時点のレベルを超えない規模の軍隊を

サポートする程度まで減らす。但し、軍隊の配置は、南ベトナムが決める。
・一年以内に、そして、南ベトナムにおける他のベトナム軍隊の配置が協定に従った前提で、我々の援助は1965年のレベルまで減らす」(11)

このようなアメリカによる援助の制限がもたらす影響について、この文書は、次のように分析している。

このような援助の下では、南ベトナム軍は単に南ベトナム領内でしか行動することが出来ず、「国境を越えて作戦行動をとるどんな能力も一切持たない」ことになる。さらに、この程度の南ベトナム軍は、「既存のベトコンを潰すことも出来ない」但し、内部の激変から自己防衛することが出来る。本質的に、この援助のレベルは、政治的和解・調停が続いている間に軍事的均衡を生み出すことが出来る(12)。

このロードとスマイザーのメモランダムから、三つの大きなポイントを見ることができると考える。

第一のポイントは、米中交渉がアメリカの対越政策に大きな影響を与えたことである。周恩来・キッシンジャー会談で、周恩来の再三にわたる「攻撃」を受けて、キッシンジャーが進んで南ベトナムに対する援助の制限を打ち出したが、このように、キッシンジャー訪中の直後、アメリカが早速、具体的な政策形成において、南ベトナムに対する援助の制限を検討したのは、明らかに米中交渉による影響である。

第二のポイントは、これは事実上「ベトナム化」政策の中止を意味するということである。協定締結後6ヶ月以内にアメリカの援助を1969年夏のベトナム化前のレベルに減らし、一年以内に1965年末のレベルに減らすことは、明らかに「ベトナム化」政策の中止である。

第三のポイントは、事実上南ベトナムの崩壊を見込んでいるということである。南ベトナムは北ベトナムの圧力を受けており、国境外に150～200万人の抵抗勢力を抱えているにもかかわらず、「国境を越えて作戦行動をとるどんな能力も一切持たない」「既存のベトコンを潰すことも出来ない」「政治的和解・調停が続いている間に軍事的均衡を生み出す」だけということは、米軍撤退後やがて軍事的均衡が崩れ、南ベトナムが崩壊するという結果になる以外にないのである。

キッシンジャーは、26日の交渉の前にニクソンに送ったメモランダムの中で、このロード・スマイザーメモの提案を採用した。キッシンジャーは、来るべき26日の交渉を第二の「アポロ飛行」として非常に楽観視し、ベトナムがチュー政権追放の要求を取り下げることを予測した。また、キッシンジャーは、アメリカが自らチュー政権を排除するようなことをしないが、それに対する援助を制限するとの方針を記した。26日の会談に対する予測として、キッシンジャーは次のように述べた。

　「私と北ベトナム人との次の会談は、現在、7月26日月曜日に予定されています。これは、我々の第二のアポロ飛行の日です。……前回の会談で、我々の相違を政治的問題という一つの問題に縮めた。この問題は核心的問題です。
　私は、今回はいいチャンスだと思います。ハノイは今回、我々が彼らのためにチュー政権を換えるという要求を取り下げるだろうと思います。理由は四つあります。
　1、北ベトナムは現在、戦いを続ければ彼らが重い負担と不確実な結果に直面することを認識していると思います。
　2、我々の中国との和解の動きは、新たな国際的枠組みを作ることになるでしょう。……中国がハノイに話しかけ、恐らく何らかの影響力を行使して問題の解決を励ましていると、すでに公に報告されている。
　3、もうすぐ行われる南ベトナムでの大統領選挙は、既存の構造の枠組みの中で政治問題を解決する——我々も北ベトナム人も面子が立つ——ための便宜手段を与える。
　4、それと同時に、ハノイは、これらの選挙に影響を与えることが出来なければ、彼らの政治的目標を達成するチャンスが以前より悪くなることを知っている。これは、ハノイが早く行動しなければならないことを意味しています」[13]

　アメリカが自らの手でチュー政権を排除することができない理由とし

て、キッシンジャーは次の三点を挙げた。

> 「どんな欠点があるにせよ、チューは一貫して我々の忠実な同盟者である。さらに、最近公にされたペンタゴンのペーパーは、アメリカがジエムに対するクーデターの共謀者であることを暴露した。これは、我々がチューを除去することにかかわることをさらにまずいことにした。最後に、決して忘れてはならないのは、我々がそうしたくても、チューを除去できるかどうか定かではないということだ」[14]

そして、キッシンジャーは、もしベトナムがチューの排除という主張を堅持した場合、「私の言えることはただ一つ、これは我々にとって受け入れられないことであり、彼らは考え直すべきで、彼らが考えを変えたら変えたときに我々に連絡すべきということです」[15] と、ベトナムの姿勢が変更しない場合の方針を述べた。

そして、ベトナムが第三の姿勢を示す場合の対策として、次のように述べた。

> 「もし、彼らは、他の方法を探す用意があるなら、私は、チューよりも他の候補が選挙に勝つ最もいいチャンスを与えるような内容を含む協定を結ぶ用意があると述べるつもりです。但し、これは、彼(チュー)の敗北を保障するものではない。
> ・協定を結んでから9ヶ月以内に撤退する。
> ・停戦が保たれているなら、6ヶ月以内に、我々の軍事援助を1969年夏ベトナム化が始まる前の南ベトナム軍の規模をサポートする程度まで減らす。但し、軍隊の配置は、南ベトナムが決める。一年以内に、我々の援助を1964年末のレベルの軍隊を維持する程度まで減らすという声明を出す。
> ・我々は、選挙の結果を完全に受け入れる用意があり、我々は、特別な候補者を支持しないという声明を出す。
> ・我々は、すべての軍事基地を閉鎖し、施設を見張る小規模の顧問団

以外に軍人を一切残さないという声明を出す。
- 新しい南ベトナム政府が取ろうとするどんな国際政策も、親西側であろうが、親共産主義であろうが、中立であろうが、我々は、受け入れる用意があるという声明を出す。
- 南北に対して経済援助を行う。
- ビン夫人の提案の第4条Aに書かれている再統一に関する声明に反対しない。

　このコースは、明らかに、我々にとっても北ベトナムにとってもいくらかのリスクがある。しかし、これらのリスクは、結果が不確実な戦争を続ける場合のリスクより小さく、選挙にあるチャンスを失うコストより低い。最も悪いケースは、チューが勝ち、北ベトナムが協定を破ることである。しかし、それまでなら、国際的な監視の下での安定した停戦があり、彼らがすぐに以前のレベルほど衝突を起こすことが困難だと思う」[16]

　このキッシンジャー・メモランダムから、次のことが言えると考えられる。

① キッシンジャーは、米中接近という「国際枠組み」の変化、中国による影響力の行使、そして南ベトナムにおける選挙というタイミングから、ベトナムが核心問題であるグエン・バン・チュー排除の問題で譲歩すると予測した。それはすなわち、
② キッシンジャーが、米中接近がベトナムに影響を与えること、米中接近で中国がベトナムに影響力を行使しかつ中国の影響力が有効であることを予測または期待したということを意味する。そして、
③ 中国に対して約束した対南ベトナム援助制限を具体化した。これは、米中接近がアメリカの対越政策に大きな影響を与えたことを意味する。
④ アメリカの対越政策の修正はすなわち、「ベトナム化」政策の中止である。前述したように、停戦後6ヶ月以内にアメリカの軍事援助を1969年夏のベトナム化前のレベルに減らし、一年以内に1964年末のレベル

に減らすことは、「ベトナム化」政策を事実上中止することである。10月に行われた周恩来との交渉で、キッシンジャーが「ベトナム化」政策の続行を明確に否定したことからも、アメリカによるこの政策の修正は、「ベトナム化」政策の中止を意味することが分かる[17]。

キッシンジャーの考えでは、この7月26日の交渉で米越が合意に達することができれば、アメリカはチュー政権に対する軍事援助を制限し、政治的に特定の政権を支持しないという方針をとることになり、これによって次の選挙でグエン・バン・チューが失脚すれば、米越双方にとって理想的な結果になる。チューが選挙に勝利したとしても、アメリカは援助を厳しく制限するため、チューは明らかに政権を長く維持することができない。これは、中国でキッシンジャーが語った「歴史が止まらないことを知っている」「歴史の結果を甘んじて受け入れる」という発言とも矛盾しない。

4　米越第十回秘密会談とキッシンジャー訪中の影響

1971年7月26日、キッシンジャーとレ・ドク・トはパリで第十回米越秘密会談を行った。キッシンジャーが「第二のアポロ飛行」と位置づけた会談であった。会談でキッシンジャーは、事前に準備した通り、米軍撤退の最終期限を定め、特定の南ベトナム政権を支持せず、南ベトナムに対する軍事、経済援助を制限することなどを提案した。いずれもアメリカの新しい重大な譲歩であり、アメリカは、ニクソン政権が実施してきた「ベトナム化」政策を事実上中止することを正式にベトナム側に提案したのである。

しかし、キッシンジャーの予想にまったく反して、この会談で、ベトナム側は、直近の三回の会談で示したより柔軟な交渉姿勢を変え、非常に強硬な姿勢に転じた。レ・ドク・トは、スアン・トゥイの話の後に、長い発言を行った。アメリカの意図、自己矛盾を指摘した上、「あなたに私の最後の考えを説明したい」と切り出し、次のように述べた。

レ・ドク・ト　あなた方は、インドシナで多くの困難に直面している。あなた方は、これらの困難から脱出したい。近年、あなたは、あちこち歩き回って、脱出する道を捜し求めようとしてきた。あなたがそれでどのような経験を得たか私には分かりません。なぜなら、あなたの試みは無駄だと思うからだ。あなたは、あなた方の問題をもっと複雑にした。なぜなら、あなたは、あなたの期待する結果を得ることができないからだ。ここパリで我々の提案とあなた方の提案に基づく真剣な交渉を行うこと以外に、ベトナム問題を解決する魔法は存在しない。
　チェスゲームでは、ゲームに勝つか負けるかを決めるのは、当事者だ。ほかの道は有り得ない。
　我々の問題を解決するに当たって、ここ数年、我々は独立性を保ち続けてきた。あなた方が本当に真剣な交渉を望むなら、幻想的な方法に耽るべきではない。我々はあなた方とことを議論する用意がある。我々は曲がりくねったようになるべきではない。……
　もし戦争が続くなら、我々は、我々の成功、我々の勝利を固く信じる。なぜなら、社会主義諸国は、引き続き、わが人民の戦いを援助し支持するからだ。そして、我々は我々の戦いで、引き続き社会主義諸国と一体になる。世界人民と一体になる。我々の正義は勝つだろう。歴史の流れを変えることはできないのだ[18]。

　レ・ドク・トはこのように、キッシンジャーを厳しく批判し、中国、ソ連に働きかけることは無駄であり、ベトナムは独立性を保っており、また社会主義諸国は一体だと主張した。この会談の後、レ・ドク・トはパリを離れベトナムに戻り、ニクソン訪中まで交渉のテーブルに戻らなかった。ベトナムの米越秘密交渉における姿勢は、これ以降非常に強硬なものに転じた。
　キッシンジャーは、米中接近が戦争の早期終結に好ましい影響を与えると期待したが、しかし、前述したように、米中接近はかえって、中国の対ベトナム姿勢を転換させ、ベトナム支援の姿勢をさらに明確にし、援助を強化させる結果をもたらしたばかりでなく、ベトナム側の対米交渉姿勢を

も非常に強硬なものにした。

5 アメリカの革命的譲歩―キッシンジャー第二回訪中前の動き

　7月26日米越秘密交渉の後、レ・ドク・トがパリに戻らない中で、8月16日及び9月13日に、キッシンジャーはスアン・トゥイと第十一回と第十二回の秘密会談を行ったが、ベトナム側の姿勢は依然として強硬であった。この二回の会談は、キッシンジャーがレ・ドク・トの欠席を承知しながら、それでもパリ行きを決行し、スアン・トゥイと会談を行ったものである。キッシンジャーによれば、8月16日の第十一回会談で、キッシンジャーは、九項目提案と七項目提案への返答を組み入れて、正式に八項目提案を行った。「アメリカの八項目のうち、四項目はハノイの九項目をほとんど言葉通りに用いていますし、二つは、ビン夫人の七項目を言葉通りに用いた」[19]が、第十二回会談でスアン・トゥイはアメリカの八項目の中の二項目を拒否した。「会談は2時間で終わった」ばかりでなく、キッシンジャーが秘密会談の中止を言い出し、スアン・トゥイがそれに同意したため、米越秘密交渉そのものが中断された。「会談は、最後の障害である政治問題で建設的ではなかった。ハノイは、最近のサイゴン情勢に励まされたのかもしれない。あるいは単に我々の変化を待っているのかもしれない」と、キッシンジャーはニクソンに報告した[20]。

　米中会談で、周恩来は繰り返しキッシンジャーに、米越パリ会談が進展し、良いものになるよう期待を表明した。しかし、キッシンジャーの予想に反し、米越交渉はまったく逆の方向に発展し、中断してしまった。10月5日にホワイトハウスは、ニクソン大統領訪中準備のためにキッシンジャー補佐官が10月後半に中国を訪問すると発表した。二回目の中国訪問が差し迫った中で、キッシンジャーは苦しい対応に迫られ、アメリカは対越交渉で革命的と言える転換を行うことになった。

　10月11日、アメリカは、ベトナム側に新しい八項目提案を行った。その主な内容には、原則的協定の調印後七ヶ月以内に、少数の要員を除いて撤兵を完了すること、最終協定調印の六ヵ月後にあらゆる政治勢力を代表

する独立機関の管理下で大統領選挙を実施すること、選挙の一ヶ月前に南ベトナムの現職の大統領、副大統領が辞任すること、アメリカはいかなる候補も支持しないことなどが含まれていた。キッシンジャーによれば、選挙の一ヶ月前に辞任する南ベトナム現職の大統領と副大統領は選挙に出ることもない。これはすなわち、グエン・バン・チューを南ベトナム政治の中心舞台から排除することを意味するもので、ベトナム側が一貫してアメリカに求めてきたものである。

アメリカは一貫して、軍事問題と政治問題の分離を主張し、グエン・バン・チュー排除を強く拒否してきたが、キッシンジャーの第二回訪中が差し迫る中で、10月11日の提案ではじめて政治問題に関する譲歩を決断したのである。米越交渉、アメリカのベトナム問題における立場の根本的な転換であったと言える。

しかし、この提案に対しても、キッシンジャー訪中までベトナムからの返答はなかった。実際、ニクソン訪中までに米越秘密交渉は再開されず、ベトナムはこのアメリカ提案に答えなかった。

このように、キッシンジャー秘密訪中から10月訪中まで、アメリカは、ニクソン政権のベトナム・インドシナ政策を根本的に修正し、7月26日の秘密会談では「ベトナム化」政策を事実上中止することをベトナム側に提案し、さらに10月11日の提案で南ベトナムの大統領と副大統領を退陣させるという重大な政治的譲歩を初めて示した。米中接近があったからこそ、アメリカがこのように変化することができたと言える。これは、米中交渉を通してベトナムを手助けするという中国の目的に適う動きであった。しかし、まさに米中接近の影響で、ベトナム側が強硬姿勢に転じ、アメリカ側の変化も米越交渉に積極的な影響を与えることができなかった。

なお、アメリカがこの提案を行った翌日の10月12日に、ニクソン大統領は、翌年5月の後半にソ連を訪問すると発表した。

第 2 節　前半の交渉におけるベトナム問題

　10 月 20 日から 26 日にかけて、キッシンジャーは二度目の中国訪問を行った。米中接近を受けて米越秘密交渉におけるベトナムの交渉姿勢が硬化し、米越交渉に進展がなかったばかりかかえって悪化し、米越秘密交渉そのものが中断されたままの訪中となった。ベトナム・インドシナ問題との関連で言えば、このキッシンジャー 10 月訪中を二つの部分に分けることができる。すなわち、この訪中の前半部分における交渉でベトナム問題は具体的なイシューとして議論され、後半部分のコミュニケをめぐる交渉でベトナム・インドシナ問題は更に重要なファクターとして再び登場したのである。

　本節は、キッシンジャー 10 月訪中の前半部分の交渉におけるベトナム・インドシナ問題について扱う。この部分の交渉では、7 月のキッシンジャー秘密訪中時と同様、ベトナム・インドシナ問題は台湾問題の次に、具体的なイシューとして議論された。7 月以降の米越間の動きを知らされていなかった周恩来は、アメリカを厳しく批判したが、キッシンジャーは、それに対して説明を行った。周恩来は、アメリカの「ベトナム化」政策の中止を確認し、時間的にベトナム・インドシナ問題の解決を台湾問題に優先させる姿勢を前回よりも明確にした上で、ニクソン訪中前のベトナム・インドシナ問題解決か解決に向けた進展を求めた。さらに、周恩来は、米ソ首脳会談の先行を再度キッシンジャーに要請したが、キッシンジャーは、これを明確に断った。一方、キッシンジャーは、再度、ベトナム・インドシナ問題の解決に対する中国の協力を求めたが、周恩来は、返答をしなかった。また、この会談で、ニクソン訪中時の毛沢東・ニクソン会談を二回に設定した。以下、ベトナム・インドシナ問題をめぐるこの前半部分の交渉について見てみよう。

1.全般的所見
　キッシンジャーの第二回訪中における会談も、まず、米中関係の政治的

基礎から始まったが、前回の訪問で双方が詳しく述べたテーマであったため、今回は、比較的に簡単なやり取りであった。キッシンジャーは、10月20日に行われた周恩来との第一回会談で、まず、「全般的所見」を述べると言って次のようにこの問題に言及した。

キッシンジャー博士 大統領は、両国関係の改善に自ら関与することを最も強い言葉で言明するよう私に言いました。それは両国の人々、そして世界の人々のために貢献するものなのです。……

もちろん我々は、両国が異なる思想的見解を主張しているということを認識しています。また、……人民共和国は原則を曲げないということを理解しています。それは我々と同じことです。にもかかわらず、人民共和国とアメリカは、共通の利害が多く存在すると我々は信じています。……アジアと世界の平和は、あなた方の全面的な参画を必要としていると信じています。中国の利益に影響を及ぼすような取り決めに、中国の関与なしに加わることはしません。

（中略）

キッシンジャー博士 我々を隔てるものは、唯一つの事柄だと信じますが、それ自体、歴史の産物です。我々がこの点についてお互いの利害を考慮に入れることができ、全体的方向と解決のプロセスの双方で合意できるならば、私は可能だと思いますが、両国関係に根本的な障害はないはずです。

七月に我々が会ったとき、総理は、ニクソン大統領が中国を訪問するとの発表は世界を揺るがすだろうと述べました。世界は揺さぶられました。我々両国は、新たな潮流を起こしましたし、多くの国が、外交を行う際にまったく新しい思考をせざるを得なくなっています。我々は世界情勢における革命を始めたわけですが、総理が我々よりもよくご存知のように、しばらくは古いものが新しいものと共存するというのが、あらゆる革命の本質です[21]。

それに対して、周恩来は議論の中でいくつかの見解または答えを出した。

周恩来総理　いまやアメリカは、新しい精神を持って行動すると明言している。
　（中略）
　周恩来総理　（米ソが）さまざまな力を束ねて、四方から中国を侵略しようというものです。もちろん閣下は、そのようなことは可能ではないと前回、即座にして率直にお答えになりましたが、あのように直接的に答えない人々もいるのです[22]。

2.毛沢東・ニクソン会談は、二回と設定

　周恩来とキッシンジャーは、10月21日に行われた第二回会談で、毛沢東・ニクソン会談が二回行われることを決めた。二人はまず、できるだけ早い時期に毛沢東・ニクソン会談を行うことで合意した。ニクソンが中国を訪れる初日は儀式がたくさんあって毛沢東と会見する時間がないが、二日目か三日目に毛沢東・ニクソン会談を行うということである。これが決まった後に、キッシンジャーは、

　「主席と大統領の会談を一回になさるか二回になさるかは存じませんが、大統領が帰国する前に、毛主席のところにお別れの挨拶にお伺いしてもよろしいでしょうか」

と述べ、毛沢東・ニクソン会談は一回もしくは二回と提起し、そして訪問の最後にニクソンが毛沢東に別れの挨拶をするという形で、ニクソンが毛沢東と二回か三回会うことを提案した。
　これに対して、周恩来は、

　「いいえ、一般的に申し上げますと、毛主席はそのような儀礼的なことは好みません」

と別れの挨拶を断った上、

「大統領と主席の会談は、一回だけではないということで良いですね」

と、毛沢東・ニクソン会談は、二回かそれ以上にすることに同意した[23]。
　第五回の周恩来・キッシンジャー会談で、毛沢東とニクソン会談について再び議論された。これは、中国側が第二回の議論を毛沢東に報告し、毛沢東の許可を得たもののはずであるが、周恩来は明確に、

「我々は二回、(毛沢東・ニクソン) 会談を持ちたいと思っています」

と述べ、キッシンジャーはすぐに、

「良いですね。我々にとっても大変結構です」

と喜んだ[24]。
　キッシンジャーは帰国後のニクソンへの報告の中にも、毛沢東・ニクソン会談が二回行われる予定を報告した[25]。

3.周恩来の誤解に基づくアメリカ批判

　7月のキッシンジャー訪中では、一回目の会談で米中双方がベトナム・インドシナ問題で激しいやり取りを繰り広げたが、この10月キッシンジャー訪中は、ベトナム・インドシナ問題に関する最初の具体的な議論は第三回の会談においてであった。この会談で、周恩来のほうがベトナム・インドシナ問題の議論を提起し、次のように述べた。

> **周恩来総理**　次の問題に移りましょう。インドシナ問題です。これは台湾問題より緊急な問題です。あなた方の軍隊はまだインドシナにいて、撤退していないのですから。……(台湾問題で)急ぐべき特別な理由はないでしょう。
>
> (中略)

周恩来総理 しかし今や、相対的により緊急な問題はインドシナ問題です。インドシナの戦争はまだ終わっていないのですから。あなた方の部隊は、まだ全面的に撤退していないし、最終的な撤退期日も設定されていません。今年、そして来年と、この問題はアメリカを含む世界中の人々が、より緊急な問題として対応を求めることになるでしょう。ことにあなたが帰国して以降、アメリカ政府は南ベトナム臨時革命政府の七項目提案に答えていないではありませんか。

キッシンジャー博士 それは事実ではありません。総理は正確に知らされていらっしゃらない。

周恩来総理 しかしそれは公然の事実でしょう。もしあなたがいうことが事実なら、それは公然のプロパガンダではありませんか。

キッシンジャー博士 いいえ。

周恩来総理 全世界が、七項目提案が議論の基礎になるといっているのに、アメリカは提案が示されて以来、返答を拒否しているのではありませんか。ことにあなたが中国から帰国して以来、アメリカはそのような立場を取ることを拒否し、世界の人々は不満に持っています。

　　（中略）

周恩来総理 それは七月の最初の日に提示されました。七月十五日にはニクソン大統領が訪中するとの公告が発表されましたが、その後アメリカ政府は七項目提案にいかなる返答をすることも拒否しました。これは中国からの圧力のせいではないかという人もいます。中国政府はそのような義務を負ったことは決してないのに、このようにいう人達がいます[26]。

　このように、7月以降の米越間の動きを知らされていなかった周恩来は、アメリカを厳しく批判し、そして、米中接近であるがゆえに、アメリカのそのような姿勢は中国にマイナスの影響を与えたと非難した。

　それに対して、キッシンジャーは、前節で述べた米越間の動きを紹介した。周恩来の批判が誤解であると力説し、周恩来は、そのような動きを知らなかったと答え、驚きを隠せなかった。一方、下記のように、キッシン

ジャーは、政治的譲歩を示すアメリカの提案を紹介し、かつ、このような譲歩は、中国の影響を受けたものであったと述べた。周恩来は、アメリカの新しい提案の内容を詳しく確認した。

キッシンジャー博士 （10月11日の提案で）我々は撤退の明確な期日も提示しました。平和協定調印の後、六ヵ月後に選挙を行うことも提示しました。選挙の一ヶ月前にすべての米軍部隊が撤退することも提示しました。（南）ベトナム大統領、副大統領の選挙一ヶ月前の辞任も提示しましたから、彼らが選挙に出ることもありません。
　総理、お分かりになったでしょう。我々は、あなたが言われた問題を心にとどめてきたのです。
　……ハノイは依然、我々の最終提案に対する答えを示していません。
　（中略）
キッシンジャー博士　我々は、あなた方が原則では取引しないことを知っています。我々もそれを要請しません。しかし我々の提案に基づいてこの戦争を終わらせるためには、原則上の取引が必要であるとは思いませんか[27]。
　（中略）
周恩来総理　では、あなた方の最終提案は、最終的撤退の期日に関する条項を含んでいるのですね。
キッシンジャー博士　そうです。
周恩来総理　完全撤退なのでしょうか、部分的な撤退なのでしょうか。多少の部隊は後に残るのですか？
キッシンジャー博士　通例通り、ごく少数の大使館付きの武官を残す以外は、すべての米軍は、選挙の一ヶ月前に国外に退去します。そして選挙は平和合意の後六ヶ月です。この時点では、アメリカ大使館を除けば、ベトナムには米軍は存在しません。
　……
周恩来総理　武官を除いて、あなた方の軍隊すべてが撤退した後、一ヶ月後に選挙が実施されるということですね。

キッシンジャー博士 ええ。

（中略）

周恩来総理 正直言って、これに関してはまったく知らないと申し上げなくてはなりません。たったいま言及された八項目と、変更された二項目についてです。まったく知りません[28]。

4.「ベトナム化」政策の中止を確認

このように、アメリカの新しい提案の内容を詳しく確認した上で、周恩来は、ベトナム側の疑い深い姿勢に理解と同情を示すと同時に、アメリカの新しい提案の意味を察知して、キッシンジャーに「ベトナム化」政策の中止を確認した。

周恩来総理 そうなると問題は、もしあなた方が全面的停戦を欲するなら、現状を凍結するのと同じことではありませんか？となると、ベトナム化計画は続行するということでしょうか？
キッシンジャー博士 いいえ。政府は退陣し、我々は撤退し、我々はビン女史が提示した項目の一つをまとめなおすのですから。我々は南ベトナムに供与できる軍事援助の量の制限を、平和的解決の一部として受け入れるつもりです[29]。

キッシンジャーはここで、「ベトナム化」政策の続行を明確に否定したということは、アメリカの「ベトナム化」政策の中止、ニクソン政権の対越政策の大きな修正を認めたといえよう。

5.台湾問題とインドシナ問題

周恩来は、7月交渉のときより遥かに明確な態度で、時間的にベトナム・インドシナ問題を台湾問題に優先させる姿勢を打ち出して、キッシンジャーを驚かせた。上述したように、インドシナ問題に関する議論になると、周恩来は進んでインドシナ問題と台湾問題を関連付けて発言した。

周恩来総理 次の問題に移りましょう。インドシナ問題です。これは台湾問題より緊急な問題です。あなた方の軍隊はまだインドシナにいて、撤退していないのですから[30]。

7月交渉では、毛沢東の指示があったにもかかわらず、周恩来は、あいまいな発言にとどまったが、ここでは、インドシナ問題は台湾問題より緊急な問題であると明言した。

6. ニクソン訪中前のベトナム問題解決・進展を要請

周恩来は、この10月交渉で繰り返し、ニクソン訪中前におけるベトナム問題の解決をキッシンジャーに迫ったが、キッシンジャーからの積極的な返事はなかった。

まず、周恩来は、キッシンジャーとの第一回会談の冒頭での発言で、アメリカがニクソン訪中を「好機」としてインドシナからの最終撤退期日を宣言することを求め、そうしなければ、ニクソン訪中にも有害であると強調した。

周恩来総理 我々からすると、アメリカ政府とニクソン大統領がインドシナからの最終撤退期日を宣言することを主導しないのなら、大統領の中国訪問にも有害になります。もちろん、そのほかの問題に影響を与えるわけではなく、それでも訪問は行われるでしょうが、この問題が解決されるなら、そのほうが良いのです。
　（中略）
周恩来総理 我々はなぜニクソン大統領が、このような好機にインドシナからの最終撤退期日を宣言しないのか理解しがたいのです[31]。

ベトナム・インドシナ問題に関する議論が展開された後、ニクソン訪中時のコミュニケを理由に、周恩来は再びこの問題に戻り、さらに踏み込んだ解決を求めた。

周恩来総理 あなた方の大統領が来られたとき、この問題を扱う条項が必要になるでしょうし、もし大統領が来られるまでにそれが解決していれば良いことではありませんか？私はすべてのことが解決すると言っているわけではありませんが、合意は必要でしょう。

（中略）

周恩来総理 アメリカ大統領のインドシナからの部隊撤退声明は、世界の人民から歓迎されるのではないですか？全世界の多くの国の人民が、あなた方にそのような第一歩を踏み出すように要請してきたのではありませんか。もしそうすれば、世界の人民は喝采を送るのではありませんか。

（中略）

周恩来総理 しかし、もしアメリカが撤退声明のイニシアティブを発揮すれば、アメリカを含めて世界の人々の支持を得られるのではありませんか[32]。

米中交渉を通してベトナムを手助けするというのは、交渉に臨む周恩来の任務の一つであったため、周恩来は、ニクソン訪中をチャンスとして、ニクソン訪中前におけるベトナム・インドシナ問題の解決・進展を迫ったが、しかし、アメリカ側から積極的な回答を得ることができなかった。

7.中国の協力を再度要請

この10月訪中で、キッシンジャーは再度中国の協力を要請した。まず、第三回の交渉で、キッシンジャーは、アメリカの「誠意」をベトナム側に伝えるよう周恩来に要請した。

キッシンジャー博士 もしアメリカの誠実さがどの程度のものであるのかを尋ねられる機会があるなら、我々には話されなくとも、我々の誠実さがどの程度のものであるかをあなた方の意見として示すことができるのではないでしょうか[33]。

しかし、中国にとって、ベトナム問題の解決でアメリカに協力すること

は極めて敏感なことであった。それが原因で、そもそも、キッシンジャー秘密訪中のときでも周恩来はキッシンジャーの要請に一切応じなかった。その直後の周恩来訪越でベトナム側と協議したが、前述したように、レ・ズアンによれば、周恩来はレ・ズアンから、「同志、あなたは何を言ってもかまいません。しかし、私はやはりついていくことがありません。同志、あなたは中国人、私はベトナム人です。ベトナムは私自身の祖国です。決してあなたのではありません。あなたにはベトナムのことを議論する権利がありません。しかもあなたはアメリカ人とベトナムのことを議論する権利がありません」と厳しく言われた[34]。したがって、周恩来はキッシンジャーの協力要請に応えることが困難であった。そのため、キッシンジャーに再三にわたって協力を要請されても、周恩来は一切答えなかった。

8.米ソ首脳会談の先行を再度要請

　ニクソン訪中前におけるベトナム・インドシナ問題の解決・進展が困難で、中国のできることも限られていた。ソ連などから激しい批判を受けている中で、周恩来は、第一回会談で、米ソ首脳会談先行を再度求めた。

> **周恩来総理**　そのほかに、改善の余地があると思われる問題があります。我々は完全には満足していませんが、ニクソン大統領のご配慮の一部をなす問題です。あなた方は、米ソ首脳会談は中米会談より後になると言っています。もちろんこれは、もともと我々両国政府による暗黙の合意に沿って大統領が決めたことです。改善の余地が有ると考えるとすれば、我々はあなた方の大統領が先にソ連に行くほうが良いのではないかということです。前回も私が言及したのを思い出されたでしょうか。我々はこのような問題をまったく恐れていません[35]。

これに対して、キッシンジャーは次のように答えた。

> **キッシンジャー博士**　第一に、大統領訪問の日程についてです。北京訪問の日程を、訪ソよりも先にするよう、総理が要請されなかったこ

とはまったく正しいと思います。実際はまったく逆ですから。総理とお会いした際にご説明したように、我々は米ソ首脳会談開催を合意する前に、ソ連側とかなりの量の作業を終わらせねばなりませんでした。もしこの作業が七月の私の訪問より前に終わっていたら、訪ソを北京訪問の前にしたでしょう。しかし事態が進展し、あなた方の要請ではなく我々自身の考えで、訪ソの日程を北京訪問の前に設定するというのは、後にするよりも不適当だということになったのです。この日程は、我々が適当だと考える理由によって設定したのであって、人民共和国に好意を示すために行ったのではありません[36]。

このキッシンジャー説明を聞いて、周恩来はうなずき、以降、米ソ首脳会談先行を求めなくなった。

このように、ニクソンの訪ソ先行という中国側の要請にはアメリカ側が応じなかった。

第3節　米中コミュニケとベトナム問題

1　毛沢東の指示と中国側コミュニケ

周恩来とキッシンジャーの後半の交渉の中心はコミュニケであったが、ベトナム・インドシナ問題は米中コミュニケ作成にあたって大きなファクターとして影響を与えた。中国側はコミュニケの準備を事前にしなかったため、キッシンジャーは、10月22日第四回会談（22日午後4時15分〜8時28分）の終わりに、アメリカが起草した案を周恩来に渡した。このアメリカ草案は英文3,000字に上るもので、米中間の重要でない共通点を強調し、相違をごまかすスタイルというもので、また台湾問題では中国側が受け入れられない内容となっていたため、周恩来はこのアメリカ草案に

非常に不満で、受け入れられないと表明した。

　周恩来は、章文晋[37]に、国民党政府との交渉の経験を生かして新たな草案を起草するよう指示した。そのスタイルとは、まず双方が自らの立場をそれぞれ明確に述べ、それから共通点を強調するというものであった。章文晋は周恩来の指示にしたがって中国側の草案を起草し、毛沢東に提出した。これは中国側が起草した最初のコミュニケ草案であるが、周恩来の指示を受けて作成されたものであったことから、スタイルだけでなく、内容も周恩来の意向を反映していたと考えられる。

　10月23日夜、毛沢東は、周恩来総理、姫鵬飛外交部長代理、熊向暉総理秘書官と章文晋外交部西欧米州局局長を集めて会議を開いた。毛沢東は、自分はまず何よりもコミュニケを準備することに賛成しないと発言した。毛沢東としては、コミュニケそのものを出したくなかったのである。周恩来は、これはアメリカ側の要望で拒否するのが難しいと説明した。そうすると、毛沢東は、章文晋が書いた草案を一度だけ読んだが、不満だとした上、次のように述べた。

　　「国際形勢に関して、私は何回も、天下大乱だと言った。我々にとって、我々が何を必要としているかをはっきりと表明したほうが好い。彼らは平和、安全、覇権を求めないというのではないか。我々は、革命、抑圧された民族と世界人民の解放と、大国は小国を不平等に扱うべきではないと強調しなければならない」[38]

　すなわち、周恩来の意向を受けて作成した草案でさえ、毛沢東は不満であった。周恩来は、毛沢東のこの指示にしたがって熊向暉に中国側の草案を修正させると提案し、毛沢東の同意を得た。

2　周恩来の説明

　24日午前の会談は、キッシンジャーと姫鵬飛外交部長代理の間で中国

側の草案に基づいて協議する予定であったが、毛沢東の指示に基づく修正がこの時まだ終わっていなかった。中国側草案は、スタイルも、草案の内容もアメリカ側に大きなショックを与えるだろうと考えた周恩来は、姫鵬飛に代わって自ら交渉に乗り出し、24日午前の会談でまず中国側の考えを詳しくキッシンジャーに説明した。

周恩来は、まず、キッシンジャーに、共同コミュニケに関する中国の考え方はアメリカとは逆であり、アメリカのコミュニケ草案を元としての合意が困難であるとした上、米中間の価値観の違いについて、次のように述べた。

周恩来総理　第二次世界大戦後、局地的戦争、地域戦争がやむことがありません。特に極東ではそうです。極東の状況がそれを証明しています。なぜこのことに関して、我々の見解には相違があるのでしょうか？
　……いまや混乱が主たる特徴となっています。
　……今は人民の時代ではありませんか？人民なしでは何事でも完結しませんし、何億という人民が今や目覚めようとしているのですから。
　この目覚めつつある人民の意識が、世界の変化を推進しているのです。さもなければ、我々はそれを混乱と呼ぶでしょう。そして、どこであろうと抑圧されている国は、解放を勝ち取ろうと望みます。……二十世紀後半における例としては、中国をその中に含めることができます。二十世紀後半にアメリカを巻き込んだ事例としては、インドシナ人民、つまりベトナム人民をあげることができます。……被抑圧国は解放を望むものであり、アメリカの歴史を見れば、人民は人民自身の闘争を通じて、解放を勝ち取ることが容認されるべきだからです。
　……もしこれらの地域の諸国が勃興し、外国からの抑圧を払いのけたいと望むなら、誰もその動きを阻止することができないのです。抑圧が強くなればなるほど、侵略と破壊工作が増やせば増やすほど、人民の抵抗は強くなるのです。彼らは立ち上がり、外国の侵略を駆逐するでしょう。

……

　私は話し合いを通して、キッシンジャー博士は停戦協定に言及されたと信じます。それは米軍がインドシナから撤退した後、事態が進展するかということに何ら関心を払わないということでした。……今回あなたは少し異なる形でインドシナに言及しました。それは、アメリカとインドシナ人民の間で、もし合意が達成されれば、平和協定の調印から六ヶ月後に新たな選挙が行われる、そしてその一ヶ月前に地元の支配者は辞任し、その地域の人民に合致した形で選挙が実施される、ということでした。これは本来の計画とは少し異なります。

　（中略）

周恩来総理　もし米軍が撤退したとはいえ、選挙の結果が依然、グエン・バン・チューや彼の代表なのだとしたら、数年後、革命が再び起こり、第二の問題が持ち上がるでしょう。つまり、アメリカは新しい友人を支援するためにベトナムに出て行くか、行かないかという問題です。そして他国に干渉するという問題が、再び持ち上がります。

　……

　私がインドシナについて述べたように、もし米軍やそれに続いてインドシナに入ったそのほかの軍隊が完全に撤退しないなら、もちろん我々は、インドシナ人民が抵抗戦争を完遂するのを支援しますし、その結果は新たな緊張を生むことになるでしょう。

　ですからこの問題は、状況をどう評価するかという問題なのです。もし我々がこの点を明確にせずに、ただいじくりまわして曖昧な表現にとどめるとすれば、我々は原則的な相違は述べられなかった、というべきでしょう。つまり、もしコミュニケ草案をあなたがお持ちのもののように書くとすれば（アメリカの第一次草案を読む）、それは、

　「二人の指導者は、二国間関係だけでなく、国際問題に関して、両国間の長年にわたる相違が、早急かつ容易には解決しないことを認識した。同時に両者は、ニクソン大統領の中国訪問と訪問への温かな処置によって、中国がその社会システムとは関わりなく、国際的な平和と

安全の利益に関する相違の解決に向けて、力を合わせられることを明らかにしたことで合意した」

　そうなると、世界の人々に対して正しい印象を与えるものではなくなり、我々は合意できません[39]。

　この周恩来の説明から、米中における価値観の相違、中国の価値観にとって、ベトナム・インドシナ問題は極めて重要な位置を占めることが明らかである。

　周恩来の説明を聞いて、キッシンジャーは猛烈に反発し、また中国側のコミュニケ草案に強い警戒感を示し、双方はこれまでにない最も激しい論争を交わした。また、キッシンジャーは、ニクソン訪中の失敗を懸念し、ニクソン大統領の訪問が失敗になってはならないと強調した。双方は、米中関係が迅速に発展することを期待しないと、これまでにない慎重な姿勢を示した。

キッシンジャー博士　（人種差別反対を草案に盛り込みたいとの周恩来発言に対して）いかなる議論であっても、アメリカ国内の問題に関して、我々がコミュニケに盛り込むことを我慢するという幻想を総理はお持ちではないと思いますか？
　（中略）
キッシンジャー博士　我々は古い友人たちを直ちに見限らねばならないと告げられるのは、我々にとって受け入れられることではありません。
　（中略）
キッシンジャー博士　我々は、ニクソン大統領の訪問は、歴史的機会になりうると信じています。しかし大統領は被告席に立たされるためにここに来るのではありませんし、一連のアメリカの悪行について糾弾されるためでもありません。そのようなことは不可能です。
（中略）

キッシンジャー博士 あなた方にとって、コミュニケが単に我々の立場を糾弾する手段として読まれるなら、それは非常に好ましいことではありません。大統領がアメリカに戻った後、大統領は中国訪問で恥をかいたといわれるかもしれませんし、それはあなた方と大統領との関係に影響するだけでなく、その後継者との関係にも影響するでしょう。ですから、コミュニケのテーマは次のようなものであるべきです。二つの大国は異なる観点を抱いているが、両国がともに、あるいは並行して行い得ること、または、両国は合意できることがある。
（中略）
キッシンジャー博士 総理は先日、アメリカ人の一行に対して、訪問が成功すれば結構なことだが、そうでなくても結構だ、と言われました。我々はまったくこれに同意できません。なぜなら、訪問の成功は人類の利益になると思うからです。……
（中略）
周恩来総理 私は、もし成功するなら結構だし、失敗しても仕方がないと言ったのです。あなたはそのほかの可能性に備えなければなりません。成功しない場合を考えなくてはならないでしょう。成功についてだけ心配してはいけません。あなた方の大統領も、この万が一の事態について発言しています。
……何度も述べたように、我々は、中米関係が非常に迅速に発展することを期待していません。驚くような事態などは、突然起きるはずがないのです[40]。

　この回の会談は、このように、厳しいやり取りを経て、双方がニクソン訪中の失敗に備えるとか、米中関係の迅速な発展を期待しないなど、これまでになかった流れになって、行き詰まった。キッシンジャーは周恩来に、「総理はこの話し合いをどう進めようとお考えでしょうか？」と尋ね、周恩来は休憩を提案した。会談再開後は原則問題で突っ込んだ話を双方とも避けたようである。
　この会談は、コミュニケをめぐる米中間の大きな食い違いが最も明確に

現れた会談であった。そのため、双方は最も激しく対立した。米中間の相違を見ると、世界観・イデオロギーの対立が根本的なもので、ベトナム・インドシナ問題がそれに最も密接に関連する現実における具体的な問題であったことが分かる。すなわち、中国側にとって、人民の革命、民族の解放、国家の独立は正義で時代の流れであり、それを支持するのは中国の原則であるが、その現在進行形の典型的な事例はベトナム・インドシナである。これこそ、中国にとってのベトナム・インドシナの重要性であった。

3　キッシンジャーの妥協

　第六回会談と同じ日の10月24日午後9時23分から11時20分にかけて、周恩来とキッシンジャーは、第七回会談を行った。冒頭、周恩来は中国側の第一次草案をキッシンジャーに渡した。英訳がないため、姫鵬飛が中国語を読み、通訳が英語に訳すという形で中国側が草案を読んだ。それが終わった後に、キッシンジャーはまず、前回の会談が終わった後に真剣に考えた結具、それぞれの考えをコミュニケで述べるという中国側の提案に同意すると述べた。

　　キッシンジャー博士　今日の午後、今朝我々が行った議論をじっくり考えてみました。それで、我々双方がそれぞれの見解を明確に述べた結果として、我々の関係の不正常な状態を反映する一風変わったコミュニケを作成するほうが双方にとって良い、という総理の見解には大変な利点があるという結論に至りました。総理が提示された基本的な考え、すなわちコミュニケでは、双方が自身の見解を述べて、その後で双方が共通の立場を述べる、という形を取るのが良いですし、我々にとって受け入れ可能だと思います。これは大統領と相談しなくてはなりませんが、この点に関してはかなり確実だと思います[41]。

　このように、コミュニケの形式に関して、米中双方がようやく合意でき、それ以降、コミュニケの内容に関する詰めの交渉に入ることになった。キッシンジャーとロードは、合意したコミュニケのスタイルに沿って24日夜

にアメリカ側の草案を作成し、25日中国側との交渉の一時間前にようやく完成した。25日午前10時12分から11時までに周恩来・キッシンジャー第八回会談が行われ、キッシンジャーはアメリカ側の第二次草案を中国側に渡し、説明した上で、次のように、このコミュニケの新しいスタイルを絶賛した。

> **キッシンジャー博士** もし合意できれば、他に類を見ないようなコミュニケになると思います。私が知っている二国間のコミュニケに比べて、最も率直で光栄あるものになるでしょう。攻撃的でない形で、両国の見解の相違が述べられていますし、誤って希望を掻き立てないようにして、前向きな姿勢を述べています。その結果、両国国民の関係のみならず世界の人々にとっても、新たな歴史の到来をもたらすでしょう[42]。

4　ベトナム問題

　上述したように、米中間の価値観・イデオロギーの相違でベトナム・インドシナ問題が密接に関わったが、中国は、価値観・イデオロギーにおいてアメリカとの相違があまりにも大きいと考えたために、双方の立場をそれぞれに表明する形のコミュニケにした。アメリカの同意を得た後、双方はコミュニケの具体的な作成に入ったが、それに当たって、最も激しく議論が交わされたのは、立場に関する用語の問題、台湾問題とベトナム・インドシナ問題であった。立場に関する用語はベトナム・インドシナ問題も関連したため、コミュニケの具体的な作成に当たっても、ベトナム・インドシナ問題が米中間の食い違いの焦点であったと言える。

　まず、第七回会談で、中国側の第一次草案の説明を聞いたキッシンジャーは、中国側のコミュニケ形式に賛成を表明した後、すぐに、中国側草案の用語の問題とベトナムに関する扱いに異議を提出した。

> **キッシンジャー博士**　この草案を通じて、中国側の立場は、きわめて

非妥協的な言葉で述べられています。
　……もっと穏健な表現の仕方があるに違いないと思うのです。
　……
　それではベトナムに移りましょう。正直に言って、ハノイが非公式に、我々に対して交渉の対象にしたくない、と言ってきた七項目提案を中国が支持することは、人民共和国にとってどんな意味があるのか理解できません。……
　しかし一方で、アメリカの民衆に対してきわめて攻撃的な言い回しがいくつかあります。あなた方が自国を「正義の戦争への信義あふれる後衛」とか、そのような意味の言葉で表現することは、我々が、何年にもわたってお国の新聞紙面で読んできたことを言っているに過ぎません。したがって、これは何も驚くことではありません。
　他面、アメリカの民衆は、この戦争で大きな犠牲を受けていることを理解していただきたい。また、インドシナで殺された兵士の、またそこに捕らわれている捕虜の母親たちは、なぜ大統領はこのようなことを言われるためにはるばる一万二千マイルも行かなければならなかったのか、と自問するであろうことも理解していただきたい[43]。

　また、第九回の会談で、中国側の第二次草案を検討したキッシンジャーは再びすぐに、中国側草案の用語の問題とベトナムに関する扱いに異議を提出した。

キッシンジャー博士　私を憂鬱にしているのは、あなた方が、あなた方自身の理由から、我々双方の見解の相違を、できるだけ鋭くかつ刺激的な表現を用いて表明する必要に迫られているのではないかということです。……
　たとえば、実質的な事項を最初に扱う段落の初めの文章で、「世界人民は革命を欲している」と記述しているような文書に、アメリカ大統領が調印を求められるようなことはかなり薬が強すぎます。……我々は大統領がここに来るまで戦争が終結することを望んでいるのです。

しかしまだ戦争が続いている場合、アメリカの兵士が殺されているベトナム、ラオス、カンボジアでの革命闘争を達成させることを支援する中国の決意について、大統領がサインするように要求されるのはかなりつらいことです。私たちはあなた方に彼らを支援するなと言っているわけではありません。我々はベトナムについて何ら頼まなかったこと、また我々はベトナムとの交渉においてのいかなる利益をも得ようとしていないことを総理はご存知です。しかし大統領はアメリカ国民に答えなければなりません。我々はあなた方の行動に影響を及ぼそうとしてはいけません。今、私はあなたの用いられている字句について話しているのです。……我々はあなた方の意見に異議を唱えているわけではありません。ただその表現の方法を問題にしているのです(44)。

　この回の会談で、キッシンジャーの異議を受け、周恩来は、「人民が革命を欲する」という中国側草案の文言を「人民が進歩を欲する」に変えた。

　キッシンジャーが帰国する26日に、双方が朝5時30分から8時10分まで最後の会談・第十回会談を行った。

　この会談で、ベトナム・インドシナ問題が関連する全般的アプローチ及びベトナム問題に関して、キッシンジャーはまず、「レ・ドク・トとの秘密交渉を十一月中旬に再開するという通告を、北ベトナムから受けとったところであることをお知らせしたい」と述べ、ニクソン訪中のとき、ベトナム問題はある程度解決のめどがつき、コミュニケでベトナム・インドシナ問題に言及する必要もなくなるとの見通しを示しながら、中国側に、中国側の第三次草案の内容にある「中国側は以下のように述べた。すべての被抑圧人民と被抑圧民族による自由と解放のための闘争を断固支持する」という文言の削除を求め、また、次のようなやり取りもあった。

キッシンジャー博士　インドシナ問題の箇所では、「その目的のために合衆国は一連の提案を行った」という字句を削除しましょう。ただ単に、合衆国の「第一の目標は、交渉による解決である」とだけ声明します。

> **周恩来総理**　それでは、我々は……ここのインドシナの箇所では、あなた方には三つの文章があります……。我々は、ベトナム、ラオス、カンボジア各国人民への支持についての文章を残さなければなりません。
> **キッシンジャー博士**　それでは、「合衆国の第一の目標は、交渉による解決である」という文章を削除しましょう。
> **周恩来総理**　ということは、あなた方は、ベトナム、ラオス、カンボジア各国人民が自分の目標を実現するための闘争を支持する、という文章を我々に使わせたくないのですね？
> **キッシンジャー博士**　その通りです。
> 　……もし、依然として多くのアメリカ人の戦争捕虜がベトナムに囚われていて、またもしアメリカ軍人が依然殺され続けているとすれば、アメリカの大統領がわざわざ一万二千マイルもの旅をして出向いたのに、中国側からこれを支持していると聞かされるとすると、この前の文章が我々にとって問題となってくるのです。たとえ中国が彼らの闘争を支持しているとしてもです。
> 　……
> **周恩来総理**　それでは、「ベトナム、ラオス、カンボジア各国人民の闘争を断固支持する」とだけ声明して、そこで終えるのではどうです。「自分の目標を実現するために」という語句は取りましょう。
> **キッシンジャー博士**　それで、少しは助かります[45]。

　それに続いて、キッシンジャーは、「闘争」という文言に替わる用語を使うよう中国側に求めた。これらについて双方が長らく議論を交わした。このように、米中コミュニケに関して、ベトナム・インドシナ問題は極めて重要な位置を占めたことを示している。

5　台湾問題とベトナム問題

　後半の交渉になると、中国側は、依然として台湾問題とベトナム・イン

ドシナ問題とのリンケージの論法に乗り、かつ、周恩来は、ベトナム・インドシナ問題を優先させる姿勢をさらに鮮明にした。たとえば、周恩来とキッシンジャーの第十回会談で、周恩来は、次のように述べた。

> **周恩来総理**　ここでの決定的な問題は、我々のものではなく、ベトナムからの撤兵問題です。
> **キッシンジャー博士**　しかし、それならば我々は対処することが可能です。
> **周恩来総理**　もし、インドシナ問題を処理できるならば、台湾問題は小さな問題です[46]。

6　中国の協力を再度要請

　後半の交渉でも、キッシンジャーは、ストレートな言い方を避けながらも、非常に明確な言い方で、中国側の協力を要請した。第六回の周恩来・キッシンジャー会談で、キッシンジャーは、次のように述べた。

> **キッシンジャー博士**　我々はそれでも、あなた方の友人に対して何らかの個人的な助言、少なくとも、我々の誠実さについてのあなた方の判断が、我々双方が望むプロセスを加速させるだろうと信じるのです[47]。

　キッシンジャーのこのような要請に対して、周恩来は、一切答えなかった。
　さらに、第十回会談でも、キッシンジャーは婉曲な言い方で周恩来に協力を求めたが、周恩来は、明確に拒否した。

> **キッシンジャー博士**　私は、昨夜、同僚にこのように話しました。もし総理がハノイの同志たちを説得して、あなた方が我々に対して示した熱心さをもって、我々に接するように仕向けてくだされば、ベトナ

ム戦争は二日で解決できるだろうと。
周恩来総理 しかし、すべての国はそれぞれの特質があるのですから、そうはいきません。
キッシンジャー博士 分かっています。
周恩来総理 それが、どちらの側もいかなる第三者に代わって交渉するつもりはない、と述べている文章を私が評価している理由なのです[48]。

結語

　本章に、キッシンジャー秘密訪中後におけるベトナム問題に関連する動き及びキッシンジャー10月訪中における米中間の交渉について検討した。この章の検討から次のいくつかの結論が得られると考える。

①キッシンジャー秘密訪中後、中国は対外関係ではまずベトナムとの協議に乗り出したが、成功しなかったようである。1950年から1960年代半ばまでに存在した中越間のコミュニケーション、相互協力体制は1960年代末に完全に崩れ、全く機能しなくなったのである。
②キッシンジャー秘密訪中後、ベトナムは、対米交渉におけるベトナム側の姿勢を硬化させ、米越秘密交渉の最高責任者を事実上引き上げた。
③キッシンジャーは、米中接近のベトナムに対する影響を誤って予測し、米中接近によってベトナムが平和交渉の妥結に応じると考えたが、現実はまったく逆であった。第3章以降と本章が明らかにしたように、米中接近は、中国の対越姿勢の再転換と中越再接近、ベトナム問題における中国とベトナムのより強硬な姿勢を招いたのである。
④キッシンジャー秘密訪中を受けて、アメリカは、「ベトナム化」政策の事実上の中止を検討し、かつ、10月交渉で中国側に「ベトナム化」政策の中止を明言した。
⑤中国側は、時間的にベトナム問題の解決を台湾問題に優先させる方針を

さらに明確にした。
⑥中国側は、依然としてベトナム側の公の対米交渉方針に基づいてアメリカ側と交渉し、また、ニクソン訪中を機にベトナム問題における解決・進展をアメリカ側に迫ったが、満足な結果を得られず、中国側は、米ソ首脳会談の先行を要請するなど、苦慮した。
⑦アメリカ側はベトナム・インドシナ問題の早期解決への中国の協力を求めたが、中国側はそれを拒否した。
⑧米中コミュニケの議論で、これまでの交渉の中で基本的に避けてきたイデオロギー問題が浮上したが、イデオロギーの相違で具体的に現れる例はベトナム・インドシナ問題が最も顕著であった。この問題をめぐって米中双方が激しく対立し、結局、コミュニケは、双方が各自の立場をそれぞれ述べるという極めて異例なものになった。

　なお、キッシンジャーは、帰国後のニクソンへの報告の中で、周恩来は最後の会談でアメリカが平和協定を望んでいることを信じるようになったと感想を述べ、また、周恩来は、ニクソンが北京に行くときにベトナム・インドシナ問題が転換するよう願っていると報告した。
　また、ニクソン訪中の直前の1972年1月に、キッシンジャーの側近であるヘイグが中国を訪問し、ニクソン訪中のための最終準備協議を行ったが、米中間で、ベトナム・インドシナ問題に関しては、新しい進展がなかった。

第 5 章脚注

（1） Memcon, Kissinger and Zhou, 11 July 1971, 10:35 a.m. - 11:55 a.m., Top Secret / Sensitive / Exclusively Eyes Only, p.9. 和訳：同上書、第 91 頁。
（2） 前掲、栗原浩英論文、『ニクソン訪中と冷戦構造の変容――米中接近の衝撃と周辺諸国』、第 187 頁。
（3） S.T. Ball, *The Cold War: An International History,1947-1991*, Lecturer in Modern History, University of Glasgow, N.Y., London 1998. p. 140.
（4） *"Le Duan and the Break with China"*, http://wwics.si.edu/index.cfm?topic_id=1409&fuseaction=library.document&id=14967
（5）「当前国際局勢和我国対外政策的若干問題」、1971 年 9 月、未定稿、機密、聯文 7223 号、1972 年 2 月 19 日中国共産党中央対外聯絡部印。湖南省档案館所蔵、全宗号 241、目録号 1、巻号 1116。
（6） 同上、第 3 〜 10 頁。
（7） 同上、第 10 頁。
（8） 同上、第 25 〜 26 頁。
（9） 同上、第 32 頁。
（10） NIXON PRESIDENTIAL MATERIALS STAFF, *National Security Council (NSC) Files For the President's File – Vietnam Negotiations,* Camp David Vol. I to C-D – Vol..Box 854, MEMORANDUM FOR: THE PRESIDENT, FROM: HENRY A. KISSINGER, SUBJECT: My Meeting with the North Vietnamese, July 12, 1971, p1.
（11） Ibid., MEMORANDUM FOR: DR. KISSINGER, FROM: Dick Smyser and Winston Lord, SUBJECT: Your Next Meeting with the North Vietnamese, July 15, 1971,p 1.
（12） Ibid., MEMORANDUM FOR: DR. KISSINGER, FROM: Dick Smyser and Winston Lord, SUBJECT: Your Next Meeting with the North Vietnamese, July 15, 1971,p 2.
（13） Ibid., MEMORANDUM FOR: THE PRESIDENT, FROM: HENRY A. KISSINGER, SUBJECT: My Next Meeting with the North Vietnamese, p1. この文書には作成に日時が記載されていないが、文書の内容から、1971 年 7 月 12 日の第九回米越秘密交渉後と 7 月 26 日第十回米越秘密交渉前の間に作成されたものであると考えられる。
（14） Ibid., MEMORANDUM FOR: THE PRESIDENT, FROM: HENRY A. KISSINGER, SUBJECT: My Next Meeting with the North Vietnamese, July, 1971, p2.
（15） Ibid., MEMORANDUM FOR: THE PRESIDENT, FROM: HENRY A. KISSINGER, SUBJECT: My Next Meeting with the North Vietnamese, July, 1971, p3.
（16） Ibid., MEMORANDUM FOR: THE PRESIDENT, FROM: HENRY A. KISSINGER, SUBJECT: My Next Meeting with the North Vietnamese, July, 1971, p4.
（17） Memcon, Kissinger and Zhou, "UN and Indochina," 4:42 - 7:17 p.m. Top Secret/Sensitive/ Exclusively Eyes Only, p. 19. Source: National Archives and Records Administration (NARA),

NIXON PRESIDENTIAL MATERIALS STAFF, National Security Council Files, box 1034, Polo II - HAK China Trip October 1971 Transcript of Meetings. 和訳：前掲、『周恩来・キッシンジャー機密会談録』、第 169 頁。

(18) NIXON PRESIDENTIAL MATERIALS STAFF, Paris Talks/Meetings, Box 190,MEMORANDUM OF CONVERSATION, July 26, 1971, 10:30 a.m. – 4:00 p.m., PLACE: North Vietnamese Residence in Paris, 11 Rue Darthe, p9.

(19) Memcon, Kissinger and Zhou, "UN and Indochina," 4:42 - 7:17 p.m. Top Secret/Sensitive/Exclusively Eyes Only, pp. 12-15. Source: NIXON PRESIDENTIAL MATERIALS STAFF, National Security Council Files, box 1034, 和訳：前掲、『周恩来・キッシンジャー機密会談録』、第 164 頁。

(20) NIXON PRESIDENTIAL MATERIALS STAFF, *National Security Council (NSC) Files For the President's File – Vietnam Negotiations,* Camp David Vol. I to C-D – Vo. l. Box 854, MEMORANDUM FOR: THE PRESIDENT, FROM: HENRY A. KISSINGER, SUBJECT: Meeting with the North Vietnamese, September 13, 1971.

(21) Memcon, Kissinger and Zhou, "Opening Statements, Agenda, and President's Visit," 20 October 1971, 4:40: 7:10 p.m. Top Secret/Sensitive/Exclusively Eyes Only, pp. 2-4. Source: NARA, NIXON PRESIDENTIAL MATERIALS STAFF, National Security Council Files, box 1034, Polo II - HAK China Trip October 1971 Transcript of Meetings. 和訳：前掲、『周恩来・キッシンジャー機密会談録』、第 104 〜 106 頁。

(22) Ibid., Memcon, Kissinger and Zhou, "Opening Statements, Agenda, and President's Visit," 20 October 1971, 4:40: 7:10 p.m., pp. 2-12. 和訳：同上書、第 105 〜 116 頁。

(23) Ibid., Memcon, Kissinger and Zhou, "President's Visit, Taiwan and Japan," 21 October 1971, 10:30 a.m. - 1:45 p.m. Top Secret/Sensitive/Exclusively Eyes Only, p. 4-6. 和訳：同上書、第 128 〜 130 頁。

(24) Ibid., Memcon, Kissinger and Zhou, "The President's Visit," 23 October 1971, 9:05 - 10:05 p.m. Top Secret/Sensitive/Exclusively Eyes Only, pp. 13-14. 和訳：同上書、第 222 頁。

(25) Kissinger to Nixon, "My October China Visit: Discussions of the Issues," 11 November 1971, Top Secret/Sensitive/Exclusively Eyes Only, p. 10. Source: RG 59, State Department Top Secret Subject-Numeric Files, 1970-1973, POL 7 Kissinger.

(26) Memcon, Kissinger and Zhou, "UN and Indochina", 21 October 1971, 4:42 - 7:17 p.m. Top Secret/Sensitive/Exclusively Eyes Only, pp. 9-13. Source: NARA, NIXON PRESIDENTIAL MATERIALS STAFF, National Security Council Files, box 1034. 和訳：前掲、『周恩来・キッシンジャー機密会談録』、第 161 〜 163 頁。

(27) Ibid., pp. 12-14. 和訳：同上書、第 163 〜 165 頁。

(28) Ibid., pp. 12-18. 和訳：同上書、第 163 〜 168 頁。

(29) Ibid., pp. 19. 和訳：同上書、第 169 頁。

(30) Ibid., pp. 9. 和訳：同上書、第 161 頁。

(31) Ibid., pp. 10-11. 和訳：同上書、第 162 〜 163 頁。
(32) Ibid., pp. 26-28. 和訳：同上書、第 174 〜 176 頁。
(33) Ibid., p. 24. 和訳：同上書、第 174 頁。
(34) *Le Duan and the Break with China"*, By Stein Tønnesson, http://wwics.si.edu/index.cfm?topic_id=1409&fuseaction=library.document&id=14967
(35) Memcon, Kissinger and Zhou, "Opening Statements, Agenda, and President's Visit," 20 October 1971, 4:40: 7:10 p.m. p. 17. Source: National Security Council Files, box 1034. 和訳：前掲、『周恩来・キッシンジャー機密会談録』、第 116 頁。
(36) Ibid., p. 21. 和訳：同上書、第 119 〜 120 頁。
(37) 章文晋、中華人民共和国外交部西欧米州局長。
(38) 前掲、『周恩来年譜（下）』第 490 〜 491 頁。
(39) Memcon, Kissinger and Zhou, "General Philosophy and Principles, Communique," 24 October 1971, 10:28 - 1:55 p.m. Top Secret/Sensitive/Exclusively Eyes Only, pp. 3-12. Source: NARA, NIXON PRESIDENTIAL MATERIALS STAFF, National Security Council Files, box 1034, Polo II - HAK China Trip October 1971 Transcript of Meetings. 和訳：前掲、『周恩来・キッシンジャー機密会談録』、第 227 〜 234 頁。
(40) Ibid., pp. 3-12. 和訳：同上書、第 235 〜 243 頁。
(41) Ibid., Memcon, Kissinger and Zhou, "Communique, Announcements of Trips," 24 October 1971, 9:23 p.m. - 11:20 p.m. Top Secret/Sensitive/Exclusively Eyes Only, p. 3. 和訳：同上書、第 250 頁。
(42) Ibid., Memcon, Kissinger and Zhou, "Communique," 25 October 1971, 10:12 - 11:00 a.m., Top Secret/Sensitive/Exclusively Eyes Only, pp. 3-4. 和訳：同上書、第 264 頁。
(43) Ibid., Memcon, Kissinger and Zhou, "Communique, Announcements of Trips," 24 October 1971, 9:23 p.m. - 11:20 p.m. pp. 4-6. 和訳：同上書、第 250 〜 252 頁。
(44) Ibid., Memcon, Kissinger and Zhou, "Communique," 25 October 1971, 9:50 - 11: 40 p.m., Top Secret/Sensitive/Exclusively Eyes Only, pp. 2-3. 和訳：同上書、第 267 〜 268 頁。
(45) Ibid., Memcon, Kissinger and Zhou, "Communique, Prisoners, Announcements of Trips, Technical Matters," 26 October 1971, 5:30 - 8:10 p.m. Top Secret/Sensitive/Exclusively Eyes Only, pp. 3-9. 和訳：同上書、第 286 〜 302 頁。
(46) Ibid., p. 15. 和訳：同上書、『第 297 頁。
(47) Ibid., Memcon, Kissinger and Zhou, "General Philosophy and Principles, Communique," 24 October 1971, 10:28 - 1:55 p.m. p. 16. Source: National Security Council Files, box 1034, 和訳：同上書、第 238 頁。
(48) Ibid., Memcon, Kissinger and Zhou, "Communique, Prisoners, Announcements of Trips, Technical Matters," 26 October 1971, 5:30 - 8:10 p.m. Top Secret/Sensitive/Exclusively Eyes Only, p. 12. 和訳：同上書、第 294 〜 295 頁。

第6章

ニクソン訪中とベトナム問題

第6章の目的は、キッシンジャーの二度にわたる中国訪問の後、ニクソン訪中前におけるベトナム・インドシナ問題関連の動き及びニクソン訪中における米中交渉を検討することである。

第1節　ニクソン訪中前の動き

1　米越間の動き

　ニクソン訪中前、米越間の軍事的対抗が激しさを増し、それと同時に外交的駆け引きが繰り広げられた。前述したように、キッシンジャー第二回訪中前の10月11日に、アメリカはベトナムに対して、新しい八項目提案を行った。ベトナムは、キッシンジャー訪中前に一切答えなかったが、キッシンジャー訪中が終了直前の10月25日にアメリカ側に返答し、11月20日に米越秘密会談を受け入れると提案した。しかし、11月20日に、三日前にレ・ドク・トが「突然病気になった」と言ってこの会談をキャンセルした。アメリカは繰り返しレ・ドク・トか他の指導者と会談する用意があると伝えたが、返事はなかった。アメリカの情報によれば、ベトナムはアメリカの10月11日提案を受け取る直後、一ヵ月後に大規模な軍事、政治、外交攻勢を決定し、12月と1月に、北ラオスと南ベトナムで大規模な攻撃を行った。

　一方、11月12日に、ニクソン米大統領は、12月と翌年1月の2ヶ月間に米軍4万5千人を南ベトナムから撤退させ、1972年1月末の残存米軍は13万9千人になる予定であると発表した。ベトナム側の攻撃に対して、アメリカは12月26日から30日にかけて米軍機延べ1,000機を出動して、68年11月の全面停止以来最大規模の北爆を行った。

　ベトナム側が秘密交渉に応じない事態が続く中で、ニクソン政権は思い切った行動に出た。1972年1月25日、ニクソンは、米越秘密会談を公開

し、合わせて新しい提案を行った。ベトナムは、ニクソンによる米越秘密交渉の公開に対して猛烈に反発した。1月26日、アメリカ側が米越秘密会談の再開を提案し、2月14日、ベトナムは、好意を示すためアメリカ側の提案を受け入れ、3月15日以降にアメリカ側と会談する用意があると伝えた。しかし、このベトナム側の回答を得た直後の2月16日と17日、アメリカは北ベトナムに対して大規模空爆を行い、特に17日に北ベトナム全域に対して猛烈な爆撃を行った。これは、ニクソン訪中の直前という時期でもあった。一方、この同じ日（17日）にアメリカはベトナムにメッセージを送り、3月20日11時30分にいつもの場所でキッシンジャーとレ・ドク・ト、スアン・トゥイとの秘密会談を再開するよう提案した。

2　中越間の動き

　この間の中越関係に関して、中国側の基本姿勢は、1971年前半ごろに再転換した対越姿勢の継続であった。すなわち、ベトナムに対する物的援助の拡大、ソ連のベトナム援助への協力の強化などである。ただし、中国は、ベトナム側のニクソン訪中拒否の要請を断ったと言われる。

　ベトナムがレ・ドク・トの病気を理由にアメリカとの秘密会談をキャンセルした日の1971年11月20日から、ファン・バン・ドン首相を団長とするベトナム政府・党代表団が北京を訪問し、中国は最高の待遇でベトナム代表団を極めて盛大に歓迎した。このような国を挙げてのベトナム代表団歓迎は1968年中越対立が生じて以来初めてのことであった。11月20日の『人民日報』はトップページで、ファン・バン・ドン首相の写真を大きく載せ、「熱烈歓迎越南人民的光栄使者（ベトナム人民の光栄なる使者を熱烈に歓迎する）」の社説を発表した。22日夜、毛沢東主席はベトナム代表団のメンバー全員と会見した。会見の後、周恩来はファン・バン・ドン一行の上海、広州などの訪問に同行し、「これは、我々両国の革命的友情を示すことができる」[1]と語った。25日、周恩来とファン・バン・ドンが中越共同声明に調印した。ナンバー3を団長とするベトナム代表団を歓迎する規模、雰囲気、毛沢東との会見、共同声明などはいずれも、翌月

のニクソン大統領を始めとするアメリカ代表団を迎える様子（地味で小規模な歓迎、毛沢東との少人数で短時間の会見、双方の食い違いを表明するコミュニケなど）とは対照的であった。これは、ニクソン訪中を控えての中国によるベトナム・インドシナ問題における立場の表明であり、アメリカへのメッセージであり、ベトナムへのメッセージであったと言えよう。しかし、一方においては、ベトナム側はこの訪問で中国側にニクソン訪中の拒否を求めたが、中国側はそれを受け入れることはなかった。中国にとっては、アメリカとの関係改善は外交の最優先課題であり、それを前提にベトナムを最大限に配慮するということがあっても、中越関係を米中関係に優先させる時代はすでに終了していたのである。

また、ベトナム側の資料によれば、このベトナム代表団訪中の初日に、周恩来は、ファン・バン・ドンに対して、「ベトナムは機会を逸することなく米軍撤退問題を先に解決し、米兵捕虜問題の解決にも配慮すべきだ。サイゴン傀儡政権打倒は先の話だ」と語ったといわれる。栗原浩英は、周恩来の発言はこのときベトナム労働党内で優勢である漸進的解放戦略とは必ずしも矛盾しないと指摘している[2]。

一方、中国は対越援助を拡大し、その執行をさらに厳格にしたようである。1971年11月14日、中国対外貿易部は通達を出し、各輸出入総公司が1967年以来まだ執行していない無償援越物資について至急整理し、出来るだけ速く執行するよう促した[3]。また、翌年の1972年1月22日に中国とベトナムは、北京で、軍事装備、経済物資を無償供与する議定書に調印した。前述したように、1971年から1973年にかけては、中国がベトナムに提供する援助が最も多い三年間であった。援助協定の総額は90億元近くに達し、軍事物資の援助は2年間で過去20年の総額を上回った[4]。

ベトナムに対する援助を拡大すると同時に、中国は、ソ連のベトナム援助の拡大、特にソ連のベトナム援助物資の中国通過に対する態度と方法も変化した。①中国はソ連の大量のベトナム援助軍事物資の中国通過に同意したばかりでなく、進んでベトナムに、ソ連に対して出来るだけ速く貨物の発送を催促するよう促した。ニクソン訪中をはさんでの1972年1月から4月にかけて、中国は相次いでソ連、東ドイツ、ブルガリア、ルーマニ

アなどとそれぞれ、1972年特種物資転送運輸に関する議定書を結んだ[5]。②中国は、ソ連側の特種物資を護送するソ連人が輸送車に同乗して中国領内を通過することに同意した[6]。③ソ連、キューバと東欧各国の船が中国の港でベトナム援助物資を下ろすことに同意すると表明し、中国は海運でベトナム援助物資の転送を再開した[7]。総じて、この段階、依然としていくつかの問題が存在したものの、ソ連東欧のベトナム援助物資の中国通過は比較的に順調であった。

3 米中交渉に臨むニクソンの準備

キッシンジャーの二度にわたる中国訪問を経て、ニクソン訪中への事前準備が基本的に整えられた。1971年11月29日、米中両国政府は、ニクソン米大統領が翌年2月21日から28日まで中国を訪問すると発表した。これ以降、ニクソン自身も、訪中のためさまざまな準備に取り掛かった。キッシンジャーや他のスタッフはニクソンのために多くの中国関連資料を用意し、また、ニクソンは多数の学者を呼んで中国に関する学習をした。中国との交渉に臨む前、ニクソンはさまざまな対策を練ったが、ベトナム・インドシナ問題に関しても、ニクソンは交渉に向けた準備を行った。たとえば、1972年2月15日、中国に立つ二日前に、ニクソンはホワイトハウスでメモを書き、ベトナム問題について中国に主張しようとすることをまとめた。

  ベトナム：
   1．わが国は介入をやめる――
   2．貴国の協力を望んでいた――しかし、もういい
   3．名誉ある終わらせ方にしなければならない――そうするつもりだ[8]

このメモから、ニクソンは、中国を訪問する前に、ベトナム問題の解決、すなわちアメリカのベトナムからの「名誉ある撤退」に中国の協力を得る

ことが不可能であることをすでに認識していたことが分かる。ベトナムからの「名誉ある撤退」に中国の協力を得ることはそもそもアメリカの対中接近の目的の一つであった。

しかし、ニクソンに迷いがなかった、あるいはこの時点で完全に諦めたというわけでもなかったようである。ニクソンは、2月17日に中国訪問のためにワシントンから出発したが、18日にハワイに立ち寄り、訪中準備のメモに、「インドシナ半島」の後ろに「？」を付けながらもアメリカの「望むもの」リストに書きとめた。ニクソンは、アメリカと中国がそれぞれ相手から得ようとしているものについて、次のようにメモに書いた。

　　向こうの望むもの：
　　　1．世界的な信用を得る。
　　　2．台湾。
　　　3．アメリカをアジアから追い出す。
　　我々の望むもの：
　　　1．インドシナ半島（？）
　　　2．共産主義者――中国共産党のアジアへの拡大を抑える。
　　　3．将来――中国という超大国との対決の脅威を減らす。
　　双方が望むもの：
　　　1．対立や紛争の危険を減らす。
　　　2．アジアの安定を増す。
　　　3．ソ連を抑制する[9]。

また、ニクソンは、23日のメモに、ベトナムと台湾とを交換する考えを書いた。キッシンジャー交渉の結果があったにもかかわらず、ニクソンは、ベトナム問題で自ら交渉努力を試みようとした。角度を変えれば、依然として台湾問題をカードとして使おうとした。

第2節　毛沢東・ニクソン会談とベトナム問題

1　二つの記録

　1972年2月21日から28日にかけて、アメリカ合衆国大統領であるニクソンが中国を訪問した。周恩来とキッシンジャーの事前の打ち合わせでは、毛沢東とニクソンは、二回会談を行い、その第一回会談は、ニクソンの北京到着の次の日か第三日に設定するということであったが、ニクソンが北京に到着した直後に、毛沢東からニクソンと会見するとの知らせが届き、2月21日午後2時50分から3時55分まで65分間、中南海にある毛沢東の書斎で、毛沢東・ニクソン会談が行われた。この会談に出席したのは、中国側指導者の毛沢東主席と周恩来総理、アメリカ側指導者のニクソン大統領とキッシンジャー国家安全保障担当大統領補佐官、通訳の唐聞生、中国側記録担当の王海容外交部儀典局副局長、アメリカ側記録担当のウィンストン・ロード国家安全保障会議上級スタッフの7人であった。また、毛沢東の健康状況が芳しくなかったため、会談の間救急の医療チームが会談場所の書斎の隣の部屋で待機していた。

ニクソン訪中　1972年2月21〜28日

1972年2月21日、ニクソン、北京に到着

1971年2月21日、毛沢東・ニクソン会談

　この毛沢東・ニクソン会談に関して、アメリカ側はすでにアメリカ側の記録を公開し、かつ、会談のアメリカ側主役であるニクソンとキッシンジャーは彼らの回想録の中でそれぞれかなり詳細に書いてある。それに対して、中国側は中国側の記録を公式に公開していない。毛沢東と周恩来も回想録を書かなかった。ただ、中国側記録は、一部の研究者などによって部分的に公開されている。中でも、周恩来の秘書を務め、米中接近に直接関わり、周恩来・キッシンジャー、周恩来・ニクソン会談にも出席した熊向暉は、その論文「1972年毛沢東同尼克松的談話（1972年毛沢東とニクソンとの談話）」[10] で、会談記録の一部を載せ、かつ詳細な分析を加えた。

　アメリカ側が公表した記録と熊向暉、魏史言などの論文に載せた中国側の記録とを比較すれば、米中双方の記録は、発言の内容は大まかに一致しているが、内容の違いややり取りの前後順序に違いがあり、その違いに重要な意味を持つ場合がある。当時の記録状況を考えると、アメリカ側の記録者は、中国語が分からず、毛沢東と周恩来の発言について唐聞生の通訳

を聞いて記録するしかないウィンストン・ロード一人だけであったのに対し、中国側の記録者は、中国側の記録担当で英語も堪能な王海容と通訳の唐聞生（通訳もメモを取る）の二人であった。したがって、中国側の記録はより信憑性が高いと考えられる。なお、王海容は、「アメリカ側の記録は基本的に正確である」と証言している(11)。

熊向暉は、「毛沢東の言論と著作は、流暢で分かりやすいものとして有名であるが、しかし、このニクソンとの談話は若干違っていた」と指摘する(12)。しかし、この会談での毛沢東発言こそ、米中関係の「哲学」や中国側の基本的な立場、ひいては毛沢東自身の拘り、内心の葛藤が反映されている。熊向暉は、この会談における毛沢東の発言は、毛沢東の「原則性」と「芸術性」を強く反映していると再三強調する。

キッシンジャーも、この会見における毛沢東談話について、次のように分析している。「彼が何をいわんとしているかは、ソクラテスのような対話のうちから浮かび上がり、彼は、こうした対話をたくまず、一見したところ思いつくままに誘導するのだった。毛は気楽な雑談や冗談めいた話の間に、重要な見解を述べ、話し相手に見解を与えたが、こうした意見は、時には哲学的であったり、時には皮肉めいたものだった。こうしたことが、積み重ねられていくうちに、核心となる彼の論点が明らかとなり、あまり関係のないたくさんの言葉に包まれ、明確な言質を避けながら、その意味は伝わってくるのだ。毛の簡潔な言葉は、壁を横切る影のようなものだった。それは現実を反映しているが、現実を包容していなかった。向かうべき方向を示しながら、途中の経路を明らかにしなかった」「彼は、時々将来を隠しているベールの片隅を持ち上げて、ちょっとのぞき見せるのだが、彼だけが見た全容は、決して見せなかった」「その後、毛の話の幾層にも重なった構想を会得すると、私は、それが紫禁城の中庭のようなものであり、それぞれがさらに奥深い庭へと続き、奥庭は、その前の庭とわずかに大きさが違うだけであることを理解した。そして、全体としての最後の意味は、長い間反省してやっと把握できるのだった。ニクソンが記録にとどめている、とりとめのない話の中で、いろんな話題のヒントが与えられており、ワグナーの歌劇の序曲のように、説明がなければ、明らかにな

らなかった」[13]。

2　米中関係の「哲学」と共通点

　このような、米中関係の土台を決めるものであるが難解な毛沢東談話をどう理解するか。多くの当事者や学者が分析を試みているが、これらの当事者や学者の中で毛沢東の考えを最も知り得る立場にあり、アメリカ Western Reserve University の社会学修士学位を持つ熊向暉の分析が最も体系的で説得力があると考える。熊向暉の分析によれば、毛沢東は米中関係の「哲学」について、進んでニクソンとキッシンジャーに五回話題を提起し、また三回ニクソンの話に対するリアクションとして米中関係の共通点を指摘し、それから、二つの点で米中の相違を示したという。

　いわゆる「哲学」の話の由来について、熊向暉は、ニクソンが２月20日に飛行機の中で同行記者と懇談した下記記事を毛沢東が読んだと指摘する。

> 　大統領は、共産党主席の毛沢東と周恩来総理との談話が、目の前の問題だけを議論するのではなく、哲学の角度から行うことを希望すると述べた。
>
> 　ニクソンは、毛と周はいずれも「哲学的な頭脳を持つ人物です。彼らはただ実際的、日常的な問題にだけ関心を持つような指導者ではない」と述べた。
>
> 　彼は、「彼らは、非常に長期的な目を持つ人々です」と言った。
>
> 　彼は、「世界における長期的な問題と米中両国間の問題に対する私自身の姿勢は策略的なものではありません。アメリカの指導者の目は非常に遠くを見なければなりません。我々の政策的な議論は、適切に制定し、かつ人々に十分に理解される哲学に基づかなければなりません。これが我々の国際関係の基礎です」と述べた[14]。

　ニクソンがこの記者会見で繰り返し使った「哲学」という言葉の意味に

関して、熊向暉は次のように分析している。

> ここで、「哲学」という言葉は特殊の含意を有する。ニクソンの言う「哲学的角度」とは、「目の前の問題だけを議論するのではない」事を指す。彼の言う「哲学的頭脳」とは、「ただ実際的、日常的な問題にだけ関心を持つのではなく」「非常に長期的な目を持つ」ということである。彼は、彼の（米中）「両国間の問題に対する姿勢は策略的なものではない」と述べたが、それはすなわち、戦略的であることを意味する。彼は、アメリカの「国際関係の基礎」は、（彼によって）「適切に制定された」「哲学」であると述べた。ここで言う「哲学」は実際、「戦略」と同義語である。
>
> 総じて言うと、ニクソンが期待する中国の指導者との議論は、「哲学的頭脳」を持って、かつ「哲学的角度」から行わなければならず、「非常に長期的な目を持って」、できるだけ「目の前の問題」を避け、「実際的」すなわち具体的で「日常的な問題」から離れて、「策略的」な問題を乗り越えなければならない。それはすなわち、長期的、原則的、マクロ的、戦略的問題について重点的に議論することを意味するに他ならない[15]。

さて、毛沢東・ニクソン会談で、毛沢東はまず、「哲学」の問題、すなわち、米中関係における長期的、原則的、マクロ的、戦略的な問題について、進んで五回話題を提起した。

毛沢東が進んで提起した最初の話題は、やはり台湾問題であった。台湾問題に関する双方のやり取りはこの一回だけであったが、中国側の記録とアメリカ側の記録にはいくつかの違いがある。

中国側の記録は以下の通りである。

毛沢東主席 私たちの共通の旧い友人、つまり蒋介石委員長は賛成していません。彼は私たちのことを共産匪と呼んでいます。彼は最近演説を行いましたね。

周恩来総理 彼らが最近開いた「国会」においてです。

ニクソン大統領 蒋介石は主席を共産匪と呼びますが、主席は彼のことを何と呼びますか。

周恩来総理 私たちは普通蒋介石一味と呼びます。新聞などでは時に、匪賊とも呼びます。

毛沢東主席 それは匪賊ではありませんか？お互いに匪賊と呼び、お互いに罵り合っています。実際には、私たちと彼との友好関係の歴史は、あなた方と彼との友好関係の歴史よりずっと長いですよ。

周恩来総理 1924年からです[16]。

アメリカ側の記録は以下の通りである。

毛沢東主席 私たちの共通の旧友、蒋介石総統はこのことを認めないでしょう。彼は私たちのことを共産匪と呼んでいます。最近演説稿を出版しました。ご覧になりましたか。

ニクソン大統領 蒋介石は主席を匪賊といいますが、主席は彼のことをなんと呼びますか。

周恩来総理 普通は蒋介石一味といいます。新聞などでは時に、私たちが匪賊と呼ばれることのお返しで、蒋介石の徒党といいます。とにかくお互いに罵り合っています。

毛沢東主席 実際には、彼と私たちとの友好関係の歴史は、あなた方と彼との友好関係の歴史よりずっと長いのですよ。

ニクソン大統領 存じています[17]。

このように、双方の記録にはいくつかの違いがあるが、核心的な内容に関しては一致している。双方が罵倒し合っている件について、会談に出席し、現場の雰囲気も分かるキッシンジャーは、これは「結局は中国人同士で独自な解決を見出すだろう」というメッセージであったと分析している。

毛沢東が次に進んで提起した話題は、キッシンジャーに関するものであ

るが、実際、米中関係が世界的な影響をもつと指摘するものであった。これに関しても、米中の記録に違いが見られる。

中国側の記録は以下の通りである。

毛沢東主席　（キッシンジャーに向かって）あなたは中国への訪問で有名になりましたね。一回目に来てそれが公表されると、全世界を震撼させました[18]。

アメリカ側の記録は以下の通りである。

ニクソン大統領　存じています。
毛沢東主席　二人だけでやってはいけませんね。キッシンジャー博士に何か言っていただかなくては。中国への訪問で知れ渡っていますから。
キッシンジャー博士　計画をして指揮をとったのは大統領です[19]。

キッシンジャー秘密訪中とニクソン訪中予定の発表は、世界を震撼させ、国際政治の構造を変えた。熊向暉の分析によれば、毛沢東がこのように述べたのは、ニクソンとキッシンジャーに、米中関係は米中両国だけでなく、世界的な意味と世界的な影響を持つもので、このような戦略的なレベルから米中関係を考え処理すべきであると示そうとしたのである。

毛沢東が三回目に進んで提起した話題は、アメリカが民主党政権になれば民主党と接触するということであった。これに関して、米中双方の記録はほぼ一致している。

毛沢東主席　正直に言いましょう。民主党ですが、また当選したら私たちは接触せざるを得ません[20]。

毛沢東のこの言葉は、米中関係は一時的なものではなく、アメリカの党派政治の制限を超え、高い視点に立って持続的に米中関係を発展させなけ

ればならないことを意味すると熊向暉が分析している。

　毛沢東が四回目に進んで提起した話題は、ニクソンのような右派を好むということであった。これに関しても、米中の記録がほぼ一致している。

　　毛沢東主席　私は哲学の話がしたい。つまり、私は選挙ではあなたに投票しました。……
　　ニクソン大統領　彼が私に票を入れたのは、悪い中でもよりましな方を選んだのです。
　　毛沢東主席　私は右派が好きです。みんなあなたは右翼で、共和党は右寄りで、ヒース首相も右寄りだと言っています。……西ドイツのキリスト民主同盟も右寄りだと言われます。私はどちらかと言うと、右寄りの人達が政権に就くとうれしくなります。
　　ニクソン大統領　大事なことは、アメリカでは、少なくとも現在、右寄りの人間が左翼の言っていることを実行できるということです[21]。

　熊向暉の分析によれば、毛沢東のこの発言は、「哲学」の角度からの発言である。「哲学」すなわち「戦略」から考えると、ソ連が攻勢でアメリカが守勢の状況の下で、西側の一部の国では、右派が対ソ強硬を主張し、いわば反ソ派であり、左派が対ソ妥協を主張し、いわば親ソ派である。対ソ強硬派はソ連に対抗するために中国との関係改善を主張するが、対ソ妥協派は中国に接近したがらない。したがって、毛沢東は、「右派が好き」ということを述べたわけである。

　左派よりも右派を好むということは、イデオロギーではなく、中国に対する具体的な政策によって判断するということをも意味する。毛沢東は、ここで、イデオロギーに囚われない対米関係を示したということであると考える。

　なお、ニクソンも、「私たちを近づけたのは世界の新情勢に関する認識と、ある国の政治的哲学はそんなに重要なことではないという我々側の認識でしょう。重要なのは、その国が世界に対して、我々に対してどんな政策を取るかということです。率直にいいますが、だから我々には違いがあ

るのです」[22]と述べ、イデオロギーに囚われない米中関係の構築を言明した。

　毛沢東が五回目に進んで提起した話題は、これまでの米中関係である。これに関しても、米中の記録に違いが見られる。

　中国側の記録は以下の通りである。

> **毛沢東主席**　だから私たち両国は大変おかしなものです。過去二十二年間いつも話が合わない。そして今（昨年四月に）ピンポンを始めてから十ヶ月も経っていません。もしワルシャワであなた方が提案してから数えるならば二年余りになりました。私たちがことを扱う時も官僚主義的でした。あなた方が人員の往来を望んだ。貿易のこともある。しかし、私たちはどうしても同意しませんでした。私も含めて、十数年間、そんなことよりも中心課題の解決が先で、枝葉末節は問題にならないと主張した。でも後でやはりあなた方の考えが正しいということを発見した。そこで、私たちはピンポンをやりました[23]。

アメリカ側の記録は以下の通りである。

> **毛沢東主席**　だから私たち二国間の状況は不思議なものです。過去二十二年間話し合いで考え方を交流しませんでしたから。そして今（昨年四月に）ピンポンを始めてから十ヶ月も経っていません。ワルシャワであなた方が提案してから数えて二年弱です。私たちの側も官僚主義的にことを扱いました。たとえば、あなた方が個人のレベルで交流を望んだ。貿易のこともある。しかし私たちは、そんなことよりも中心課題の解決が先で、枝葉末節は問題にならないとという立場に固執していました。私自身その立場にしがみついていました。でも後で考えれば、あなた方の方が正しかった。そこで、私たちはピンポンをやりました[24]。

　以上の五回の毛沢東発言から、毛沢東の米中関係に対する考えが次のよ

うなものであると分析されよう。これまでの米中関係は正常なものではなかったが、米中関係は米中両国だけでなく世界的な影響を持つものとして処理しなければならず、中国は、イデオロギーの拘束に囚われず、またアメリカの国内政治に左右されることなく持続的な米中関係の発展を求める。その中で、台湾問題は副次的なもので中国人同士でいずれ解決する。
　また、毛沢東は、三ヶ所で、ニクソンの話に対するリアクションとして、世界的な大局から米中双方の政策とソ連、日本、朝鮮、ベトナムなどの問題を扱うこと、米中ソ三角関係の中でソ連の脅威が最も大きいこと、米中両国は互いに相手に脅威を与えないことで、ニクソンとの意見が一致した。

3　米中間の相違点

　一方、毛沢東は、台湾問題と世界秩序構築について、米中の相違を示した。まず、台湾問題に関して、米中間の記録に若干の相違がある。
　中国側記録は以下の通りである。

> **毛沢東主席**　ですから私は、数日前に亡くなった記者スノーに言ったのです。我々は、合意ができるのもいいし、合意ができなくたっていい。どうしてそんなに硬くならなければならないのでしょうか。どうして必ず合意しなければならないのでしょうか。
> **ニクソン大統領**　彼の死はとても悲しいことです。
> **毛沢東主席**　人々はいうでしょう。一回目にうまくいかなかったら、唯一の理由は我々が道を間違えたからです。もし我々が二回目にうまくいったら、人々はなんと言うでしょう[25]。

　アメリカ側の記録は以下の通りである。

> **毛沢東主席**　私はエドガー・スノーにそう言ったのです。数日前に亡くなった特派員です。

ニクソン大統領　とても悲しいことです。
毛沢東主席　本当に。
　暗礁に乗り上げてしまったら何の益もありませんから、よく話し合うのはよいことです。合意ができなくたっていい。結論に達することができるに違いないといえるのはどうしてでしょうか。人々はいうでしょう。……私たちは一回目にうまくいかないと、なぜ一回目はうまくいかなかったのかと。唯一の理由は道を間違えたからです。二回目にうまくいったら、人々はなんと言うでしょう(26)。

　中国側の記録に基づく熊向暉の分析によれば、この部分のやり取りは、毛沢東がスノーに対する談話の延長で台湾問題に関するものである。これまでの二十年間米中関係改善の焦点は台湾問題で、「一つの中国」の承認と台湾と台湾海峡からの米軍の撤退が中国側の主張であった。これについての「合意」をニクソン訪中の前提にしなかったため、ニクソン訪中が実現されたが、しかし、この問題をめぐる交渉がこの時点でまだ終わっていなかった。「合意」できるかどうかという問題がまだ存在していた。ただし、政治局会議の議論にもあったように、仮に今回の交渉で「合意」できなくても中国側にとって損することもなく、次のアメリカ政権（民主党政権であるかもしれないが）と交渉すればいいというわけである。しかし、「合意」できなかったら、ニクソンにとっては大きな問題になるため、ニクソンは「合意ができなくたっていい」ということに賛成できず、回答を避けたのである。
　さらに、毛沢東は、米中共同でこれからの世界秩序を構築しようとのニクソンの呼びかけに応じなかった。この点は、新しい米中関係の構築に当たってはきわめて重要なポイントであったが、しかし、中国側の記録には三箇所にわたって非常に明確に書かれているが、アメリカ側の記録には曖昧にしか書かれていないかまったく記録されていない。以下、米中双方の記録を比較しながら、中国側の記録に基づく熊向暉の分析を見てみよう。
　中国側の記録は以下の通りである。

ニクソン大統領 アメリカと中国という二つの偉大な国を見るとき、我々は、中国はアメリカの領土を脅かしていないことを知っています。
毛沢東主席 私たちは日本も南朝鮮も脅かすことはない。
周恩来総理 いかなる国も脅かすことはない。
ニクソン大統領 私たちも他の国を脅かすことはない。私は、アメリカも中国に領土的要求がないことをあなた方も知っていると思います。我々は、中国はアメリカを支配しようとは望んでいないことを知っていますし、我々は、あなた方もアメリカは中国を支配しようと望んでいないことを分かっていると思います。それと同時に、私は、あなた方はそう思わないかもしれませんが、アメリカと中国はいずれも大国ですが、どちらも世界を支配しようとは思っていないと信じています。まさに私たちの態度はこの二点について同じですから、私たちはお互いに相手国の脅威になりません。

したがって、私たちは食い違いがありますが、しかし、共通点を見つけて世界構造を構築することが出来ます。私たちがみんなその中で安全に自己を発展させ、それぞれが各々の道を歩む構造です。そうとは言えない国が世界にはいくつかありますが。
毛沢東主席 あなたたちは午後まだ用事がありますか。今何時になりましたか。
周恩来総理 四時半に全体会議を開きます。今は三時三十五分です。
毛沢東主席 話はこれでもう十分だと思いますが[27]。

アメリカ側の記録は以下の通りである。

ニクソン大統領 アメリカと中国の二大国を見ていえることは、中国はアメリカの領土を脅かしていないし、アメリカも中国に領土的野心はない。中国はアメリカを支配しようとは望んでいないでしょうし、アメリカも世界を支配しようと望んでいないことはお気づきのことと思います。あなた方はそう思わないかもしれませんが、アメリカと中国はいずれも大国ですが、世界を支配しようとは思っていない。私た

ちの態度はこの二点については同じですから、お互いに領土を脅かすことはない。
　したがって、私たちはいろいろ違いがありますが、自分のやり方で自分の道を通って安全に発展する世界を築く共通の地盤を見出すことができます。そうとは言えない国が世界にはいくつかありますが。
毛沢東主席　私たちは日本も南朝鮮も脅かすことはない。
ニクソン大統領　いかなる国もです。私たちも絶対に。
毛沢東主席　(周恩来首相と時間を見ながら)今日は十分話し合えたと思いますが(28)。

　この二つの記録を比較すれば、アメリカ側の記録では、会談における双方のやり取りの流れがやや不自然に思われる。熊向暉は、中国側の記録に基づいて次のように分析している。アメリカは中国と同じように「他の国を脅かすことはない」「世界を支配しようとは思っていない」というのは事実ではないので、毛沢東は同意できなかった。さらに、中国は少数の大国が国際秩序を操ることに反対の立場をとっているので、ニクソンが提案する米中両国が「共通点を見つけて世界構造を構築する」ことはまったく不可能であった。客に対する配慮から、毛沢東は直接断らなかったが、会談を終わらせようとした。
　しかし、ニクソンは諦めず、さらに一押しをした。
　中国側の記録は以下の通りである。

ニクソン大統領　主席の生きてこられた道は我々みんながよく承知しています。貧しい家から出て、世界で最も人口の多い偉大な国の頂点に立った方です。私の生い立ちはあまり知らされていません。私も貧しい家の生まれで、大国の頂点に立ちました。歴史が私たちを引き合わせました。問題は、私たちの哲学は異なるが、しかし、私たちはいずれも地に足を着け、人民の中から出てきたことです。私たちは、突破を実現することが出来ます。この突破は、ただ中国やアメリカに有益なだけでなく、この先全世界に有益になるでしょう。私はこのため

に来たのです。
毛沢東主席 あなたの『六つの危機』はなかなかの本です⁽²⁹⁾。

アメリカ側の記録は以下の通りである。

ニクソン大統領 主席、主席の生きてこられた道は我々みんながよく承知しています。貧しい家から出て、世界で最も人口の多い偉大な国の頂点に立った方です。私の生い立ちはあまり知らされていません。私も貧しい家に生まれ、大国の頂点に立ちました。歴史が私たちを引き合わせました。問題は、異なった哲学を持つ私たちが地に足を着け、人民の中から出てきて、ただ中国やアメリカに奉仕するだけでなく、この先全世界に奉仕することでしょう。そのために私たちはここにいるのですから。
毛沢東主席 あなたの『六つの危機』はなかなかの本です[30]。

　中国側の記録に「突破」という言葉があり、全体としてもニクソンの発言がより強く表されているが、両方の記録の基本的な意味合いは一致している。ニクソンは、前に米中共同で「世界構造を構築する」ことを毛沢東によびかけたが、毛沢東の反応がなかったため、ここでさらに、「突破を実現する」ことを毛沢東に呼びかけたのである。しかし、毛沢東は依然回答を避け、ニクソンの本を褒めた後、エドガー・スノーに話題を変え、これからの米中交渉は合意できてもできなくてもいいと述べた。
　しかし、米中共同で「世界構造を構築する」ことは、ニクソンにとって中国訪問の極めて重要な目的であったようで、この二回目の呼びかけでは、「私はこのために来たのです」（アメリカ側の記録でも「そのために私たちはここにいるのですから」）となっている。この目的に対するニクソンの強い関心を示していると言えよう。しかし、毛沢東は答えを避け、これからの米中交渉は合意できてもできなくてもいいと述べると、席を立ったため、双方は別れの挨拶に入った。中国側の記録によれば、ニクソンはこの重大な問題を諦めず、再度毛沢東に迫った。この最後の別れ際のやり

取りについて、アメリカ側の記録には具体的なやり取りが見られないが、中国側の記録には、次のような内容が書かれている。

ニクソン大統領　（毛沢東の手を握って）我々が一緒であれば世界を変えることができる。
毛沢東主席　お送りしませんよ[31]。

この短いやり取りに関して、熊向暉は、「このような答えは、毛沢東の鮮明な立場と超人の知恵を反映している」とコメントしている。

毛沢東とニクソンのこのようなやり取りから、このときにおける米中間の基本的な相違と米中接近の限界が浮かび上がる。中国側はこのとき、台湾問題を副次的に扱うことでアメリカとの関係改善に乗り出したが、満足の行く台湾問題解決の結果であったとは到底言えなかった。さらに、米中関係の重要性やソ連の脅威など国際政治の現実からイデオロギーの相違に囚われずアメリカとの関係改善に踏み込んだが、「世界支配をしようとしている」アメリカとともに「世界構造を構築する」ことには同調しなかったのである。

以上の分析から、米中関係に対する毛沢東の考えが次のように分析されよう。これまでの米中関係は正常なものではなかった。米中関係は米中両国だけでなく世界的な影響を持つものとして処理しなければならず、中国は、イデオロギーの拘束に囚われず、またアメリカの国内政治に左右されることなく持続的な米中関係の発展を求める。その中で、台湾問題は副次的なもので中国人同士でいずれ解決する。米中ソ三角関係の中でソ連の脅威が最も大きいものであり、米中両国は基本的に互いに相手に脅威を与えない。米中両国は、世界的な大局から双方の政策とソ連、日本、朝鮮、ベトナムなど具体的な問題を扱うべきである。一方、中国は台湾問題の処理で不満を持ち、「世界支配をしようとしている」アメリカとともに「世界構造を構築する」ようなことはしない。

この毛沢東・ニクソン会談には、ベトナム・インドシナ問題に関する具体的な議論はまったくなかった。

なお、ニクソンの「終わりに当たって、言いたいのですが、……私はいつも言った以上のことをします。それを基礎にして、主席とも首相とも率直な話をしたいと思います」[32]との発言から、この時点でニクソンは、再度毛沢東と会うと考えていたと思われる。

第3節　ニクソン・周恩来会談とベトナム問題

　毛沢東・ニクソン会談が終わった後、ニクソンと周恩来は七回会談を行った。その中、二回（第一回と第六回）は全体会議で、五回は個別会談であった。第一回全体会議は、新しい米中関係に関する一般的な議論が中心で、ベトナム・インドシナ問題に関する議論はなかった。ベトナム・インドシナ問題が詳しく議論されたのは、ニクソン・周恩来第一回会談、第三回会談と最終会談においてであった。ニクソン・周恩来会談で、個別テーマで時間が最も長く（台湾問題を超える時間を費やした）、論争が最も激しく、米中間の食い違いが最も大きかったのはベトナム・インドシナ問題であった。また、個別テーマで周恩来が攻撃的な姿勢をとったほとんど唯一の問題も、ベトナム・インドシナ問題であった。

1　第一回全体会議

　毛沢東・ニクソン会談は、1972年2月21日ニクソンが北京に到着した日の午後2時50分から3時55分まで行われたが、その後、午後5時58分から6時55分までに、ニクソンと周恩来を中心に第一回全体会議が開かれた。歓迎レセプションが始まる前の短時間のものであったこともあって、双方は、簡単に新しい米中関係の政治的基礎を確認することとこれからの交渉の運び方を決めることにとどまった。新しい米中関係の政治的基礎については、米中間に原理原則上の相違はあるが、互いに相手に脅威を

与えておらず、敵対する理由がなく、時代の変化に合わせて米中関係を変えなければならず、かつそれが幅広い支持を得ていることを話し合った。主なやり取りは以下である。

ニクソン大統領　この訪問の副産物として、私は思いがけなくも議会で満場一致の決議を得ることができました。（笑い）そのことは、アメリカの人民も二大政党の国会も、中華人民共和国とアメリカ合衆国との新しい関係を見たいと望んでいることを意味しております。首相が声明で述べられたように、過去と現在の違いがわずか一回の訪問では乗り越えられないことを彼らは知っています。……しかし、我々の子供たちが暮らすことになる世界がもっと平和でなければならないのなら、中国と合衆国は、対立し合っているよりはむしろ、できるなら、協力し合うべきだということも彼らは知っています。
周恩来総理　そうなることを望みます。
ニクソン大統領　私たちは見解の相違のことを話してきました……が、忘れてはならないのは、中華人民共和国は合衆国に対して領土的野心を持っていないし、合衆国も中国に対して領土的野心を持っていないということです。……

いま世界の状況、力のバランス状況を見れば、中華人民共和国とアメリカ合衆国が敵対すべき理由はありません。中国とアメリカが手を組んで太平洋の平和、世界の平和に尽くすべき理由はたくさんあります。

（中略）

ニクソン大統領　会談を始めるに当たって、私たちはすべてが解決できるなどという幻想は持っていません。しかしたくさんの問題が将来解決できる糸口を掴むことになるでしょう。……あなた方がご自身の原理に深く確信を持っていらっしゃることは分かりますし、私たちも自分たちの原理を深く確信しています。あなた方の原理を曲げるようにと要求しませんし、あなた方も私たちの原理を曲げるように要求はしないでしょう。

周恩来総理 おっしゃるとおりです。私たちの間には大きな相違がありますし、将来もその違いは残るでしょう。しかし大統領がおっしゃったように、私たちは両者の関係を正常化する共通の基盤を必ず見つけることができるでしょう。
　……

ニクソン大統領 私たちは古いパターンを打ち破りました。国々を一塊にしてみたり、こういう哲学を持っているのだから全部真っ暗だというのではなく、それぞれの行動から見るようにしています。……世界は変わりました。人民共和国と合衆国との関係も変わらなければなりません[33]。

2　ニクソン・周恩来第一回会談

　ニクソンが北京に到着した翌日の 2 月 22 日、午後 2 時 10 分から 6 時にかけて、ニクソンと周恩来は最初の長い会談を行った。第一回全体会議の時間が短かったため、この一回目のニクソン・周恩来会談で、両者はまず中国側が最も重要視する台湾問題に関する原則を確認し、そして包括的な見解を交わし、それから、最も長い時間を費やしてベトナム・インドシナ問題について議論した。

1.包括的な見解

　第一回全体会議の時間が短かったため、この会談で、ニクソンは、「全体的な哲学」「包括的な話」「世界情勢」についてかなり詳しく述べた。

ニクソン大統領 1959 年以前、アメリカの私たちには、社会主義世界は一枚岩に見え、ツァーはモスクワにいるように見えました。1960〜68 年の間政権を離れていましたが、世界を見て回る機会があり、世界がどう変わったかについてのきわめて妥当な原理にたどり着きました。……
　さて、私と首相の見解が相違する点に来ました。世界におけるアメ

リカの役割如何の問題です。純粋なイデオロギーに関して言えば、もし私が首相の立場だったなら、社会主義革命を深く確信している者として、首相がキッシンジャー博士との会談で示されたと同じ立場を、アメリカに対して取ると思います。そして、アメリカはどこにでも手を伸ばしてくる、資本主義的帝国主義の大国で、アジアから帰れ、ヨーロッパから帰れ、民主的解放勢力の自由を、という立場を、首相も毛沢東も公然と取らねばならないでしょう。

　……私はアメリカが世界の征服に乗り出すことを望んでいません。しかし世界の状況を分析すれば、一定のレベルの防衛力を維持しなければ、危険だと分かりますから、その水準を厳しく守るように決定しなければなりませんでした。

　さて問題の焦点です。私は、ほぼ現水準のアメリカ軍の常備編成を維持するし、後に論ずる例外を除いて、ヨーロッパ、日本への軍事展開、そしてもちろん太平洋の海軍を維持することは、アメリカだけでなく中国の利益にもかなっていると確信します。そこから得られる利益は、アメリカと同じように中国にも大きいものだと信じます。

ニクソンは続いてソ連、インド、日本の例を挙げて、次のように述べた。

ニクソン大統領　アメリカのアジアにおける存在が、自国の利益だけでなく、中国の利益にもなっている。

　……現実の世界はそうなのです。それを分析すると、アメリカと中国が手を携える方向に行き着く。……これは国家の安全から見たことで、私たちの利害は、今申し上げてきたことで共通しています。

　……米中に関わる最も重要で心に留め置くべきことは、もしアメリカが防衛力を減少させ、まったくあるいはほとんどアメリカの中だけに閉じこもってしまえば、世界はもっと危険になるだろうという事実です。……世界の超大国でない国々の安全という見地に立てば、一つの超大国より、二つの超大国があったほうがより安全でしょう[34]。

ニクソンがここで述べた世界情勢と米中接近に対する認識は、以下のようにまとめることができるかもしれない。

1、世界が変わり、アメリカの見方も変化した。ある国の政治的哲学が重要ではなく、アメリカに対する具体的な政策が重要である。
2、米中を接近させたのは、国家利益、国家安全上の必要と、アメリカの認識の変化である。
3、米中両国は、相手国に対する領土的野心がなく、相手を侵略することもなく、また世界を支配しようとも思わない。また、国家安全上の利害が一致している。これは、米中両国の共通基盤である。
4、米中間にイデオロギー、アメリカの役割、台湾問題、インドシナ問題、日本、朝鮮半島などに関して、米中間の見解の相違があるが、両国関係の妨げにはならない。
5、アジアにおけるアメリカの存在は、ソ連、インド、日本を抑止する役割を果たし、中国の利益にもなる。

　それに対して、周恩来は次のように、中国側の見解を述べた上、米中関係が新たな基盤を作るのであれば、インドシナ問題を解決しなければならないと切り出した。

　　周恩来総理　双方は世界をどう見るかで違いがあります。それを隠したりしません。しかしそれだからといって、両国の国家関係が正常化に向かうことの妨げにしてはなりません。一定の期間の国家利害によって、共通の基盤を見出すことが可能だからです。
　　さまざまな国の人民が進歩を望み、前進しようと望んでいることについて、中国政府もアメリカ政府も、それをどうこうなし得るものではありません。
　　（中略）
　　周恩来総理　中国もアメリカも互いに相手に対して領土的野心はないし、一方が他方を支配したいということもない、その上双方が世界の

緊張緩和に何らかの貢献をしたいと思っているのですから、私たちはまず、極東の緊張緩和の可能性のあるところに配慮しなければなりません。……その場合の決定的な問題はインドシナ問題です。

　この問題については、インドシナ人民だけが発言し、あなた方と交渉する権利を持っています。しかしインドシナ地域は我々にも関わりがありますから、我々にも声を上げる権利があるでしょう。その上、我々にもインドシナ人民を支援し支持を与える義務があります[35]。

2.インドシナ・ベトナム問題に関して

　この第一回会談で最も長く時間を費やしかつ最も激しく議論されたのは、やはりベトナム・インドシナ問題であった。周恩来が進んでこの問題を持ち上げ、最初からアメリカにもっと行動を取るよう迫ったが、ニクソンに断られた。

　周恩来総理　アメリカはベトナムとインドシナ全土から軍隊を撤退すると決めてから、アメリカはいくらか中立的に、つまり、そこに割拠しているいずれの軍とも同盟関係なしに、この地域のことを見たくなったのではないでしょうか。もしそれが大統領と政府の政策ならば、もっと大胆な行動に出られたらどうかと思います。

　（中略）

　周恩来総理　あなた方はもっと大胆な行動を取れると信じます。それでずっと気分もよくなるだけです。

これに対して、ニクソンは次のように答えた。

　ニクソン大統領　……我々は……すでに十万以下まで軍を撤退させました。四月半ばにさらに削減する旨の発表をします。ですから、アメリカ兵捕虜の問題が際立っていなければ、ベトナムにおけるアメリカ軍の駐留問題に関する限り、アメリカの役割が終わる、これから二、

三ヶ月のことを話し合っているという状況です。……

　直接我々の真意を申し上げましょう。もし我々が北ベトナムの指導者とテーブルを挟み、停戦と捕虜送還の交渉ができるなら、全アメリカ軍はその日から六ヶ月以内にベトナムから撤退します。……
我々は政治解決は外部の干渉なしに、当事国の人民に委ねるべきだという首相の見解にまったく同感します。……しかし、北ベトナムは、軍事的解決だけでなく政治的な将来も義務付け、現在ある政府を取り除き、結局彼らの選択肢の中にある政府を押し付けたがっている。我々はそれができません。

　……

　もしアメリカが、ベトナムから出て行くだけでなく——それはベトナム化政策によってとにかく数ヶ月以内に行う予定です——出て行って今まで敵だったものと一緒になって同盟者であったものを転覆させなければならないのなら、アメリカは、私の意見では、他の国の信頼を永久に損なうことになるでしょう。

　……交渉に道は開かれています。……もし相手が望むなら、グエン・バン・チューが辞任し、公平な委員会による選挙の実施などを含む全般的な政治解決の交渉もしましょう。……

　北ベトナムに考えてもらいたい重要なことは他にもあります。ベトナム化と言いますが、時間がかかるということです。

　……

　ここに来る前に首相のコメントを見て、このことが私たちの間の関係にとってイライラのもとになっていることを知りました。……私は五十万人を撤退させました。私は、アメリカの介入をやめます——それはもう時間の問題です。この点については確言できます。実際今お話していることは、それを速めることができるかどうかということです。……

　直截に言うならば、我々は撤退します。しています。しかし、南ベトナム政府を解体して、結局北ベトナムに引き渡すことはできません[36]。

ニクソンは、かなり長くアメリカの立場を説明したが、その実質的な内容は、キッシンジャーが1971年10月訪中で述べたものと基本的に同じものであったが、しかし、ニクソンの発言に自己矛盾があるように思われる。すなわち、アメリカはベトナムから撤退し、米軍撤退後親米の南ベトナム政権の崩壊も想定済みであるが、しかし、アメリカが自らの手で親米の南ベトナム政権を引きおろすことはしないと強調する一方、選挙の前にチューが辞任するとも認めた。チューを辞任させるのは、親米の南ベトナム政権を引きおろすことを意味するのである。

3.台湾問題とベトナム問題

　ニクソンとの会談で、周恩来は、台湾問題に関する原則を確認した上で、台湾問題とベトナム・インドシナ問題に関してより踏み込んだ発言をした。

> **周恩来総理**　台湾問題は、議論がむしろ簡単です。たとえば、五原則については大統領の指示を受けたヘイグ氏から伺いました。大統領も今それを復習してくださいました。我々は二十年以上も待ち続けましたから、きわめて率直に言いますが、もう数年待つことが可能です。……
> 　最も差し迫った問題は、インドシナです。それには全世界が注目しています[37]。

　すなわち、周恩来はここで、台湾問題で待つ姿勢を示す一方、ベトナム問題の早期解決をアメリカに迫ったのである。

4.中国への協力要請と中国側の反応

　キッシンジャーと同様、ニクソンは、前置きや遠まわしなどをしながらも、中国の協力を求めたが、周恩来は応じなかった。まず、ニクソンは、アメリカの姿勢、すなわち、米軍がベトナムから撤退する、グエン・バン・チューが辞任する、自らの手で同盟者を打倒することができないが米軍撤

退後の政治的結果は歴史の過程に委ねるということを述べた上で、「交渉に結びつくいかなる動きも影響力の行使も歓迎する」と比較的に明確に中国側の協力を求めたが、周恩来は間接的ながらそれを断った。

ニクソン大統領 首相は私の政敵が、ベトナム戦争を終わらせるために私は首相に会いに来たという印象を作り上げたことを明敏に察知されました。（周恩来首相笑う）極めて率直に申し上げますが、交渉に結びつくいかなる動きも影響力の行使も歓迎するとご承知いただきたい。しかし期待はしません。何の手助けが得られなくても、その事情は分かります。……

周恩来総理 我々にもこのことをすぐにはっきりさせるのはたやすくないでしょう。キッシンジャー博士とこのことを何回も話し合いました。我々は彼らを支持する立場を守るだけで、彼らの代弁はできません[38]。

しかし、ニクソンは諦めたくなかったようである。続いての会談で、周恩来の批判と促しを受け、ニクソンが再びアメリカの方針を繰り返したが、周恩来が他の話題に移そうとすると、ニクソンが周恩来の話をさえぎって、次のように述べて、中国側の何らかの協力を再度求めた。しかし、周恩来はこれに対して直接には答えず、話題を変えた。

ニクソン大統領 （周恩来が話題をインドシナ問題から日本問題に移そうとしたのを受け）お話の腰を折るようですが、首相がその話に入る前に、付け加えさせてください。我々は今パリの会談で提案しなお説得しているところです。それは公正な提案であって、北ベトナムが最終的に交渉に応ずれば、緊張緩和に有益で役立つだろうと思います。首相にそれについて何かしていただこうとは思いません。もちろん表立って何かやっていただこうとは思いません。私はただ緊張緩和を望むというだけです。基地はほしくありません。

これは首相が日本について言われることとは全く別です。

351

周恩来総理　今日の話はこのへんで終わりましょう[39]。

3　ニクソン・周恩来最終会談とベトナム問題

　2月24日に行われたニクソン・周恩来第三回会談でコミュニケに関する議論でもベトナム・インドシナ問題が議論され、双方が従来の立場を繰り返した。そして、ニクソン一行は、2月28日に中国訪問を終え、上海から帰国したが、ニクソンがホテルから出発する直前の午前八時半から九時半までに、ニクソン・周恩来第五回会談すなわち最終会談が行われた。中国の文化と伝統では、客との別れ際の話は、お別れの挨拶など気軽な内容が普通で、不愉快な話や食い違いがあっても客を批判するような発言は極力避ける。一方、希ではあるが、必要な場合は、特に強調したい実質的な内容に触れることもある。ニクソン・周恩来のこの一時間ほどの最終会談は、ベトナム・インドシナ問題で異例な展開になった。この会談では、約三分の一の時間はベトナム・インドシナに関するものであった。主に周恩来がこの問題に言及し、長らく発言し、しかもアメリカを非難するような場面もあった。

　インドシナ問題をめぐって、この最終会談における周恩来とニクソンの間の主なやり取りは以下である。

　周恩来総理　もう一つ重要なことがあります。何度もくり返し言いましたが、ベトナムと他のインドシナ二国の戦争が、どのような形であれ、終わらなければ、極東の緊張は緩和されない、という見解を我々は保持します。そして我々は彼らの正義の闘争を援助せざるを得ないでしょう。我々には彼らの立場を干渉したり、さまざまな立場を提案する権利がありません。彼らのために交渉する権利もありません。これは度々繰り返しましたが、我々の本音です。

　（中略）

　周恩来総理　我々は台湾についてはもう少し待ってもいいです。それ

よりもベトナムとインドシナの戦争を終わらせたい。このほうが緊急です。

（中略）

周恩来総理　ベトナムとインドシナについては第二次世界大戦以来二十六年間、そこでは戦争が終わっていないのです。人民は血を流し続けています。ですからことさらあの地の人民に同情しています。彼らは我々と密接につながっています。……

大統領とキッシンジャー博士が極東の緊張が徐々に減少することを期待していると伝えてくださったことには希望を持てます。緊張緩和の中で、キーポイントはベトナムとインドシナです。……我々は、ベトナムとインドシナ問題が極東の緊張緩和の鍵だと信じています。……

結論としていいます。我々の気持ちを表すのに、非常な自制心を発揮しました。キッシンジャー博士が証人となってくれるでしょう。

ニクソン大統領　はい。

周恩来総理　昨年の七月から、ずっと自制心を発揮してきました。しかし世界の緊張緩和の鍵はそこにはない。大統領も私も毛主席もそのことが分かっています。

帰国に際してこの最後の言葉は、大統領や友人たちに印象深いものだと思います[40]。

中国側は、別れ際に自らの最も重要と考える懸案を強調したということである。この懸案は、台湾など中国の国内問題ではなく、ベトナム・インドシナ問題であった。

なお、1971年10月に行われた周恩来・キッシンジャーの事前準備会談で、毛沢東・ニクソン会談が二回行われると決めていたが、しかし、毛沢東・ニクソン会談は一回しか行わなかった。ニクソンが北京に到着した直後に両者が会談を行った後、再び会うことがなかった。二回目の毛沢東・ニクソン会談が実現されなかった原因を示す資料はないが、ベトナム・インドシナ問題を含め米中間に深刻な食い違いが残ったことが原因である可

能性もあると考えられる。

第 4 節　ニクソン訪中後のベトナム問題と米中関係

1　米越交渉と米越平和協定の締結

1.米越両国の実力対抗と平和交渉の延期

　1971 年 7 月 9 〜 11 日のキッシンジャー秘密訪中を受け、ベトナムは 7 月 26 日を最後に米越秘密交渉の最高責任者であるレ・ドク・トをパリから引き上げ、9 月 13 日以降、米越秘密交渉は事実上中断した。その間、71 年 10 月キッシンジャー訪中、72 年 2 月ニクソン訪中を経て、米中関係が急展開を見せた。ニクソン訪中が終わった直後の 72 年 2 月 29 日、ベトナムはアメリカの 2 月 17 日提案を受け入れ、3 月 20 日に会談を行うことに同意した。アメリカの提案に新しい内容がまったくなく、ベトナムは上海コミュニケの内容を確認した後に決断したと思われる。

　だが、ベトナムとアメリカは依然として、力による対抗を繰り返し、そのため、平和交渉が再三延期された。72 年 2 月 29 日〜 3 月 6 日、ベトナムの返答を受けとった後すぐに、アメリカは北ベトナムに対して大規模な空爆を行った。3 月 7 日、ベトナムはアメリカに返答のメッセージを送り、アメリカは北ベトナムに対して野蛮な空爆を繰り返したとして、3 月 20 日の会談を 4 月 15 日に延期すると通告した。3 月 13 日、アメリカはベトナムに返事を送り、空爆を否定した上で、4 月 24 日 11：00 にいつもの場所でキッシンジャーとレ・ドク・ト、スアン・トゥイ会談を提案した。大統領のモスクワ訪問の準備及びその他の必要のため、この日は、キッシンジャーがパリに来られる唯一の日であるというのが、アメリカ側の理由であった。3 月 24 日、ニクソンは、パリ公開会談のアメリカ代表団に無期限停止を命じた。三日後の 27 日、ベトナムはアメリカに、公開会談が従

来通り再開するならば、4月24日11：00にいつもの場所での会談を受け入れると伝えた。

しかし、今度はベトナムが実力行使に出た。アメリカに交渉受け入れを通告した三日後の3月30日、まず北部の非武装地帯で戦車を先頭に、北ベトナムの正規軍が南に対する大規模攻撃を開始し、南ベトナムでの北ベトナム軍・解放戦線軍による春季大攻勢が始まった。この攻勢は、長期的な準備を経て、68年「テト攻勢」以来の激しいものであった。4月1日（4月2日送る）、アメリカがベトナムに返事し、最近のベトナム側の攻撃を批判した上で、積極姿勢を示すため、4月13日に公開会談を行うことを提案し、この基礎の上で、4月24日11：00にいつもの場所でキッシンジャーとレ・ドク・ト、スアン・トゥイ会談を再確認した。しかし、四日後の4月5日（4月6日送る）、アメリカは再度ベトナムにメッセージを送り、北ベトナムは南ベトナムに対して68年合意以来最もひどい暴力的軍事攻撃を強めたため、72年4月13日に公開会談を行うことを提案せず、4月20日にするかどうかは、そのときの状況によって決めると通告した。4月6日、ベトナムは直ちにアメリカに返答し、最近のアメリカによるベトナムへの空爆を批判した上で、ベトナム代表団は4月13日に第148回パリ会談に出席し、4月24日11：00にいつもの場所でレ・ドク・ト、スアン・トゥイはキッシンジャーと会談すると通告した。4月11日、アメリカは再びベトナムにメッセージを送り、ベトナムの南ベトナムに対する暴力と軍事攻撃の拡大のため、4月20日に会談を行う意味がないと伝えた。4月19日、ベトナム側がアメリカ側に、4月27日に公開会談が行われるならば、5月6日より2、3日早く個人会談を行うと提案した。4月24日、アメリカ側がベトナムにメッセージを送り、ベトナム側の公開会談の提案を受け入れ、5月2日に個人会談を行うと提案した。この直後にベトナム側が軍事攻撃を展開した。

2.キッシンジャー、ニクソン訪ソとベトナム問題

このように、ニクソン訪中後、米越双方は、平和交渉の再開に向けて、力による対抗を展開した。その間に米ソ間の接触と交渉が進められ、ソ連

によるキッシンジャー秘密訪ソの要請を利用して、アメリカはソ連に、ハノイに対して圧力をかけるよう猛烈な工作を展開した。そして、4月20日から24日にかけて、キッシンジャーは、ソ連側の要請により中国秘密訪問より長い時間の滞在でモスクワを訪問した。キッシンジャーはソ連首脳に対して、秘密訪中時に中国首脳に対してと同様に、ベトナム問題解決への協力を求めた。一方、中国の首脳がアメリカの協力要請を断ったのと対照的に、ソ連首脳は協力を積極的に約束し、キッシンジャーがまだソ連を離れていない間に、ベトナムに特使を派遣し、それを受け、ベトナムはすぐに5月2日個人会談のアメリカ側提案を受け入れた。そのため、キッシンジャーのニクソンへの報告書は、「ベトナム」と「その他のイシュー」という二つに分けて、「共産党間関係の責任者であるKatusev中央委員は、私がまだモスクワに滞在していた時の4月23日午後5時25分にハノイに向かって出発した」「我々はロシア人に我々の提案を直接ハノイに伝えさせ、モスクワにいるだけで間違いなく北ベトナム人を悩ませた」「これはすでに、彼らが5月2日の秘密会談を受け入れるという結果をもたらしている」と大変満足げにベトナム問題における成果を強調した[41]。

　5月2日、約8ヶ月ぶりに米越秘密会談が再開された。しかし、キッシンジャー秘密訪中後と同じように、ベトナムは強硬姿勢を取り、かつアメリカも強硬であったため、この第十三回米越秘密会談は、「完全に非建設的」な会談であったという。キッシンジャーのステートメントはきわめて強硬なものであり、ベトナム側も新しい提案がなく、またアメリカの提案をすべて拒否した。そのため、キッシンジャーは秘密会談の中止を決めた[42]。5月8日、ニクソンは、北爆強化と北ベトナム全港湾の機雷封鎖を決定し、11日に実行に移した。この日、米軍機はハノイ地区に対する爆撃を再開した。

　そうした中で、ニクソンは、1972年5月20日から6月1日にかけて、ソ連側の要請で訪中より長い時間でソ連を訪問し、ブレジネフ書記長をはじめソ連側首脳と一連の会談を行い、29日の米ソ最終首脳会談で両国が「米ソ関係の基本原則に関する文書」と「共同コミュニケ」に調印した。このニクソン訪ソに関して、中国は、極秘扱いの内部通達で、「今回の米

ソ会談は、双方が内外共に困難で、互いに相手を必要とする状況の下で行われたものである。公表した文件から見れば、会談は米ソ両国関係の問題についていくつかの協議に合意したが、しかし、重大な国際問題について実質的な進展を得たわけではない」「アメリカがベトナムの港で機雷を敷設している状況の下で、ソ修が依然としてもともとの計画にしたがってニクソンの訪問を接待し、会談のコミュニケの中で、アメリカの機雷敷設にまったく触れなかった。これは、ソ修の本来の面目をさらに暴露した」[43]との見解を示した。

3.米越平和交渉とその結果

　ニクソン訪ソ後も米越間の力比べが繰り返され、平和会談が中断されたままであった。7月13日になってようやく、第150回パリ会議が5月4日中断以来70日ぶりに開かれた。それを受け、7月19日、キッシンジャーとレ・ドク・トがパリで第十五回秘密会談を行った。それに続き、8月1日、9月15日、9月26日、10月8日、10月17日にキッシンジャーとレ・ドク・トまたはスァン・トイと秘密会談を行った。この一連の会談で、ベトナム側がアメリカによるチュー政権打倒の要求を取り下げ、米越間で平和に関する基本的な合意ができた。しかし、この合意が南ベトナム政府に反対されたため、アメリカが修正を考えるようになり、10月26日ベトナムは、米との停戦合意の9項目平和協定調印を米側が破ったと非難、アメリカとの合意の和平9項目協定案を発表し、10月31日における調印を要求した。以降、米越交渉が再び紛糾し、10月30日にアメリカが20度線以北の北ベトナムに対する艦砲射撃と機雷敷設を中止したが、12月17日、アメリカは北爆の制限を解除し、またハイフォン港に機雷を投下した。それと同時に、アメリカは18日にベトナムにキッシンジャーとレ・ドク・トによる会談の再開を提案した。アメリカの戦争行動が続いたため、12月21日に開かれた第171回パリ公式会談はベトナム側の抗議で中断された。それに対して、アメリカはハノイ、ハイフォンを含む北ベトナム全域に対して大規模空爆を繰り返した。一方、ベトナムは、アメリカの12月18日提案に対しては、「レ・ドク・トの健康状態が芳しくないため、会談は1973年

1月8日にしか行うことができない」と回答し、そしてソ連に対して、「ソ連がその全威信と影響力を行使してアメリカに圧力をかけ、アメリカの新たな戦争エスカレートを止めさせ、直ちに今年12月18日以前の状態に戻り、真剣に交渉して遺留問題を解決し、できるだけ早く協定を結ぶよう迫る」よう協力を求めた[44]。

　12月30日、ニクソンは、「20度以北の北爆停止、1月2日に専門家会談、1月8日に秘密会談を再開する」と発表した。73年1月8日、キッシンジャーとレ・ドク・トによる秘密会談が再開された。同月15日、ニクソンは、北ベトナム全土に対する米軍の攻撃中止を命令し、20日、キッシンジャーとレ・ドク・トがベトナム和平協定に仮調印した。1973年1月27日、「ベトナムにおける戦争終結と平和回復に関する協定」が正式に調印され、翌日に発効された。これによって、アメリカによるベトナム戦争が終了した。そして、75年4月30日、サイゴン政府が無条件降伏し、南ベトナム臨時革命政府が南ベトナムの全権を掌握した。さらに、76年6月24日にベトナムの統一国会第1会期第1回会議が開催され、ベトナム統一を宣言し、7月2日、ベトナム社会主義共和国の樹立を正式に宣言した。

2　ニクソン訪中後の中越関係と米中関係

1.ニクソン訪中後の中越関係

　ニクソン訪中に対して、ベトナムは基本的に表立っての反応を控えたが、ニクソンが中国を離れて三日後の3月3日に「ニャンザン」紙が、暗に米中共同声明についてニクソン大統領を非難する論文を掲載した。一方、中国側の対応は、キッシンジャー秘密訪中後のときと非常に似ていた。ニクソン一行が中国を離れた翌日の3月1日に、中国はまず中央政治局会議を開き、米中会談について審議した。当然ながら周恩来は会議に出席し、米中会談について報告した。そして、三日後の3月4日、周恩来は再びベトナムを訪問し、米中会談についてベトナム側に通告し、協議を試みた。

周恩来訪越後にベトナムが「テト攻勢」以来の大規模作戦に出たため、翌月キッシンジャーがソ連を秘密訪問した時、ブレジネフはわざわざキッシンジャーに、「ニクソン大統領が北京を訪れる前に周恩来がベトナムを訪問したので、大統領訪中の間に（ベトナムによる）攻撃がなかったが、彼（ニクソン）の訪問の後周恩来が再びベトナムに行き、それで攻撃が始まった」(45)と指摘し、ベトナムの軍事行動が中国に左右されているとほのめかした。

　ニクソン訪中以降も、米越が力比べを激しく繰り返したが、中国は、アメリカとの交渉でも再三強調したように、アメリカを非難し、ベトナムを援助する姿勢をとり続けた。特に、5月11日以降アメリカが北爆の強化と機雷投下に踏み切ってから、中国のベトナム援助も強化された。ベトナム援助の中国部隊は1970年7月までにすでに完全に中国国内に引き上げたが、アメリカの新たな軍事行動が開始した直後の1972年5月から、中国はトラック運輸部隊、海上機雷除去部隊をベトナムに派遣し、1973年8月まで活動した。物資の面でも、中国は戦争の拡大に合わせて、ベトナムに対する援助を拡大した。たとえば、アメリカの新たな軍事行動の直後の5月中旬から下旬にかけて、中国は大規模な「援越任務動員会議」を開き、ベトナムの軍と外交責任者から戦争の新しい情勢を聞き、中国のベトナム援助の任務を具体的に決めた。5月19日の会議で、このとき国家の経済を統括する国家計画委員会のトップ責任者余秋里は、「この会議の重点は、ベトナム援助物資を増産し、大量にベトナムの抗米救国闘争を支援する問題について議論し解決することである。これは緊急な任務で、我々は必ず完成しなければならない」「我々のベトナム援助の任務はいったいどれほど大きいか。……単に軍事援助をとってみれば、最近二年間の軍事援助はこれまでの二十年間の総数を超えている。ベトナム援助物資の数量と規模はいずれも大きいことが分かる」と強調し、さらに、毛沢東、周恩来の「ベトナムを支援しないという者は革命を裏切る者だ」「進んで積極的に保留せずにベトナム人民を援助し、ベトナム人民が必要とするもので我々にあるものは何でも与える」などの決定や指示を持ち出して、「我々の国際主義義務の履行」としての「ベトナム援助の任務は相談の余地のな

いものだ」⁽⁴⁶⁾と、この時代では最高級の号令を会議参加者に下した。

また、平和交渉の合意がいよいよ現実味を帯びてくるにつれ、中越双方が合意後の戦いについての準備を急いだようである。たとえば、11月13日、ベトナムは中国に対して、重火器の発送を希望するが、重火器の生産に時間がかかるので、中国側がまず各単位から借りてベトナムに交付し、ベトナムに供給する予定の重火器の生産が出来たら返すよう提案した。その理由としては、一旦停戦になり、国際監視が実施されると、重火器を南ベトナムに運送するのが困難になるが、現在は乾季で、国際監視もまだ実施されていないので、急いで重火器を南ベトナムに運ばなければならないということであった。これを聞いた李強は、物資があってもベトナム側が受け取れず、中国領内に積んだままの軍事物資が大量にあるなどの事情を指摘し、なるべく多くの軍事物資を運び、国際監視が実施される前に軍用物資を南ベトナムに運ぶと表明した⁽⁴⁷⁾。

中国側の資料によれば、中国側は、二回のインドシナ戦争でベトナムに合計203.6845億元の援助を与えた。これらの援助の中で、一般物資援助は、100.6742億元、その中に食糧500万トン以上、石油200万トン以上、自動車3.5万台、船舶600隻以上を含む。軍事援助は、49.6679億元、陸海空軍200万人以上を装備できる軽重武器、弾薬及び他の軍需用品を含む。セットになった設備、プロジェクトは、36.2619億元、建設プロジェクト450個、その中の339個がすでに完成した。軽重公業工場、病院、研究所のセットとなった設備を含む。現金アメリカドル6.35億元。中国の対ベトナム援助は、14億元の無利息借款を除き、その他はすべて無償援助であった。また、1950年から1978年まで、中国はベトナムに顧問、専門家と技術者を延べ2万人派遣し、軍隊32万人を派遣した。

1975年9月、南ベトナム全土が解放された五ヵ月後にレ・ズアンが中国を訪問し、「我々の国は今日のように喜んだことがありません。我々は全国の解放を獲得したからです」「もし我々にあなた方という広大な後方がなかったら、あなた方が我々に提供した路線がなかったら、あなた方の援助がなかったら、我々は成功することが出来ませんでした」「我々は一貫して、我々に最も直接的、最も緊急的に、生死の瀬戸際の援助を提供す

ることが出来たのは、ソ連ではなく、中国だと認識しています」と中国に感謝の言葉を述べたという(48)。

しかし、ベトナムが統一した後、中越関係が急激に悪化していった。中越間に領土紛争が次第に激化し、また、1978年からベトナムは在越の華僑・華人を大量に国外追放した。さらに、1978年11月3日、ベトナムはソ連と「ソ越友好協力条約」を結び、抗米戦争中にもなかったソ連との条約上の同盟関係を樹立した。ソ連にとっては、そのアジア集団安全保障、中国包囲網構築が成功した大きな一歩となった。翌月の12月24日、ベトナムは大挙カンボジアを侵攻し、翌年の1月7日にカンボジア首都プノンペンを占領し、以降、1989年9月にカンボジアから撤退完了まで十年間にわたってカンボジアを占領した。そうした中で、1979年2月17日から3月16日にかけて中国軍が中越国境全域で大規模な対ベトナム作戦を行った。鄧小平はこれをベトナムに対する「懲罰」と定義し、ベトナムは中国の「侵略」への徹底抗戦を宣言した。以降十年余にわたって、中越関係は敵対関係に変わった。1986年7月にレ・ズアンが死去し、グエン・バン・リンが同年12月にベトナム共産党書記長に就任し、90年9月3日から4日にかけて秘密裏に中国を訪問し、成都で江沢民中国国家主席などと会い、中越関係正常化に合意した。

2.ニクソン訪中後の米中関係とベトナム問題

ニクソン訪中後も、ベトナム戦争における米中対立が続いた。アメリカの軍事行動に対して、中国はその都度アメリカを非難する声明を出し、中国の立場を繰り返した。たとえば、1972年6月6日に米軍機が中国国境からわずか16キロしか離れていない地点まで北爆を行い、それに対して、12日に中国外交部は「北爆は中国の安全を脅かす」との声明を発表した。このような事態の中で、6月19日から23日にかけてキッシンジャーが中国を訪問し、周恩来と会談したが、ベトナム・インドシナ問題は依然米中関係の障害となり、米中関係に新たな進展がなかった(49)。キッシンジャーは、この訪問の全体の雰囲気として、「国際問題において重大な進展があったが、しかし、ベトナム戦争は引き続き中国を拘束した」と感じ、また、

361

インドシナと東南アジア問題に関するところで、「中国は、ベトナム問題が完全に解決するまで、私の訪問を延期した。その代わり、ベトナムでの停戦が私の中華人民共和国への訪問を可能にした。毛と周は、（ベトナム問題の）解決を歓迎し、（毛）主席は、我々が『良い仕事』をしたと指摘し、また、基本的な問題が解決されたと指摘し、私の確認を得た」とニクソンに報告した[50]。キッシンジャーは、ベトナム問題で中国を利用しようとしたが、しかし、中国との交渉などを通して、中国の立場を理解するようになり、ベトナム問題が米中関係発展の障害であることを強く認識するようになったと言えよう。

しかし、これ以降もベトナム・インドシナ問題で目立った進展がなく、米中関係も大きな進展がなかった。結局、米中関係における新たな進展はベトナム戦争の終結を待たなければならなかった。1973年1月27日にベトナム平和協定が正式に調印し、キッシンジャーが2月10日から13日にかけてハノイを訪問した後に15日から中国を訪問した。ベトナム戦争の終結を受け、「中国はベトナムの重荷から解放され」、キッシンジャーは「いままで一番暖かくて心安らかな歓迎を受けた」[51]。この訪問で、キッシンジャーは、17日に毛沢東とも会い、周恩来などとは何回も会談を重ね、22日にコミュニケを発表し、双方の首都で連絡事務所を置くこと、科学、文化の交流及び貿易の拡大に合意したことなどを発表した。ニクソン訪中以降、米中関係がようやく一歩前進したのである。キッシンジャーのこの訪問に関して、中国政府は、2月25日に極秘の内部通達で次のように述べている。

「アメリカ大統領国家安全保障補佐官キッシンジャーが2月15日から2月19日にかけてわが国を訪問した。毛主席が彼に接見した。周総理、姫部長、喬副部長などが彼と何回も会談した。会談の中で、双方はいずれも、中米関係正常化を加速させる願望を表し、かつ、2月22日にコミュニケを発表し、貿易及び科学、文化とその他の面の交流を拡大する以外に、相手の首都に連絡処を設立することを協議して決めた。これは、中米関係を改善するための一つの重要なステップである。

キッシンジャーの今次の訪問は、ベトナム戦争が終了し、国際情勢に重大な変化が生じた背景のもとで行われたものである。アメリカは、長期にわたってベトナム戦争に陥ったため、国内外に深刻な困難に直面している。資本主義世界の財政危機が日増しに深刻になっており、アメリカと日本、西欧の矛盾がますます激しくなっている。米ソ関係は、昨年５月のニクソン訪ソ以降、表面上はいくらか緩和されたが、実際上、相互争奪がさらに激しく複雑になった。（ソ連は、アメリカがインドシナに陥る機会に乗じて、世界拡張を図った。）このような情勢に直面して、アメリカは急いでインドシナから「抜け出し」、その同盟国との関係を調整して、ソ連との争いに対応しようとしている。まさにこのような状況の下で、パリ協定が結ばれた後、アメリカはよりいっそうわが国との関係の改善を希望した。……我々の対外方針は、依然として、二つの覇権に反対することであるが、……目下、ソ修はわが国に対する最大の脅威を構成し、しかも、ソ修はより大きな狡猾性、欺瞞性と危険性を有する。したがって、打撃と暴露の重点はソ修であるべきである。原則を堅持する条件の下で、中米関係の改善を促進することが、ソ修との長期闘争に有利である」

結語

　本章は、ニクソン訪中及びその前後の動きについて分析した。ベトナム問題に関連して、これらの分析から、以下のような結論が得られると考える。

①ニクソンは、中国を訪問する前にすでに、キッシンジャー訪中の結果からベトナム・インドシナ問題の解決に対する中国の協力が得られないとの認識に至った。そのため、
②ニクソンはアメリカにとって米中接近の大きな目的の一つであるベトナ

ム問題解決への中国の協力を諦めて中国訪問に臨んだ。しかし、

③交渉の中で、ニクソンは依然として、ベトナム問題をカードとして繰り返し持ち出したが、中国側は、台湾問題で待つとの姿勢を示して、ベトナム・インドシナ問題の早期解決をアメリカに迫った。

④ニクソンは再三にわたって毛沢東に共同で世界構造の構築を提案したが、毛沢東は応じなかった。また、ベトナム・インドシナ問題やコミュニケに関して激しい議論が戦わされたが、その焦点となる米中間の相違はイデオロギー、価値観によるもので、その最も代表的な具体的ケースはベトナム・インドシナ問題であった。

⑤ニクソン訪中後も、ベトナム・インドシナ問題をめぐる米中間の対立が存在し、そのため、米中関係の発展も足踏み状態であった。ベトナム戦争が終結した後に、米中関係はようやく新たな一歩を踏み出したのである。

第 6 章脚注

(1) 前掲、『周恩来年譜（下）』、第 497 頁。
(2) 前掲、栗原浩英論文、『ニクソン訪中と冷戦構造の変容――米中接近の衝撃と周辺諸国』、第 188 頁。
(3) 1971 年 11 月 14 日、外貿部「関於下達 1971 年対越南無償援助物資清単的通知」。前掲、『中国与印度支那戦争』、第 147 頁より引用。
(4) 前掲、『中華人民共和国外交史』（第二巻）、第 51 頁；前掲、『当代中国外交』、第 162 頁。USSR Foreign Ministry Memorandum, "Vietnam – China Relations", July 4, 1973. SCCD, f.5, op. 66, d. 71, p. 88. ***The Soviet Union and the Vietnam War,*** p. 231 より引用
(5) 「特種物資」はすなわち軍需物資である。1972 年 6 月 6 日、5 月 27 日、6 月 2 日、6 月 10 日中国のこの四カ国宛の議定書確認書簡。前掲、『中国与印度支那戦争』、第 160 頁より引用。
(6) 1972 年 6 月 6 日中国外経部致蘇外経委関於確認中蘇双方協議函；7 月 29 日李強致蘇駐臨時代弁サフノ関於確認中蘇双方協議函；11 月 28、29 日援越小組関於蘇供越反干擾設備及蘇四百名人員過境運輸問題的請示及周恩来批示。同上書、『中国与印度支那戦争』、第 160 頁より引用。
(7) 1972 年 6 月 18 日周恩来とレ・ドク・トとの会談；6 月 28 日叶剣英、李先念と李班などとの会談記録；7 月 10 日李強と李班談話紀要。同上書、『中国与印度支那戦争』、第 161 頁より引用。
(8) Nixon's notes, February 15, 1972, Nixon paores, National Archives and Records Administration (NARA), Nixon Presidential Materials Collection, President's Office Files, Memoranda for the President, Box 91.
(9) Ibid., Nixon's notes, February 18, 1972.
(10) 前掲、『我的情報与外交生涯』、第 251 ～ 275 頁。
(11) 2001 年 7 月 16 日、王海容氏へのインタビュー、東京。
(12) 前掲、『我的情報与外交生涯』、第 251 頁。
(13) Henry Kissinger, ***White House Years,*** Boston: Little, Brown, pp. 1059 – 1060. 日本語訳：前掲、『キッシンジャー秘録』④、第 182 ～ 184 頁。
(14) 新華社編内部資料、『参考資料』、1972 年 2 月 21 日午前版第 1 頁に載せたロイター記事。前掲、『我的情報与外交生涯』、第 253 ～ 254 頁より引用。
(15) 同上書、第 254 頁より引用。
(16) 同上書、第 257 頁。
(17) Memorandum of Conversation, [Mao and Nixon], Tuesday, February 21, 1972 - 2:50 p.m.-3:55 p.m., Top Secret / Sensitive / Exclusively Eyes Only, p. 2. Source: National Archives and Records Administration (NARA), Nixon Presidential Materials Collection, President's

Office Files, Memoranda for the President, Box 91. 和訳：前掲、『ニクソン訪中機密会談録』、第 3 頁。
(18) 前掲、『我的情報与外交生涯』、第 259 ～ 260 頁。
(19) Memorandum of Conversation, [Mao and Nixon], p. 3. Source: NARA, Nixon Presidential Materials Collection, President's Office Files, Box 91. 和訳：前掲、『ニクソン訪中機密会談録』、第 3 頁。
(20) Ibid., p. 4. 和訳：同上書、第 4 頁。前掲、『我的情報与外交生涯』、第 261 頁。
(21) Ibid., p. 4. 和訳：同上書、第 4 ～ 5 頁。前掲、『我的情報与外交生涯』、第 262 ～ 263 頁。
(22) Ibid., p. 8. 和訳：同上書、第 9 頁。
(23) 前掲、『我的情報与外交生涯』、第 263 ～ 264 頁。
(24) Memorandum of Conversation, [Mao and Nixon], p. 7. Source: NARA, Nixon Presidential Materials Collection, President's Office Files, Box 91. 和訳：前掲、『ニクソン訪中機密会談録』、第 8 頁。
(25) 前掲、『我的情報与外交生涯』、第 273 ～ 274 頁。
(26) Memorandum of Conversation, [Mao and Nixon], p. 10. 和訳：前掲、『ニクソン訪中機密会談録』、第 12 頁。
(27) 前掲、『我的情報与外交生涯』、第 271 頁。
(28) Memorandum of Conversation, [Mao and Nixon], pp. 8-9. 和訳：前掲、『ニクソン訪中機密会談録』、第 10 頁。
(29) 前掲、『我的情報与外交生涯』、第 271 頁。
(30) Memorandum of Conversation, [Mao and Nixon], pp. 9-10. 和訳：前掲、『ニクソン訪中機密会談録』、第 11 頁。
(31) 前掲、『我的情報与外交生涯』、第 275 頁より引用。アメリカ側の記録にはこのやり取りが記録されていない。
(32) Memorandum of Conversation, [Mao and Nixon], pp. 5-6. 和訳：前掲、『ニクソン訪中機密会談録』、第 6 頁。
(33) Memorandum of Conversation, Monday, February 21, 1972 - 5:58 p.m.-6:55 p.m., Top Secret / Sensitive / Exclusively Eyes Only, pp. 3-6. Source: National Archives and Records Administration (NARA), Nixon Presidential Materials Collection, President's Office Files, Memoranda for the President, Box 87. 和訳：同上書、第 20 ～ 24 頁。
(34) Ibid., Memorandum of Conversation, Tuesday, February 22, 1972 - 2:10 p.m.-6:00 p.m., pp. 2-13. 和訳：同上書、『ニクソン訪中機密会談録』、第 42 ～ 50 頁。
(35) Ibid., pp. 13-19. 和訳：同上書、第 50 ～ 58 頁。
(36) Ibid., pp. 19-29. 和訳：同上書、第 58 ～ 69 頁。
(37) Ibid., p. 20. 和訳：同上書、第 58 頁。
(38) Ibid., p. 27. 和訳：同上書、第 67 頁。
(39) Ibid., p. 29. 和訳：同上書、第 71 頁。

(40) Ibid., Memorandum of Conversation, Monday, February 28, 1972 - 8:30-9:30 a.m., Top Secret / Sensitive / Exclusively Eyes Only, pp. 8-11. 和訳：同上書、第218～221頁。

(41) NIXON PRESIDENTIAL MATERIALS STAFF, Presidential Personal File Box 638, MEMORANDUM FOR: THE PRESIDENT, FROM: HENRY A. KISSINGER, SUBJECT: MY Trip to Moscow, pp. 1-2.

(42) NIXON PRESIDENTIAL MATERIALS STAFF, *National Security Council (NSC) Files For the President's File – Vietnam Negotiations,* Camp David Vol. I to C-D – Vo. l. Box 854, MEMORANDUM FOR: DR. KISSINGER, FROM: Dick Smyser and Winston Lord, SUBJECT: Your Next Meeting with the North Vietnamese, May 2, 1972.

(43)「ニクソン訪ソについての通知」、中共中央文件、中発〔1972〕23号、1972年6月8日、第2～3頁、湖南省档案館所蔵、全宗号241、目録号1、巻号1119。

(44) ベトナム駐在ソ連大使がソ連政府に送った報告、1972年12月27日。Source: Ц Х С Д　ф.5, о п.66, д.783, л.9－12。SD11473より引用。

(45) NIXON PRESIDENTIAL MATERIALS STAFF, Presidential Personal File Box 855, MEMORANDUM OF CONVERSATION, Friday, April 21, 1972, 12:00 noon to 4:45 p.m. PLACE: Guest House MOSCOW, p33.

(46)「余秋里同志がベトナム援助任務動員会議での講話」、機密、1972年5月19日、記録による整理で、本人の校閲を経ていない。第2～9頁。湖南省档案館所蔵、全宗号241、目録号1、巻号1132。

(47) 1972年10月16日、11月13日李強と李班の会談紀要。前掲、『中国与印度支那戦争』、第161頁より引用。

(48)『国際問題』編集部論文、「中越関係的真相」（中越関係の真相）、『国際問題研究』、1981年、第2期、第11頁。

(49) 20日の周恩来・キッシンジャー会談で、キッシンジャーはベトナム問題の新たな情勢について紹介し、米軍撤退などの約束を繰り返し、周恩来は以前よりキッシンジャーの発言を信じるようになったようで、詳しく追求するようにはしなかったが、この会談で新たな建設的な成果はなかったようである。NIXON PRESIDENTIAL MATERIALS STAFF, Presidential Personal File Box 638, MEMORANDUM OF CONVESATION Juan 20, 1972, 2:05 – 6:05 p.m., PLACE: Great Hall of the People, Peking, pp28-36.

(50) Ibid., MEMORANDUM FOR: THE PRESIDENT, FROM: HENRY A. KISSINGER, SUBJECT: MY Trip to China, p2, p13.

(51) NIXON PRESIDENTIAL MATERIALS STAFF, Presidential Personal File Box 6, No. 38, MEMORANDUM FOR: THE PRESIDENT, FROM: HENRY A. KISSINGER, SUBJECT: MY Asia Trip, p5.

(52) 1973年2月25日、中共中央文件、中発〔1973〕1号、極秘、「キッシンジャー訪中の通達」、省レベルに送る。湖南省档案館所蔵、全宗号241、目録号1、巻号

1129。なお、翌月の3月3日に中央弁公庁が通達を出し、上記通達を極秘の文件として管理し、期限を定めて回収するよう指示した。

結論

　本書は、1960年代末から1970年代初頭にかけての米中和解はベトナムを犠牲にするものであり、中国によるベトナムへの「裏切り」行為であり、その目的は「ベトナム問題を利用して、台湾問題を先に解決するということであった」という評価に対して、①中越関係はどのような関係であったか、②米中和解で中国がベトナム問題をどう扱ったか、③中国は「ベトナム問題を利用して、台湾問題を先に解決」しようとしたのか、そして米中交渉の中身から、④なぜ中国がベトナム問題の解決に拘ったかという四つの問題を研究課題とし、アメリカ、中国、ベトナム、ロシアなどの関連資料を利用して、現代中越関係の形成と変質、米越交渉、米中和解の動き、米中交渉におけるベトナム問題の位置づけと扱い方、ベトナム問題と台湾問題との関連、米中交渉と米越交渉の関連などについて研究を進めた。その際、中越関係に関しては、伝統的関係、近代的国家関係と近代的イデオロギー関係との三つの性格または側面から分析を試みた。これらの研究から、上記四つの研究課題に関して、以下のような結論が得られたと考える。

1　中越関係はどのような関係であったか

　この課題に関しては、本書の分析によれば、現代中越関係は、伝統的な「兄弟」関係、近代的国家間関係としての「事実上の同盟」関係、及び近代的イデオロギー上の「同志」関係という三つの性格または側面を合わせ持つ極めて密接な関係として、1950年前後に形成され、1960年代前期当たりまで維持したが、しかし、1960年代半ば以降、このような中越関係は大きく変化し、1960年代末にはすでに変質し、ベトナムは中ソ戦争の危機に際して中国を見捨て、中国も対越姿勢を大きく転換したという結論を得ることができる。具体的には、以下のようなことになる。

　一、中華人民共和国とベトナム民主共和国との現代中越関係は「同志プラス兄弟」の関係、「事実上の同盟」関係」として出発し、極めて緊密な

関係であった。中国は、第一次インドシナ戦争で、政治、経済、軍事顧問団の派遣を含め、ベトナムに全面的な政治的、経済的、軍事的援助を与え、ベトナムは、中国領内で初めて正規軍を編成・訓練し、主導的な対仏作戦を開始したのである。1964年に至るまで、中国はベトナムに対する唯一の直接援助国であり、軍事的、経済的、政治的、その他ベトナムの国家形成に全面的にかかわり、両国のアメリカとソ連に対する姿勢もほとんど一致していた。また、とりわけ1963年から1964年にかけて、アメリカの戦争拡大に備えて中越両国は秘密裏に共同作戦体制を打ち立て、米軍地上部隊が北ベトナムに侵入した場合中国がベトナムに出兵してベトナムとともにアメリカと戦うということで合意した。更に、両国のコミュニケや指導者の発言では、「ベトナムは反帝国主義の最前線」「ベトナムに対する攻撃は中国に対する攻撃と見なす」「我々は互いに助け合う」といったことが繰り返し強調されてきた。これはまさに、「事実上の同盟関係」であり、「同志プラス兄弟」の関係であったと言えよう。

　二、しかし、このような中越関係は、中ソ対立と直接の対越援助というソ連の対ベトナム政策の転換によって、1965年から変化が生じ、中越二国間の問題もあいまって、1968年〜69年になると、両国関係が変質し、中越双方が互いに対する姿勢を変えた。ベトナムはソ連を支えに中国の圧力に対抗し、次第に中国に情報を伝えないようになり、中越間の疑心暗鬼が深刻化した。また、「テト攻勢」では、ベトナムからの真実とは異なる情報により、中国指導者は誤った判断を行い、かつベトナムの米越交渉受け入れ決定を理解できずに、それに強硬に反対した。これにより、中越間に深刻な対立が生じた。また、中国が最大の敵になったソ連との全面戦争の危機に直面したとき、ベトナムは中国側に立たず、むしろますます親ソへと傾き、事実上中国を見捨てた。そのため、中国は対越姿勢を変え、対越援助の大幅削減、援越部隊の撤退、指導者間交流の拒否などの措置を取り、ベトナムから次第に手を引いていった。

　したがって、1960年代末に米中和解が始まろうとしているときには中越関係はすでに変質し、「兄弟」関係、「事実上の同盟関係」ではなくなっていたということが言える。すなわち、中国がベトナムを「犠牲」にする

または「裏切る」といえるほどの関係ではなくなっていたのである。ただし、中国の指導者たちはそもそも革命イデオロギーの信奉者であり、またこの時期は文化大革命の最中であったため、反帝国主義、民族解放といった革命イデオロギー及びそれと関連する反米闘争という角度から、ベトナムの反米闘争に強い共感をもち、それへの支援を国際的義務と認識していた。また、この時期のアメリカは中国にとって依然最大の敵の一つであった。さらに、中国としてはベトナムが親ソになりすぎないようにする必要もあった。こうした事情のために、中国はベトナムから完全に手を引くわけにはいかず、ベトナムを支援し続けた。

2　米中和解で中国はベトナム問題をどう扱ったか

　この課題に関して、本書は、それに直接答える結論とそれに関連するいくつかの結論を得ることができた。ベトナムからの「名誉ある撤退」という課題を抱えるニクソン政権は、「ベトナム化」政策によって米軍撤退後も南ベトナムの親米政権をさらに数年（五年）維持させるというベトナム政策を持ち、また対中接近に当たってもベトナム問題解決への中国の協力を得ようとした。しかし、米中接近は、中越再接近とインドシナ問題における中越のより強硬な対米姿勢をもたらした。米中交渉の中で、中国はベトナムの立場をサポートし、米軍撤退とベトナム統一の原則を守り、時間的にベトナム問題の解決を台湾問題に優先させる方針を採り、また、アメリカからの協力要請にも応じなかった。そのため、ベトナム問題に関連してはキッシンジャーは誤算を重ねた。さらに、米中交渉のプロセスで、アメリカは、「ベトナム化」政策の中止や、初めて政治的譲歩を示す提案を提示するなど、重大な譲歩を示した。

　一、ベトナムからの「名誉ある撤退」はニクソン政権の当初からの課題であり、また、米中接近に当たってのアメリカ側の目的の一つであった。そして、その手段は、「ニクソン・ドクトリン」における、いわゆる戦争の「ベトナム化」であった。しかし、現実には「ベトナム化」は、公に言われたような、援助を通して南ベトナムの軍事力、経済力、政治力などを強化し、

これによって米軍が撤退した後も南ベトナムが自力で戦っていけるようにさせるというものではなく、アメリカの面子とベトナム戦争後のアメリカの利益のために、米軍撤退後南ベトナムの親米政権を数年（五年）間維持させるためのものであった。すなわち、アメリカが撤退すれば南ベトナムレジームはいずれ崩壊することを前提としていたのである。ただし、「ベトナム化」政策におけるこの真の目的は、公表されることがなかった。「ニクソン・ドクトリン」が公表された後、ベトナムは、公表された「ベトナム化」を挫折させるために戦った。米越秘密交渉のテーブルでもそれを目標とし、そのためにアメリカによる南ベトナム政権の交代を終始求めたのである。ソ連から見ても「合理性」に欠けるこの戦略は、米越秘密交渉では成功せず、アメリカによって終始拒否された。

　二、アメリカの対中関係改善の目的は、米中関係自体の重要性、国際政治の基本構造というマクロ的、長期的な視点に基づくものであったが、短期的にはベトナム問題解決への中国の協力を求めることも重要な目的であった。しかし、米中接近に伴って、中国は、ベトナムに再接近し、対ベトナム援助を大幅に強化し、ベトナムの抗米闘争支持を再び強調するようになった。毛沢東は、「ベトナム支援に反対する者は反革命だ」とその当時では最も強い言い回しでベトナムに対する支援を強調し、1971年から1973年の三年間の中国の対ベトナム援助はそれまでの二十数年の総額を大きく超えるものになった。また、中越間の接触もソ連が懸念するほどに増えた。ベトナム側も、キッシンジャー秘密訪中後には非常に強硬な対米姿勢に転じ、米越秘密交渉でアメリカを厳しく批判して交渉を事実上中断させた。このように、米中接近はむしろ中越再接近と中越両国のより強硬な対米姿勢をもたらしたと言える。

　三、米中交渉の中で、中国はベトナムの立場をサポートし、米軍撤退とベトナム統一の原則を守った。キッシンジャー秘密訪中、第二回訪中、ニクソン訪中における米中交渉で、中国は一貫して、ベトナムの七項目提案を支持し、米軍のベトナム・インドシナからの撤退と南ベトナム政権の打倒及びベトナムの統一を主張し、米軍が撤退しない限り、または米軍が撤退しても戦いが続く限り、もしくは米軍撤退後しばらく経って戦いが再燃

する場合にも、中国はベトナムを支持すると繰り返し表明し、かつアメリカはそれを認めた。

　四、米中接近において、ベトナム問題に関しては、キッシンジャーは誤算を重ねた。キッシンジャーは、米中接近を通して中国のベトナム問題解決への協力が得られると考えたが、中国はそれを終始拒否した。キッシンジャーは、台湾問題の解決をベトナム問題の解決にリンクさせ、中国の協力を迫ったが、中国は台湾問題で待つとの姿勢を示して、ベトナム・インドシナ問題の早期解決をアメリカ側に迫り、キッシンジャーのリンケージ作戦は失敗に終わった。キッシンジャーは、米中接近が米越交渉やベトナム問題の解決において、アメリカにとって有利な影響を与えると考え、秘密訪中後の米越パリ秘密交渉を「第二のアポロ旅行」と位置づけた。しかし、米中接近はむしろ中越再接近と中越両国の対米強硬姿勢をもたらし、ベトナム側は米越秘密交渉を事実上中止し、「第二のアポロ旅行」も完全に失敗に終わった。

　五、米中接近は、ベトナム問題解決におけるアメリカ側の重大な譲歩、すなわち、「ベトナム化」政策の中止と初めての政治的譲歩などをもたらした。キッシンジャー秘密訪中の直後に、アメリカ政府は1969年以降推進し続けてきた「ベトナム化」政策の事実上の中止を検討し始め、また、キッシンジャーの10月訪中で、「ベトナム化」政策の中止を中国側に明言した。また、アメリカは米越交渉で政治問題における譲歩を断固として拒否し続けたが、キッシンジャー秘密訪中の際、中国にベトナム問題における進展を約束し、しかしベトナムが交渉を事実上中断するという状況の中で、アメリカは、キッシンジャー10月訪中の直前に、米越平和協定が調印した六ヵ月後に選挙が行われ、選挙の一ヶ月前に南ベトナムの大統領と副大統領が辞任するという、初めて政治的譲歩を示す提案を、ベトナム側に提示した。

3 中国は「ベトナム問題を利用して、台湾問題を先に解決」しようとしたか

　この課題に関しては、本書の研究から、中国はベトナム問題を利用して台湾問題を先に解決しようとした事実が見当たらないことが明らかである。むしろ、米中交渉の中で、毛沢東の「台湾は急がない。台湾では戦をしていない。ベトナムでは戦をしている。人が死んでいるのだ」の指示を受け、周恩来は一貫して、「台湾は急がない」「緊急な問題はベトナム問題だ」と繰り返し強調し、ベトナム問題の解決を急ぎ、台湾問題では待つとの姿勢で終始した。また、米中交渉の中で、ベトナム・インドシナ問題に関する議論は、台湾問題よりも長い時間がかかり、米中交渉で議論されたどのトピックよりも長くかかった。そればかりでなく、米中間の食い違いが大きく、対立が最も深刻で、論争が最も激しかった。ベトナム問題は、米中接近、特に米中コミュニケの作成に大きな影響を与えたのである。

4 なぜ中国がベトナム問題の解決に拘ったか

　米中和解に際しての中国の対越姿勢において、イデオロギーは国家安全保障（対米、対ソ）とともに決定的な要因であったということは、この課題に対する結論である。

　上述したように、中越関係は1968年〜69年にはすでに変質し、「事実上の同盟」関係、「兄弟」関係ではなくなっていた。また、中国の最大の敵であったアメリカが中国との和解に向かう一方、ソ連が最大の敵となり、中国に深刻な軍事的脅威を与え、「アジア集団安保体制」の構築を提唱して対中包囲網を作ろうとしていた。すなわち、中国にとって、アメリカとソ連の国際政治上の意味、特に安全保障上の意味が大きく変化し、かつ、ベトナムは中国の最大の敵になったソ連と親密な関係をさらに深め、中ソ戦争の危機では中国を支持しなかった。

　国際政治における現実主義の角度から見れば、この時の中国にとって、アメリカがベトナム・インドシナ地域で一定の力・影響力を保つことは、

ソ連に対してバランスをとる役割を果たしうるものである。また、それは、ベトナムに対する圧力ともなり、ベトナムが過度にソ連寄りになること、もしくはソ連の中国包囲網の一翼を担うことを牽制する役割を果たすことも考えられる。

　しかし、このような国際政治の大きな枠における変化と、地域的な国際政治における変化にもかかわらず、米中和解と米中交渉の中で、中国はベトナムの立場を強く支持した。ベトナムが完全にソ連側に付くのを防ぐことだけが目的なのであれば、代償があまりにも大きすぎるばかりでなく、中国にとってはより有利な選択肢も他に存在していた。

　中国の対越姿勢再転換に当たっての中国側のベトナム支援理由の説明、中国における内部論争や米中のコミュニケをめぐる対立から、中国が強くベトナムを支持した最も重要な原因はその当時の中国のイデオロギー、価値観にあったと考えられる。指導部を含め、中国国内では、米中和解が「ベトナム・インドシナ人民の革命闘争」に与える影響を懸念する声が強く、毛沢東や周恩来なども、人民の革命、民族の解放、国家の独立が正義であり時代の流れであると考え、それを支持するのが彼らの原則であり、その最も重要な事例はこの時期においてはベトナム・インドシナの抗米闘争であった。ベトナム・インドシナ問題が彼らのイデオロギー・価値観と直結していたからこそ、中ソ戦争の危機でベトナムの支持を得られず、中越関係が変質していたとしても、ベトナムから完全に手を引くわけにはいかなかったのであり、また米中両国関係の現実と国際政治の現実から米中和解に向かっても、ベトナムを支持し続けなければならなかったのである。むしろ、アメリカと関係を改善させればこそ、ベトナムに対する支援をより強く示さなければならなかったのである。

　そのため、中国は、米中接近の進展とほぼ同時期にベトナムに対する姿勢を再転換させ、対越支援を大幅に強化し、また米中交渉の中でベトナムの立場を強く支持し、中国の対越支援を強く表明し、ベトナム問題の解決をアメリカに強く迫ったのである。

5 なぜベトナムが米越交渉で政治問題と軍事問題の同時解決の立場を堅持したのか

　アメリカによるベトナム干渉、軍事侵略がベトナム問題を引き起こした原因であることは言うに待たない。一方、1968年「テト攻勢」以降、米軍のベトナムからの撤退は基本的な趨勢になり、アメリカ側も一貫して米軍撤退をベトナムとの交渉の前提と目的とした。しかし、米越パリ秘密交渉のプロセスを見ると、ベトナム側は一貫して、アメリカの手による南越政権打倒をアメリカ側に求め、それを政治問題とし、政治問題と軍事問題の同時解決を平和条約締結の条件とした。アメリカから見れば、ベトナムのこの条件は、アメリカに自らの手で自らの同盟者を打倒して南ベトナムを自らの敵に差し出すようなものであり、実質上無条件降伏を意味する。

　米軍が撤退すれば、南ベトナムの政権が自力で生存できないということは、交戦双方とも認識していた。最も直接の当事者であるベトナムの指導者は、当然ながらこのことを最も知っていた。即ち、アメリカとの間で米軍撤退という軍事問題を解決すれば、ベトナムは、南ベトナム政権を打倒し全国を統一するという政治的問題を解決する能力を十分に有していた。米軍撤退が早ければ早いほど、南ベトナムの強化を目的とする「ベトナム化」の期間はより短くなり、南ベトナム政権はより脆弱であり、北ベトナムにとってより有利なはずである。逆に、米軍の撤退が遅ければ遅いほど、南ベトナムの軍隊と政権はより多くの時間を稼ぎ強化され、米軍撤退後の全国統一という政治問題の解決にとって不利になる。ベトナムの指導者はもちろんこの利害関係を理解していた。

　それにもかかわらず、ベトナムは一貫して、米軍撤退、南ベトナムに対す援助の制限、米軍撤退後南ベトナムの親米政権の運命を現地人民に委ね米軍は再び介入しないなどというアメリカ側の条件を拒否し、政治問題と軍事問題の同時解決という立場を堅持した。ソ連でさえ、この交渉戦略は「合理性」に欠け、米軍撤退の問題を南ベトナム政権交代の問題と切り離す方法こそ合理的で賢明であると考えていた[1]。アメリカは米軍撤退即ち軍事問題のみについて交渉し、政治問題が米軍撤退後に南北双方のベト

ナム人に解決をゆだねるという方針を堅持し、ベトナムは軍事問題と政治問題の同時解決を堅持したため、米越交渉は膠着状態に陥り、米越交渉に実質的な進展はまったくなく、ベトナム戦争の終結を大幅に先延ばししてしまった。

それでは、戦争の最も直接の当事者であり、米軍が撤退すれば南ベトナムの政権が自力で長期的に生存することができないということを最も分かっていたベトナムの指導者は、なぜ、アメリカの手による南ベトナムの交代を堅持したのか。論理的に、その原因は二つあると考えられる。第一に、ベトナムの指導者は、自らの力によって米軍撤退後に南ベトナム政権を打倒し全国を統一する自信を持てず、そのために、この極めて困難で偉大な事業を敵であるアメリカに委ねたかったということである。明らかに、これは合理的な解釈ではない。第二に、戦争の終結を先延ばしすることはベトナムにとって有利であるため、アメリカに受け入れ難い条件を突き付け、平和交渉の時間を先延ばす戦略を取った。これは唯一合理的な解釈であるかもしれない。

本書は、ベトナムは「インドシナ連邦」樹立のための時間稼ぎで、米越平和交渉で先延ばしの交渉戦略を取った可能性が高いと考える。

1968年「テト攻勢」後、アメリカの失敗、米軍のベトナム撤退は明らかになるにつれ、ベトナムは非公開にではあるが、再び「インドシナ連邦」樹立の問題を提起した。その根拠は、第一に、米越秘密交渉でベトナムはインドシナに対する「特権」を提出したこと、第二に、ベトナム駐在のソ連大使が1971年5月にソ連政府に送った報告の中で、ベトナムは近年再び「インドシナ連邦」について語り始めたと指摘していること、第三に、民主カンボジア政府が1978年に発表した『黒書』の中で、ベトナムは繰り返しカンボジアに「インドシナ連邦」を強要したと非難していること、第四に、フランスに亡命した元南ベトナム臨時革命政府の部長を務めたチュン・ニュー・タンの証言もこのことを証明していること、などがあげられる。

しかしながら、ベトナムの「インドシナ連邦」は、実質上、ベトナムがラオスとカンボジアを併合することを意味するため、ラオスとカンボジア

の抵抗に遭い、進展が非常に困難であった。民主カンボジア政府の『黒書』とチュン・ニュー・タンの証言はこのことを証明している。

　そうした中で、1968年「テト攻勢」後、米軍と南ベトナム政府軍は残虐な行為を繰り返し、大量のベトコン、難民、北ベトナム関係者はカンボジアとラオスに入り、両国のほぼ全域に浸透した。カンボジアだけでも150〜200万人が入ったという。更に、1970年にアメリカは戦争をラオスとカンボジアに拡大し、それに伴って、大勢のベトナム側軍政関係者がカンボジアとラオスに入った。この時カンボジアとラオスの人口は数百万人にとどまっており、ベトナムより軍事、経済的に大きく遅れていた。このような体制は、アメリカに抵抗する必要のためであったが、それは同時に、ベトナム人にラオスとカンボジア全域を自由に活動する理由を与え、「インドシナ連邦」樹立に絶好のチャンスを与えた。むろん、この局面を利用して「インドシナ連邦」の基盤を創るためには時間が必要であった。しかし、アメリカとの交渉が妥結し、平和協定が結ばれれば、ベトナム人はカンボジアとラオスからベトナムに戻らなければならなくなる。従って、ある程度戦争の終結を先延ばすことは、ベトナムの「インドシナ連邦」構築に必要不可欠であった。交渉を先延ばしするため、アメリカに受け入れ難い条件を突き付けた必要があった。

　従って、米越間は軍事問題即ち米軍撤退の問題だけを交渉するというアメリカの提案を拒否し、政治問題と軍事問題の同時解決を求め、即ち、アメリカは米軍を撤退させるのみならず自らの手で親米の南ベトナム政権を打倒しなければならないという条件を提出し、アメリカが受け入れられないような状況を創り出し、交渉を先延ばし、「インドシナ連邦」樹立のために時間稼ぎをすることは、ベトナムにとっては、「合理的、賢明な」選択になる。

　アメリカ、ソ連、中国という三つの大国はいずれも、ベトナムの真の意図を理解することができず、またベトナムの戦略的な意図を変えることができなかった。しかし、ベトナムの意図はカンボジアとラオスの強い抵抗に遭った。特にカンボジア人は、シアヌーク派からベトナムと密接な関係を持つカンボジア共産党に至るまで、国家の独立を追求し、ベトナムの「イ

ンドシナ連邦」に断固反対した。共産党とラオスの抗仏、抗米闘争は民族解放、国家独立のためであり、ベトナムの一部になるためではなかった。カンボジアとラオスの断固たる抵抗のため、この二つの国を併合するというベトナムの目的は達成できなかった。

　総じて、中越関係の歴史的推移と米中接近・米中交渉及び米越交渉を分析した結果、1949年より始まった中越関係は、「同志プラス兄弟」の関係、「事実上の同盟」関係として出発したものの、1960年代末には既に変質し、「同盟」関係や「兄弟」関係ではなくなっていた。それにもかかわらず、中国側は主としてイデオロギー・価値観の拘束から、米中接近の開始とともにベトナムへの支援を強化し、また米中交渉の中でベトナムの立場を支持し、米軍撤退、南ベトナム政権打倒とベトナム統一を主張した。ベトナム問題を利用して台湾問題を解決しようとしたのではなく、台湾問題で待つ姿勢をとり、ベトナム問題の早期解決をアメリカに迫り、米中コミュニケも異例の形を取るものとなったのである。また、米中交渉の中で、中国がベトナム問題の解決を再三にわたってアメリカに迫り、その結果、アメリカから「ベトナム化」政策の中止と政治的譲歩を得た。ベトナム問題は米中関係発展の大きな拘束要因であったのであり、それゆえ、米越平和協定が締結され、米軍がベトナムから完全に撤退した後、米中関係の発展がようやく新たな展開を見せるのであった。したがって、米中和解は中国によるベトナムへの「裏切り」行為であり、その目的は「ベトナム問題を利用して、台湾問題を先に解決するということであった」というベトナム政府の公式見解は、歴史事実に悖るものであるということができる。

(1)「インドシナ問題解決に関するベトナム労働党の政策及びソ連がソ共二十四回大会の決議に基づいて直面している任務について」、ベトナム駐在ソ連大使のソ連政府への報告、1971年5月21日。SD01829より引用、出典が記していない。

参考文献

(英語と中国語文献はＡＢＣ順、日本語文献は五十音図順)

第一次資料・準第一次資料

英語

Congressional Record, U. S. Government Printing Office.
Department of State Bulletin, U. S. Government Printing Office.
Documents on American Foreign Relations, Princeton University Press.
Foreign Relations of the United States, U. S. Government Printing Office.
NIXON PRESIDENTIAL MATERIALS STAFF, National Archives and Records Administration.
Public Papers of the Presidents, Nixon, 1971(Washington D.C., 1972).
U. S. Relations With The P.R.O.C., U. S. Government Printing Office. 1972.
Yearbook of the United Nations, Office of Public Info. United Nations, N.Y.
"The National Security Archive" (http://www.gwu.edu/~nsarchiv/)（一次資料あり）
"THE WOODROW WILSON INTERNATIONAL CENTER FOR SCHOLARS" (http://wwics.si.edu)（一次資料あり）

日本語

シアヌーク、バーチェット著、『アメリカとの戦い』、大前正臣訳、読売新聞社、1972年。
ニクソン著、『1970年代のアメリカの外交政策』、時事通信社、1971年。
ベトナム社会主義共和国外務省編、『中国白書・中国を告発する』、日中出版編集部訳、日中出版、1979年。
民主カンボジア外務省編、『「黒書」全訳・ベトナムを告発する』、日本カンボジア友好協会訳、社会思想社、1979年。
毛里和子、増田弘監訳、『周恩来・キッシンジャー機密会談録』、岩波書店、2004年。
毛里和子・毛里興三郎訳、『ニクソン訪中機密会談録』、名古屋大学出版会、2001年。

中国語

中華人民共和国外交部档案館関連資料。
湖南省、雲南省、福建省档案館関連資料。
当事者へのインタビュー資料。

陳賡著、『陳賡日記』、解放軍出版社、2003年。
沈志華・中国社会科学院編、『蘇連歴史档案選編（1917～1989）』、中央文献出版社、2002年。
中華人民共和国外交部・中央文献研究室編、『周恩来外交文選』、中央文献出版社、2000年。
中華人民共和国外交档案館編、『中華人民共和国外交選編（第一集）1954年日内瓦会議（1954年ジュネーブ会議）』、世界知識出版社、2006年。
中央文献研究室編、『建国以来劉少奇文稿』（全7巻）、中央文献出版社、1998～2008年。
中央文献研究室編、『建国以来毛沢東文稿』（全13巻）、中央文献出版社、1987～1998年。
中央文献研究室編、『毛沢東軍事文集』（全6巻）、中央文献出版社、1997年。
中央文献研究室編、『毛沢東外交文選』、中央文献出版社、世界知識出版社、1994年。
中央文献研究室編、『毛沢東文集』（全8巻）、人民出版社、1993～1999年。

第二次資料

英語

Kissinger, Henry A., ***White House Years,*** Boston: Little, Brown, 1979. 日本語訳：『キッシンジャー秘録』（全5巻）、桃井真監修、小学館、1979、80年。

Kissinger, Henry A., ***Diplomacy,*** New York: Simon & Schuster, 1994. 日本語訳『外交』、岡崎久彦監訳、日本経済新聞社出版、1996年。

Nixon, Richard M., ***Memoirs of Richard Nixon,*** New York: Grosset & Dunlap, 1978. 日本語訳：『ニクソン回顧録』（全3巻）、松尾文夫・斉田一路訳、小学館、1978、79年。

Burr, William, ed., ***The Kissinger Transcripts: The Top-Secret Talks with Beijing & Moscow,*** The New Press, 1999. 日本語訳：鈴木主税、浅岡政子訳、『キッシンジャー「最高機密」会話録』、毎日新聞社, 1999。

日本語

シアヌーク著、友田錫・青山保訳、『シアヌーク回想録』、中央公論社、1980年。
ベトナム労働党党史編纂委員会・ベトナム外文書院共編、『ホー・チ・ミン』、原大三郎・太田勝洪訳、東方出版社、1972年。
ホー・チ・ミン他著、『ホー・チ・ミンとその戦友たち』、日中翻訳センター訳、青年出版社、1975年。

中国語

薄一波著、『若干重大決策与事件的回顧』、中共中央党校出版社、1991年。
陳小魯、「陳毅与中国外交」、国際戦略研究基金会編『環球同此涼熱――一代領袖们的国際戦略思想』、中央文献出版社、1993年。
当代中国使節外交生涯編委会編、『当代中国使節外交生涯』、世界知識出版社、1999年。

逢先知、金冲及主編、『毛沢東伝(1949-1976)』(上下)、中央文献出版社、2003 年。
高文謙著、『晩年周恩来』、明鏡出版社（香港）、2004 年。
国防大学党史党建政工教研室編、『「文化大革命」研究資料』（上）、国防大学出版社、1988 年。
韓念龍主編、『当代中国外交』、中国社会科学出版社、1987 年。
胡喬木著、『胡喬木回憶毛沢東』、人民出版社、1994 年。
黄国安、蕭徳浩、楊立氷編、『近代中越関係史・資料選編』、広西人民出版社、1988 年。
黄文歓（ホアン・ヴァン・ホアン）著、文庄、侯寒江訳、『滄海一粟――黄文歓革命回憶録』、解放軍出版社、1987 年 6 月。
蒋沢民他著、『毛沢東保衛参謀・周恩来随従副官的回憶録』、北京・紅旗出版社、1998 年。
軍事科学院歴史研究部編、『中国人民解放軍六十年大事記』、軍事科学出版社、1988 年。
李鳳林著、『莫斯科二十年――当代中国使節外交生涯』、世界知識出版社、1996 年。
李越然著、『中蘇外交親歴記』、世界知識出版社、2001 年。
林克、徐涛、呉旭君『歴史的真実』、香港利文出版社、1995 年。
劉暁著、『出使蘇聯八年』、中共党史出版社、1986 年。
師哲口述、師秋朗筆録、『我的一生――師哲自述』、人民出版社、2001 年。
師哲回憶、李海文整理、『在歴史巨人身辺――師哲回憶録』、中共中央党校出版社出版、1986 年（増訂本 1998 年）。
王焔主編、『彭徳懐年譜』、人民出版社、1998 年。
王炳南著、『中米会談九年回顧』、世界知識出版社、1985 年。
王泰平主編、『中華人民共和国外交史（第二巻）1957～69』、世界知識出版社、1998 年。
呉冷西著、『十年論戦――1956～66 中蘇関係回憶録』、中央文献出版社、1999 年。
呉冷西著、『憶毛主席』、新華出版社、1995 年。
新中国外交風雲編委会編、《新中国外交風雲》、世界知識出版社、1991～1999 年。
熊向暉著、『歴史的注脚――回憶毛沢東、周恩来及四老帥』、中央党校出版社、1995 年。
熊向暉著、『我的情報与外交生涯』、中共党史出版社、1999 年。
叶飛著、『叶飛回憶録』、解放軍出版社、1988 年。
張愛萍主編、『中国人民解放軍』（上）、当代中国出版社、1994 年。
張如(石桑)、『与河内分道揚鑣』、世界知識出版社、1989 年。
中国軍事顧問団援越抗法実録編輯組編、『中国軍事顧問団援越抗法実録〔当事人的回憶〕』、中共党史出版社、2002 年。
中華人民共和国外交部外交史研究室編、『周恩来外交活動大事記』、世界知識出版社、1993 年。
中央文献研究室編、『劉少奇年譜』（上下）、中央文献出版社、1996 年。
中央文献研究室編、『周恩来年譜（1949～1976)』(全 3 巻)、中央文献出版社、1997 年。
中央文献研究室編、『周恩来伝（1949～1976)』（上下）、中央文献出版社、1998 年。

第三次資料

英語

Asselin, Pierre, *A Bitter Peace: Washington, Hanoi, and the Making of the Paris Agreement*, The University of North Carolina Press, 2007.

Duiker, J. William, *U.S. Containment Policy and the Conflict in Indochina,* Stanford, CA: Stanford University Press, 1994.

Duiker, J. William, *China and Vietnam: The Roots of Conflict,* Berkeley, CA: Institute of East Asian Studies, University of California, 1986.

Gilks, Anne, *The Breakdown of the Sino-Vietnamese Alliance, 1970-1979,* Berkeley, CA: Institute of East Asian Studies, University of California, 1992.

Goh, Evelyn, *Constructing the U.S. Rapprochement with China,* 1061-1974, Cambridge: Cambridge University Press, 2004.

Gaiduk, V. Llya, *Confronting Vietnam: Soviet Policy toward the Indochina Conflict,* 1954-1963, Cold War International History Project Book Series, Woodrow Wilson Center Press/Stanford University Press, 2003.

Gaiduk, V. Ilya, *The Soviet Union and the Vietnam War,* Chicago: Ivan R. Dee, 1996.

Logevall, Fredrik, *Choosing war : the lost chance for peace and the escalation of war in Vietnam,* Berkeley : University of California Press, c1999.

MacMillan, Margaret, *Nixon and Mao: The Week That Changed the World*, Random House, 2007.

Mann, James, *About Face: A History of America's Curious Relationship with China, from Nixon to Clinton,* New York: A. Knopf, 1998. 日本語訳：鈴木主税訳、『米中奔流』、共同通信社、1999年。

Odd, A. Westad, ed., *Brothers in Arms: The Rise and Fall of the Sino-Soviet Alliance, 1945-1963,* Cold War International History Project Book Series, Stanford University Press/Woodrow Wilson Center Press, 1998.

Olson, S. James and Randy Roberts, *Where the domino fell: America and Vietnam, 1945 to 1990,* New York: St. Martin's Press, 1991.

Richardson, L. Elliot, *The Foreign Policy of the Nixon Administration: Its Aims and Strategy,* The U. S. Department. Of State Bulletin, Vol. LXI, No. 1578, September 22, 1969.

Slabey, M. Robert, ed., *The United States and Viet Nam from War to Peace,* McFarland & Company, Inc., Publishers, Jefferson, North Carolina 28640, 1996.

Solomon, H. Richard, *U. S-PRC Negotiations, 1967-1984: An Annotated Chronology,* Report of RAND to State Department, December 1985.

Tyler, Patrick, *The Great Wall: Six Presidents and China--An Investigative History,* A Century Foundation Book, Public Affairs, New York, 1999.

Woods, B. Randall ed. *Vietnam and the American political tradition : the politics of dissent*, Cambridge, UK ; New York : Cambridge University Press, 2003.

Xia, Yafen, *Negotiation with the Enemy: U.S.-China Talks During the Cold War*, Indiana University Press, 2006.

日本語

赤木莞爾著、『ベトナム戦争の起源——アイゼンハワー政権と第一次インドシナ戦争』、慶應通信、1991 年。

入江昭著、『米中関係』、サイマル双書、1971 年。

太田勝洪、朱建栄編、『原点中国現代史・第六巻　外交』、岩波書店、1995 年。

朱建栄著、『毛沢東のベトナム戦争』、東京大学出版会、2001 年。

友田錫著、『裏切られたベトナム革命——チュン・ニュー・タンの証言』、中央公論社、1981 年。

平野健一郎・山影進・岡部達味・土屋健治編、『アジアにおける国民統合』、東京大学出版会、1988 年。

古田元夫著、『ベトナムの世界史』、東京大学出版会、1995 年。

古田元夫著、『ベトナム人共産主義者の民族政策史——革命の中のエスニシティ』、大月書店、1991 年。

古田元夫著、『ベトナムから見た中国』、日中出版、1979 年。

増田弘編、『ニクソン訪中と冷戦構造の変容——米中接近の衝撃と周辺諸国』、慶應義塾大学出版会、2006 年。

三尾忠志編、『インドシナをめぐる国際関係——対決と対話』、日本国際問題研究所、1988 年。

毛里和子著、『中国とソ連』、岩波新書、1989 年。

山極晃著、『米中関係の歴史的展開——1941 〜 1979 年』、研文出版、1997 年。

吉沢南著、『ベトナム戦争——民衆にとっての戦場』、吉川弘文館、1999 年。

中国語

陳敦徳著、『中美解凍在 1972——中美建交実録』。世界知識出版社、2000 年。

釣魚台档案編写組編、『釣魚台档案中美之間重大国事風雲』、紅旗出版社、1998 年。

韓懐智主編、『当代中国軍隊的軍事工作』、中国社会科学出版社、1989 年。

符浩、李同成主編、『外交風雲』、中国華僑出版社、1995 年。

華東師範大学国際冷戦史研究中心編、李丹慧主編、『冷戦史』、世界知識出版社、2 年。

華東師範大学国際冷戦史研究中心編、李丹慧主編、『冷戦与中国』、世界知識出版社、2 年。

華東師範大学国際冷戦史研究中心編、李丹慧主編、『冷戦与中国周辺関係』、世界知識出版社、200 年。

華東師範大学国際冷戦史研究中心編、李丹慧主編、『冷戦国際史研究（Ⅱ、Ⅲ、Ⅳ、Ⅴ』、

世界知識出版社、2005 ～ 2008 年。
黄国安、楊万秀、楊立氷、黄錚編、『中越関係史簡編』、広西人民出版社、1986 年。
宮力著、『跨越鴻溝——1969 - 1979 年中美関係的演変』、河南人民出版社、1992 年。
広西社会科学院編、『胡志明主席与中国』、中国大百科全書出版社、1995 年。
郭明主編、『中越関係演変四十年』、広西人民出版社、1992 年。
李丹慧編、『中国与印度支那戦争』、香港天地図書、2000 年。
姜長斌・（美）羅伯特・羅斯主編、『従対峙走向緩和：冷戦時期中美関係再探討』、世界知識出版社、2000 年。
銭江著、『「ピンポン外交」始末』、東方出版社、1987 年。
銭江著、『在神秘的戦争中——中国軍事顧問団赴越征戦記』、河南人民出版社、1992 年。
曲愛国など編、『援越抗米——中国支援部隊在越南』、軍事科学出版社、1995 年。
時殷弘著、『美国在越南的干渉和戦争』、世界知識出版社、1993 年。
蘇格著、『美国対華政策与台湾問題』、世界知識出版社、1998 年。
陶文剣主編、『中美関係史(1949 ～ 1972)』、人民出版社、1999 年。
童小鵬、『風雨四十年』第 2 部、中央文献出版社、1996 年。
外交部外交史編輯室編、『新中国外交風雲』第二輯、世界知識出版社、1991 年。
外交部外交史編輯室編、裴堅章主編、『研究周恩来——外交思想与実践』、世界知識出版社、1989 年 9 月。
外交部外交史編輯室編、『新中国外交風雲』第三輯、世界知識出版社、1994 年。
王賢根著、『援越抗米実録』、国際文化出版公司出版、1990 年。
解力夫著、『越南戦争実録』（上下）、世界知識出版社、1993 年。
謝益顕編、『中国外交史・中華人民共和国時期 1949 ～ 1979』、河南人民出版社、1988 年。
章百家、牛軍主編、『冷戦与中国』、世界知識出版社、2002 年。

定期刊行物

英語

International Security
International Studies Quarterly
Journal of Contemporary History
Journal of Peace Research
Modern Asian Studies
NEW YORK TIMES
Pacific Affairs
Political Science and Politics
Political Science Quarterly

The China Quarterly
The American Historical Review
The Journal of Military History
The Journal of Politics
WASHINGTON POST

日本語

『赤旗』
『朝日新聞』
『国際政治』
『国際問題研究』
『世界政治資料』
『アジア研究』

中国語

『百年潮』、(管轄または編集、出版者。以下、同) 中国共産党党史学会
『参考消息』、新華社
『参考資料』(大参考)、新華社(内部発行)
『当代中国史研究』、中国社会科学院当代中国史研究所
『党的文献』、中共中央文献研究室、中央档案館
『党史縦横』、中共遼寧省委員会組織部、中共遼寧省党史研究室など
『紅旗』(1958年5月～1988年7月)、中国共産党中央委員会
『解放軍報』、中国人民解放軍中央軍事委員会
『瞭望』、新華社
『求是』、中共中央党校
『人民日報』、中国共産党中央委員会
『外交学院学報』、外交学院
『文史精華』、河北省政治協商会議文史研究委員会
『中共党史資料』、中共中央文献研究室、中央档案館

米中和解と中越関係関連年

年　月　日	出　来　事
紀元前221年	秦、始皇帝による中国統一
前214年	秦、嶺南の「百越」を平定、南海、桂林、象の三郡を設立。象郡の範囲は現在のベトナム北部あたり
前209年	陳勝、呉広暴動。趙佗、南海郡を拠点に桂林郡、象郡を併合し「南越国」を樹立
前111年	漢武帝、南越国を滅ぼし、九つの郡を設立、その中の交趾、九真、日南三郡は、今日ベトナム北部あたり
紀元　2年	現ベトナム中部にチャンパ王国が成立
40年	ハイ・バ・チュン（徴姉妹）の反乱。42年、馬援出兵、43年、鎮圧
248年	チュウ婦人の反乱
544年	リ・ビの反乱
679年	唐、安南都護府設置（768年、科挙に合格した日本人・阿部仲麻呂が安南都護に任命される）
938年	ゴ・クエン（呉権）、独自政権を樹立（「前呉王」）
960年	宋朝成立（960〜1279）
966年	丁部領、ベトナム最初の王朝「丁朝」（966〜980）を樹立
1010年	リ（李）朝成立、国名はダイベット（大越）、首都タンロン（現在のハノイ）
1428年	レ（黎）朝成立
1471年	レ朝が南の独立国チャンパを侵攻し併合、チャンパが滅亡
1802年	グエン（阮）朝成立
1803年	清朝に「南越」の国号を要請、清が「越南（ベトナム）」の国名を授与
1858年	フランス・スペイン連合軍、ダナン上陸
1862年	フランスによるメコンデルタ（コーチシナ3省）併合
1885年	ベトナム全土がフランスの植民地に
1887年	インドシナ連邦成立、フランスがベトナム、ラオス、カンボジアを植民地支配
1921年7月1日	中国共産党成立記念日
1930年2月	ベトナム共産党創設（香港にて）
1930年10月	コミンテルンの指示により、インドシナ共産党（ICP）に党名を変更
1940年9月	日本、インドシナ進駐、日仏二重支配
1941年5月19日	ベトナム独立同盟（ベトミン）創設
1945年3月11日	ベトナム独立宣言（バオダイ皇帝）
1945年8月15日	日本、無条件降伏
1945年9月2日	ホーチミン、ベトナム独立とベトナム民主共和国（DRV）成立宣言
1945年9月12日	イギリス軍、サイゴン上陸
1945年9月15日	国民政府軍、北ベトナム入り
1945年9月21日	フランス軍、サイゴン上陸
1945年10月5日	フランス空挺部隊、カンボジア、ラオスに降下
1945年11月11日	インドシナ共産党解散
1946年2月28日	中仏協定、中国軍が北ベトナムから撤退
1946年12月19日	第1次インドシナ戦争勃発

1949年6月～8月	劉少奇、ソ連訪問。スターリン、中ソ両党の分業発言。
1949年7月19日	フランス・ラオス独立協定調印
1949年10月1日	中華人民共和国成立
1949年12月16日～50年2月17日	毛沢東、ソ連訪問
1950年1月18日	中越国交
1950年2月3日	ホー・チ・ミン、モスクワ到着
1950年2月14日	中ソ友好同盟相互援助条約
1950年春	ベトナム軍初の正規整編師団第308師団、第174連隊と第209連隊が中国領内に入り訓練
1950年5月9日	米アチソン国務長官、インドシナへの軍事援助の供与を表明
1950年5月14日	米、ベトナム・カンボジア・ラオスに対する経済援助の開始を通告
1950年5月25日	米、サイゴンに経済使節団を設置
1950年6月25日	朝鮮戦争勃発（～1953）
1950年7月15日	米軍事調査団がサイゴン訪問
1950年8月2日	アメリカ軍事援助顧問団をサイゴンに派遣
1950年8月12日	中国軍事顧問団、ベトナム入り
1950年9月15日	米軍、仁川上陸
1950年9月16日～10月8日	国境戦役
1950年10月19日	中国、朝鮮半島に出兵
1950年12月23日	米、仏・インドシナ三国との相互防衛援助協定に調印
1951年3月11日	ベトミン、パテトラオ、クメール・イサク同盟がインドシナ民族統一戦線を結成
1951年9月7日	米、ベトナムとの直接経済援助協定に調印
1953年7月27日	朝鮮戦争休戦協定調印
1953年11月20日	フランス空挺部隊、ディエン・ビエン・フーに降下
1954年3月13日	ベトミン軍、ディエン・ビエン・フー攻撃開始
1954年3月29日	北京、周恩来ホー・チ・ミン会談
1954年4月1日～11日	中越朝代表団がソ連訪問、ジュネーブ会議対策
1954年4月4日	仏、米に介入を要請
1954年4月20日～24日	周恩来訪ソ
1954年4月26日～7月21日	ジュネーブ会議
1954年5月7日	ディエン・ビエン・フー陥落
1954年5月8日	インドシナ問題の討議が開始
1954年7月3日～7月5日	周恩来・胡志明八回会談、広西省柳州市
1954年7月9日～12日	周恩来訪ソ
1954年7月7日	ゴ・ジン・ジエム内閣成立
1954年7月20日	インドシナ休戦協定調印、ジュネーブ会議閉幕
1954年8月20日	ＮＳＣ、ジュネーブ会議の結果を評価、米の政策を決定
1954年9月8日	東南アジア集団防衛条約並びに太平洋憲章調印

1954年10月9日	ベトミン軍ハノイ入城・首都宣言
1954年10月23日	米、ジエム政府への直接的援助を通告
1954年11月16日	米特使コリンズ、米軍事顧問による南ベトナム軍訓練を公表
1954年12月10日	米、南ベトナムに対する援助大幅増額決定
1955年2月12日	米軍事援助顧問団、南ベトナム軍の訓練開始
1955年5月13日	フランス撤退完了、北ベトナム全面解放
1955年10月23日	南ベトナムでベトナム共和国樹立、ゴ・ジン・ジエム政権発足
1956年4月26日	仏軍司令部、サイゴンを引き上げる
1958年3月31日	中国援越経済協定
1959年1月13日	ベトナム労働党、南部武力解放戦略を決定
1959年2月18日	中国、ベトナム援助協定
1959年5月13日	ホーチミンルート開設決定
1960年5月5日	米、軍事顧問団の増員発表
1960年5月9日～14日	周恩来訪越
1960年11月28日	中越科学技術協力協定
1960年12月20日	南ベトナム民族解放戦線成立
1961年1月31日	周恩来、ベトナム経済貿易代表団と会見、ベトナムへの経済援助協定署名式に参加
1961年3月11日	周恩来、ベトナム国防部長ボー・グエン・ザップ、参謀総長ヴァン・ティエン・ズンと会見
1961年5月	米、特殊部隊を南ベトナムに派遣、「特殊戦争」開始
1961年5月11日	米ジョンソン副大統領、南ベトナムを訪問
1961年6月10日～16日	ファン・バン・ドン訪中。6月12日周恩来、劉少奇と第1次会談、13日周恩来と第2次会談、15日毛沢東と会見、周恩来とコミュニケを署名、周恩来と第3次会談
1961年6月12日	米、対ゲリラ専門家団をサイゴンに派遣
1961年6月19日	米、ステーリー調査団をサイゴンに派遣
1961年8月12日～21日	ファン・バン・ドン訪中
1961年10月15日	米大統領軍事顧問テーラー大将、南ベトナムを訪問
1961年11月6日	周恩来、鄧小平がベトナム労働党中央第一書記レ・ズアンと会見
1961年11月12日～16日	ホー・チ・ミン訪中
1961年11月15日	米国家安全保障会議、テーラー、ステーリー報告で南ベトナムの軍事力強化策を決定
1961年11月16日	米軍事要員200人、爆撃機8機、輸送機4機、サイゴン着
1961年11月	米軍特殊部隊、「CIDG計画」開始。ヘリコプターの実践投入始まる
1961年12月11日	更に米軍事要員400人、ヘリコプター40機、練習機15機、サイゴン着
1961年12月14日	ケネディ、ジエム大統領に援助増加を書簡で約束
1961年12月15日～31日	葉剣英軍事代表団訪越
1962年2月8日	米、サイゴンに南ベトナム軍事援助司令部を設置
1962年3月15日	米、米軍の南ベトナム戦争参加を発表
1962年5月9日	米、マクナマラ国防長官、南ベトナム訪問
1962年6月8日	米、南ベトナムで「軍事援助司令部」設置
1962年夏	ホー・チ・ミン訪中、中国、南ベトナム人民武装に援助(9万ライフ＝230歩兵大隊装備など)決定

1962年7月17日	ラオス中立宣言
1962年8月23日〜28日	ファン・バン・ドン訪中
1962年10月	「モーニングスター作戦」実施。ボー・グエン・ザップなどベトナム軍事代表団訪中
1962年10月28日	周恩来がホアン・ヴァン・ホアンと会見
1962年12月5日	中越通商航海条約署名
1963年1月3日	南ベトナム解放戦線ゲリラ、ミト省のアプバックの戦闘で勝利、米スティーリー・テーラー計画敗退
1963年1月8日	米軍事使節団、サイゴン訪問。ズッカート米空軍長官、南ベトナムにおける米空軍の3倍増強を発表
1963年2月	米軍事顧問団、顧問軍に名称変更
1963年3月	羅瑞卿解放軍参謀総長中国軍事代表団、ベトナム訪問
1963年3月31日	ラオス、ジャール平原で中立派軍と中立左派軍、パテオ・ラト軍との間に戦闘、ラオス危機勃発
1963年5月10日〜16日	劉少奇主席、ベトナム訪問
1963年5月29日	南ベトナム、仏教徒指導者、ゴ・ディン・ジエム政権の差別政策に反対声明
1963年6月3日	南ベトナム、ヌエで仏教との抗議デモ起こる。4日、仏教徒集会結成
1963年6月4日	毛沢東、武漢でベトナム労働党代表団と会見
1963年6月11日	カン・ドク師、南ベトナム政府の仏教弾圧に抗議してサイゴンの街頭で焼身自殺
1963年8月9日	南ベトナム、仏教徒365人逮捕
1963年8月15日〜8月29日	ベトナム労働党南方局代表団訪中
1963年8月18日	南ベトナム仏教徒15000人抗議デモ
1963年8月20日	南ベトナム、戒厳令、大弾圧開始
1963年8月25日	南ベトナム、学生デモ、数千人逮捕、軍部、全学校を閉鎖
1963年8月26日	米国務省、仏教徒弾圧に南ベトナム軍部、指導するアメリカが関与していないと弁護声明
1963年8月28日	カンボジア、南ベトナム断交
1963年9月12日	ウ・タントト国連事務総長、南ベトナムは無秩序で非民主的と批判
1963年9月	ヴァン・ティエン・ズンベトナム軍参謀総長など軍事代表団、中国訪問
1963年9月下旬	ホー・チ・ミンと周恩来、広東従化温泉で会談
1963年11月1日	南ベトナムで軍部クーデター、副大統領グエン・ゴクトが新政権の首相に。ゴ・ディン・ジエム大統領殺害される
1963年11月24日	ケネディ暗殺、ジョンソン、36代大統領就任
1963年12月15日	南ベトナム解放民族戦線代表、ソ連訪問
1963年12月20日	マクナマラ米国防長官、南ベトナム視察
1964年1月30日	南ベトナムで反中立の軍部クーデター，グエン・カーン少将が政権を掌握
1964年2月7日	サイゴンで爆弾テロ。以降頻発
1964年2月8日	南ベトナム新内閣成立、ドン・バン・ミン将軍が国家元首に返り咲く
1964年2月21日	ジョンソン米大統領、南ベトナムを守りぬくと演説
1964年3月8日	マクナマラ米国防長官、テーラー米統合参謀本部議長、南ベトナム視察のため訪問
1964年3月28日	米、ニューヨークでベトナム侵略停止を要求するデモ。6,000人参加
1964年4月4日	ブーマ・ラオス首相、周恩来首相らと会談、8日に共同声明

1964年5月12日	マクナマラ米国防長官サイゴン着、テーラー米統合参謀本部議長と協議、南ベトナム空軍強化決定
1964年5月13日	ラオス、右派・中立派、総司令部を設置
1964年5月15日	毛沢東、西南戦略後方基地と「三線」建設を提起。ラオス、内戦激化、左派軍は右派・中立派のジャール平原要衝タトムを占領
1964年6月1日	ラスク国務長官、マクナマラ国防長官、テーラー統合参謀本部議長、ロッジ駐南ベトナム大使ら米首脳はホノルルで東南アジア対策を二日間討議
1964年6月23日	ロッジ米駐南ベトナム大使辞任、後任にテーラー米統合参謀本部議長
1964年7月21日	マクナマラ米国防長官、6度目の南ベトナム視察完了、情勢悪化と声明
1964年8月2日	「トンキン湾事件」
1964年8月5日	最初の北爆「ピアスアロー作戦」開始
1964年8月6日	中国、米の北ベトナム侵略を傍観せずと強硬声明
1964年8月7日	米議会、対ベトナム政策を大統領に一任する決議を可決。南ベトナム、全国非常事態宣言
1964年8月25日	南ベトナムのグエン・カーン大統領辞任
1964年9月13日	南ベトナムのラム・ランバト准将の率いる部隊は首相官邸を占領、グエン・カーン首相はダラトで反乱鎮圧を指揮、14日クーデター失敗、反乱軍撤収
1964年9月27日	シアヌーク・カンボジア元首、中国訪問、米の干渉に戦うと共同声明
1964年10月5日	毛沢東とファン・バン・ドン会談
1964年10月15日	中国、原爆実験成功。ソ連、フルシチョフ失脚、後任にブレジネフ
1964年11月9日	ファン・バン・ドン訪ソ、コスイギンと会談
1964年11月22日	南ベトナム、サイゴンで仏教徒による反政府デモ。25日、戒厳令
1964年12月1日	ジョンソン米大統領、テーラー駐ベトナム米大使、ラスク米国務長官、マクナマラ米国防長官ら南ベトナム対策で討議、局地戦争戦略を決定
1964年12月4日	南ベトナム解放戦線、ビンジア作戦に勝利。特殊戦争戦略崩壊
1964年12月20日	南ベトナム評議会、軍部によって解散、グエン・カオ・キ実権掌握
1965年1月9日	毛沢東、エドガー・スノーと会見
1965年1月25日	南ベトナム、反政府、反米デモ拡大、ユエに2ヶ月間の戒厳令布告、サイゴンの戒厳令1ヶ月延長
1965年1月27日	南ベトナムでクーデター、グエン・カーン将軍全権把握
1965年2月4日〜11日	コスイギンソ連首相、北京とハノイ訪問、周恩来と5回、毛沢東と1回会談
1965年2月6日	米、北爆開始
1965年2月8日	米、第2回北爆
1965年2月16日	南ベトナムでファン・フィク・アト首相の新内閣成立
1965年2月19日	南ベトナム、グエン・カーン将軍打倒のクーデター、21日、グエン・カーンを総司令官解任
1965年3月1日	周恩来訪越、ホー・チ・ミンと会談
1965年3月8日	米海兵隊3,500名、ダナン上陸、局地戦争開始
1965年3月22日	南ベトナム解放通信、米軍が毒ガス使用と報道
1965年4月14日	ベトナム労働党第1書記レ・ズアン、北京経由でソ連訪問
1965年4月16日	米、ハノイ周辺にソ連の対空ミサイル基地建設を確認
1965年5月16日	毛沢東、長沙でホー・チ・ミンと会談。
1965年5月20日	南ベトナム、ダナン地区の米軍、ベトコンの大規模攻撃を受ける
1965年5月21日	南ベトナム、クーデター失敗

1965年6月8日	米、ベトナム駐留米軍司令官に直接戦闘参加の権限を与えたと発表
1965年6月12日	南ベトナムの元首・首相・国家立法評議会議長は、軍に政権を返すと発表
1965年6月19日	グェン・カオ・キ将軍、南ベトナム首相に就任、新内閣発足
1965年7月7日	ベトナム、米軍が南ベトナムで大量有毒物を散布、三万人が中毒したとICCに抗議
1965年7月8日	テーラー南ベトナム駐在米大使辞任、後任にロッジ前大使再起用。
1965年7月16日	マクナマラ米国防長官、サイゴン到着
1965年8月1日	中国部隊ベトナム援助開始
1965年10月9日	北京、周恩来とファン・バン・ドン会談
1965年10月15日	アメリカ25州100都市でベトナム反戦デモ
1965年10月16日	ロンドン、ブリュッセル、ローマなど各地でベトナム反戦デモ
1965年11月27日	ワシントンで数万人がベトナム平和進行、欧州各地もデモ
1965年12月1日	ラスク国務長官、ベトナム問題で共産側と毎週定期的に接触していると表明
1966年2月9日	ラオス、東北部情勢悪化と発表。ベトナム、ファン・バン・ドンが周恩来に電報、中国の支援に感謝
1966年3月23日	北京、周恩来とレ・ズアン会談。南ベトナム、ユエで1万人反政府デモ、ダナンで港湾労働者ストで両都市麻痺
1966年4月1日	南ベトナム、反政府・反米運動全土に。3日、ダナンで全警官がデモに参加。5日、デモ鎮圧に南ベトナム軍空挺部隊出動
1966年4月3日	米軍、ベトコンを追ってカンボジア領に初侵入
1966年4月10日	周恩来がパキスタン記者と会見、中国の対米政策の「四つのポイント」を説明。
1966年4月13日	北京、周恩来、鄧小平、康生とレ・ズアンなどと会談。中国側、異例のベトナム直接批判
1966年4月21日	マリノフスキー・ソ連国防相、ハンガリーで中国がベトナム援助を妨害と非難
1966年5月2日	ベトナム援助物資輸送に関する中ソ協定成立
1966年5月16日	サイゴン、政府弾圧に抗議するストに5万人参加
1966年6月5日	米、大学教授ら6,400人、「ニューヨーク・タイムズ」に3ページのベトナム停戦要求の広告を掲載
1966年6月12日	サイゴン、カトリック教徒30,000人が親米デモ。13日、統一仏教会が反政府デモ再開。14日、政府軍とデモ隊衝突
1966年8月9日	中共中央、プロレタリア文化大革命に関する16項目の決定採択
1966年8月23日	北京、周恩来とファン・バン・ドン会談
1966年10月13日	コズイキン・ソ連首相、ベトナム問題に関して中国を非難
1966年10月26日	ジョンソン、カムラン湾の米軍基地を秘密裏に視察
1967年2月	米、枯れ葉剤散布開始
1967年4月7日	北京、周恩来とファン・バン・ドン、ボー・グエン・ザップ会談
1967年4月11日	北京、毛沢東、周恩来とファン・バン・ドン、ボー・グエン・ザップ会談
1967年5月1日	中国軍、広西上空で米軍機2機撃墜。
1967年6月30日	南ベトナム軍、グェン・バン・チュー国家指導委員長とグェン・カオ・キ首相を正副大統領候補に決定
1967年7月7日	マクナマラ米国防長官、南ベトナム訪問
1976年7月17日	ベトナム、1年間米機884機撃墜と発表。米、ベトナムに捕虜交換を要請
1967年8月5日	北京、ベトナム経済技術援助協定調印
1967年9月3日	南ベトナム大統領選挙、グェン・バン・チュー当選
1967年11月29日	サイゴンの米軍、ベトナム戦争戦死者15000人突破、重傷5万人と発表
1968年1月30日	ベトコンが南ベトナム全土にテト（旧正年）攻勢、決死隊が米大使館を6時間占領。
1968年2月4日	ベトコン、テト攻勢の初戦で大勝利との特別コミュニケ発表。
	毛沢東、67年末から病気療養で中国滞在中のホー・チ・ミンと会談、大規模作戦を提案

1968年2月29日	マクナマラ米国防長官が辞任
1968年3月22日	ジョンソン米大統領、ウエストモーランド南ベトナム援助軍司令官を解任
1968年3月31日	ジョンソン、大統領選不出馬、北爆縮小、ベトナムと交渉再開の用意ありと談話
1968年4月3日	ベトナム政府声明、米の「真意」を確かめるため米と会談すると声明
1968年4月4日	米黒人運動指導者キング師暗殺、米各地で黒人暴動
1968年4月13日	ファン・バン・ドンがベトナム党政代表団を率いて中国訪問。周恩来、4月13日、14日、17日、19日、29日と5回ファン・バン・ドンと会見、毛沢東、20日と29日2回ベトナム代表団を接見
1968年5月8日	ホー・チ・ミン、反米救国闘争堅持を呼びかけた書簡発表
1968年5月13日	米越パリ交渉開始(第一回本格会議、双方が声明読み上げ)、公開と秘密
1968年6月3日	レ・ドク・ト、ベトナム和平会談の北ベトナム代表特別顧問としてパリ着
1968年6月19日	第9回ベトナム和平会談、今後毎週水曜日に定期開催で合意
1968年7月	米軍兵力最高の54万人に
1968年8月20日	ソ連・東欧軍、チェコ侵攻
1968年8月23日	周恩来、ソ連のチェコ侵攻を強く非難
1968年10月31日	ジョンソン、11月1日20時より北越への軍事行動停止を宣言
1968年11月14日	毛沢東、周恩来からファン・バン・ドンらとの会談の報告を聞いた後、「すべて彼ら自身に任せて決めさせよう」と指示
1969年1月25日	第一回拡大パリ会談、実質協議を開始
1969年3月2日	中ソ国境紛争、ソ連が中国の最大の敵に
	米越第1回秘密会談開催
1969年6月9日	周恩来、ルーマニア党政代表団との会見で、中国が北ベトナムと距離を置く方針を説明
1969年6月10日	南ベトナム臨時革命政府樹立
1969年6月27日	新華社、ソ連提唱のアジア集団安保体制は反中国軍事同盟と論評
1969年7月8日	米軍第一陣ベトナムから撤退
	中ソ両軍、黒竜江省アムール江のゴルジンスキー島で武力衝突
1969年7月21日〜8月3日	ニクソン、アジア・欧州歴訪
	米、アメリカ人の中国製品購入及び中国渡航禁止措置の緩和発表
1969年7月25日	ニクソン、グアムで記者会見、「ニクソン・ドクトリン」発表
1969年7月26日	ニクソン、フィリピンを訪問、27日インドネシア、29日タイ、30日予定外の南ベトナム、31日インド、8月1日パキスタンをそれぞれ訪問
1969年8月8日	国務長官ロージャズ、「中国と対話するチャンネルを捜し求めている」と談話
1969年9月2日	胡志明死去
1969年9月11日	北京空港で周恩来・コスイギン会談
1969年10月13日	ファン・バン・ドン、ソ連公式訪問、ソ連越軍事経済協定調印
1969年10月15日	米、各地数千ヵ所数百万人のベトナム反戦デモ
1969年12月19日	アメリカ政府は、アメリカ企業の非戦略物資の対中国取引を承認。
1969年12月21日	米政府、対中共輸出入禁止措置の一部解除
1969年12月24日	米、第七艦隊の台湾海峡パトロール緩和発表
1970年1月20日	第135回米中大使級会談
1970年2月20日	第136回米中大使級会談
1970年3月18日	カンボジア、ロン・ノルがクーデター、シアヌークを追放
1970年3月19日	米国、カンボジア新政権を承認
1970年3月21日	北京、周恩来とファン・バン・ドン会談
1970年3月22日	北京、周恩来とシアヌーク親王会談
1970年4月24日	インドシナ四者(南北ベトナム、カンボジア、ラオス)広州にて会談(インドシナ人民首脳会議)
1970年5月1日	毛沢東、林彪など、シアヌークと会談
1970年5月11日	北京、毛沢東とレ・ズアン会談
1970年5月18日	中国、20日開催予定の第137回大使級会談中止を米に通告

1970年5月20日	毛沢東主席、「全世界人民団結起来，打敗美国侵略者及其一切走狗」との声明を発表。下旬、中国各地で大規模反米デモ、毛沢東、周恩来、天安門広場で開かれる五十万人デモに出席、林彪が毛沢東声明の全文を読み上げ
1970年5月25日	北京、中越新軍事援助協定調印
1970年9月17日	北京、周恩来とファン・バン・ドン会談
1970年9月19日	北京、周恩来とファン・バン・ドン会談
1970年9月23日	北京、毛沢東とファン・バン・ドン会談
1970年10月6日	北京、中国越経済技術援助協定・軍事援助議定書調印
1970年10月21日	ソ連とベトナムが新軍事経済援助協定調印
1970年11月10日	ヤヒア・カーン・パキスタン大統領、ニクソン親書を携行して中国訪問
1970年12月18日	毛沢東、エドガー・スノーと会見
1971年2月8日	チュー南ベトナム大統領、米軍支援による南ベトナム軍のラオス侵攻、ラムソン719号作戦発表
1971年2月15日	北京、中越1971年度経済・軍事追加援助協定調印
1971年3月5日	中国党・政府代表団（団長周恩来）がベトナム訪問、8日に共同コミュニケ、中国は最大の民族的犠牲を払ってもベトナムを全面支援と強調
1971年3月15日	米国務省、米国民の中国訪問制限の全廃を発表 インドシナの解放勢力、ラオス侵略の南ベトナム政府軍を猛攻撃
1971年4月10日	第31回世界卓球選手権大会参加の米卓球チーム、中国訪問、周恩来首相と会見
1971年4月9日	チュー南ベトナム大統領、ラオス作戦終結宣言
1971年4月12日	在サイゴン米軍司令部、駐留米軍は30万人以下と発表 ハノイ、中越国境鉄道協定調印
1971年5月21日	ソ連駐越大使、国内へ長編報告、ベトナムの「インドシナ連邦」動向をソ連が戦略的に利用するよう提案
1971年5月26日	中国、中央政治局会議は米中予備会談の八項目方針決定
1971年5月29日	周恩来、パキスタンチャンネルを通じてニクソンに返信
1971年6月4日〜18日	中国、中央工作会議が北京で開催、対米外交などを討議
1971年7月3日	キッシンジャー、サイゴン訪問
1971年7月4日	周恩来、「中美予備性会談中幾個関鍵問題」に「会談の中で、原則を堅持し、機を見て行動する。相手が取引することに備える。事に遇ったら随時毛主席、林副主席と政治局の指示を仰ぐ」と付け加え、この夜に開かれる中央政治局会議に送付
1971年7月9日〜11日	キッシンジャー米大統領補佐官、中国を極秘訪問、周恩来首相と会談
1971年7月13日	周恩来、ベトナムを秘密訪問
1971年7月15日	ニクソン米大統領が1972年5月までに中国を訪問と米中同時発表
1971年7月19日	周恩来、北京訪問の米大学代表団に米中正常化にはまずインドシナ問題の解決が必要と表明
1971年9月27日	ハノイ、中越経済軍事物資援助供与協定調印
1971年10月12日	ニクソン、1972年5月後半にソ連訪問発表
1971年10月20日〜26日	キッシンジャー、中国訪問、周恩来などと会談
1971年10月26日	国連総会、中華人民共和国の国連代表権を決議（賛成76票、反対35、棄権17）
1971年11月20日	ベトナム党・政府代表団（団長ファン・バン・ドン）北京訪問
1971年11月29日	米中両政府、ニクソン米大統領が1972年2月21〜28日訪中と発表
1971年12月26日	米軍機、68年11月全面停止以来最大規模の北爆
1972年1月2日	ニクソン、ベトナム介入を米大統領選挙または年内に終結することが目標と表明
1972年1月13日	ニクソン、第7回撤兵（3ヶ月以内米兵7万人撤退）発表
1972年1月22日	北京、中越軍事装備・経済物資無償供与議定書調印
1972年1月25日	ニクソン、6ヶ月以内完全撤退など8項目提案

1972年2月21日〜28年	ニクソン訪中。28日「上海コミュニケ」発表
1972年3月4日	周恩来総理訪越
1972年4月14日	ベトコン、南ベトナム全土107ヵ所で攻勢、テト以来の規模
1972年4月16日	米軍機200機、4年ぶりにハノイ、ハイフォンなど北ベトナム爆撃
1972年4月20日	キッシンジャー訪ソ
1972年5月8日	ニクソン、北ベトナムの全港湾を機雷封鎖と発表
1972年5月20日〜29日	ニクソン訪ソ
1972年6月17日	米、ウォーターゲート事件発生
1972年6月19日	キッシンジャー、中国訪問
1972年9月25日	田中角栄訪中、29日日中共同声明発表、日中国交正常化
1972年11月7日	ニクソン、米大統領選挙で大勝
1973年1月27日	「ベトナムにおける戦争終結と平和回復に関する協定」調印
1973年2月10日	キッシンジャー、ハノイ訪問、13日まで滞在
1973年2月15日	キッシンジャー訪中、17日に毛主席と会談
1973年2月21日	ラオス和平協定調印
1973年2月22日	米中共同声明発表
1973年3月29日	米軍、南ベトナムから撤退完了
1973年4月13日	南ベトナム解放勢力、全土で攻勢
1973年6月4日	レ・ズアン、ファン・バン・ドンなどベトナム党・政府代表団、中国訪問、11日に共同コミュニケ発表、無償経済軍事援助協定調印
1973年7月9日	ベトナム党・政府代表団、ソ連訪問、17日に共同声明
1973年11月10日	キッシンジャー、中国訪問、12日に毛主席と会談
1974年8月9日	ニクソン辞任、フォード新大統領就任
1975年4月16日	カンボジア全土解放
1975年4月21日	南ベトナム、チュー大統領辞任
1975年4月29日	米大統領、サイゴン総撤収命令
1975年4月30日	サイゴン政府無条件降伏、解放軍、サイゴンに無血入城、ベトナム戦争終結
1975年12月2日	ラオス、王政廃止・人民民主共和国成立決定
1976年6月24日	ベトナム全国統一宣言
1976年7月2日	ベトナム社会主義共和国樹立宣言
1976年9月9日	毛沢東主席死去
1977年3月8日	ベトナム軍事代表団訪ソ
1977年6月2日	ベトナム軍事代表団訪中
1977年6月3日	ファン・バン・ドン、訪ソ
1978年6月28日	米、ベトナム軍（6〜8万人）のカンボジア領侵入確認
1978年7月3日	中国、ベトナムに対するあらゆる援助の中止をベトナムに通告
1978年10月19日	カンボジア北東部でベトナム・カンボジア軍衝突
1978年11月1日	ベトナム党・政府代表団訪ソ、3日にソ越同盟条約（友好協力条約）調印
1978年12月18日	中国、第11期3中全会、改革開放路線へ
1978年12月25日	ベトナム、カンボジアを侵攻
1979年1月1日	米中国交正常化
1979年1月7日	ベトナム軍、プノンペン占領
1979年1月28日〜2月5日	鄧小平訪米
1979年2月17日〜3月16日	中越国境紛争
1979年12月24日	ソ連、アフガニスタン侵攻
1986年12月	ベトナム、ドイモイ（刷新）政策開始
1989年9月26日	ベトナム、カンボジアから軍撤退完了

1990年9月3〜4日	江沢民主席とグエン・バン・リン総書記、成都で秘密会談、カンボジア問題の解決、中越関係正常化で合意
1990年11月5日	ベトナム党・政代表団訪中、中越関係正常化
1991年12月25日	ソ連消滅、ベトナムが後ろ盾を失う

あとがき

　本書の出版をまず亡き父に報告したい。

　私は中国・湖南省の汨羅（べきら）で育ったのだが、私を含む家族全員にとって父は常に慈悲深く、かつ偉大な存在であった。私がまだ幼い頃から、他者への愛情、正義と公益と真理の追究の大切さ、勇気と忍耐と信念などを父は身をもって繰り返し教えてくれた。私の今の価値観や世界観のほとんどは、父から受けた教育によるものであると言っても過言ではない。敬愛する父に謹んで本書を捧げたい。

　本書は、早稲田大学に提出した博士学位申請論文（「米中和解と中越関係――中国の対ベトナム政策を中心に」。2009年10月学位授与）を手直ししたものである。

　博士論文の完成は、私にとって長い日本生活の区切りをなすものであり、同時に研究生活の一里塚をなしている。

　もともと私の来日時の初心は次のようなものであった。初来日は28年前の1987年であったが、当時、世の中では「絶望の中国」と「日出づる国・日本」と言われていた。それより遙か以前の19世紀末から20世紀の初頭にかけて、中国はまだ清国であったが、我々の先人たちは中国の危機を救うために日本に多数やって来た。早稲田大学には最も多くの中国人留学生が学んでいた。彼ら清国留学生と同様に「中国を救う方法を学ぼう」というのが私の初心であった。

　その後、様々な迷いや苦悩を経て、日本で本格的な研究生活に入った。博士論文のテーマは、幾つもの廻り道を繰り返しながら、いつの間にか「米中越関係」になった。このテーマは本来私の意識になかったもので、未知の領域であった。そのため研究は困難な時期が長く続いた。

　その間には第一次資料を求めて、アメリカに4回、ベトナムに1回、そして中国にも何回も訪れた。訪問先では、資料入手のほか、研究者との討論や歴史上の当事者・関係者へのインタビューなども行った。

　その中で新しい事実の発見に何回も出会った。実は、その発見の中には

重要な第一次資料の発見が何回もあり、それによって論文の構成を変更せざるを得ないような強烈なものもあった。ショックでしばらく論文の執筆が完全にストップしたような時期もあった。正直に言うと諦めようと考えた時すらあった。

　こうして博士論文の完成には９年間の歳月を要した。今思えば、これは愚直に真実を追い求める大切な期間であった。父の教えを武器にしながら研究上の危機をぎりぎりのところで乗り越えたのだと思う。

　博士論文の完成には多くの方々にお世話になった。

　何よりも論文完成に導いて下さった恩師の毛里和子教授に深く感謝を申し上げたい。毛里和子教授は、制度上では私の指導教授ではなかったが、博士論文の作成を最初から最後まで何回も丁寧に指導してくださった。特に提出期限ぎりぎりの段階でも論文の指導、修正をして下さり、ようやく博士論文を審査に提出することができた。毛里教授の励ましと計らいがなかったら論文は完成することができず、したがって本書も世に出ることはなかっただろう。

　在日中国人学者で中越関係研究の専門家でもある朱建栄教授は、私のベトナム訪問や現地調査、またベトナム人研究者との交流にも協力して下さり、さらに博士論文の作成に様々なアドバイスをくださった。山本武彦教授は、私の最初のアメリカ訪問やアメリカ国立公文書館などでの調査研究まで現場で指導してくださった。ベトナム研究の専門家である坪井善明教授は、様々な資料を提供してくださり、研究上のアドバイスをいただいた。中国の冷戦史研究の第一人者である沈志華先生は、当時未発表の公文書の提供を含め、私の博士論文の作成に協力してくださった。これらの方々は私にとって欠かせないサポーターであった。心より感謝を申し上げたい。

　また澤田猛元毎日新聞記者、中村梧郎報道写真家は、ベトナム戦争時日本における状況を含め様々示唆に富む教示をくださった。当時私と同様に博士論文を執筆中だった森川祐二さん、野口真広さん、堀内賢志さん、高橋勝幸さんには、多忙の中にもかかわらず、博士論文の日本語を直してくださった。特に元記者の森川祐二さんは、ご自身の論文や報告に追われていた中で、徹夜して非常に丁寧に最終原稿をチェックしてくださった。こ

れらの方々にも感謝の気持ちを伝えたい。
　さらに、弁護士の一瀬敬一郎さんと三和さんご夫妻には、無事に本書が出版に至ったことを共に喜びたいと思う。お二人は出版社の紹介から様々な手続きまで出版に関してほとんどあらゆる面で助けてくださった。また一瀬敬一郎弁護士は私以上に出版を気にかけ、夜中にもよく電話をくださり、進展状況の確認や催促、アドバイスをくださった。ご夫妻のおかげで予定通りに出版することが出来たことに感謝を申し上げたい。
　最後に、出版業界が大変な時期に本書の出版を快く引き受けてくださった社会評論社の松田健二社長と丁寧な編集作業をしてくださった濱崎誉史朗さん、本書の原稿に貴重なコメントをくださった荒井信一茨城大学名誉教授、また本書の日本語を丁寧にチェックしてくださった東京女子大学大学院の佐藤和子さんに厚く御礼を申し上げたい。
2015 年 11 月

張剣波

米中和解と中越関係
中国の対ベトナム政策を中心に

2015年12月10日初版第1刷発行

張　剣波（ちょう　けんは）
政治学博士（早稲田大学）、中日ボランティア協会代表、早稲田大学、東京女子大学非常勤講師。1987年4月来日、1995年4月より早稲田大学大学院政治学研究科国際政治専攻修士課程、博士後期課程。2006年2月18日に中日ボランティア協会を創設。主な著作：1990年代の中国における冷戦史研究（論文）、『東瀛求索（2006）』（主編）、「発展途上の超大国：国際関係における現段階中国の位置付け」（論文）、『よりよい共生のために：在日中国人ボランティアの挑戦』（編著）等。

著者	張剣波
発行人	松田健二
発行所	株式会社 社会評論社
	東京都文京区本郷2-3-10
	Tel 03-3814-3861 Fax 03-3818-2808
	http://www.shahyo.com
印刷＆製本	倉敷印刷株式会社